李幺傻 著

历史可以很精彩

之 战将传

官二代孙子
富二代吴起
残疾人孙膑
杀人狂白起
放羊娃卫青
战神龟蒙牧
忍者神龟蒙牧
战神韩信
武圣关羽
棋童陈庆之
风尘侠李靖
智者郭子仪
精忠岳飞
南霸子袁崇焕
海外孤忠郑成功
大器晚成左宗棠

暨南大学出版社
JINAN UNIVERSITY PRESS

中国·广州

前　言

我为什么要写历史

2012 年夏，我回到陕西关中老家。那时候，学校散放暑假，妹妹的孩子正读高中，经常和我在一起谈古论今。

有一天，家中来了一群高中生，看着电视上正播放的三国题材电影《赤壁》，话题自然就转到了历史上面，我们从电视上的内容谈到了《三国演义》，从《三国演义》谈到了历史人物。然而，我发现孩子们的认识有很多盲区，他们分辨不清电视剧中的戏说历史到底是真是假，分辨不清历史上的很多人物，分辨不清这些人物都做过哪些事情。尽管他们在初中阶段都学完了中国历史，但是除了记住一堆年号数字，以应付考试外，对那些年号数字时期的历史人物和发生的历史事件，都知之甚少。

我结合电影《赤壁》，给他们讲起了真实的赤壁之战，讲起了魏、蜀、吴三国鼎立的局势和历史发展，讲起了三国时期的将领和其他朝代的将领，他们听得非常入神，都说："比我们历史课本讲得精彩多了。"

接下来的好几天，这些孩子每天都会来我家，听我给他们讲历史人物。每次，他们都会说："历史课本要是这样写，就太精彩了。"

我临离开家乡的前一天，和他们最后一次聊历史人物，他们意犹未尽，就让我给他们推荐几本可读性强、能够全面系统反映中国古代历史人物的好书。我答应了。

回到城市后，我用三天时间，在各大书店转悠，发现尽管每个书店都有好几书架历史题材的书籍在销售，但都存在这样那样的问题，有的语言干瘪，不忍卒读；有的纯属戏说，误导读者；有的板着面孔，貌似严谨。转了三天，我没有找到一本可以供中学生阅读的好书。

后来，我把这个遗憾告诉了孩子们。有一个孩子的家长说："听说你是作家，那你干脆给孩子们写一套适合他们阅读的历史书吧。"

于是，我开始动笔写这套书。

此前，我有过三十年阅读历史的经历，家中收藏有近千本各类古籍。我当记者近二十年来，经常外出采访，因为自小喜欢历史，所以每到一地，都会收集当地志书，寻访古战场，这样就积累了大量的历史资料。所以，写起来得心应手。

因为这套书籍的主要阅读对象是青少年学生和历史爱好者，所以，我有意识地将书写得活泼生动、诙谐幽默，力求既要忠于史实，又要富有文思，还要将文学、历史、地理、哲学、处世等知识熔为一炉，让读者得到全方位的阅读享受和丰富的知识。

这套书拟分为战将传、谋臣传、帝王纪等多部，每部 15 人。通过这些分门别类的人物，串起整个中国古代历史，让读者既能够了解中国历史各个朝代、各个行业、各类人群的发展脉络和变迁轨迹，又能够通过了解这些活灵活现的人物，进而全面而详细地了解中国历史。

虽然这些年，历史类书籍很多，但是，有的拘泥于一个朝代，比如《明朝的那些事儿》；有的拘泥于一个或几个人物，比如《曾国藩》；有的只有宽度而没有深度，比如《历史是个什么玩意儿》；有的只有深度却没有宽度，比如广大的学术论文……所以，我想要写的历史，是用通俗优美的语言，来述说整个中国历史。

在写这套书的过程中，我做到了这样几点：①不受朝代制约，写这个人物，会写到另外朝代相似的或者相反的有关联的历史事件和人物，进行类比，给人启迪；②不受人物制约，写一个人的命运跌宕，会写到周围多个历史人物，通过描写人物，来写他所处时代的命运，发人深省；③有宽度有深度，每一个人物的描写都要做到很好读很好看，脉络清晰，故事性强，分析入理；④这不仅仅是一套历史书籍，而且是一套百科全书，因为它写的不仅仅是历史，还有地理、文学、科技等内容。

这套书是历史课本的补充读物，或者叫历史课外读物。历史课本上出现的人物，在这套书中都能找到，但比历史课本更为详尽具体、有趣味；这套书也是成年人的必读物，帮助走出校门多年的人重温中国历史。

李幺傻

2013 年 9 月

目　录

1

官二代孙子

一部《孙子兵法》，让他成为史上最有名的军事家。提三万之众而天下莫能当者，孙子也。

他一生只写过薄薄的一本书，然而这本书却绵延两千年，影响全世界。这本书被称为"武学之圣典，兵家之绝唱"。

他一生身经百战，每一战都众寡悬殊，然而每一战都出奇制胜。战争就是杀人艺术，而他将这门艺术发挥到极致。

他的名字叫孙武，后世称他为孙子。子，是古代对有道德有爵位的男子的通称，比如孔子、孟子、老子、庄子……

他的名字简简单单、普普通通，然而这个名字对中国的战争史和谋略史具有划时代的意义。

孙子初出茅庐是在春秋时代的吴国，建功立业也是在吴国。然而，孙子不是吴国人，他出生在齐国；他的远祖不是齐国人，出生在陈国。他的祖先在齐国打工，而他在吴国打工。

孙子的远祖是陈国公子，为了躲避宫廷阴谋和手足相残，来到了齐国，担任工正的官职，掌管工匠营造。

此后，这个家族里人才辈出，出过齐国宰相、公卿之类的大官。

孙子出身名门望族，他的血管里流着贵族的血液。

孙子家境优裕，藏书甚丰，所以他小时候就阅读了很多典籍著作，他尤其喜欢阅读记载前辈作战经历的书籍，用现在的话来说，就是名人传记。名人传记是很好的一类书籍，里面贯穿着很多成功经验和人生教训。多读名人传记，可以走人生捷径，少走弯路。

孙子家境显赫，是一个标准的官二代，如果不出意外的话，他凭借自己的能力，以后也会位极人臣。

可是，意外发生了。

就在孙子自学成才，想要报答齐国的养育之恩时，齐国出现了内乱纷争，国内战火不断，先是两个宰相打了起来，接着是四大家族打了起来。打来打去的目的，都是为了争权夺利，谁得势了，就宣布对方是叛贼，诛灭九族。

青春年华的孙子不愿卷入这场"狗咬狗一嘴毛"的战争，所以他远走他乡，沿着海岸线一路南下，来到了今天苏州城外的穹窿山定居。这里已经是吴国的地盘了。

从此，齐国少了一个官二代，而中国多了一名军事家。

上有天堂，下有苏杭。草长莺飞，江南水软。这个地方从古到今都风景旖旎，美艳无双。据《吴县志》记载，在苏州郊外的穹窿山中，青年孙子选择了隐居于此，结草为庐，阅读写作，一箪食，一瓢饮，一垄田，一卷书，与世无争，自得其乐。现在，穹窿山已经成了苏州一处星级旅游景区，打的就是孙子的名人招牌。

就在这时候，孙子遇到了一个名叫伍子胥的人，此人是春秋时期一个著名人物。

伍子胥比孙子年长，并且他的经历比孙子的要坎坷得多。他是怀着血海深仇从楚国逃亡到吴国的，又推荐著名的刺客专诸，拿着著名的鱼肠剑，刺杀了吴王僚，帮助阖闾坐上王位，成为吴王阖闾的宠臣。

同样都是外来打工仔，同样的经历一下子拉近了他们两人之间的距离。

伍子胥与孙子坐而谈兵，大为惊异，他想不到在吴国的偏远乡间居然还有这样的军事奇才。两人分别的时候，孙子把自己的兵法十三篇交给伍子胥阅读，这就是后世著名的《孙子兵法》。

这次偶然的相遇，改变了孙子的命运。

其实，每个人的命运，都是由偶然决定的。

《孙子兵法》第一个读者是伍子胥。伍子胥看了之后，赞不绝口，他也是一个胸怀韬略的人，只是没有像孙子这样用文字把自己对军事的感悟记录下来。他看了《孙子兵法》后，不禁发出惊叹："哎呀呀，原来仗还可以这样打！"这就像很多年后的文学青年马尔克斯在图书馆看到卡夫卡的《变形记》后发出的惊叹："哎呀呀，原来小说还可以这样写！"

小说的写作没有定法，没有人规定必须怎么写。写作和打仗是一个道理，没有人规定怎么打才是仗，怎么打不是仗。小说只要写得好看就行，仗只要打赢了就行。

孙子是中国历史上第一个将作战技巧和作战技能归纳系统化的人，但此时，他还没有一场实战经验，甚至还没有上过战场，但这并不影响他成为一名军事家，因为他是站在前人的肩膀上——他善于总结。

总结是通向成功的捷径。

《孙子兵法》的第二个读者是吴王阖闾，吴王阖闾也是春秋一著名人物，有人甚至将他列入春秋五霸，他率军击败了强大的南方霸主——楚国。但是，也许因为吴王阖闾公务繁忙，整天要开会讲话，视察工作；也许因为吴王阖闾根本就看不上这部《孙子兵法》，一个没有见过世面的乡下小子能写什么书？总之，吴王阖闾在很长的时间里，把《孙子兵法》扔在一边，连翻都没翻一下。过去的书籍都是把字刻在竹简上，然后用绳子穿起来，这一部《孙子兵法》数千言，需要多少根竹简啊，这本书该有多重啊。要翻起来实在太累了，干脆就不翻了。

据《吴越春秋》记载，伍子胥向吴王阖闾举荐了孙子七次。举荐了七次，吴王阖闾这才坐不住了，什么样的人才啊，能够让德高望重的伍子胥数次举荐，他这才翻看《孙子兵法》，还没有看完，就发出了感慨："哎呀呀，这书还写得真不赖啊！"

然而，尽管吴王阖闾对《孙子兵法》大为赞赏，但他对书的作者孙子将信将疑，因为这个世界上夸夸其谈的人太多了，华而不实的人太多了。吴王阖闾一直想称霸，所以他需要的是真才实学的人，而不是那种只会耍嘴皮子的人。

吴王阖闾决定先见见孙子这个人再说。

吴王阖闾雄才大略，在他之前，齐桓公称霸了，晋文公称霸了，楚庄王称霸了，秦穆公也称霸了，能够在众多的诸侯国中独树一帜，成为所有诸侯国首领的崇高理想，所以，吴王阖闾也想称霸。不想当将军的士兵不是好士兵，不想当霸主的诸侯也不是好诸侯。

然而，吴国想要称霸却不是一件容易的事情。那时中国的经济重心在中原，即今天的河南一带，而今天富得流油的苏州，在那时贫穷落后。苏州之外的太湖流域，比如今天发达的苏南无锡昆山一带，那时候住的是未文明开化的野蛮人。

吴王阖闾想要称霸，就必须引进人才，十年树木，百年树人，苏南这片荒蛮之地，只长树木，不长人才，树木郁郁葱葱，人才却凋敝零落。

吴国不出人才，但是别国有人才，因此吴王阖闾要引进人才。春秋战国时期，百家争鸣，百花齐放，人才可以自由流动。所以，伍子胥从楚国来到了吴国，孙子从齐国来到了吴国。

吴国很幸运，中国两千年来最有才华的军事家，被他们得到了。

吴王阖闾让伍子胥去苏州城外的荒郊野岭找孙子，将孙子带到王宫。见到孙子，吴王阖闾还是不相信孙子，他想考考孙子，看孙子是不是名副其实，是不是有真才实学，就问孙子："你的十三篇兵法，我都看完了，可以演示一下你的兵法吗？"他不说自己看完理论版的感受，而直接就要看实战版。

孙子回答："可以。"

吴王阖闾问："可以用妇人演示吗？"

孙子回答："可以。"

王宫里女人多的是，所以，吴王阖闾要用女人来演示兵法。

吴王阖闾从后宫选出了一百八十个女子，他把这些娇滴滴的从未见过打仗也没有经过训练的女人交给孙子，然后自己登上高台观看。把这些毫无组织无纪律，只知道涂脂抹粉的女人交给孙子，摆明了是想看孙子的笑话。

三个女人一台戏，一百八十个女人会有多少台戏啊。三个女人叽叽喳喳像唱戏一样，一百八十个女人发出的声音更像开会时大开的高音喇叭。

吴王阖闾坐在高台上，居高临下，他想看看这个爱吹牛的小伙子，面对着这些高音喇叭，能有什么办法。

孙子将这些女子分成两队，任命吴王阖闾最宠爱的两名妃嫔为队长，然后让她们练习齐步走和向左向右转。这些集千娇百媚于一身的美女，哪里进行过军训？哪里被人呼来喝去过？所以，当孙子让她们听从口令的时候，她们一齐爆发出肆无忌惮的大笑。笑声像一群鸽子一样，拍动着翅膀欢快地在王宫上方灿烂的阳光中飞翔。

孙子面对这些笑得花团锦簇的美女，面不改色心不跳，神情肃穆如冰霜，他说："约束不明，申令不熟，将之罪也。"意思是说，给你们没有交代清楚口令，是我的责任。然后，他又把军令军法仔细讲解了好几遍，三令五申后，还亲自示范，什么叫向左转，什么叫向右转。现在，即使幼儿园的孩子也能够听懂了。

然后，孙子下口令向左转时，这些美女们不但没有一个人转身，反而更加放肆地嬉笑。她们在后宫打打闹闹惯了，看到的每个人都是谄媚和迎合，突然看到孙子一脸严肃正经，就感到很好笑。

然而，孙子却一点也不觉得好笑，他说："约束不明，申令不熟，将之罪也；既已明而不如法者，吏士之罪也。"意思是说，既然你们都知道了怎么向左右转，但是不依照军令来做，那就是领导干部的责任。为什么是领导干部的责任呢？因为作为领导干部，你管教不严。不但管教不严，而且还没有以身作则，和革命群众一起放声大笑。有那么好笑吗？

为了严明纪律孙子决定拿两个队长开刀，这两个队长是吴王阖闾最宠爱的妃子。正因为她们是吴王阖闾最宠爱的妃子，所以孙子才选中她们做队长，因为孙子觉得她们有号召力，谁敢不听话，她们就可以给吴王阖闾打小报告。谁知她们不但没有号召大家听从军令的能力，反而有号召大家放肆喧笑的能力。放肆喧笑就是蔑视军威，军威怎能蔑视呢？

所以，孙子要杀这两名妃子立威。

吴王阖闾急急忙忙从高台上跑下来，跌跌撞撞地拦在孙子面前说："寡人已知将军能用兵矣。寡人非此二姬，食不甘味，愿勿斩也。"可是孙子不听他的话，说道："臣既已受命为将，将在军，君命有所不受。"

最终，孙子把那两个妃子杀了。

孙子确实是一个很强硬的人，连吴王阖闾最宠爱的妃子都敢杀。吴王阖闾把宫中练兵当成了一场游戏，但是孙子没有当成游戏。天子无戏言，军中也无戏言。吴王虽然没有天子的形式，但是绝对有天子的内容，三宫六院，文臣武将。像吴王这样身份的人，怎么能随便开玩笑呢？

吴王阖闾最宠爱的两个女人，就这样被杀了，吴王肠子都悔青了。

孙子杀了这两个人，只是想告诉人们一个道理：一切行动听指挥。

宫女们为了听懂这个浅显的道理，付出了生命的代价。

杀完两个队长后，孙子重新任命了两名队长进行训练。那些目睹了血淋淋杀戮场面的宫女们，一个个吓得面如土色，心如鹿撞，她们终于相信了，这个姓孙的小伙子是一个二愣子，什么事情都干得出来，即使她们长得再漂亮，这个二愣子也绝对不会怜香惜玉。

孙子让她们列队，她们挺胸抬头，腰杆笔直，像切出的豆腐片一样；孙子让她们向左转，她们齐刷刷地转过来，像翻开的瓦片一样；孙子让她们卧倒，她们一齐趴在地上，像倒下的多米诺骨牌一样。她们唯恐一不留神，听错命令，被这个二愣子拉出去砍了。

宫女训练好后，孙子派士兵前去邀请吴王阖闾下台检阅，"兵既整齐，王可试下观之，惟王所欲用之，虽赴水火犹可也"。即使让这些宫女赴汤蹈火，她们也在所不辞。

吴王阖闾还沉浸在失去爱妃的巨大悲痛中，他摆摆手说，把宫女解散了，孙武你也回去休息吧。

孙子觉得吴王阖闾是叶公好龙，嘴里念念不忘称霸诸侯，要练出一支铁军，实际上并没有那种豪气和霸气。于是他对吴王阖闾说："令行禁止，赏罚分明，这是为将者最基本的要求。如果不能做到这点，何谈练军，何谈称霸。"

吴王阖闾不愿再理会孙子，在他的眼中，孙子一点也不给自己情面，让自己丢尽了脸面。

吴王阖闾气冲冲地回宫了。

据《吴越春秋》记载，吴王阖闾回宫后，伍子胥兴冲冲地跑去问吴王自己举荐的人怎么样。吴王阖闾说："虽然孙子能够训练军队，但是训练出来的军队没啥用处。"

伍子胥听得一头雾水，就询问原因。吴王阖闾怀着无比沉痛的心情，说了两个爱妃惨遭杀害的悲惨经过。伍子胥说："磨好的快刀，不能在人的头颅上比划；战争的事情，怎么能用宫女做试验呢？"

吴王阖闾也深深后悔拿宫女做了孙子这个二愣子的试刀石。

但伍子胥继续说："诛伐不明，兵道不行。"哪有将军对士卒得过且过的？

吴王阖闾经历了一番激烈的思想斗争，终于拜孙子为将。

做了将军的孙子果然非同寻常，他带着弱小的吴军，连战连胜，《史记》中记载："西破强楚，入郢，北威齐晋，显名诸侯，孙子与有力焉。"

《史记》中关于孙子的记载结束了，但是，孙子作为中国最著名军事家叱咤风云的军事生涯，才刚刚开始。

吴国境内，河流蜿蜒，湖泊纵横，是名副其实的江南水乡。南人善舟，北人善马，自古以来都是这样，三国时期，吴国的水军打败了十倍于己的曹操陆军，因为曹军不习水战，他用自己的短处攻打对方的长处，自然落于下风。

吴国想要称霸，仅有水军是不行的，还必须能够陆上作战，因为这片东方土地除了沿海，还有宽阔的内陆，只有建立一支强大的陆军，才能够夺得天下。就像今天的战争，只有掌握了制空权，才能保证战争的胜利。《孙子兵法》的内容以陆战为主，孙子阅读的书籍、参考的战例，也以出生地齐国为主。如果孙子出生在吴国，可能他写成的《孙子兵法》就是另一番模样了。

所以，在被任命为吴国将领后的一段时间里，孙子就开始训练吴军陆战。他将吴军分编为三支军队，按照齐国的陆战战法训练他们，并按照自己的兵法加以引导，让吴军习惯陆上作战技巧，如何埋伏，如何突袭，如何迂回，如何穿插。战争，打的是猝不及防，打的是计谋韬略。

据记载，此时吴军仅有三万人。

吴阖闾三年，即公元前 512 年，孙子终于迎来了自己的处子秀。

这一年，吴王阖闾想要追杀当年发动宫廷政变时的敌人——两位吴国公子，一个叫掩余，一个叫烛庸。这两位公子逃亡到徐地和钟吾，在那里惶惶度日。徐地和钟吾在今天苏北的徐州和宿迁一带。可见，出生在王室实在不是一件好事，如果不能登上王位，就要被追杀，即使像曹植这样明哲保身、一心写诗的人，也不能幸免。

吴王阖闾让徐地和钟吾交出这两位公子，并引渡到吴国，他要亲自发落。徐地和钟吾害怕引火烧身，便把这两位公子驱逐出境了事。天高地迥，号哭无穷，两名落难公子害怕被杀头，只好一路逃到了比吴国势力更大的楚国，暂且容身。

楚国和吴国接壤，楚国看到吴国这几年招兵买马，招揽人才，心中大为不快。谁都不愿意挨着一个强邻，强邻在侧，岂能安睡？为了对付不断崛起的吴国，楚国运用"以夷制夷"的方法，将两位吴国公子安排在一个叫做养的地方。养在今天的河南沈丘一带，是对付吴国的前沿阵地。

现在，想要追杀这两位公子，就必须在楚国头上动土了。两位公子身后站立的是庞大的楚国。吴国仅有兵士三万人，而楚国有军队六十万人。吴国要与楚国交战，确实是一项艰巨的任务。

吴王阖闾把这个光荣而艰巨的任务交给了孙子。

孙子分析形势，他认为这一战至关重要，打赢了，可以一箭三雕，奠定自己以后在吴国的地位；打输了，连回到荒山野岭种地的机会都没有了。

这一战，要达到三个目的：其一，铲除吴王阖闾的两个政敌，就是盘踞在养城中的掩余和烛庸；其二，干净利落地消灭养城和淮河北岸的楚军；其三，震慑楚军，让楚军以后见到吴军就畏惧，这样后面的伐楚之战就容易了。所以，这一战不仅仅是攻占养城，还要打得漂亮，打得快捷，打得稳、准、狠，让楚军心有余悸。

孙子熬了多年心血写成的《孙子兵法》到底灵不灵验，将在这一仗中得到验证。

后人认为，《孙子兵法》至阴至柔。这种阴柔战法，在这一仗中完全展现出来。

孙子将军队分作三队，也就是平时训练的那三队。

孙子的战略目的是攻打养城，但是他却没有直接攻打养城，因为他知道如果直接攻打养城，掩余和烛庸闭门坚守，楚军的援兵就会源源不断地赶到养城城外，与兵力不足的吴军决战。吴军仅有三万，而楚军多达六十万，吴军完全没有胜算，这种赔本儿生意，孙子不做。

孙子打仗从来不会硬碰硬，孙子兵法总像太极拳一样，以柔克刚，四两拨千斤。

孙子派出的第一队人马，没有攻打养城，而是攻打夷城。夷城也在淮河北岸，是掩余和烛庸的封地。养城和夷城，相距不远。

第一队人马热火朝天地攻打夷城，他们敲着战鼓，吹着喇叭，就像参加运动会一样，场面极为热闹。吴军攻打夷城的消息，传到了楚国，楚国国君急忙派出援军，前去夷城。可是，第一队人马却突然不打夷城了，他们渡过淮河，直趋数百里，从河南来到了安徽，攻打安徽境内的潜山。他们一路上大张旗鼓，恨不得让地球人都知道他们要去安徽了。

本来已经快要赶到河南夷城的楚军，突然听到说吴军深入楚境，他们也不去夷城了，转而向潜山进军。他们心想，这股吴军竟敢深入楚国腹地，简直就是送死来了。

可是，就在他们赶到潜山的时候，却找不到这股吴军了。吴军悄无声息地消失了，他们潜藏在哪里，他们此行的战略目的是什么，楚军一概不知。因为不明敌情，楚军不敢轻举妄动。他们开进潜山城中，严阵以待。

《孙子兵法》说："善守者，藏于九地之下；善攻者，攻于九天之上。"现在，一万吴军藏身在皖南草木茂密的崇山峻岭中，无声无息，无影无踪，楚军找不到任何蛛丝马迹。

第一支吴军，把第一支楚军调到了孙子战略目标——养城数百里之外。而且，这股楚军还老老实实地待在城墙之内，不愿挪窝。

然后，孙子出动了第二支吴军。

第二支吴军和第一支吴军的方向完全相反，他们沿着淮河，溯流而上，一路上也是大张旗鼓，肆意喧哗。

楚国国君看到又冒出了一支吴军，赶忙又派出了一支楚军，前去截击。这股吴军隔着淮河看到浩浩荡荡的楚军来了，立即加快了速度，向着淮河上游急行军。楚军判断这股吴军是想渡过淮河，深入楚境，与第一支消失了的吴军对楚国构成两翼夹击之势。只要第二支吴军渡过淮河，第一支吴军一定会出现，与之汇合，然后向楚军重镇发起钳形攻势。

按照一般的战略部署来说，楚军判断得完全正确。可是，楚军不知道，这次他们的对手是一个非一般的人，非一般的人所进行的战略部署也是非一般的。

吴军在淮河北岸越走越快，楚军在淮河南岸也越走越快，两支军队夹着淮河，展开了竞走比赛。吴军的心中暗暗高兴，他们将这股楚军引得越远越好；楚军的心中也暗暗高兴，他们想着这股吴军越是走远，就越不容易与第一支吴军汇合了。

第一支吴军消失了，牵制了一支神色紧张的楚军；第二支吴军走远了，牵制了一支得意洋洋的楚军。两支楚军现在距离孙子的战略目标养城都有了数百里，孙子开始派出了第三支吴军。

第三支吴军直扑养城。

养城里的掩余和烛庸突然看到从天而降的吴军，急忙向楚国国君发出求救信。然而，山水迢迢，等到求救信送到楚国国君手中的时候，吴军已经将养城团团包围。楚国国君想要增援养城，可是淮河流域的兵力，已经被两支吴军牵着鼻子带走了；想要派出长江流域的兵力，却鞭长莫及。

就这样，孙子轻易攻破了养城，擒杀了掩余和烛庸。

《孙子兵法》说："故形兵之极，至于无形，无形，则深间不能窥，智者不能谋。"就是对这场战役的解释。我怎么打仗，怎么部署，要让你看不出来。这就像打架一样，我怎么出拳，怎么踢腿，要让你看不出来。你看不出来，我就赢了。

这场精彩的战役，吴王阖闾一直在一旁观看，他没有想到孙子赢得如此干净漂亮，人人都说楚国强大，原来是只纸老虎啊。于是，吴王阖闾让孙子调动三路军马，一鼓作气，渡过淮河，攻击楚国都城郢。在吴王阖闾的眼中，吴军可以战无不胜，直捣郢都。郢，在今天的湖北江陵县。

然而，孙子拒绝了。

吴王阖闾很狂热，但是孙子很冷静。吴王阖闾被暂时的胜利冲昏了头脑，然而孙子却知道胜利只是暂时的，所以他头脑很清醒。拥有六十万军队的楚国是巨人，地域辽阔，人口众多，即使在战国末期处于全盛时期的秦国，也不得不以举国之力来攻打楚国，而拥有三万军队的吴国是一个骨骼还没有定型的少年，国小人少，兵源不足，又怎么敢向这样一个巨人叫阵！

这一仗孙子打胜了，胜在奇谋，胜在调动了楚国淮河流域的军队，让他们疲于奔命，然而，他们即使疲于奔命，有生力量还在，他们缓过气来后仍然具有极强的战斗力。而且，这只是楚国的边防军，楚国实力更为雄厚的长江流域军队还没有出动，要用三万吴军，深入险境，与实力雄厚的楚军作战，无异于驱赶牛犊与猛虎决斗，驱使鹦鹉与老鹰拼杀。

吴王阖闾一再催促孙子出兵攻打楚国，而孙子却悄悄命令潜伏在皖南深山中的第一支军队，和奔向淮河发源地的第二支军队，赶快班师，向吴国境内集结。他对吴王阖闾说："民劳，未可待也。"意思是说，军队跑了这么远，已经很疲惫了，不能再打了。

将在外，君命有所不受。吴王阖闾把军队交给了孙子，孙子说进攻就进攻，孙子说班师就班师，吴王阖闾的意见只能作为参考，决定权在孙子手中，孙子说军队不能再战，那就不能再战了。于是，吴军班师。

回到了吴国，吴王阖闾念念不忘攻打楚国，孙子便向吴王阖闾提出了攻打楚国的战略计划，这就是中国最早的游击战战术，后人将它总结为"十六字方针"：敌进我退，敌退我追，敌驻我扰，敌疲我打。

对付庞大的楚国，要和他面对面交锋并取胜，是不可能的；要和他打阵地战并取胜，也是不可能的。但是，我可以偷袭、可以智取，我可以用灵活多变的战术来骚扰他，在其头昏脑涨、满眼金花的时候，再给他迎头一棒，打晕他。

孙子还是将军队分成三支，三支军队布置在楚吴边境不同的方位上，轮番袭击。第一支军队突入楚国境内，楚国集结兵力堵截，而吴军在吃掉一支楚军后，不再接战，从容撤走。第二支军队又出动了，继续一路高唱凯歌，深入楚境，楚国大军又急急忙忙堵截这支吴军，可是吴军在吃掉一部分楚军后，又撤走了。这时候，第三支吴军出动了，又深入了楚境……后来，第三支吴军退走了，第一支又出动了。他们周而复始，循环往复。

三支吴军从不同的方位突入楚境，而楚国永远也不知道他们会在哪个方位突然进攻。楚国像一个破桶，四面都在漏水，堵住了这个缺口，另一个缺口又喷涌而出。楚军手忙脚乱，吴军好整以暇。

孙子的兵法确实很阴。

吴军和楚军接连不断地玩捉迷藏，吴军的目的并不是歼灭楚军的有生力量，而是练兵，让习惯水战的吴军习惯陆战，让熟悉河流湖泊的吴军熟悉山川丛林，让这些以后将要派上大用场的吴军，先熟悉楚国的地理环境，什么地方有深山可以潜伏，什么地方有桥梁可以通行，什么地方有小径可以迂回。

这种捉迷藏的游戏进行了一年。

一年后，吴王阖闾的女儿滕玉死亡，吴王阖闾爱惜他的女儿，将一柄名叫盘郢的宝剑作为陪葬物，同时还杀了万人进行殉葬。春秋时代，王侯将相死亡后，百姓殉葬，这种陋习在当时非常盛行。孔子曾经抨击过这种恶劣的习俗。这次，吴王阖闾居然让万名百姓殉葬他的女儿，所以当时百姓都在非议他。

吴王阖闾共有三把宝剑，一把叫鱼肠剑，一把叫盘郢剑，一把叫湛卢剑。鱼肠剑送给了刺客专诸，用来杀死吴王僚，此剑后来不知所终；一把用来给女儿滕玉陪葬；现在仅剩湛卢剑。所以，吴王阖闾视如珍宝。

吴王阖闾虽知道湛卢剑非常珍贵，却没有好好珍藏。有一天，湛卢剑突然不见了；又有一天，湛卢剑出现在了楚王的枕边。"湛卢之剑，恶阖闾之无道也，乃去而出，水行如楚。"史书中这段拟人化的手法，当然不足信，湛卢剑怎么会从吴国跑到楚国？最可信的解释是，有人偷了吴王阖闾的湛卢剑，呈献给了楚王。

在吴国，吴王阖闾找不到湛卢剑，心急如焚。后来，楚国传来了消息，湛卢剑在楚王王宫里出现了。楚王不但霸占了湛卢剑，还把吴国的铸剑师夫妻劫持到了楚国，为他铸剑。

吴王阖闾气坏了，他下令孙子再次向楚国进兵。史载："阖闾闻楚得湛卢之剑，因斯发怒，遂使孙武、伍胥、白喜伐楚。"时为公元前511年。

在孙子的战争史上，他对楚国作战五战五捷，也有人认为是六战六捷。如果是五战五捷，这是第一战；如果是六战六捷，这是第二战；此前他把淮河流域的楚军调动了几百里，而趁机擒获了吴国两名公子，为第一战。

当时，楚国有一位将领，名叫子期，打仗应该很有一套。还有一位将领，名叫子常，打仗很没有一套。在吴国将要进攻楚国的前夕，伍子胥就行使反间计，他故意私下到处对人说："楚国如果用子期为将，我可以攻破楚国，斩杀子期；楚国如果用子常为将，我只能撤兵了，因为我不是子常的对手。"

伍子胥的悄悄话传到了楚王的耳朵里，楚王如获至宝。因为这是伍子胥的悄悄话，所以肯定就是伍子胥的心声流露。你最害怕子常，我就偏偏把子常安排在边境来对付你。很快地，楚王让子常去楚吴边境代替了子期。

这种反间计在战争中经常使用。长平城赵括上任，群英会蒋干盗书，都是在上演这一计策。

子常又是怎么一个人？

子常以前是楚王的车右。车右，就是车夫，能够给君王当车右的，一般都要勇力过人。子常有蛮力，可惜没脑子。没脑子也就罢了，可他却总以为自己有脑子，很了不起。依靠给楚王当了多年司机，子常进入王宫，成为一名将军。

有一年，身材矮小的齐国使臣晏子出使楚国，楚国群臣就想戏弄晏子，借以达到戏弄齐国的目的，然而，机智的晏子总是针锋相对，让楚国上下大为丢脸。这段历史记载在《晏子春秋》中。

晏子在楚国朝堂上舌战群儒，让群儒颜面扫尽。文臣不行，武将就上阵，他们对晏子展开人身攻击，子常跨前一步说："我听说使者都风姿卓然，气度不凡，身材魁梧，齐国怎么派了你这样一个侏儒?"晏子说:"秤砣虽小可压千斤，浓缩的都是精华，我虽然身材矮小，但可以代表国家出使，可以独当一面。而像你这样的，虽然长得高大，也不过是一个车夫。"晏子说得子常面红耳赤，瞠目结舌，只好悄悄退下。

子常是一个妄自尊大的人，明明自己不行，却总认为自己无所不能，明明自己不懂，却总以为自己什么都懂。

自视甚高的子常来到楚吴边境，他也像三百年后自视甚高的赵括一样，改防守为进攻。在辽阔的边境线上，吴国安排了三把尖刀，三把尖刀在三个不同的方位，不断地向楚国发动偷袭，不管偷袭成功与否，都是打了就跑，从不恋战。这是游击战最充分的体现。

要对付这种游击战，只有两种办法，一种是坚守不出，无论你在外面怎么叫喊，我一概不理。等到你的嗓子喊哑了，你自然就不喊了，自然就退兵了。还有一种办法是，用游击战对游击战，你派小部队侵入我方阵地，我也派小部队侵入你方阵地，以快打快，以乱打乱，乱得了阶级敌人，乱不了革命群众。

然而，子常这两种战术都没有采用，而是发动大部队向吴国展开进攻。这一进攻，刚好露出了空当。

战争就像两个拳击手在比赛。吴国出拳非常快，楚国出拳非常慢。楚国要战胜吴国，要么打得比吴国还要快，要么护住头部，等待时机，时机成熟了，再突然一拳击倒对手。可是子常却不是这样的，他依然慢悠悠地伸出拳头，还按照以前的节奏来打。这样，他迟缓的拳头刚刚伸出，就露出了肋部的空当。

这个机会，孙子岂能放过。

子常带着楚军气势汹汹地进入吴国，而吴军用一支部队深沟高垒，与楚军对峙，另外两支军队像劲射的箭镞一样，冲入楚国，"吴拔六与潜二邑"。六，是今天的安徽六安;潜，是今天的安徽潜山。楚国的六安和潜山，就这样轻而易举被孙子攻占，子常带着楚军慌忙退兵。

此后，楚国老实了，再也不敢轻易向吴国出兵。

吴楚边境无战事，吴国回过头来，决定收拾越国。这么多年来，每逢楚国要与吴国开战，越国总是站在楚国一边。而且，就在吴国攻打楚国六邑和潜邑的时候，吴王阖闾还专门写信给越王允常，让他擦亮眼睛，认清形势，站在吴国的一边，一致对付霸权主义的楚国。可是越王允常认为吴国不是楚国的对手，不支持吴国，继续和楚国勾勾搭搭，始终站立在吴国的对立面。

这次，楚国被打疼了，老实了一段时间。吴王阖闾准备利用这段时间，好好教训下越国，消除埋藏在心头多年的隐患。

史书记载，公元前 510 年，"吴王以越不从伐楚，南伐越"。

然而，就在吴王阖闾准备兴兵南下的时候，出现了一件意外的事情。吴王阖闾夜观天象，看到了异常。

古书中经常会出现这样的话语："臣夜观天象，如何如何……"这句话不是著作者的演绎，而是确有其事，古代主帅在临出征前，不但要占卜问卦，还要夜观天象。古代对战将谋臣的要求是上知天文，下达地理。明末清初著名学者顾炎武就曾经这样写道："三代以上，人人皆知天文。七月流火，农夫之词也；三星在户，妇人之语也；月离于毕，戍卒之作也；龙尾伏辰，儿童之谣也。"意思是说，在远古时代，男女老幼都会看天象，根据的是《诗经》和《左传》中的这些句子。

古人仰望星空的目的，不是为了寻找牛郎织女，而是为了了解国家大事和安排农事。

这天夜晚，吴王阖闾看到天空中出现了两颗耀眼的星星。这两颗星星的位置，又刚好在吴越两国的位置。《史记》中说："天则有列宿，地则有州域。"天上的星星与地面上的州域是相对应的。吴王阖闾在吴越两国的星域中，看到两颗星星，这就表示，吴越两国都会国力强盛。而且这种天象也表明，谁先对他们用兵，谁就不利。

吴王阖闾犹豫了。

人人都信神鬼之事，但是孙子不信；人人都信星象之说，但是孙子不信。每一个有大智慧的人，都是思想超前的。孙子是一个伟大的唯物主义者，不相信唯心主义那一套，认为事在人为。孙子说，那些明君贤将，都是先知。既然是先知，那么就神鬼莫测，祸患避匿。

后来，随着人类的进步和科技的发展，人们才惊讶地发现，孙子确实是先知。

孙子的话打动了吴王阖闾。吴王阖闾决定向越国兴兵。此时，吴国正处于鼎盛时期，而越国才刚刚崛起，所以，吴军在檇里大破越军。檇里是今天的浙江嘉兴。

这是第一次檇里之战，吴国取得了胜利；而再过几年后，吴越之间又发生了一次檇里之战，越王勾践派一群死士在吴国阵前自刎，然后趁机发动攻势，吴王阖闾死于此战，史称第二次檇里之战。

第一次檇里之战，越国失败，吴国没有了后顾之忧，孙子建议将攻打楚国列入议事日程。

楚国土地面积是吴国的几十倍，楚国人口数量是吴国的几十倍。但是，吴国一点也不怵，崛起于江苏的吴国与崛起于浙江的越国，是春秋时代最战意猎猎的两个国家，他们从来就不知道畏惧为何物，这两个小国就像两匹冲入牛群中的野狮，让这片古老的土地上风声鹤唳，杀声震天。

阖闾六年，也就是公元前 509 年，吴国向楚国发起了大规模攻势，史称豫章之战。

楚国的北面，早先有两个小国，一个叫桐国，在今天的安徽桐城；一个叫舒鸠国，在今天的安徽舒城。在楚国开拓疆域的时候，这两个国家被吞并了。然而，这两个小国的人都对楚国怀恨在心。在古代，人们认为国亡、家破、妻离、子散是人生最痛苦的几件事情。

在孙子决定向楚国进攻的这一年，老天爷似乎在帮助孙子。桐国背叛楚国，复国自立。桐国复国了，舒鸠国也想复国。

孙子得到了这个消息后，觉得自己有利可图。他要利用这两个小国，打一场漂亮的歼灭战。

豫章之战中孙子所使用的计策，其实是一个连环计。

孙子很阴，每次大战前，都要将战争一步一步谋划好，让战争按照自己的节奏来进行。正因为他掌握了战争的节奏，所以掌握了战场上的主动权。孙子是一名优秀的司机，操纵着战争这架庞大的战车，他想让战争节奏加快，这架战车就加快；他想让战争节奏放慢，战车就放慢。

豫章之战，孙子是这样谋划的：

第一步，先和舒鸠国勾结好，让舒鸠国去跟楚国说，吴国害怕楚国，诓骗楚国攻打吴国。

第二步，吴国假装害怕楚国，和楚国谈判，以吴国帮助楚国教训桐国为条件，让楚国不要攻打吴国。

第三步，用计策突然攻击楚国。

这个连环计要分三步走，每一步都用不同的计策。如果用不同的计策来对照说明，第一步是瞒天过海，第二步是骄兵之计，第三步是攻其不备。战争本来很简单，就是攻守的事情，然而孙子是一个运用计策的大师，他故意把战争变得很复杂，绕来绕去，形同走迷宫，而他在对方晕头转向的时候，突然出击，轻松取胜。

首先看第一步，孙子敢于和舒鸠国勾结，而不担心舒鸠国出卖自己，就在于他相信复国之梦是舒鸠国人最大的梦想，如果吴国击败了楚国，舒鸠国的复国梦就会实现。所以，舒鸠国可以利用。

舒鸠国让楚国打吴国，楚国一定会听从，因为楚国强，吴国弱，但是这几年，因为吴国有了孙子，多次打败楚国。楚国提起吴国，早就气得两眼发黑，他们多想一劳永逸地打败吴国，让吴国不再在自己的眼前招摇。

所以，第一步瞒天过海的计策，肯定没问题。

再看第二步，楚国强，吴国弱，楚国大军压境，吴国向楚国求和，也不会引起楚国的怀疑。然后，吴国向楚国示好，要求代替楚国讨伐桐国，也在情理之中。世界上没有免费的午餐，你想要我们退兵，难道我们就听你说？但是，如果你替我们打败了叛变的桐国，我们可以同意退兵。

最后看第三步。第三步才是最关键的一步，截至目前，前面所做的一切，都是给第三步铺路。楚国答应了让吴国打桐国，吴国就将军队开到桐国所在的豫章，然后准备开战，楚国在旁边袖手旁观。

这个连环计到现在，都是天衣无缝的，都是对楚国有利的。楚国没有减少一兵一卒，而吴国却把自己装了进去。人数占据绝对优势的楚国押着吴国上战场，到了现在，你吴国想打也要打，不想打也要打。你是木匠做枷，自作自受。你只要敢说不打桐国，楚国马上发起排山倒海的攻击。

然而，楚国没有想到孙子这么鬼，鬼到了神鬼难测的地步。

孙子将吴国军队分成了两支，一支被楚国押着去攻打桐国，另一支跟在楚国的背后，随时准备发起致命一击。

这一招，楚国无论如何也想不到。

所以说，孙子实在太阴了，阴得让任何对手都不寒而栗。这样一颗大脑，估计一千年都不能长成。至今，《孙子兵法》依然是一部无人能够超越的谋略书籍。

豫章之战完全按照孙子设计好的轨道在运行。舒鸠国去楚国，劝说楚国攻打吴国，说吴国只能依靠偷袭和投机取巧才能取得一点微不足道的胜利，而如果楚国大军压境，吴国就会遭受灭顶之灾。

楚王乐哈哈地采纳了舒鸠国的建议。在弱小得不能再弱小的舒鸠国面前，楚国要保持自己作为大国的尊严，连舒鸠国都说吴国不是楚国的对手，楚国如果再推三阻四，畏缩不前，以后还有什么颜面对手下这些附庸国发号施令。

楚王决定，立即向吴国发兵。

连环计的第一步生效了。

公元前509年秋天，楚军由子常带领，向吴国发起全面进攻。很奇怪，楚王怎么一再让这个平庸无能的子常率军，难道楚国再无人了吗？难道就因为子常给自己当过司机吗？当了司机就能够左右楚国的命运吗？尽管在战前，很多老臣一再向楚王进谏说，子常是一个华而不实的人，夸夸其谈，张牙舞爪，但是，因为他与楚王建立了深厚的感情，楚王还是把出征的任务交给了他。

楚国进入了吴国境内，孙子果然派人向楚国求和，并表示会率军攻打桐国，替楚国消消气。

子常笑逐颜开，自认为这是一箭双雕的计策，既削弱了吴国的军力，让吴国以后再也没有力量向楚国叫板；同时，又削弱了桐国的力量，让所有的附庸国都好好看看，反叛楚国是没有好下场的。

子常果然袖手旁观，脸上带着幸灾乐祸的神情，等着吴国和桐国杀得两败俱伤，然后他再出来收拾残局。

孙子请君入瓮，子常进入瓮中，孙子盖上盖子，然后在瓮下架火焚烧。而子常还乐哈哈地躺在瓮中，不知道自己即将变成北京烤鸭。

孙子将一支军队调往豫章，然后，也将吴军所有的战船调往豫章，在鄱阳湖整装待发。在楚军的印象中，吴军是一支水军，只要所有的战船调往豫章，那么所有的军队也会在豫章集结。子常不知道，这几年孙子已经给吴国训练出了一支陆军，攻击力强大的陆军。陆军是不需要战船的，只要有手中的刀矛和背上的弓箭就行了。

在战船调往豫章的同时，孙子暗暗派遣了一支军队，埋伏在巢地附近。巢地，就是今天的安徽巢湖。这支军队像一匹饿狼一样，静悄悄地潜伏着，一动不动，变成了大地的一部分。

而子常还在叉着双手，乐哈哈地等待吴国和桐国开战，准备坐收渔翁之利。他不知道自己已经成为孙子的猎物。孙子是一头猎豹，猎豹获取猎物只在一瞬之间。

这场战争至此已毫无悬念。

这年十月，在鄱阳湖中的吴军一直在努力从事着与桐国交战的准备，他们在子常的视线之内一次次召开誓师大会，一次次厉兵秣马，一次次表决心，口号声震天动地，呐喊声不绝如缕，他们的目的就是要让子常看到，要让子常听到：我们马上就要攻打桐国了。

子常笑容可掬地看着被自己当枪使的吴军，陶醉在自负的幸福感中，突然有一天，凶悍的吴军从他的身后发起了攻击，而面前厉兵秣马的吴军也转身向他攻来。两边的吴军，像肉夹馍一样，把子常的楚军夹在了中间。

仓促应战的楚军一败涂地，子常带着他的高级幕僚群和亲兵队向南逃去。这些高级幕僚们，脑子反应一个比一个慢，但是逃跑起来一个比一个快。

吴军击溃了子常的楚军后，并没有跟着子常追往楚国境内，而是回师巢地，将边境线上的巢地包围起来。

吴军一次次击败楚军，却没有一次次深入楚境，这让吴王阖闾很不满意，据《吴越春秋》记载，吴王阖闾给孙子和伍子胥发起了脾气，甚至赌气地说："吾欲乘危入楚都而破其郢，不得入郢，二子何功？"意思是说，我准备趁楚国失败而带队攻破楚国都城郢，你们两个人不敢去攻打郢都，还有什么功劳？

然而，孙子拦住吴王阖闾，说现在还不是攻打郢的时机。楚国如此强大，如果深入险地，就会被楚国包了饺子。

孙子和伍子胥比吴王阖闾更想攻占郢都。孙子攻占了郢都，就会成为战争史上数一数二的人物；伍子胥攻占了郢都，就会一雪多年来埋藏在心中的仇恨。伍子胥的全家都给楚王杀了。

吴王阖闾拗不过孙子，只好放弃了深入楚境的打算。孙子一路轻车快马，突然回师，轻松攻克了楚国的巢地，俘虏了楚国公子繁。

《左传》记载："楚囊瓦伐吴，师于豫章。吴人见舟于豫章，而潜师于巢。冬十月，吴军楚师于豫章，败之，遂围巢，克之，获楚公子繁。"囊瓦，就是子常，他在《左传》中叫囊瓦，在《史记》和《吴越春秋》中叫子常。

孙子对楚国作战，保持全胜。

孙子和吴起是春秋战国时期两个最有名的军事家，但是两个人的作战方法却完全不一样。吴起打仗的时候，他会先告诉你说："我要打你了，你做好准备。"但是，你即使做好了准备，还是打不过他，因为他的军队训练有素，怎么排兵布阵，怎么分进合击，他安排得井井有条，他手下的魏武卒个个都是特种战士，个个都能以一当十。孙子打仗的时候，却总是先对你说："我不打你，我不打你。"然而在你毫不留意的时候，突然兜头一棒，你永远也不知道他什么时候会打这一棒，永远也不知道他会从什么方向打出这一棒，所以你防不胜防，躲无可躲。他们两人打仗的时候，都是以少胜多，以弱胜强，都创造了极为辉煌的战绩，但是，在吴起的眼中，兵法就是以雷霆万钧之势，彻底干净地消灭敌人；在孙子眼中，兵法就是"诡道"，是偷偷摸摸地使用计策，将敌人消灭。吴起打的是降龙十八掌，威势赫赫，正面强攻；孙子使的是九阴白骨爪，刁钻古怪，侧面偷袭。

两人的兵法完全不同，但是两人用的都是中国最上乘的兵法。降龙十八掌和九阴白骨爪完全不同，但这两种武功都是世间最高的武功。

接下来攻破楚国郢都的战役中，孙子更将自己的"诡道"发挥得淋漓尽致。

豫章之战，吴国先攻占了今天的安徽巢湖市，后又占领了江西南昌市，然后将这两块地方连成一线。这条线穿过了长江，它与长江的交汇点是今天的安庆。安庆自古以来都是兵家必争之地。翻开中国战争史，就能够看到，凡是长江沿线的城市，都是兵家重地。夷陵、荆州、夏口、九江、安庆、南京、瓜州……这些地名经常在《三国演义》和湘军太平军的战争中出现。夷陵是今天的湖北宜昌夷陵区，在长江边；夏口是今天的湖北汉口，在长江边；瓜州是今天的江苏镇江，在长江边。

在过去很长的一段历史时期内，安庆都是安徽的省会，是长江边一座非常著名的城市。占领了安庆，可以沿着长江水道，逆流而上；也可以沿着长江水道，顺流而下。楚国的都城在郢城，郢城是今天的湖北荆州江陵，还是在长江边。

吴国占领了安庆，就可以沿着长江，坐船前往楚国都城郢都。现在，吴王阖闾终于看明白了，孙子发动豫章之战，原来是为了占据安庆，走水道直接攻击楚国都城郢都。从安庆到郢都，也就是今天的荆州江陵，这一路被称为黄金水道，地势平坦，江流缓慢，适合船只航行。

孙子计谋太深了，他走出的每一步棋，都蕴含深意。

到了现在，谁都看出来孙子接下来会沿着水路攻打郢都，因为这是最便捷的一条路径。万舟齐发，劈波斩浪，可以直抵郢都城下。

但是，孙子却没有这样做。孙子的"诡道"太鬼了。因为谁都能看出来，楚王肯定也能看出来，既然楚王看出来了，我还走水路干什么？楚军做好了水战的准备，但是吴军却不打水战。

不打水战，你发动豫章战役干什么？

接下来的三年里，吴国按兵不动。楚国在焦虑中等待了三年，吴国在忍耐中等待了三年。

吴国在忍耐中等待了三年，终于等到局势有变。这次，孙子主动向吴王阖闾请求出兵灭楚。吴王阖闾等候了多年，终于等到主将主动提出灭楚国了，所以他心花怒放。

这个变数就是，楚国大将子常释放了关押了三年之久的蔡国国君，也释放了关押了一年之久的唐国国君。

子常，你又不是楚王，凭什么关押人家蔡国、唐国的国君？

史书记载，公元前509年，"蔡昭侯蔡申赴楚朝觐，楚令尹囊瓦向其索裘佩，不与，因加软禁不使归"。囊瓦就是子常。

楚国强，蔡国弱，蔡国国君来到楚国，子常看上人家蔡国国君的玉佩，强行索要，人家不给，就把人家关了三年。

史书还记载，公元前507年，"唐国国君成侯赴楚朝觐，令尹囊瓦索其良马，不与，亦软禁不遣"。

子常欺负完了蔡国国君，又欺负唐国国君。唐国国君来到楚国，子常看上了人家的良马，人家不给，又把人家唐国国君关了起来。

唐国国君和蔡国国君都把尊严看得很重，子常索要的，不仅仅是一块玉和一匹马，而是国家的尊严。

那么，子常为什么又把蔡国国君和唐国国君放回去了？

史书记载，唐国大臣不忍心让自己的国君忍受这种屈辱和折磨，把那匹良马偷来献给了子常，子常才放了唐国国君。

史书又记载，蔡国国君听说唐国国君的事情后，也把裘佩献给子常，才得以脱身。

蔡国国君向北方的蔡国行走，一路上心中都充满了仇恨。坐船渡汉江，蔡国国君把携带的所有玉器全部投进了汉江中，发誓说："再南来者，犹如此玉。"

蔡国国君一回到蔡国，就咬破手指，写下血书，发誓复仇。他向北方最大的诸侯国晋国借兵，晋国不给。蔡国国君怀着落寞的心情，回到蔡国。三年过去了，世界风云变幻，人间几度轮回，而被关在楚国的蔡国国君从来不知道这个世界上发生了哪些事情，他让大臣们给他讲起这三年来的旧闻。大臣们进行旧闻联播的时候，说到了吴国接连打败楚国，蔡国国君眼前豁然开朗，醍醐灌顶，他连鞋子也没有穿，就跑到室外，让下属赶快备马，他要去吴国。

茫茫黑夜中，蔡国国君看到了一缕曙光。

蔡国国君来到吴国，见到了孙子和伍子胥，痛陈楚国大将子常对自己的种种暴行，请求吴国出兵攻打楚国，蔡国愿为前部先锋，舍弃一切，万死不辞。攻破楚国后，蔡国也不取任何财物。

孙子和伍子胥答应了。

蔡国国君的眼前亮了，孙子和伍子胥的眼前也亮了。蔡国国君看到的是复仇有望。孙子和伍子胥看到的，不是蔡国这一点点兵力，而是蔡国的地域，还有唐国的地域。唐国和蔡国都与楚国毗邻，可以从这两个国家进入楚国，杀楚国一个措手不及。

孙子和伍子胥派人与唐国联络。唐国国君正在宫殿里愁眉不展，想起在楚国所受的屈辱，不禁长吁短叹，突然听闻吴国使者来请求联合攻打楚国，唐国国君激动地站起来，也说自己要打先锋。

有了这两个对楚国怀着刻骨仇恨的国君的支持，看着他们一副跃跃欲试的神情，孙子高兴地笑了，他连战前动员都免了。

蔡国在今天的河南新蔡，唐国在今天的湖北随州。新蔡在河南东南，地处淮河流域；唐国在湖北北部，地处淮河流域与长江流域的交汇处。蔡国和唐国脱离了楚国，楚国通往北面的大门就被堵死了。

要全力攻打楚国，但是不能让楚国知道，如果向楚国宣战，不是孙子的战法。

楚国有一个附庸国叫沈国，沈国在今天的河南平舆。史书记载，公元前506年，"蔡灭沈国，掳沈君，杀之"。

蔡国灭了奴才沈国，主子楚国就不答应了。打狗还要看主人，你灭沈国就是在打我的脸。于是，楚国发兵，攻打蔡国。

孙子认为，要灭亡楚国的机会终于来临了。他向吴王阖闾建议，以救援蔡国的名义，从楚国守备最薄弱的东北部切入，对楚国实施全天候打击，攻占郢都。吴王阖闾同意了。

公元前506年冬天，吴王阖闾亲率孙子、伍子胥和三万精锐之卒，还有他的弟弟夫概，乘着战船，浩浩荡荡地向西杀来。吴国的西面，就是楚国。

进攻蔡国的楚军，听闻吴军举国前来，就从蔡国撤兵，溯江而上，沿江拦截，决心将吴军歼灭在江水中。

孙子早就算准了楚军会沿江布防，所以，他还没有进入楚国，就命令全军弃舟登岸，走陆路，汇合唐国的军队，从东北方向突袭楚国。

楚国以为吴国会打水战，没有想到吴国要打陆战；楚国以为吴国会走水路进入楚国，没想到吴国走陆路进入楚国；楚国将精锐之师都调往江边，没想到吴国乘虚而入，深入大后方。

第一招，楚国先输了。

吴军一路疾行，过关斩将，挺进到汉水东岸。

楚国驿马昼夜奔驰，向楚王报告了吴军走陆路大举入侵的消息。楚王问朝中众将谁能御敌？有两个人站了出来，一个是沈尹戍，一个是子常。子常这个人一身的缺点，最引人注目的缺点就是自高自大，尽管他一次次被孙子打得大败而回，但还是固执地认为，吴军不是他的对手，孙子不是他的对手。

像子常这样永远自视甚高的男人，真是奇葩一朵。

沈尹戍是皇亲国戚，此人倒是有两把刷子。

楚王命令子常为主帅，沈尹戍为副帅，带着郢都的二十万军队，前去阻击吴军。

吴楚两军隔着汉水扎营。

《孙子兵法》云："勿迎之于水内，令半济而击之。"孙子等着楚军渡汉江，渡过一半就击杀，可以大获全胜。但是，这个半渡而击的计策，孙子会用，楚军副帅沈尹戍也会用。孙子在等楚军渡江，沈尹戍也在等吴军渡江。谁也不愿意渡江，双方就陷入了顶牛状态。

《左传》记载，沈尹戍向子常建议："子沿汉而与之上下，我悉方城外以毁其舟……子济汉而伐之，我自后击之，必大败之。"副帅沈尹戌的这个计策非常好，让子常和吴军夹岸对峙，吸引吴军注意力，他带着一部分兵马，从另外的地方神不知鬼不觉地渡过汉江，先毁掉吴军的战船，让他们没有逃跑的工具，再回身在背后攻击吴军，子常渡过汉江进攻，吴军就会大败。后来，楚汉相争的时候，韩信就用这个计策，攻克了占据黄河天堑的魏王豹。

这个计策确实好，连子常这么笨的人，都认为是一条妙计。于是，沈尹戌带着本部军马，去偷袭吴军的后路。

沈尹戌走出没有多远，楚军一个名叫史皇的大将偷偷摸摸对子常说："沈尹戌这次一定成功，如果他成功了，就没有主帅什么事情了，功劳全被他一个人拿去了。"

子常觉得史皇说得很有道理，就决定渡河作战，然而，他又担心孙子会半渡而击，所以，先派出一支游击部队试探性地进攻，看看孙子如何反应。

子常这么多天不进攻，孙子岂能不知道他葫芦里卖的什么药，而现在派出一支游击队突然渡河，孙子又岂能不知道他想干什么。所以，这支游击队一与吴军交锋，吴军立即诈败。

子常看到游击部队成功了，就开始一点一点地把楚军送往汉江东岸。一直到所有楚军都渡过了汉江，吴军居然也没有进攻。这可真奇怪。

《吴越春秋》记载："子常遂济汉而阵，自小别山至于大别山。"二十万楚军在汉江东岸扎营，居然从小别山摆到了大别山。

一直等到楚军都安营扎寨了，吴军还是没有进攻。

孙子到底想干什么？

孙子采取的是诱敌之计，他将楚军诱入大别山中，聚而歼之。沈尹戌在身边的时候，子常知道了要防备半渡而击；沈尹戌不在身边的时候，子常不知道要防备诱敌深入。莽莽苍苍的大别山，沟壑纵横，曲径通幽，到处都是口袋，随便拿个口袋套在子常头上，一拉袋口，大小都刚好合适。

子常在大别山中和孙子交战三次，三次都被杀得大败。子常彻底丧失了斗志，再不敢像以前那样拍着胸脯吹牛皮了。楚军在近处奔逃，吴军在远处追赶，子常想离开军队，易装逃走。可是，部将建议说，先退到柏举，坚守不出，等沈尹戌从吴军后面攻击，再从柏举出兵，两面夹击，吴军可破。

子常本来就是一个没主意的人，即使他那颗糨糊脑袋里偶尔冒出一个主意，还是馊主意，比如强索人家国君的玉佩和马匹，惹来灭国之灾。现在打了败仗，连馊主意都想不出一个来。既然部将说让退到柏举，他就带着军队退到了柏举。

柏举之战，即将开始。

柏举在哪里，一直众说纷纭，有人说在湖北麻城，有人说在湖北汉川，还有人说在湖北安陆，反正都是在武汉附近。

据《太平御览》记载，这天凌晨，夫概对哥哥吴王阖闾说："子常不仁，贪而少恩，其臣下莫有死志，追之，必破矣。"吴王阖闾认为吴军数量稀少，而楚军兵力雄厚，没有允准。

夫概走出阖闾的帐篷后说："所谓臣行其志，不待命者，其谓此也。"于是，带着部下五千人，径直攻击楚军营寨。阖闾看到夫概出兵，害怕有失，立即派兵增援。楚军兵无斗志，一触即溃。子常在吴军一出现的时候，就乘着马车逃往了郑国。史皇带着本部人马无法抵挡势同猛虎一样的吴军，死于乱军之中。临死前，史皇简明扼要地总结了楚国这几年走过的不平凡的历程："今子常无故与王共杀忠臣三人，天祸来下，王之所致。"三人，不是确指，是指多人。

吴军将楚军追赶到了汉江边。此时，楚军人数仍然占据绝对的优势。孙子想，如果继续穷追猛打，楚军狗急跳墙，只要有一个人振臂一呼，就会背水一战，到那时候，胜负难料，前功尽弃。所以，孙子让吴军暂停追击，假装埋锅造饭。

吴军阵营上空袅袅飘散的炊烟让楚军彻底放心了，楚军开始争相渡河逃命。渡过河的一半楚军也在汉江对岸埋锅造饭，汉江两岸都飘散着饭菜的香味，渲染着祥和的气氛。另外一半楚军看到没有危险，就喜滋滋地走进了江水中。

突然，吴军阵营传来了震天动地的鼓声，吴军风驰电掣一样奔过来，吴军手中的长矛尖上跳跃着灿烂的阳光，刚刚走进汉江的楚军和还没有走进江水的楚军，一起大乱，吴军像赶鸭子一样将他们都赶入了江水中，然后站在岸边用弓箭射杀江中的楚军。江水为之染红。

汉江对岸的楚军看到这种杀戮场面，连饭都顾不上吃，就赶紧逃走了。

吴军渡过汉江，就地吃起了楚国的饭菜。可怜的楚军把香喷喷的饭菜做好了，还没有吃上一口，就饿着肚子逃跑了。接着，吃饱了肚子的吴军追赶饿着肚子的楚军，一直追到了湖北京山。

在京山，溃散的楚军与沈尹戍相遇了。沈尹戍此行成功了，烧毁了吴军所有战船。然而，已经没用了，因为吴军打了胜仗，他们不需要战船了，他们可以光明正大地坐着马车行驶在楚国所有的大道小径上，行驶在江汉平原的每一个角落。

沈尹戍确实厉害，他纠合楚军残部，向吴军发起反击，居然击败了吴军先锋夫概。然而，当孙子带着大军赶到时，与沈尹戍交战三次，沈尹戍全败。沈尹戍自知无法抵挡打疯了的吴军，就让部下割下自己的首级，送给楚王。沈尹戍空有满腔热血，可惜他跟错了主人。

史书记载，这一天是吴王阖闾九年十一月十九日，即公元前506年阴历十一月十九日。

楚国没有了沈尹戍，更无人抵挡吴军。

吴军渡过汉江，楚国郢都在望。

孙子和伍子胥多年的愿望就要实现了，蔡国国君和唐国国君多年的愿望也要实现了，吴王阖闾多年的愿望也要实现了。楚国是南方最大的国家，带甲六十万，疆域上千里。如果击灭了楚国，吴国就会成为新兴的南方霸主。

然而，就在这时候，谁也想不到的一幕发生了。

郢都城门打开，从里面奔出的，不是士卒，不是骑兵，也不是战车，而是象队。《左传》中记载："王使执燧象以奔吴师。"燧的意思是烟火，这些大象是用烟火来指挥，或者是用烟火来驱赶，就像以后的田单使出的火牛阵一样。成群的大象奔向吴军，那种轰隆隆的势不可挡的气势，破纸而出，让我们从这些历经岁月之水浸染而发黄的纸张中，看到了当年的惊悸和惨烈。

以前看好莱坞电影《指环王》，看到半兽人驱使猛犸象和人类的骑兵作战，总以为这个场景是艺术家的虚构，没想到历史中居然真实存在过。楚国庞大的象群向吴军的步卒发起攻击，吴军步卒不能抵挡。当年的吴军先坐船，后上岸，所以，他们中绝大多数都是步兵，战车和马匹肯定都很少，顶多就是吴王阖闾这些人骑坐，其余的人都是依靠两条腿千里奔袭。

以前采访抗战老兵，听新一军几名老兵说，他们从缅甸回来，接收广州，带回了几百名日本战俘，还有几头大象。广州人没有见过大象，见到这几匹来自异国的庞然大物，稀奇得不得了。总以为长江流域不出产大象，没想到那时候的南方楚国盛产大象。当年公输班和墨子在论战的时候，说楚国还盛产犀牛。可能是后来气候的变迁和人类活动的频繁，让大象、犀牛这些大型动物在这片土地上消失了。

大象这种动物出现在战场上，在冷兵器时代，几乎就是不可战胜的。成群的大象冲过来，天塌地陷，势不可挡。

吴军所有人都没有想到，楚国居然还有这样的秘密武器。

于是，吴军败退。

本来，这是楚国一举反击的绝佳机会，没想到，楚王被千里奔袭、兵临城下的吴军吓破了胆，他逃出郢都，一路向北逃窜，总算捡回了一条性命。

吴军进入郢都后，《左传》记载："以班处宫。子山处令尹之宫，夫概王欲攻之，惧而去之，夫概王入之。"吴国人按照级别高低，分别住进了楚国大臣的府邸里。宰相子山住进了楚令尹子常的府邸，吴王阖闾的弟弟夫概不答应，他觉得在吴国地位最尊贵的是阖闾，接下来就是他夫概了，凭什么子山要来住这么好的房子，就准备攻打子山。子山吓跑了，夫概就住了进去。

这时候的吴军，不再是那支拥有超常战斗力的吴军，而是一群争抢桃子的猴子。

现在的苏南富甲一方，而那时候的苏南刚刚摆脱了茹毛饮血的原始生活，所以，这伙吴国人来到富裕的楚国，一个个惊讶万分，人世间怎么还有这么好的房子，有这么好的器物，有这么漂亮的女人。他们肆意抢掠，郢都变成了人间地狱。

吴王阖闾这时候犯了一个重大错误，尽管他通读了《孙子兵法》，但是没有领会参悟。《孙子兵法》言"攻心为上"，小国吴国占领了大国楚国，不能依靠强权征服，而要依靠安抚征服。

吴国人占领楚国，楚国人感情上没有什么接受不了的。毕竟春秋战国时期，诸侯国兼并和被兼并是经常发生的事情，只要吴王对老百姓好，老百姓才不管谁当国君谁不当国君。吴王阖闾进入郢都后，第一个败笔是纵兵抢掠，第二个败笔是拆除宗庙。

宗庙是什么？是祖宗灵魂的安身之所，是后辈人的信仰所在。拆除宗庙就意味着，斩断了这个民族的根。

楚国宗庙被毁灭，激起了楚国人极大的愤慨，楚国人自发组织起来，和吴军展开了游击战。他们要光复楚国。

楚国被吴国攻占后，楚国有一个名叫申包胥的大臣，逃到了秦国，请求秦王出兵攻打吴国，光复楚国，并答应如果楚国光复，永远做秦国的属国。秦王没有答应。

申包胥走出秦宫，跪倒在宫门外。他跪了七天七夜，哭了七天七夜，秦王终于被感动了，他说："楚虽无道，有臣如此，可无存乎！"答应出兵救楚国。

《左传》记载："秦哀公为之赋《无衣》，九顿首而坐。"《无衣》是《诗经》中非常有名的一首诗歌，诗歌是这样的：

岂曰无衣？与子同袍。王于兴师，修我戈矛。与子同仇！
岂曰无衣？与子同泽。王于兴师，修我矛戟。与子偕作！
岂曰无衣？与子同裳。王于兴师，修我甲兵。与子偕行！

也有人说《无衣》是战国时代秦国的民歌。这首诗歌气势恢宏，后世的我们读起来，仿佛听到了铁甲行进的咚咚鼓声。

楚国百姓在反抗，秦国从西边来进攻，内忧外患都成为燃眉之急，偏偏这时候，吴国内部又出了问题，吴王阖闾的弟弟夫概看到哥哥没有归心，沉溺于楚国王宫的温柔乡中，醉生梦死，就不辞而别，带着自己手下的人马离开楚国，回到吴国，自立为王。

楚国无法安定，秦军兵临城下，吴国内夫概自立。吴王阖闾心急火燎地离开了楚国，奔回吴国。夫概看到哥哥回来了，惊惶万状，投奔了楚国。

楚王回到都城后，看到都城满目疮痍，害怕吴国再次攻打，就迁都了，都城仍然叫郢。

这些年，吴国和楚国一直在交战，而南方的越国却趁机发展壮大了。

此后，吴国不与楚国交战了，而改与越国交战，越国的地域在今天的浙江绍兴一带，尽管地小人少，但是非常好战。《吴越春秋》记载，吴王阖闾在楚国都城郢享受荣华富贵的时候，越国就向吴国发起了反攻战，"十年，秦师未出，越王允常恨阖闾破之檇里，兴兵伐吴。吴在楚，越盗掩袭之"。前面写到了吴国人好战，而越国人比吴国人还要好战。楚国带甲六十万，只有三万兵甲的吴国敢于向楚国叫板；吴国带甲三万人，只有三千兵甲的越国也敢于向吴国挑战。

公元前496年，吴越争霸中的一场重要战役在槜里爆发，史称第二次槜里之战。此战中，吴王阖闾指挥作战时，一名越国将领投掷长戟，刺中了吴王阖闾的脚趾。后来，吴王阖闾死亡，估计是死于破伤风。

阖闾死后，夫差即位。

阖闾临死前，告诉儿子夫差不要忘了自己的深仇大恨。所以，每次夫差经过朝堂，站岗的人都要高喊："夫差，你忘了你父亲的深仇大恨吗？"夫差流泪回答："不敢忘，不敢忘。"语文课本上把这种句式叫疑问句。

后来，吴越之间又爆发了会稽之战，越国战败，越王勾践请和，孙子和伍子胥都看出越王勾践绝不会久居人下，一定会卷土重来，不让夫差答应。但是夫差急于出兵中原，争夺霸主，就答应了勾践。

勾践给自己的房间里挂着一个猪苦胆，每天尝一口，然后问自己："你忘记了会稽之耻吗？"然后自问自答："不敢忘，不敢忘。"语文课本上把这种修辞手法叫设问句。

接下来的事情，人们都知道，经过长期准备的越国，灭亡了吴国。

越王勾践是一个深有谋略的人，他投降吴国后不久，就进献美女西施，贿赂吴国权臣，离间吴国君臣。最先倒霉的是伍子胥，因为夫差误信谗言，伍子胥被逼自尽。

伍子胥自尽后，孙子看出夫差是一个不值得共事的人，便归隐山林，如一片云朵，飘荡于苍茫的远天远地，不知所终。

所有史书对孙子的记载，戛然而止。

然而，关于他的话题，却绵延至今；而且，还会长久绵延下去。

孙子策划指挥的战役，都表现在对楚国的作战中。他的作战艺术绝对是高超的，后世有一个军事家名叫尉缭，他在《尉缭子》中记载："有提三万之众而天下莫挡者谁？武子也。"只带着三万人横行天下，无人能抵挡的，只有孙子才能做到。

《孙子兵法》的艺术也绝对是高超的，两千多年来，还没有哪一部兵书能够超越它，曹操在《孙子略解》中说："吾观兵书战策多矣，孙子所著深矣。"李世民也对这本书赞不绝口："朕观诸兵书，无出孙武。"

　　人们总是把孙子和另一个军事家连在一起，这个人的名字叫吴起。他们两个人都著有兵法，《孙子兵法》和《吴起兵法》也总是连在一起，简称"孙吴兵法"。

　　然而，吴起和孙子太不一样了，《吴起兵法》也和《孙子兵法》太不一样了，吴起和孙子的战法也太不一样了。

2

富二代吴起

他一手打造的魏武卒，是中国最早的特种部队，攻必克，战必胜，保证了魏国百年无忧。

在他生活的那个时代，他是一枝独秀的。

在他之前，一个名叫孙武的军事奇才已经去世了；而在他之后，另一个名叫孙膑的军事奇才还没有出生。

在孙武和孙膑之间的两百年的漫长岁月里，他以无与伦比的作战才能，遮盖了春秋末期战国初期所有军事家的光芒。

他的名字叫吴起。

他的性格是矛盾的，他的心理是多变的。他既有大将的雄才，又有小人的心计。在他的身上，光明磊落与猥琐卑俗完美地结合在一起，善良正直与邪恶奸诈完美地结合在一起，盖世才能与阴暗弱智完美地结合在一起。人们很难想象，吴起的身上一半是海水，一半是火焰；吴起的心中一半是汹涌的热情，一半是寒冷的冰霜。用今天的话来说，吴起有人格分裂症。

他没有亲情，没有友情，没有道义，没有原则，他的心中只有功名利禄。他很像千年后一本名叫《水浒传》的书籍中所写的青面兽杨志一样。

这样的人非常可怕，因为他们为达目的而不择手段，他们表面一套，背后却又是一套。这样的人能够建立不世的功勋，却又具有极大的破坏力。这样的人既能够成为圣人，也能够成为魔鬼，而魔鬼和圣人之间，只有一步之遥，一念之差。

吴起谁也不爱，包括他的亲人朋友，甚至包括他自己，他爱的只有功名。

吴起是一个富二代，他出生在春秋时代的卫国，拥有万贯家产。

拥有万贯家产的吴起不满足做一名富二代，他要拜将封侯。一个成功的男人，仅有票子是不够的，还要有位子。有了票子不一定能够买来位子，而有了位子则一定会有票子。在这个古老的东方国家里，官本位思想深入到了每一个人的骨髓里。再有钱的富翁，见到当官的也会矮三分。

少年吴起开始周游列国，寻找一个当官的位子。那时候出国不需要办理护照，只需要博尔特那样的一副腿脚就行了。因为在春秋时期，交通极为不便，大多数路程都需要靠腿脚行走。

吴起在春秋时代寂静的土路上风尘仆仆地行走着，走出了胡须，走出了皱纹，磨穿了脚板，磨破了行囊，却还是没有找到一个当官的位子。归去来兮，田园将芜，穷困潦倒的吴起只好回到家中。

出门打工，混得不好了，就不要回来；混得不好了，却跑回来，注定不会过上平静的生活，注定了会有意想不到的故事发生。

吴起气昂昂地出门求官，却灰溜溜地铩羽而归，村中有人笑话他没出息，他一怒之下，杀死了同村三十多个人。吴起的凶残暴戾和心胸狭窄，由此可见。

吴起有严重的性格缺陷。这些性格缺陷，也决定了他一生波折坎坷。

因为无法忍受别人的几句戏谑，吴起一口气杀了三十多个人。一对三十，保持全胜，吴起既性格暴戾，又武功高强。

三十多条命案在身，吴起无法待在家乡，只能背起行囊，开始新一轮的打工流浪生涯。外面的世界很精彩，但外面的世界也很无奈。无数打工者背井离乡，是为城乡二元对立的生活所迫，而战国时代的吴起离乡背井，是为了升官发财。

而且，吴起想要得到的官职不是小官，而是大得不得了的官职。临行前，站在村口的老槐树下，吴起咬着自己的手背，对母亲发狠说："我出去后做不了宰相大将，就永远不回来。"用今天打工者的话来说，就是："混得不好，我就不回来了。"

打工者的混得好，只是小赚一笔，改变贫穷落后的家庭局面，而吴起的混得好，却是要位极人臣。

任何一个听到吴起临别赠言的人，都会认为他是痴人说梦。

可是，吴起的白日梦却真的实现了。

"励志哥"吴起开始了自己的第二轮寻梦之旅。

吴起没学历没文凭，没后台没背景，没有从业经验没有阅历资历，却要当大官，那种困难的程度，不亚于教大象绣花，赶着骆驼穿针眼。

吴起发誓一步登天，就要登天，则必须有登天梯。

登天梯在哪里？登天梯在诸子百家手中。

春秋时代，群雄并起，各家学说，并立不悖。诸子百家为了博取功名利禄，纷纷走上了毛遂自荐的征途，用自己的三寸不烂之舌，打动诸侯君王，为君王出谋划策，达到自己的目的。这种目的，往大处说叫政治抱负，往小处说就是荣华富贵。

诸子百家，主要有十大家：儒、道、阴阳、法、名、墨、纵横、杂、农、小说。诸子百家的代表人物，按照知名度来排列，计有：孔子、孟子、荀子、墨子、老子、庄子、列子、韩非子、商鞅、申不害等。

吴起盯上了儒家，儒家学说成为他跨入仕途的敲门砖。

当时，孔子已经去世，诸子百家中，比较有名的几个人中，就有孔子的弟子曾子，于是吴起拜曾子为师。吴起相信，自己有了曾子弟子这面金字招牌，就能够畅通无阻，进入仕途。

吴起无疑是很聪明的，他知道名师出高徒的道理。他要跟着曾子学儒学。

"跟谁"是一个很重要的问题。在官场更是如此，跟对了人，就会平步青云；跟错了人，就会惹来杀身之祸。

曾子宣讲的是儒家学说，儒家的思想是治理天下，而不是攻伐天下。儒家的学说是文治，而不是武功。如果吴起能够跟着曾子一直学下去，他可能会成为某一个诸侯国治理国家的宰相，而不是战国时代赫赫武功的战将。

可是，命运很会开玩笑，命运的安排让吴起走上了另一条道路。

吴起跟着曾子学习不久，母亲便去世了。在古代，父母去世是一件大事，当儿子的必须回到家中，守孝三年。三年内，不得嫁娶，不得娱乐。三年内，当儿子的中心工作，就是愁眉苦脸地守在家中，面对父母的灵位。

可是，吴起为了尽快学到儒家精髓，尽快进入仕途做官，不愿意回到家中为母亲守丧。

吴起的做法，令师傅曾子很不满意。儒家学说讲究忠孝礼义，而吴起的这种行为就是不孝，对父母不孝，焉能对国家忠心，对国家不忠，则与叛逆无异。于是，吴起被赶出了曾子的学馆，他的宰相梦戛然而止。

命运在这里发生了逆转，一个儒家传人从历史的舞台上隐去了，一个军事奇才却像早晨八九点钟的太阳冉冉升起了。

偶然改变了吴起的命运，也改变了一个国家的命运，改变了一个时代的命运。

尽管没有从曾子的学馆毕业，尽管没有拿到曾子颁发的毕业文凭，但是在曾子的学馆里上过课，这就足够了。在曾子学馆上过课的吴起，足以拥有证明自己身份的资本。

因为有了在曾子学馆学习的经历，吴起找到了人生中的第一份工作，在鲁国的军队里打工。

吴起从鲁国的下级军官干起，依靠过人的能力，一步步得到升迁。在这期间，他结婚了，妻子是一名齐国人。

吴起心中始终燃烧着噼啪作响的熊熊大火，他要出将入相，他要位极人臣，可是，在一个没有战争的年代里，一个没有背景没有后台的人想要出人头地，谈何容易。

吴起苦苦地等待着机会，机会终于等来了，因为机会是留给有准备的人的。

这一年，齐国攻打鲁国，吴起认为建功立业的大好机会来到了，就踊跃报名出战。他的一番说辞颇得鲁国国君的欢心，鲁国国君就准备拜吴起为将，出击齐军。

可是，就在吴起信心满棚地准备出任将军的时候，有人向国君打小报告，说吴起的妻子是齐国人，吴起与齐军交战，只怕会怀有二心。鲁国国君将捧着剑印的双手，硬生生地收了回去。

吴起心中感到极大的失落，他独自走上了回家的道路。在路上，他作出了一个谁也没有想到的决定——杀妻。

吴起的齐国妻子倒下去了，变成了吴起踏上仕途的第一个台阶。吴起擦干净手中的血迹，踩着妻子还散发着余热的身体，从鲁君手中接过了代表权力的剑印。

男怕进错行，女怕嫁错郎。可怜的齐国女，就这样在一片血泊中香消玉殒。恋着你弓马娴熟通晓诗书少年英武，跟着你闯荡江湖风餐露宿受尽了世上千般苦，你全不念三载共枕如云如雨，一片恩情化作粪土……后世的人们，每次说起吴起，都会说到这个可怜的、连名字都没有留下的齐国女。

有野心的男人是有魅力的，有野心的男人又是非常可怕的。

吴起用妻子的鲜血染红了头盔上的红缨，也用妻子的尸体表达了与齐国势不两立的态度。鲁国国君大为感动，立马拜吴起为将军。

杀妻封将后的吴起，迎来了自己在战场上的处子秀。他带着并不强大的鲁国士兵，反攻异常强大的齐国士兵。已经深入鲁国境内数百公里的齐军，抬起穿着草鞋的脚，恶狠狠地踢向实力明显处于劣势的鲁军，没想到的是，他们的脚趾鲜血直流，他们踢在了生硬的石头上。

吴起带着鲁军大举反击，他们像挥舞着皮鞭的放羊娃一样；脚趾流血的齐军狼狈逃窜，他们像躲避皮鞭的羊群一样。

一场预料之中的胜利，变成了大溃败。齐军以狼奔豕突的姿势，退出了鲁国。

春秋时代的百战将星吴起，像美国职业联赛中的林书豪一样，以一串令人眼花缭乱的成绩，震惊四座，开始了自己气贯长虹的职业生涯，让所有怀疑他的人，眼镜和眼珠子都啪啪掉落一地。

然而，大破齐军的吴起，却没有得到应有的奖赏。

木秀于林，风必摧之。

外来打工者吴起的惊人战绩，让老于世故的正式工鲁国贵族们羡慕嫉妒恨。他们的作战才能虽远远不及吴起，然而搬弄是非的才能却是吴起远远不及的。

在鲁国正式工贵族的地位远远高于临时工，正式工要排挤吴起这样的临时工，就像用扇子驱赶蚊虫一样轻松而随意。

鲁国贵族们向鲁国国君说："吴起心胸狭窄，心狠手辣，早先杀死了乡邻三十多人，最近又杀了他的妻子，一个连乡邻妻子都敢杀的人，还有谁不敢杀？我们国家养这么一个人，就相当于养了一只虎。"

鲁国国君觉得很有道理。

贵族们继续说："这次吴起侥幸打了胜仗，但是给鲁国带来了灾祸。我们鲁国地域狭小，仁义治国，才得以在大国的夹缝中生存，这次吴起打了胜仗，大国们肯定不服气，早晚要找我们交手，我们鲁国早晚要被别人吞并。"

鲁国国君听了倒吸一口冷气。

贵族们接着说："吴起是卫国人，而现在却在我们鲁国打工，卫国听说了，肯定不高兴。卫国不高兴，我们就结怨于卫国。与其结怨于卫国，不如趁早把吴起赶走。"

鲁国国君听后，恍然大悟，立即下令将吴起赶出鲁国。

吴起背着简单的行囊，走在鲁国尘土飞扬的大道上，心中充满了难言的悲哀。天高地迥，江阔云低，断雁叫西风，吴起像溺水的人一样，想抓住一根救命的稻草，而抓到的却是满手苍凉。

我不能在才华上打败你，就在道德上打败你。有了道德污点的吴起，不得不又一次走上了流浪之途。

天地虽大，可哪里才是一个打工仔的容身之所？

失业后的吴起，开始了新一轮的找工作。很多公司的墙上都写着这样两句话威胁员工：今天工作不努力，明天努力找工作。可是，吴起的工作一直很努力，他为了工作，抛头颅，洒热血，在所不辞，然而造化弄人，史上工作最努力的吴起，却被工作无情地抛弃了。

吴起开始痛苦地反思，认为被解聘的错误，不在自己，而在鲁国国君。无能的不是自己，而是鲁国国君。他被解聘的原因，不是自己没有能力，而是鲁国国君没有脑子。既然错误不在自己，干吗要用对方的错误惩罚自己。

上一次找工作，找到了一个昏庸无能的老板。下一次找工作，一定要找一个具有雄才大略的老板。

可是，当今世界上，谁才是具有雄才大略的老板呢？

当时这片东方古国的土地，被分裂为几十个诸侯国，几十个诸侯国中，又有九个大国。后来史书中记载的战国七雄，此时才初露端倪。

要去就去大公司，要找就找大老板。

九个诸侯国中，鲁元公昏庸无能，秦灵公凶残暴戾，郑儒公好大喜功，宋昭公懦弱胆怯，楚简王是非不分，齐宣公民怨沸腾，燕泯公胸无大志，卫怀公只图自保，唯有魏文侯是个另类。

在九个大国中，魏国的处境最为尴尬，形势最为不利，国力最为薄弱。魏国山多地少，生活苦焦，吕梁山在其北，中条山在其南，王屋山在其东，黄河在其西。这样狭窄逼仄的区域，严重影响到了魏国的发展壮大。一河之隔的秦国，常常派兵侵入魏国，抢掠一番后，满载而归。

魏文侯上任三年，隐忍不发。他像一头狮子一样，默默地观察着周边的形势，计算着出击的最佳时间，他有一颗狮子般的心。

从第四年开始，魏文侯开始了一连串大刀阔斧的运作，任用李悝进行变法，使魏国逐步走上富强之路；任用乐羊攻打中山国，扩大了魏国的地盘；任用西门豹治理邺城，兴修水利，使魏国农业增产增收。

李悝、乐羊、西门豹等这些帮助魏国一步步强大起来的文臣武官，都和吴起一样来自于下层社会。下层社会的他们今天走上了成功，成为吴起学习的榜样。榜样的力量是无穷的。别人能成功，我吴起也能成功。

能够重用这些社会底层人士的国君，一定是一个不平凡的国君，他一定能够忍别人之所不能忍，谋别人之所不能谋，这样的国君，即使不是明君，也至少是有识之君。

来自社会底层的吴起，决定去魏国碰碰运气。

这注定是载入史册的一天，因为这一天，春秋战国时代的常胜将军吴起开始登上了战争前台。

这注定是被后世牢记的一天，因为从这一天开始，战国时代的历史将重新书写。

这注定是被人们常常提起的一天，因为这一天风云际会，魏国的顶尖人物都在史册中留下了印记。

这一天，吴起来到了魏国宫殿，特意穿上了宽宽大大的儒家服装，他想向魏文侯暗示，他不但是当世能够击败强大齐军的为数不多的将领，还是孔子的第三代传人。他不但有着高超的指挥艺术，还有着渊博的学识。

吴起太渴望建功立业了，太希望找到一个明主了。为了这一天，他准备了很久。他像被关在铁笼中的狮子一样，太需要在草原上驰骋，在月光下长啸了。

吴起需要把握这次机会，他知道这次机会的重要性。

然而，魏文侯看到吴起，却表现得很冷淡，他知道吴起是为何而来，也听过吴起击败强齐的故事，他想考查吴起的能力，就故意对吴起说："我对打仗的事情不感兴趣。"

兴致盎然的吴起被迎头泼了一瓢冷水，然而，却并不甘心离去，他对魏文侯说："您这句话违背了自己的心意。"

魏文侯问："何以见得？"

吴起侃侃而谈："我自从进入魏国后，就听说您时时令人制作皮革，涂上红漆，熨上图案；命人制作武器，长戟足有两丈四，短戟也有一丈二。如果用这样的皮革做衣服，冬天不保暖，夏天不凉爽；如果用这样的武器去打猎，长戟太笨重，短戟不轻便。不知道您要这些东西做什么用？"

魏文侯说："就算是用来打仗，又怎么了？"

吴起说："你有皮甲，还有大戟，然而却不要会使用它们的人。你让不会使用它们的人，拿着这些武器去作战，就像驱赶小鸡与野猫搏斗，小狗与老虎搏斗一样，他们虽然意志坚定，却只能自蹈死地。以前，成桑国不修兵甲，幻想仁义对敌，很快就亡国；有扈国不讲战术，只讲蛮勇，也遭到灭亡。有鉴于此，贤明的国君一定对内仁义治国，对外积极备战，这才是立国之本。"

魏文侯心有所动，偷偷地询问身边的宰相李悝："吴起这个人怎么样？"

李悝说："吴起贪图功名，人又好色，这是他的缺点，但是此人指挥才能极高，即使司马穰苴也比不上他。"司马穰苴，是姜尚之后非常有名的军事家。

于是，魏文侯设宴招待吴起，拜吴起为将军。吴起贪图功名，可以给他职位；吴起爱慕女色，可以送他美女。吴起的长处是指挥作战，魏文侯只要用他这一点长处，就足够了。

至此，吴起开始谱写自己军事生涯中的华彩乐章。

魏文侯命吴起镇守西河，牵制西面的秦国。

吴起上任后，干了两件非常漂亮的事情。

第一件事情，他在魏国建立了完善的奖惩制度；第二件，他在魏军中组建了战斗力超强的魏武卒。

魏武卒是中国最早的职业军人，是那时候的特种部队，魏武卒中的每个人都是许三多，其作战能力无人匹敌，每个人都能够以一当十，甚至以一当百。直到今天，还有人认为魏武卒是中国历史上战斗力最强的一支武装。

吴起经常和魏文侯讨论兵法，他认为，一个将领要能够打胜仗，最基本的要求是言必信，行必果，奖有功，罚有过，言行一致，奖罚分明。唯有这样，将领才能在军队中树立权威，将领有了权威，士卒才能一切行动听指挥。

有一次，吴起在南门外竖立了一根表杆，他悬赏说，谁能够把这根表杆推倒，就任命他做长大夫。集市上的人围观窃笑，因为将这根表杆推倒，并不需要花费多少力气，怎么说也不可能因此当上长大夫。所有人都认为这是吴起的恶作剧。

在大家议论纷纷之际，有人觉得不管真假，试试无妨，便在众人的哄笑声中推倒了表杆，并去求见吴起。吴起立即兑现诺言，任命这个人为长大夫。所有人都惊愕万分，肠子都悔青了。

吴起说："我言出必行，绝不说谎。"

吴起的这个故事，以后在秦国的都城咸阳，被商鞅借鉴。

不久，吴起的言出必行在战斗中收到了奇效。

秦国在魏国的西河地区有一块飞地，像一根钉子一样楔入了魏国的版图。秦军在这块飞地上建立了岗哨，密切关注和监视着魏军的一举一动，魏文侯多次想派军队拔掉这颗钉子，又担心会给秦军造成大举进攻的口实。春秋战国时期，诸侯国作战都是很讲究原因的，一定要师出有名。尽管大家整天打打闹闹，但都严格遵守游戏规则。

既然魏军不能出头，那么吴起就派老百姓出面，让魏国的老百姓将这颗眼中钉肉中刺拔掉。

吴起对百姓们说："如果拔掉了那个秦军岗哨，每人奖赏一百两黄金。"吴起相信在利益的驱动下，会有人前去冒险。古人说，重赏之下，必有勇夫；马克思说，只要有十倍的利润，商人就敢冒杀头的危险。说的都是这个道理。

一个月黑风高之夜，一伙农夫在夜色的掩护下，悄悄靠近了秦军的岗哨，然后大喊一声，冲了进去，杀死了大部分秦军，只有少部分侥幸逃脱。

逃到秦国的秦军向秦王报告了岗亭丢失的具体经过，而且外交人员也证实了当天夜晚拔掉秦军岗亭的，确实是附近的魏国百姓。秦王纵有烈火般的复仇之心，也不得不平息，因为击败秦军的，不是魏军，而是魏国的老百姓。秦王再残暴，也不能拆了老百姓的房子，关了老百姓的家，杀了老百姓的头。

那块伸入魏国的飞地，秦王只能忍痛放弃。此后，吴起在那里设立军事基地，将魏国的防线连成一片。

吴起在西河干的第二件漂亮事情，是组建了一支中国历史上最早的特种部队。这支特种部队的名字叫魏武卒。

魏武卒，这是一支至今还被人们津津乐道的军队。吴起依靠这支特种部队，东伐西讨，南征北战，大战七十二，无一败绩。魏武卒这种军事体例，一直沿用到了今天。

几乎在东方的吴起组建魏武卒的同时，西方也组建了一支特种部队，那就是斯巴达的敢死队。不同的是，吴起的魏武卒多达五万人，而斯巴达的敢死队只有三百人。有人认为，魏武卒的五万人数值得怀疑。但是，魏武卒肯定是一支具有强大攻击力的军队，人数当不会少于万人。

当波斯帝国国王薛西斯举全国之力，率兵五十万进攻爱琴海流域的时候，斯巴达三百勇士在温泉关天堑坚守三天，全部战死。如果当时坚守温泉关的，是五万名魏武卒，薛西斯绝对无法跨前一步。

因为魏武卒的每个人，都百炼成钢；魏武卒的每个人，都武功高强；魏武卒的每个人，都是世界上最优秀的士兵。

因为魏武卒是当时世界上最出色的军事家吴起训练出来的。这支军队中的每个人，不但有强壮的身体，还要有敏捷的身手；不但有敏捷的身手，还要有严明的纪律；不但有严明的纪律，还要有誓死的决心。他们相信浴血奋战，是男儿本色；他们相信战死沙场，是最好归宿。

五万人拼命，谁能不害怕？所以，这支无坚不摧的军队，书写了战争史上的神话。

那么，魏武卒又是如何炼成的？

任何人都想成为科比，但不是每个人都能够成为科比。任何人都想成为博尔特，但不是每个人都能够成为博尔特。要能够成为科比和博尔特，需要强壮的身体、敏捷的反应力、超强的爆发力。

当年的任何一个士兵都想加入魏武卒，但不是每一个士兵都能够加入魏武卒，要想加入魏武卒，首先需要有强悍的身体。强悍到了什么程度？强悍到了能够参加今天的铁人三项赛。

据《荀子》和《太平御览》等书籍记载，每一个想要加入魏武卒的士兵，先要通过吴起的体力测试，"魏之武卒以度取之，衣三属之甲，操十二石之弩，负矢五十，置戈其上，冠胄带剑，赢三日之粮，日中而趋百里"。身穿三重铠甲，手执一根长矛，身背一台硬弓，腰悬一把长剑，背负五十支长箭，携带三日干粮，迎着早晨的第一缕阳光向前奔跑。铠甲长矛，硬弓长箭，还有干粮长剑，这一身行囊少说也有五十斤，而身负五十斤，还要奔跑，一般人肯定吃不消。但是，想要加入魏武卒的人，肯定不能是一般人。

他们迎着冉冉升起的太阳向东方跑去，太阳越升越高，炙烤着三层铠甲下的他们的身体，他们汗如雨下，气喘如牛，体力开始透支，然而为了心中崇高的理想，必须坚持，必须咬紧牙关向前奔跑。

古代的一百里，相当于现在的八十多里。前方，在八十多里的地方，吴起竖立了一根标杆。在太阳的照耀下，标杆的影子愈来愈短，当正午来临的时候，当太阳升上头顶时，体力测试就结束了。

凡是跑过标杆的人，可以进入下一轮测试；凡是没有跑过标杆的人，就被淘汰出局。

魏国地处晋南，就是今天的山西运城一带。早晨七时，运城才能够看到阳光；而到了中午十二时，太阳就升到了头顶，也就是说，吴起提供给考生们的时间只有五个小时。五个小时奔跑八十多里，平均一小时要跑十六里，而且是负重奔跑，重量高达五十斤。

这样苛刻的测试，普通人根本吃不消。

仅仅跑过标杆，还不能加入魏武卒。因为在标杆的后面，站立着全副武装的士兵，手持长矛，向着接近崩溃的你刺来。

你需要立即挺起长矛，与面前这个等候了你很久的敌人交手，你需要在规定的时间里击倒对方，如果时间已经到了，而你还没有获胜，或者你被对手击败了，那么，此前你跑过的和马拉松一样长的距离，此时也要作废。魏武卒培养的是职业军人，而不是马拉松冠军。

马拉松冠军的速度和耐力，只是魏武卒所要具备的条件之一。

即使你在五个小时内跑过了八十多里，即使你在跑过八十多里后，还能够在规定的时间里击败对手，这只能说明你通过了魏武卒考试的第二关。后面还有很多道关口在等着你。

此时的你，满身泥水，满脸汗水，满手血水，站立在吴起的面前，而吴起仍然没有接纳你。

吴起还要考查你的配合能力。

此时的你，已经拥有了极为超长的耐力，极为坚韧的抗击打能力，极为强悍的战斗力，但是，这只能说明，你是一个单兵作战的合格士兵。而吴起需要的，不仅仅是单兵作战能力，还有你的协作精神，以及配合能力。

因为在战场上，吴起需要的不是像《三国演义》中所描写的将领单打独斗，事实上古代作战完全就不像《三国演义》中所写的那样，两个将领先捉对厮杀，赢了的带着士兵追击，输了的带着士兵逃命，两支军队的命运完全寄托在两个将军的武功上，这显然很不现实。在战场上，吴起需要的是几千个几万个强悍士兵，排成阵型，向对方发起排山倒海般的攻击。

这种阵型，叫做魏武卒方阵。

魏武卒方阵是一架变形金刚那样的庞大机器，每个魏武卒都是这个机器上的一个零部件，每个零部件都发挥了自己的能力和作用。变形金刚离不开每一个零部件，魏武卒方阵离不开每一个魏武卒。

魏武卒的方阵又是一个什么阵型？他们是如何攻击，又是如何防守的？

魏国盛产兵器，因为魏国境内有铁矿；魏国贸易畅通，因为魏国境内有井盐。盐和铁，是古代最重要的贸易物资。

魏国的兵器很奇特，长戟两丈四，短戟一丈二。两丈四，相当于今天的五米多；一丈二，相当于今天的两米五六。作战时，短戟可以一人操作，可是五米的长戟，又该如何操作？长戟需要两个人，一个在前面提着，一个在后面突刺。

兵器谱上讲：一寸长，一寸强，一寸短，一寸险。在远距离作战时，长兵器大占上风；在近距离交战时，短兵器占尽先机。长戟在作战的时候，如果一刺不中，那么，冲到跟前的敌人，攻击两名持长戟的士兵时，他们毫无还手之力。

在吴起之前，魏国的长戟都是单兵作战，无法发挥更大的作用。

是吴起把这一杆杆长戟，打造成了方阵，这就是魏武卒方阵。一杆长戟就够可怕了，而成千上万杆长戟排在一起，组成长戟的森林，排山倒海，无坚不摧。这就好像"二战"时期的坦克作战，在德国名将古德里安之前，坦克都是单兵作战，是军事奇才古德里安将一辆辆坦克组成了坦克集团，它的攻击能力让人生畏。

试想象一下，五万名魏武卒，抬着五米长的长戟，像森林中的蚁群一样滚动过来，铺天盖地，无休无止，他们的脚步天塌地陷，他们的呐喊山崩地裂，上万杆长戟，在阳光下闪闪发光，像一条闪光的河流，滚滚而来。这样的场景，怎能不令人恐惧？

更令人恐惧的是，方阵的里面，是手持短戟的士兵。在第一轮的突刺中，如果长戟一刺不中，短戟马上就会冲上去填补空缺。

而且，长戟和长戟之间的距离很短，根本就不容敌手从缝隙中钻过，也就是说，长戟方阵就像一架推土机一样，面前所有的障碍，都会一推而光。

然而，魏武卒是步兵，对付敌方的步兵，战无不胜，那么，对战车，对骑兵呢？

会下中国象棋的人，都知道车马卒三者的战斗力。车可以横冲直撞，马可以斜向杀敌，而卒只能向前突击，只有在过河后，卒才可以左右闪避。有人甚至将车马卒三者的战斗力用数字表达，如果卒的战斗力是一，那么马的战斗力是四，而车的战斗力则最少是八。

在古代战场上，象棋中的车指代战车，马指代骑兵，卒指代步兵。骑兵对步兵，具有绝对的优势，而战车对步兵，那更是压倒性地杀戮。

古代战车均为木制，在重要部位，比如车轴等地方，包有铁皮或者铜皮，减少摩擦破损。驾驶战车的马匹，有的是两匹，有的是四匹，其中以四匹居多。成语"驷马难追"，指的就是这种战车。战车上乘坐三个人，中间是御者，腰佩长剑，掌控战车方向；左边是车长，弯弓搭箭，射击远方敌人；右边是长矛手，刺杀战车附近敌人。这样的配合真是巧妙，战车动静相济，远射近刺，以雷霆万钧之势冲击步兵方阵，步兵就被摧枯拉朽，怎么能够抵御？

然而，魏武卒有的是办法。

《吴起兵法》中写到了如何破阵，吴起在与魏文侯的问答中，提到了多种步兵对阵战车的方法，其中有一种是，士兵用橹牌搭成斜面，让战车倾翻。橹，是大盾牌。

四匹马拉动的战车，速度很快，但是，越快越容易失控；四匹马拉动的战车，冲击力很强，然而，越强越容易断裂。任何事物都是一分为二的。

在中国象棋理论中，单纯的一个车，想要杀死一个过河卒，易如反掌。但是，如果几个过河卒联合起来，层层设防，牵一发而动全身，那么这种铁桶阵则可以杀死车。

普通的过河卒都是这样，更何况吴起的魏武卒。魏武卒，个个都是许三多那样的兵王。

那么，骑兵又应如何对付？

当敌方的骑兵向魏武卒发起攻击的时候，魏武卒会像刺猬一样缩成一团，士兵的外面是盾牌，盾牌的缝隙中是长戟，长戟密密麻麻，就像刺猬身上的尖刺一样，一齐对着敌方的骑兵，让骑兵不能靠近。

魏武卒方阵，就是一座用盾牌搭就的坚不可摧的石头堡垒，就是一架用长戟打造的钢铁机器，石头堡垒，可以阻挡最大的风浪；钢铁机器，可以冲破所有的障碍。

在平原上，这架可以移动的钢铁机器，攻必克，守必固，战无不胜，他们在黄河以西的渭河冲积平原上，让素以强悍著称的秦军，束手无策，次次败北，他们把秦军像赶鸭子一样，赶到了遥远狭窄的秦岭山区，逼迫秦王一次次彷徨着：要不要迁都。

魏国以西，是关中平原，一马平川，纵横八百里。这是魏武卒扬威的好战场。

史书对魏武卒的战绩是这样记载的："大战七十二，全胜六十四，其余均解。"也就是说，魏武卒经历了七十二场大战，全胜的有六十四次，打成平手的是八次。要知道，魏武卒每次作战，都是以寡击众。

当年的魏国，人人争相加入魏武卒，一个很重要的原因是奖励机制。凡是加入了魏武卒的战士，待遇好于其他士兵，全家免除徭役，享受俸禄津贴；而且战死后，妻儿还能够领到一笔抚恤金。所以，魏武卒上了战场，人人拼命，个个争先，如惊涛骇浪，风卷残云。

吴起爱兵如子，和历史上所有著名战将一样。将军关爱士兵，士兵上了战场才会拼死报效，岳家军、戚家军无不是这样；将军鞭笞部属，部属当然不会效命，张飞之死就是很好的明证。先主刘备即将伐吴，大战将至，而张飞竟然鞭笞部将，结果被部将砍下头颅，投靠吴国。

每逢大战，吴起总是与最普通的士兵在一起吃饭，和最普通的士兵穿一样的衣服，和最普通的士兵睡在一起。士兵们睡在柴草丛中，他也睡在柴草丛中；士兵们吃着粗茶淡饭，他也吃着粗茶淡饭；行军的时候，士兵们扛着武器干粮前行，他也扛着武器干粮前行；士兵们没有马骑，他也不骑马。他在生活中，和士兵保持一致；他在思考时，和魏王保持一致。

这样的战将，就是将领的最高典范。

曾有一个士兵，腿脚负伤，伤口化脓，吴起蹲在地上，将士兵腿上的脓血吸出后，进行包扎。士兵的母亲听到这件事情后，悲伤不已，号啕大哭，有人就问她："你儿子不过是一名普通士兵，人家大将军亲自给你儿子吸出脓血，你有什么好悲伤的？"士兵的母亲回答说："你不知道啊，当年他父亲作战负伤，伤口化脓，大将军吸出脓血，代为包扎，他父亲打仗的时候，拼死向前，头也不回，战死沙场。现在，大将军又吸出我儿子腿上的脓血，我儿子肯定也会像他父亲一样拼死杀敌，战死疆场。我不知道我一个老太婆以后孤身一人怎么生活呀。"

在吴起时代，魏国的疆域最为辽阔，魏国的力量最为强大。

魏文侯死后，魏武侯继位。

和父亲魏文侯的谦虚谦恭不同，儿子魏武侯一向自视甚高，觉得自己无所不能。

春秋战国时代，几乎所有谋臣战将，都有一副好口才，甚至包括国君也是这样。有人依靠极佳的口才，博取了功名利禄，比如苏秦、张仪。苏秦一次次去说服君王，博取功名，而被赶出，穷困潦倒，回到家乡，无人搭理。张仪去楚国游说，被杖击而出，遍体鳞伤。妻子讥笑他，他说："只要我的舌头在，富贵就在。"他们能够依靠的，就是那张嘴，那条三寸不烂之舌，这样的人被称为舌辩之士。

魏武侯的口才也不错。

有一次，魏武侯与群臣商量国事，大臣们都说不过他，退朝的时候，魏武侯沾沾自喜，吴起看在眼中，忧在心中，他走近魏武侯问道："今天有人告诉你楚庄王的事情吗？"魏武侯不知道吴起怎么突然说起了楚庄王，他懵懂地睁着一双无辜的眼睛，望着吴起问道："没有啊，楚庄王的什么事情？"

吴起不动声色地说："当年楚庄王和群臣谋事，群臣都说不过他。退朝的时候，楚庄王忧心如焚，有一个大臣问他，为什么脸有忧色？楚庄王说，我听说诸侯能够自己选择老师的，就能够称王；能够自己选择朋友的，就能够称霸；自满自足而群臣比不上他的，就会亡国。我在朝议事，群臣都说不过我，我们国家距离灭亡就不远了。"

魏武侯看着吴起，似有所悟。

吴起接着直言不讳地说："同样一件事情，楚庄王忧郁，而您得意，这是为什么？"

魏武侯徘徊几步，满脸通红，感激地拉着吴起的手，一连声地对吴起说："老天爷把你送给我，是让你监督我的过失。"

魏武侯有失，满朝文武或视而不见，或混沌不懂，唯独吴起当面指出了魏武侯的过失，吴起不但是一名能征善战的猛将，还是一名见识卓越的能臣。这样的人才，举世无双。

举世无双的奇才吴起，谁用谁就能称霸诸侯。鲁国有眼无珠，把玉石当成了石头，所以很早就退出了历史的舞台；魏国独具慧眼，劈开石头得到玉石，所以能够将一个摇摇欲坠的濒亡的中原小国，发展壮大成为最强悍的诸侯国。

魏国能够在四面强国环拱的夹缝中绝处逢生，能够在面临灭顶之灾的危境中绝地反击，能够在积弱积贫的困苦中迅速崛起，能够在缺兵少将的窘状中锤炼出一支钢铁之师，这一切全赖魏国有一个吴起。

谁得到了吴起，谁就能称霸诸侯。

吴起和他一手打造的魏武卒，保证了魏国百年无忧。

魏文侯贤能，魏武侯逞能；魏文侯心胸开阔，魏武侯心胸狭窄。从魏文侯到魏武侯，是麻袋换草袋，一代不如一代。

还有一次，魏武侯和魏国诸位大臣泛舟黄河。在吴起来到魏国之前，黄河是魏国和秦国的界河，经过吴起连年征战，魏国版图大肆向西扩张，黄河已成为流经魏国的内河。

吴起以一己之力，让魏国成为当时最强盛的国家，让当时最霸道的被人们称为"虎狼之国"的秦国畏惧觳觫。

魏武侯坐在船上，船到中流，看着黄河两岸肥沃的田地，他自大的毛病又犯了。他站起来，像喝醉酒的李白一样诗兴大发，感叹道："啊，我们魏国有山河之险，试问天下有谁能敌？"同船的大臣王错不失时机地凑上去，满脸谄媚地说："这就是魏国之所以强盛的原因，如果再增加河防，我们就可以称霸了。"吴起呵斥王错道："大王的言论，会带来国家灭亡，你在一边瞎起哄什么？"

魏武侯正沉醉在李白作诗一样的癫狂状态中，突然听到吴起的话，勃然大怒，他质问吴起："你凭什么这样作践人？"

吴起站起来，侃侃而谈："依靠河山来防御，只会让江山倾颓。那些称霸诸侯的人，谁是依靠防御来取得的？最好的防御武器不是河山，而是进攻。"

魏武侯有了兴趣，对吴起说："赶紧说，往下说。"

吴起说："当年，三苗居住的地方，左有彭蠡湖，右有洞庭湖，南有岷山，北有衡山，三苗的酋长自以为江山永固，无人能够攻破，所以高枕无忧，胡作非为，最后却亡国了，被大禹放逐到了遥远的西北沙漠地带。夏桀所在的国境，东西两面都有险阻高山，南北两面都有奔腾大江，他同样依靠河山天堑，为政不善，最后被成汤灭国。殷纣所在的国境，左有太行山，右有漳河水，背山面水，易守难攻，自以为有恃无恐，昏庸无道，导致天怒人怨，最后被周武王灭绝了。"

魏武侯悚然震惊。

吴起继续说："大王征战多年，深知攻守之道。您亲自率军攻打过别国的城池，他们的城墙不可谓不高大，他们的护城河不可谓不宽阔，他们国境的山脉不可谓不巍峨，他们国境的河流不可谓不湍急，然而您能够战胜他们，不是因为他们的地理位置，而是因为他们国内民怨沸腾。所以，我认为地形险阻和成就霸业没有关系，关键在于政治清明，民众安宁。"

魏武侯醍醐灌顶，感慨地说："你说得太好了。以后我就把西河全权交给你。"

吴起是一个能力超群的人，但他又是一个心无城府的人。

吴起一再在公开场合顶撞魏武侯，反诘魏武侯，魏武侯会高兴吗？魏武侯是君，即使能力再差，也是君；吴起是臣，即使能力再强，也是臣。君君臣臣，父父子子，君为臣纲，父为子纲，生活在等级森严的封建社会中的吴起，纵然你有孙悟空的能力，你的师父唐僧也会用紧箍咒降服你，你也逃不脱师父唐僧的掌控。

吴起每次反诘魏武侯之后，魏武侯都很感动很感激，但是，那种感动感激绝对是装给所有人看的，也是装给吴起看的。伴君如伴虎，伴君是一门高深的学问，来自民间只知道打仗的吴起，又怎么能懂得这门学问？

魏文侯死后两年，宰相李悝也死了，魏国缺少一名宰相。

吴起想当然地认为，这个宰相的位置应该是他的，可是，魏武侯没有任命吴起，而是任命田文做宰相。田文出身于名门望族。

吴起感到很失落，要找人去理论，他不敢去找魏武侯，只敢来找田文。他对田文说："我想和你比比谁的功劳大，可以吗？"

田文说："可以。"

吴起问："统帅三军，身先士卒，万众一心，威震四方，你和我相比谁的功劳大？"

田文说："我不如你。"

吴起问："治理百官，亲近万民，充实府库，你和我相比谁的功劳大？"

田文说："我不如你。"

吴起问："守卫黄河西岸，秦国不敢进犯；开疆拓土，韩国赵国臣服，你和我相比谁的功劳大？"

田文说："我不如你。"

吴起："这三者，你都不如我，而你职位在我之上，为什么？"

田文说："先王去世，国君年少，大臣狐疑，百姓彷徨，这个时候，国家应该依靠你，还是依靠我？"

吴起沉思了很久，论作战，他披坚执锐，所向无敌；论理财，他锐意改革，国库充实。然而，要和朝廷中那些大臣打交道，要学会左右逢源八面玲珑，他远远不行。那些大臣们都是老狐狸，要置身狐狸圈中斗心眼使绊脚除异己，这是性格直爽的吴起最不擅长的。

吴起说："我不如你。"

田文说："这就是我位居你之上的原因。"

吴起赧然退出。

他只能继续等下去，等田文死后，这个职位肯定是他的。

然而，田文没有死，田文离开了。田文离开后，这个职位仍然不属于吴起。

吴起在魏国先后二十余年，历经三任宰相，而他都在觊觎着宰相的职位。第一任宰相李悝没有害他，第二任宰相田文没有害他，而第三任宰相公叔要害他了。

因为公叔担心吴起会抢走他的相位。田文的功劳不如吴起，而公叔的功劳更是远远不如。

很多年前，吴起出门求功名的时候，咬着手背对母亲说：这一次出去做不到宰相和大将军，我就不回来。这么多年过去了，吴起率领魏武卒，西征强秦，北讨燕赵，东伐齐鲁，建立了不世功勋，位列大将军，然而他还不满足，还想当宰相。

吴起是一个称职的将军，但是他不会是一个称职的宰相。

将军需要的是舍生忘死，浴血奋战，身先士卒，智勇双全，这些，吴起都有了。宰相需要的是伴君如伴虎，却不会被虎伤，任他风吹雨打，胜似闲庭信步，平衡各方势力，协调各种关系。将军需要的是战争学，宰相需要的是关系学。

而吴起，最不擅长处理各方关系，最不懂得揣摩人心，他一意孤行，性格直爽，在大庭广众之下，多次让魏武侯难堪；在田文做了宰相后，面对既成事实，他居然跑去和田文论理，想要扭转不可能扭转的局势。这样一个对关系学一窍不通的人，这样一个对官场一无所知的人，又怎么能够做宰相？君王需要常伴在自己身边的，不是旷世奇才，而是听话的跟班。吴起纵然有扭转乾坤的能力，但是他就是不适宜做宰相。

而且，吴起手中权力越大，魏武侯就越害怕。五万魏武卒天下无敌，五万魏武卒只听命于吴起一个人。五万魏武卒如果举事，魏国的江山就要改名换姓；五万魏武卒如果阵前倒戈，魏国的江山就会四分五裂。吴起和他的五万魏武卒决定着魏国的命运，魏国不在魏武侯手中，而在吴起手中。

魏武侯常常一想这件事情，就觉得芒刺在背，毛骨悚然。

魏文侯时代，魏文侯没有猜忌吴起，魏国从晋南山区中的一个弹丸小国，一跃成为战国七雄之一。魏武侯时代，魏武侯猜忌吴起，吴起的命运发生了逆转，魏国也就走上了下坡路。

吴起到死都不明白，要害死他的人，不是宰相公叔，而是魏武侯。公叔只是魏武侯安排的一粒棋子。别说吴起不适宜做宰相，即使他适宜做宰相，魏武侯也不会提拔他。不但不提拔他，还要除掉他。

要除掉吴起，需要找一个借口。这个借口是公叔的仆人想到的。

公叔的能力远远不及吴起，但是要阴谋诡计远远超过吴起。近朱者赤，近墨者黑，物以类聚，人以群分，吴起身边的人都只会打仗，而公叔身边的人都是诡计多端的奸佞小人。

公叔身边的那名仆人说："一个小小的吴起，有什么可担心的，我略施小计，就能赶走他。"

公叔问："你有什么计策？"

仆人说："你和武侯是什么关系？"

公叔说："是亲戚关系，武侯的表妹嫁给了我。"

仆人说："你和当今的公主是什么关系？"

公叔说："我是她表姑夫。"

仆人说："这不就很简单了嘛。"

公叔望着洋洋得意、一脸谄媚的仆人，还是不明所以。

仆人没有接着说公主，也没有说魏武侯，而是说起了吴起。他说，吴起这个人清正廉洁，不好钱财，多智多勇，不惜性命，确实是世间少有的人才。但是，吴起有一个要命的毛病，就是贪图功名。他做了大将军，居然还想做宰相，既是大将军，又是宰相，所有大权一手抓，那还要魏武侯干什么？

公叔点点头。

仆人说："所以，要除掉吴起的，不仅仅只有大人您，还有魏武侯。"

公叔恍然大悟，睁大眼睛，看着仆人说："快说，继续说。"

仆人说："我有一条妙计，你只要照着我的计策去做，我保证吴起离开魏国。"

吴起和他身边的人，整天琢磨的是如何打仗，如何开疆拓土；而公叔和他身边的人，整天琢磨的是如何消除异己。同样都是生活在一个朝堂里的大臣，做人的差别怎么这么大呢？

第二天，公叔依计而行，他来到了宫殿，见到了魏武侯。

他对魏武侯说："我听说吴起另有打算。吴起是当世的名将，每个国家都抢着要。我们魏国国力虚弱，国境狭小，人口少，底子薄，又与强秦做邻居。我听说吴起这些天在和秦国勾勾搭搭。"

魏武侯听了很吃惊，他猜忌吴起，但是又离不开吴起。有了吴起的魏国，谁也不敢进犯，逢年过节还要提着礼物，来联络感情；没有了吴起的魏国，就什么都不是，会被人打成马蜂窝。

魏武侯问："怎么办？"

公叔说："我有一个好办法，请把公主下嫁给吴起。如果吴起想留在魏国，必然答应这门亲事；如果吴起不想留在魏国，必然拒绝。"

魏武侯答应了。

魏武侯还没有向吴起提亲，而公叔却提前把要嫁给吴起的公主接到了自己家中，然后派人请吴起过来。

一场阴谋开始上演了，而吴起还蒙在鼓里。

生在王宫长在王宫，有专门的老师进行教育辅导的公主，并不都是温良贤淑善良体贴的，也有刁钻蛮横不明事理的，吴起很不幸，就遇到了这样一个不明事理的公主。

在吴起没有到来之前，公叔就对公主说："你在吴起面前故意侮辱我，看看吴起的反应。如果吴起能够容忍，那么你们以后生活就会很幸福；如果吴起不能容忍，那么你就早作打算，我也向武侯提出毁了这门亲事。"

公主答应了。

这一切都是按照仆人那个恶毒的计策在发展，可惜吴起不知道。

吴起杀妻，尽人皆知，但是没有人知道吴起在杀妻后，一直未娶，他是在忏悔杀妻的罪行，还是在忙于功名？没有人知道。一个正值壮年的男子，一直单身，洁身自好，这样的男人，该拥有多大的意志和毅力啊。身为大将军，威名赫赫，想要嫁给他的女孩子，肯定都从魏国都城安邑排到了齐国都城临淄，可是他仍然孑然一身。吴起是大将军，更是儒家的第三代传人，他终身都以儒家传人自居，严格遵守着儒家的条文，一日三省吾身，非礼勿视，非礼勿行。这样的人物实在少有。

吴起来到魏国，下了很大的决心，一切都是奔着大将军和宰相的职位来的。当年他刚来魏国，魏文侯询问宰相李悝：吴起怎么样。李悝说，吴起贪图功名，而且好色。自从来到魏国后，吴起戒掉了好色的毛病，但是从来就没有戒掉贪图功名的毛病。如果戒掉了功名的诱惑，他就不是吴起了。

正因为吴起不好色，正因为吴起单身，魏武侯才会把公主嫁给他。

这本来是一桩美满婚姻，英雄配美女，状元配公主，古老的戏文中总是少不了这样的情节。可是，很不幸的是，命运再一次捉弄了吴起，他遇到的是不明事理的公主，这个公主满脑子都是糨糊，她充当了残害吴起的帮凶。

吴起来到了公叔府中，和公叔、公主坐在一起喝茶聊天。喝着聊着，公主就开始用言语羞辱公叔。吴起看在眼里，不满意在心里。

不久，魏武侯向吴起提亲，吴起借故推辞了。一个连自己的长辈都敢当面羞辱的刁蛮公主，肯定没有教养，无法无天。年龄都能够做她父亲的吴起，又怎么伺候得了。

吴起推辞了魏武侯的提亲后，离开了王宫，刚刚回到家中，突然醒悟到这件事情实在不妥。推辞了魏武侯的好意，就是得罪了魏武侯，得罪了魏武侯，他随时都会遭受灭顶之灾。魏武侯杀死一个人，就像踩死一只蚂蚁一样，即使这个人是大将军。

当天夜晚，吴起跑了。他趁着夜色，乔装打扮，离开魏国，来到南面的楚国。

吴起离开魏国时，只能带着他的身体，带着他不安分的梦想，带着他伤痕累累的心灵，带不走魏武卒一兵一卒。

吴起走了，而没有带走的魏武卒仍然称霸诸侯，吴起一手缔造的军事帝国，仍然让魏国成为中原霸主，无人敢小觑。

魏武卒太优秀了，谁拥有魏武卒，谁就能够有恃无恐。

没有了吴起的魏武卒，他们的命运如何？

魏武卒就是当时的职业军人，就是当年的特种部队。没有战争的时候，他们的工作不是像别国的军人那样种地，而是训练。有了战争的时候，他们又冲在最前面。

这样一支专业化的战无不胜的军队，最后毁于庞涓之手。

吴起离开魏国二十年后，庞涓来到了魏国。

因为有吴起一手打造的特种作战部队魏武卒，魏国延续了二十年的平安。

庞涓来到了魏国后，也把灾难带给了魏武卒。

庞涓是史上第二个自大的人，在战国的历史上，还有一个人位列他之前，那就是赵括。赵括为史上第一自大狂的位置，谁也抢夺不走。

庞涓，他坐的是当年的吴起的位子。

孙庞斗智，孙膑一步步将庞涓和魏武卒引入陷阱。然后，在一个黑如墨染的深夜，魏武卒被围困在一座山谷里，庞涓举着火炬，埋伏在山冈上的齐军，对着火光万箭齐发。

那一刻，天地崩摧，山河呜咽。一代名将吴起用毕生的心血建造的军事帝国，在这一瞬间轰然垮塌了。那一刻，曾经创造了划时代战绩的一支军队，曾经以五万人击败五十万虎狼之师秦军的一支军队，曾经创造了不败战绩的一支军队，化成了齑粉。

此后，世间再无魏武卒。

吴起的传奇还在继续。

吴起在楚国的时间连皮带毛只有两年。两年只有七百多天，这么短的时间，连初中都念不完，而吴起却将一个贫穷的楚国治理成为富裕强国。

当初吴起仓皇逃到了楚国，楚国的国君是楚悼王。

楚悼王是一个身世颇为悲凉，国仇家恨集于一身的君王，他命运多舛，身世坎坷。楚悼王很小的时候，他的国王父亲就被强盗杀死，国中不可一日无君，匆忙中，还穿着开裆裤的楚悼王被拥立为君王，开始了短暂而悲苦的君王生涯。

楚悼王刚刚即位，关系一直不错的韩、赵、魏三国就一起攻打楚国，占领了楚国大片疆土。十年后，刚刚从战败中缓过气来，国家终于迎来一线生机的楚国，再次被韩、赵、魏联军攻打，一直打到了楚国的都城附近。楚悼王万般无奈，只好向秦国求救，秦国狮子大张口，趁火打劫，楚悼王打碎牙齿和血吞，给秦国送去非常丰厚的礼物，秦国这才出兵。秦国出兵后，韩、赵、魏三国便撤兵了。

楚悼王在悲伤与屈辱中渐渐长大，他明白了，求人不如求己，靠天靠地不如靠自己，只有自己强大了，才能不受别人欺负。可是，找遍楚国的角角落落，也找不到一个能够让楚国振兴的人才。

千军易得，一将难求，一将如此难求，而一帅更为难求。

因为没有领头羊，楚国军队就只是一群被风沙追赶的羊群。楚悼王有心振兴，无力回天，徒唤奈何。就在这时候，吴起来了。

没有人不知道吴起的军事才能，就像没有人不知道太阳东起西落，月阴晴圆缺一样。在那个时代吴起的绝世武功，没有人不佩服的。

在当时魏国周边的多个国家中，吴起为什么唯独选择了楚国作为逃命之地，安身之所？

楚国当时最弱小，所以最需要一个能够扭转乾坤力挽狂澜的人。魏国是楚国的死敌，所以楚国不会出卖吴起，不会又把吴起引渡给魏武侯。逃往楚国，是吴起当时唯一的选择。

　　吴起来到了楚国，他以一己之力，让南方荒蛮之地的楚国，奠定了成为战国七雄的基础。吴起来到了楚国，他带给楚国的，不仅仅是最尖端的军事技术，还有让楚国得以崛起的变法。

　　然而，在楚国，命运再一次嘲弄了吴起。

　　楚悼王像当年的魏文侯一样，对吴起信任有加，也像当年的魏文侯一样，相信吴起会带着楚国走上强兵富国之路。

　　吴起性格的缺陷马上又暴露出来了，楚悼王两句知心话就让他愿意以死相报。说到底，吴起的性格中有着很大的儒家刚硬敦厚的特点，士为知己者死，女为悦己者容，不知道协调变通，不知道明哲保身。

　　吴起指出目前楚国存在的问题时说，楚国之所以贫穷懦弱，关键在于财政供养的贵族太多，只吃饭不干活，还有贪污腐败的官员太多，这些寄生虫作威作福，残害百姓，胡作非为，长期下去，国家就会灭亡。

　　楚悼王认为说得很有道理。

　　吴起说，要改变这些现象，就需要削减这些贵族的俸禄，裁减只拿钱不干事的官员，问责贪污受贿的官吏。将这些节俭下来的钱，作为军费，训练士兵，扩充军队，楚国的力量就会逐渐加强——这是第一步。

　　楚悼王连连点头。

　　吴起接着说，把那些有钱有势的旧贵族和裁减下来的官员们，迁徙到没有人烟的荒凉地区，让他们开荒种地，奖励农耕。楚国缺少的不是官吏，也不是贵族，缺少的是粮食。粮食充足了，国力也就加强了——这是第二步。

　　楚悼王站立起来，感慨万千，他说，有了吴起，何愁楚国不兴？

　　吴起的话还没有说完，他说，治国就是治吏，只要官吏清正廉明，国家就会迅速富强。

　　吴起讲给楚悼王的话，理论上来说，都是好主意，但是执行起来却举步维艰。

　　楚国庞大的官僚机构，盘根错节，牵一发而动全身，一荣俱荣，一损俱损。广大的贵族群体，抱成团，抱成球，抵挡着任何外来的力量。自楚国建国的时候，这个利益群体就存在，他们树大根深，枝繁叶茂，而吴起刚刚来到楚国，就想动动这棵大树的根基，矛盾就由此产生。吴起也算在官场浸泡了二三十年了，可是他还是很幼稚，怎么就没有想想，你一个新来的打工仔，怎么能够斗得过那个庞大的贵族群体。

　　吴起捅了马蜂窝。

楚悼王对吴起深信不疑，吴起在楚国开始了大刀阔斧的改革。

吴起的改革让楚国迅速走上了富强之路，然而却触犯了贵族们的利益。吴起剥夺了贵族们的财产，充实国家府库，分发给百姓，百姓们对吴起感恩戴德，但是贵族们对吴起恨之入骨。

一贯养尊处优、颐指气使的贵族们，他们的利益第一次受到了冲击，而且冲击他们的，是一个没有根基的外来户。他们商量好，在大庭广众之下，要让吴起丢人，把吴起的脸面揭下来，扔在尘土里，让他的脸面捡不起来，让他永远都没有脸面。他没有了脸面，就会知难而退。

贵族们挑选了一个能言善辩之士，在都城最繁华的十字路口，拦住了吴起，然而吴起引经据典，旁征博引，将舌辩之士驳斥得体无完肤。此后，再无人敢寻找吴起当面辩驳了。

吴起的改革像一艘行驶在风平浪静中的帆船一样畅通无阻，然而，没有人能够想到，在波平如镜的海面之下，潜伏的是惊涛骇浪。

短短的一年过后，强大了的楚国开始扩充版图，向南吞并了百越之地，向北抵御楚国世仇韩、赵、魏，向西进攻强大的秦国。一时间，因为有了吴起的楚国，让诸侯人人自危。曾经被人任意欺负的楚国，恢复了楚庄王时代的荣光。

百越，就是今天的两广、浙闽一带。今天中国最开放富裕的地方，当年却是最荒蛮落后的地方。楚国能够吞并南方诸地，可见吴起时代的楚国版图有多辽阔。

楚悼王极为欣赏吴起的才华，任命吴起为楚国宰相。

经过多年励精图治，孜孜以求，那个在村口的老槐树下咬着手背发誓的少年，今天终于当上了宰相，实现了多年的夙愿。然而，吴起刚刚站在人生的最高峰，还没有回味成功的滋味，灾难就降临了。

人生总是如此残酷。

公元前 381 年，楚悼王去世。

楚悼王去世后，吴起失去了靠山。他成了被所有楚国贵族肆意攻击的活靶子。

在王宫中，满心悲伤的吴起被贵族们追赶，他们要赶杀吴起。吴起无处逃遁，就跑到了楚悼王的尸首旁，趴在了楚悼王的尸首上。尽管如此，贵族们还是忌惮吴起的武功，不敢近前砍杀，只敢远远地放箭。结果，活着的吴起和死掉的楚悼王，被贵族们射成了刺猬。

一代名将，居然落得这样的悲惨结局。

吴起为什么要趴到楚悼王的尸首旁，为什么要爬在楚悼王的尸首上？吴起是另有深意的。当时那种电光火石、千钧一发的生死关头，吴起居然还想到了对付仇敌的办法，想到了报仇的办法。吴起，他长着一颗怎样剽悍的大脑啊。

几天后，楚悼王下葬，太子一根一根拔掉了父亲身上的利箭，一言不发。

又几天后，太子继位，即楚肃王，他立即追查，当日是谁用利箭射他父亲的尸体。结果追查出了七十余家的贵族，全部被砍杀。吴起，用楚悼王的尸体，替自己报仇了。

吴起是军事上的奇才，却又是政治上的弱智；吴起是廉洁奉公的能吏，却又是利欲熏心的小人；吴起是文武全才的贤臣，却又是杀害家人的凶徒……太多的矛盾，集中在这一个人的身上，让他成为传奇，让他成为说不尽的话题。

3

残疾人孙膑

他以残疾之躯，用奇谋击败了当时战国最强悍的军队，也为自己洗刷了屈辱。

他的才华最出众。他是古代最著名的军事家之一，是少数几个有兵书留存后世的谋略家之一。

他的遭遇最坎坷。他怀着满腹绝学，怀着建功立业的梦想，刚一出山，就落入了好友构筑的陷阱中。此后，他为了保命，不得不装疯卖傻。

他的经历最悲惨。他最好的同学陷害了他，他的膝盖骨被残忍地剜掉，此后，他只能坐在木车上度过余生。

他的故事最感人。他卧薪尝胆，折节发愤，终于击败了陷害他的那个人，也击败了当时世界上最强大的军队。

他的命运最凄苦。他是一个残疾人，曾经遭受过膑刑，他的名字没有流传后世，后世只能以这种刑罚来代替他的名字。

所以，他叫孙膑。

战国时代，有一个人的名字经常被人提起，然而他的面目却总是模糊不清。人们总会提到他的故事，然而他的故事总是很简单。

他的名字叫鬼谷子。他之所以有名，是因为他有四个有名的徒弟：孙膑、庞涓、苏秦、张仪。关于他，人们只知道他有决定着战国命运的四个徒弟，然而除此之外，人们就什么都不知道了。他隐藏在人迹罕至的深山中，神龙见首不见尾。他是中国古代最重要却又最神秘的人物。

孙膑是鬼谷子的大徒弟。最初，鬼谷子只带了两个徒弟，一个叫孙膑，一个叫庞涓。在孙膑和庞涓都学成下山后，他又招了两个徒弟，一个叫苏秦，一个叫张仪。

孙膑性格内敛，庞涓性格张扬；孙膑为人忠厚，庞涓为人刻薄；孙膑老成持重，庞涓虚华轻浮；孙膑安贫乐道，庞涓爱慕荣华。令后人很想不通的一个问题是，绝世高人鬼谷子当初难道看不出庞涓的狡诈虚伪？既然知道庞涓狡诈虚伪，为什么还要传授他兵法？

也许，当年的庞涓极善于伪装，骗过了老师鬼谷子。也许，鬼谷子极善于兵法，却不善于识人。

孙膑和庞涓在山中学习，庞涓认为自己已经掌握了兵家绝学，急于扬名立万，就告辞下山。而孙膑继续在山中跟着鬼谷子学习。传说，这段时间里，鬼谷子就把孙膑祖先所著的《孙子兵法》传授给他，这套兵法，在古代是秘不示人的。

庞涓下山，踌躇满志，认为世界就在他的脚下，他无所不能。当年，战国最强盛的国家是魏国，吴起虽然早就离开了魏国，但是他一手打造的魏武卒，仍然代代相传，绵延至今，成为战国最富有战斗力的军队。庞涓径直奔往魏国。

庞涓见到魏惠王后，就大言炎炎，指手画脚，口若悬河，夸夸其谈，他说："若用我为将，则能扫平六国，横行天下。"魏惠王大喜过望，就拜庞涓为大将。

此后，在不长的时间里，庞涓带着魏国军队打败了宋、鲁、卫、郑等各国军队，而且还打败了当年的东方强国齐国。

人人都认为庞涓是当世最有才能的将领，然而，庞涓却有一块心病，这就是孙膑，他知道孙膑能力在他之上，如果孙膑下山，就会成为他最强有力的对手。

他决定诱骗孙膑下山，用诡计除掉孙膑，踢开这块通往功名之路上的绊脚石。

那时候，孙膑还不叫孙膑，因为他的双腿还没有遭受膑刑。然而，他的原名叫什么，已不可考，只知道他姓孙，是大军事家孙武的后代。

庞涓给孙膑写了一封言辞恳切的信件，信中说自己在魏国受到重用，他已向魏惠王推荐了孙膑，恳请孙膑和他一起辅佐魏惠王，建功立业。孙膑接到这封信件，没有丝毫犹豫，就收拾行装下山了。他对这封书信没有丝毫怀疑，因为这是师弟的来信。他相信师弟，就像相信自己的眼睛一样。

孙膑踌躇满志，踏上了通往魏国的康庄大道。

孙膑来到魏国后，魏惠王与他交谈，觉得他的能力丝毫不亚于庞涓，当时的庞涓已经屡立战功，而孙膑还寸功未立，便任命孙膑为庞涓的副手。庞涓为主将，孙膑为副将。

当世最杰出的两位将领，都在魏国效力，再兼之魏国有当年吴起一手训练出的魏武卒，强大的魏国无人匹敌。

然而，庞涓和孙膑貌合神离，庞涓把孙膑引诱下山，是为孙膑设置了陷阱，并不是让孙膑为魏国效力。

有一天，庞涓派人冒充远道而至的齐国人，找到孙膑说："你母亲病重，想见你一面。"孙膑听说后，没有细想，就向魏惠王告假。中国人自古以来都很讲求孝道，儿女在父母临终前见最后一面，被认为是非常重要的大事。魏惠王没有理由不批准孙膑的告假，就爽快地答应了。

孙膑前脚刚出王宫，庞涓后脚就走进王宫，他对魏惠王说："孙膑告假是假，投奔齐国是真。"庞涓为魏惠王打了很多胜仗，是魏惠王最看重的人。魏惠王对庞涓言听计从，庞涓是孙膑的师弟，连师弟都说师兄说假话，那么师兄肯定就是说假话。于是，魏惠王派人去找孙膑。

孙膑正在收拾行装，准备上路的时候，被一伙刽子手找到了，他们残忍地剜去了孙膑的膝盖骨，还在孙膑的脸上刺了字。孙膑无法行走，只能爬行，此后，他成了一名废人。史书记载："庞涓恐其贤于己，疾之，则以法刑断其两足而黥之，欲隐勿见。"

怀着满腔激情的孙膑，渴望建功立业的孙膑，现在再也无法站立了，只能像狗一样爬行。

即使这样，庞涓还不放过孙膑，他命人把孙膑关起来，逼迫孙膑把自己熟记的《孙子兵法》默写出来，写到一定的字数后，才给他饭吃。这种情形很像金庸小说《射雕英雄传》中的场景，西毒欧阳锋把黄蓉关起来，逼迫她默写《九阴真经》。不知道大侠金庸是不是从"孙庞斗智"中得到的灵感。

孙膑是兵学大家，庞涓也是兵学大家，孙膑每写一章，庞涓都会仔细揣摩，很容易就能辨别出真假。兵学和武学不一样，兵学千变万化，但都离不开道。这个道，就是最基本的规律。所以，孙膑即使胡编乱写，也会被庞涓一眼看穿。而武学就不一样了，各家各派千奇百怪，所以金庸在《射雕英雄传》中写黄蓉胡编乱造，而大行家欧阳锋却没有看出来。

孙膑遭此奇耻大辱，还要把祖上的《孙子兵法》写给庞涓；如果不写，就会被活活饿死。孙膑万般无奈，只好装疯卖傻。

然而，即使装疯，也不能一直疯下去，因为如果他一直疯下去，在庞涓心中就没有任何使用价值，庞涓就会杀了他。他要装得时好时坏，时而疯癫，时而正常，民间把这种疾病叫做羊癫疯，医学上把这种症状叫癫痫病。

在装出来的癫痫病中，孙膑断断续续地给庞涓写着《孙子兵法》，孙子兵法六千言，即使每天只写几十个字，用不了多久，也会写完的。如果写完了，庞涓还是会杀了他。但是，庞涓不知道《孙子兵法》只有六千言。

因为孙膑患有"癫痫病",又是无法独自行走的残疾人,庞涓对孙膑渐渐放下戒备之心。

那些天里,孙膑的心中充满了无限的悔恨,悔恨自己轻信别人,悔恨自己交友不慎。然而,大错铸成,再后悔也已经晚了,他现在需要的是,赶紧想办法脱离险地。

有一天,齐国派使者来到魏国,孙膑以"刑徒"的身份与齐使者相见。齐使者与孙膑交谈,大为惊异,这样一个绝世奇才,竟被魏国残害到了如此悲惨的境地,他想要带着孙膑回到齐国,让孙膑为齐国效力。孙膑的腿脚残疾了,但是头脑没有残疾。

齐使者秘密派人去往齐国,向齐国的边境大将田忌报告了这一消息。田忌命令,无论如何,都要把孙膑救出来。

孙膑是如何离开虎狼之穴魏国,史书中记载不一,但最可信的是用金蝉脱壳之计,田忌派人假扮成孙膑,然后把真正的孙膑藏在柴草车中,也有的书籍记载为拉大粪的车中,昼夜兼程,回到了齐国。

双脚踏上齐国土地的那一刻,孙膑终于安全了。此后,只能坐在木车上的孙膑,把复仇作为人生唯一的目标。

十年前,意气风发的少年离开了齐国,跟着鬼谷子学习。那时候的孙膑是一个英俊少年,他能文能武,智勇双全。孙膑不但兵法精奇,而且武功深厚,现在,有《孙膑兵法》留存后世,也有《孙膑拳法》流传后人。习练孙膑拳法的人,都拜孙膑为祖师。

然后,十年后,当孙膑回到齐国的时候,却成了一名残疾人,永远也无法直立行走,永远也无法在阳光下奔跑,永远只能与木车为伴。当年那个英姿勃勃的少年,如今变成了形同枯槁的废人。当年那个意气风发的少年,如今坠入了痛苦的最深渊。

这种极大的反差,激起了孙膑极大的愤懑。

孙膑从踏上齐国土地的第一步起,就决定了向庞涓展开复仇之役。

孙膑回到齐国后,立即受到田忌的款待。田忌和孙膑交谈,觉得这个腿脚残疾、神情忧郁的年轻人,真是一个奇才,就将孙膑作为自己的门客。

孙膑终于有了一个安身之所。

他的奇谋韬略很快就显露出来。

　　当时的齐国，王公贵族们都以拥有宝马良驹而自豪，而且还经常在一起比赛，赌资高达千两黄金。那时候的赛马和今天的赛马不一样。今天的赛马是把所有的马匹赶在同一条线上，然后"预备齐"，马匹就撒开四蹄向前狂奔，哪匹马跑得快，哪匹马就赢了。而齐国贵族们是这样赛马的：他们把马按照上中下分成三等，每次比赛的时候，上等马对上等马，中等马对中等马，下等马对下等马，同一级别的马匹在一起比赛，决出三个级别的第一名。如果三个级别或者两个级别都获得第一名，马匹的主人就赢了，就获得了千两黄金。

　　齐国贵族们的赛马规则，相当于今天的拳击比赛。拳击比赛的时候，按照参赛队员的体重分成不同的级别，同一个级别的队员才能比赛，这样才会相对公平。谁都知道，轻量级的拳击队员，根本不可能与重量级的拳击队员比赛，因为重量级队员的出拳力量，远远大于轻量级的。即使普通的重量级拳击队员，也会轻易击倒轻量级的拳击冠军。或者说相当于今天的足球比赛，少年组、青年组、成年组。成年组就是今天的职业联赛，毫无疑问这是最高级别的足球赛事，也是技术最高的。国家队踢球踢得再好，也不能战胜巴塞罗那队，因为根本就不在一个级别上。

　　但是，当时的齐国贵族只要求将马匹分为三类，但并没有说是按照什么区分的，是按照体型、品种，还是按照年龄？而且，比赛的时候，也没有说不同类别的马匹不能比赛。所以，孙膑就钻了制度的空子。

　　田忌和齐威王赛马比赛，田忌的每一个类别的马匹，都不如齐威王同一级别的马，所以，每年他和齐威王比赛，都失败了。孙膑认为，如果钻了制度的空子，肯定就会成功。

　　又到了一年一度的赛马比赛，孙膑建议田忌，用自己的下等马对对方的上等马，用自己的中等马对对方的下等马，用自己的上等马对对方的中等马。如果用拳击比赛来说，就是用我的轻量级来打你的重量级，用我的重量级来打你的中量级，用我的中量级来打你的轻量级；如果用足球来说，就是用我的少年组来踢你的成年组，用我的成年组来踢你的青年组，用我的青年组来踢你的少年组。

　　其实，这是一种投机取巧的方法。然而，就是这样简单的方法，齐国君臣几十年来，居然没有人想到。有这样一个故事，有人问："如何能够把鸡蛋竖起来？"所有人都无法竖起来，哥伦布拿起鸡蛋，磕破一点皮，然后竖了起来。人们很不满意："这有什么稀奇的？很简单啊。"哥伦布说："就是很简单，但就是没有人这样想。"

孙膑的赛马办法也很简单，但齐国几十年就是没有人想到。

田忌采用孙膑这种方法，取得了一场失败，两场胜利。其实那场失败早就在情理之中，田忌的下等马如果能够战胜齐威王的上等马，那么太阳就从西边出来了。三局二胜，田忌赢得了比赛的千两黄金。

齐威王很纳闷。田忌居然赢了他，太阳真的从西边出来了。

齐威王询问田忌有何玄机奥妙，田忌告诉他说，这是孙膑的主意。齐威王觉得孙膑很了不起，就要见见孙膑。

坐在木车上的孙膑，被推到了齐威王身边，他和齐威王交谈，不卑不亢，从各个方面分析了齐国和战国诸国，指出了齐国的优缺点和战国诸国的优缺点，还谈到了如何练兵，如何用兵，齐威王从来没有遇到过这样的人才，也从来没有人能够如此条分缕析地向他解剖战国形势。齐威王对着孙膑连连下拜，任命他为军师。

孙膑终于迎来了命运的转机。

田忌赛马所运用的策略，在现代科学中叫做博弈学，是数学中的一个分支。那时候的孙膑尽管不知道博弈学，但是他却能够熟练运用博弈学。他不但是个军事奇才，还是个数学奇才。

在齐威王生活的那个时代，战国七雄已经初露端倪。秦孝公比齐威王早四年统辖秦国，他任用商鞅变法，编制民户，加强刑赏，奖励军功，鼓励农业，废井田，开阡陌，让秦国迅速走上富强之路。仅仅一个人，就让西方的蕞尔荒蛮之邦秦国迅速走上了历史前台。史书记载："秦国默默无闻久矣，中原诸侯国羞与为伍。自商鞅变法，国势骤强，建立霸权，各国震惧。"

齐威王上任之后，也想像秦孝公那样振兴齐国，可是，国事家事天下事，千头万绪，他不知道该怎么做，也不知道怎样发现人才。因为治国毫无头绪，齐威王开始耽于酒色，荒于朝政。

这时候，齐国临淄来了一名青年乐师，这个名叫邹忌的乐师通过弹琴得以接近齐威王，然后向他讲起了纳谏的道理，这就是被选进中学语文课本的《邹忌讽齐王纳谏》。齐威王终于知道了广开言路对国家振兴的重要性，于是，面向全民纳谏，谁能指出自己和国家的错误，就能够得到奖赏。

因为邹忌的点拨，齐威王就拜音乐家邹忌为宰相。

齐威王知道，要振兴国家，不但要有政治人才和经济人才，还要有军事人才。可是，当年的齐国，没有一个拿得出手的军事人才。这时期，齐国没有和任何一个国家发生战争，只和诸侯国会盟，相当于今天的友好访问。

齐威王四年，即公元前353年，齐威王和魏惠王会于郊县，魏惠王在炫耀了自己国家的宝贝后，问齐威王："齐有何国宝？"齐威王回答："我有四臣，使守四疆，乃国之宝。"

齐威王五年，即公元前352年，魏惠王派庞涓为元帅，攻打赵国，围赵国都城邯郸。

阴谋家庞涓终于出现了，老实人孙膑也终于等到了复仇的机会。

《史记》记载："其后魏伐赵，赵急，请救于齐。"魏国，是当年中原最强盛的国家，因为此前有吴起一手打造的魏武卒，魏武卒一代代采用吴起的训练方法进行训练，所以魏国始终是中原强国。

被魏国打得焦头烂额的赵国向齐国求救，齐国决定出兵，孙膑也终于有了和庞涓交战的时机。《孙膑兵法》的第一篇是"擒庞涓"，详细记载了当年的战争。

齐威王也知道魏国的强悍，但是赵国有难，齐国必须出马，战国时期的诸侯国都信奉"助人者人恒助之"的道理，大家都在一个村子里住着，人都有求人的时候。然而，要击败强大的魏军和狡猾的庞涓，则非孙膑莫属。因为孙膑是庞涓的师兄。

但是，孙膑却表示难以领命，推辞说："刑余之人不可。"也许当年孙膑想的是，如果以一个受过刑罚的残疾人做大将，不但会让诸侯国小瞧，也会让士卒们小瞧。孙膑脸上刺着字，双腿无法站立，这样的刑余之人，在那个时代是末等公民。

于是，齐威王让田忌为将，孙膑为军师，前去救援赵国。

关于当时双方的兵力情况，《孙膑兵法》记载："昔者，梁君将攻邯郸，使将军庞涓，带甲八万至于茌丘。""齐君闻之，使将军忌子，带甲八万至……"梁君指的是魏惠王，因为魏国都城在大梁，所以，称魏惠王为梁君。齐君，指的是齐威王。忌子，指的是田忌。

双方兵力都是八万。以八万对八万，这是一场势均力敌的战争。

田忌厉兵秣马，准备带着齐军向西北方向的赵国都城邯郸出发的时候，孙膑却认为，不能去赵国。答应救赵国，却不去赵国，这仗怎么打？田忌百思不得其解。

孙膑认为，魏武卒战斗力强悍，赵军和魏武卒不在一个等级上，如果现在长途跋涉去赵国，还没有走到邯郸，邯郸就早已被攻破。邯郸一旦被攻破，庞涓带着魏武卒走进城中，依托城墙坚守，齐军人数不占优势，又如何能够攻下邯郸？所以，去赵国增援是下下之策。

田忌问，现在该怎么办？

《资治通鉴》中记载："孙膑曰：'夫解杂乱纷纠者不控拳，救斗者不搏撠。批抗捣虚，形格势禁则自为解耳。今梁赵相攻，轻兵锐卒必竭于外，老弱疲于内，子不若引兵疾走魏都，据其街路，冲其方虚，彼必释赵以自救，是我一举解赵之围而收弊于魏也。'田忌从之。"孙子的计策是围魏救赵，攻打魏国，逼着魏军从赵国退兵。

田忌又问："如何向魏国用兵？"

孙膑回答："请南攻平陵。平陵，其城小而县大，人众甲兵盛，东阳战邑，难攻也。吾将示之疑。吾攻平陵，南有宋，北有卫，当途有市丘，是吾粮途绝也。"孙膑的意思是说，去攻打南面魏国的平陵，因为平陵尽管很小，但是非常难以攻取，而且，在攻打平陵的时候，还要经过魏国的市丘，只要经过市丘，齐军的粮道就会被截断。而之所以这样做的目的，是为了示弱于敌。

古代有一个成语叫"劳师远征"，就是指这种跑很远的路，攻打一个不可能攻取的地方，失败是必然的。而孙膑之所以要让齐军失败，攻打一个没有军事价值，而且也根本攻打不下来的城池，目的又是什么？为什么要这样做？

《孙膑兵法》说："吾将示之不知事。"就是说，是为了故意让庞涓知道，齐军没有懂得兵法的人。庞涓知道了齐军中没有人懂兵法，就会麻痹大意。他麻痹大意了，孙膑才有机会。庞涓何等精明的人，深通兵法，富有韬略，要和他作战，就必须用非常之谋。

很可能，齐国一直隐瞒着孙膑为军师的消息。孙膑攻打平陵这样的计策，也是为了让庞涓明白，师兄孙膑没有在齐国出征的队伍中。既然师兄孙膑没有在齐军中，那么庞涓还怕谁？谁还能是他的对手？

齐军开始向南方进军，深入魏境，经过了魏国市丘，来到了魏国平陵附近。魏国看到齐国没有去北面的赵国救援，反而来到南面的魏国境内，立即命令边境线上的所有城池加强戒备，密切注意齐军的一切动向。

田忌问孙膑，该怎么攻打平陵？孙膑说："把前锋分成两部分，从不同的方向攻打平陵，主力部队按兵不动。"

于是，齐军"直将蚁附平陵"，像蚂蚁一样围攻平陵，守卫平陵的魏军闭门坚守，齐军攻击不利。而此时，从魏国另外两座城池赶来的救兵出现在了齐军攻城部队的视线里。齐军攻城部队面临灭顶之灾。

即使这样，孙膑还是没有命令主力部队增援。

攻城部队受到魏军前后夹击，大败，不但没有攻下平陵，而且连驻扎的营寨也被魏军攻占。看着漫山遍野奔逃的齐军，田忌急忙问计孙膑："现在该怎么办？"

孙膑回答："请遣轻车西驰梁郊，以怒其气。分卒而从之，示之寡。"孙膑的计策是，派出轻装战车，向西疾驶，攻占魏国大梁的郊外，激怒庞涓。庞涓听说大梁遭到攻打，一定会怒气冲冲地从赵国赶回来。齐军只用少部分兵力与庞涓交战，让庞涓误以为齐军不堪一击。

田忌问："下一步该怎么办？"

孙膑说："下一步我就要把庞涓装进口袋里。"

田忌带着战车部队，一路马不停蹄，赶往魏国都城大梁。魏国最精锐的部队都被庞涓带去了赵国，次精锐的部队都部署在边境线上阻挡齐军，魏惠王无论如何也不会想到，在边境线上战败了的齐军，会突然反戈一击，出现在了大梁的郊外。

魏惠王闭门坚守，田忌在城外擂鼓叫阵。尽管魏国都城大梁里留下的都是老弱病残，但是，田忌这点人马还是无法对大梁构成威胁，因为魏国都城高大巍峨，田忌一路奔驰而来的轻装战车部队，根本就无法攻占大梁。而田忌的目的也不是攻占大梁，他只是咋咋呼呼地叫嚣，让魏惠王和庞涓知道，齐军已经攻到了魏国都城的大门口了，让庞涓赶快从赵国退兵。

而此时，赵国邯郸已经被庞涓攻占。

《史记·魏世家》记载："十七年，与秦战于元里，秦取我少梁。围赵邯郸。十八年，拔邯郸。赵请救于齐，齐使田忌、孙膑救赵，败魏桂陵。"《史记·赵世家》记载："二十一年，魏围我邯郸。二十二年，魏惠王拔我邯郸，齐亦败魏于桂陵。二十四年，魏归我邯郸，与魏盟漳水上。"

《史记》前后记载有误。《魏世家》记载庞涓先拔邯郸，第二年败于桂陵；《赵世家》记载庞涓拔邯郸与败于桂陵，是同一年。但无论是哪一种记载，都是拔邯郸在前，败于桂陵在后。桂陵，在今天的河南长垣。

庞涓在邯郸，先听到齐军在魏国境内被打败，心花怒放，认为这股齐军不足为虑；又听说齐军在攻打魏国都城大梁。庞涓便决定回国救援。邯郸已经被攻下了，赵国不足为虑，庞涓只留下一小部分守邯郸，然后带着轻装部队南下，开往魏国。

此时的齐军，已经被孙膑分成了三部分，一部分由田忌带着声势浩大地攻打大梁，一部分在庞涓的必经之路上阻击魏军，主力部队由孙膑带着，在桂陵给庞涓设好了埋伏圈。

庞涓昼夜兼程，赶往魏国，遭到齐军的阻击。庞涓很轻松地击败了这股齐军，继续向大梁疾进。至此，庞涓相信齐军不堪一击，魏国的二流部队先击败了齐军，现在自己带着精锐又击败了一次齐军，那么齐军又有什么可怕的呢？

庞涓像一头瞎眼的野猪，兴冲冲地撞进了孙膑设在桂陵的包围圈。

庞涓带着的魏军为了救都城大梁，走得很匆忙，连续几日的奔走，已让他们精疲力竭，而孙膑带着的齐军早就歇息了很多天，早就等得手发痒，所以，庞涓一进入包围圈，齐军立即发起攻击。魏武卒再精锐，也已经人困马乏，体力不济。魏军大败。

《孙膑兵法》记载："孙子弗息而击之桂陵，而擒庞涓。"庞涓是被活捉了。然而，在《史记》、《资治通鉴》等史籍中，庞涓又参加了后面的马陵之战，所以，有人推测庞涓没有被俘，在战场上逃脱了。

庞涓一直自视甚高，号称第二个吴起。

然而，庞涓距离吴起，最少有一千里的距离。在吴起的年代，吴起率领五万魏武卒，一次次击败了西面的秦国，逼得秦王想要把都城迁到秦岭山中。吴起率领五万魏武卒，创造了"大战七十二，全胜六十四，其余均解"的不败战绩，让所有的诸侯国军队只要提起魏武卒都一阵觳觫。在庞涓的年代，魏国的军队除了强大的魏武卒外，另外还有奋击、苍头、厮徒各二十万。奋击指的是轻装步兵，苍头指的是戴头巾的预备役步兵，厮徒指的是军中杂役和辎重兵。庞涓时代的魏国军队，比吴起时代的魏国军队，兵力要雄厚得多，然而，魏国却一而再，再而三地败于秦国之手。

魏国历史，甚至可以说战国历史上，最著名的战将应该是吴起。在吴起死去半个多世纪后，魏国有一个将军名叫公孙痤，带领魏军击败韩国和赵国的联军，取得了浍北大捷，当魏王夸奖他的时候，公孙痤说：

"魏军冲锋陷阵，视死如归，赴汤蹈火，刀剑不避，这都是吴起遗留下来的教诲。"相隔这么长时间，吴起的影响力还绵延在魏军中。这个故事记载在《战国策》中。

庞涓，又怎么能够和这样一个人相比呢？

公元前354年，秦伐魏于元里，斩首七千，陷少梁。元里是今天的陕西澄城，少梁是今天的陕西韩城。当年，吴起带着魏武卒渡过黄河，将这片土地纳入了魏国的版图，而现在又被秦国夺去了。

公元前351年，秦大良造商鞅伐魏，陷固阳。大良造是战国时期的最高军衔，历史上也只有商鞅、白起、李牧等少数几个人获得过。固阳，是今天的内蒙古固阳县。

在吴起时代雄霸诸侯的魏国，在吴起时代将秦国打得落花流水的魏国，现在被秦国一再上门欺负。别的诸侯国一看魏国走下坡路，墙倒众人推，也在这一年上门要债，魏国没办法，归还了赵国的邯郸。

庞涓的能力比不上吴起，但也算是一名战国名将，此前他一再为魏国开疆拓土，建立殊荣，只是他很不幸运，遇到了商鞅和孙膑这两个绝世高手。

种种迹象表明，桂陵之战中，魏军损失的只是前锋部队，而庞涓当年因为救主心切，带着先锋部队跑在最前面，结果被齐军战败。虽然先锋部队遭受重创，但是魏军的主力没有损失。

一年后，齐、宋、卫多国部队攻打魏国，史料中关于这次战役的描述，都没有出现孙膑的名字，可能是孙膑没有参加。在这次战役中，魏国联合韩国，击败了三国部队，也就是这一仗，让齐威王失去了和魏国叫板的信心。因为那支传说中的魏武卒还在。

有的书籍记载，庞涓在桂陵之战中被俘后，此时被关押在齐军中，没有参加这次战役。这次战役后，庞涓才被放回。

没有孙膑的齐军，只是一支二流军队；而没有庞涓的魏军，仍然是一流军队。

魏国从吴起时代，一直到现在，都是中原霸主。这次击败三国联军的战役结束后，魏惠王在逢泽召开诸侯大会，到会的诸侯国有十二个，逢泽在魏国大梁附近。东道主魏国在这次大会上出尽风头，他领着诸侯们朝拜周天子，又号令十二个国家联合起来，向西攻打秦国。此后，秦国害怕事态进一步扩大，不得不调整政策，向魏国示好。

《战国策》中记载了苏秦对此时魏国的描述："昔者魏王拥土千里，

带甲三十六万，其强而拔邯郸，西围定阳，又从十二诸侯朝天子，以西谋秦。秦王恐之，寝不安席，食不甘味，令于境内，尽槼中为战具，竟为守备，为死士置将，以待魏氏。"

两年后，魏国以韩国当初没有参加逢泽之会为借口，兴兵攻打韩国，庞涓为帅。庞涓打不过秦国，打不过齐国，就将目光落在了韩国身上。在整个战国时代，韩国都是七雄中兵力最弱小的国家；而此时的魏国，是战国时期兵力最雄厚的国家，各种从军人数达四十万，另外还有二十万预备役步兵。战国末期，秦国全盛期的时候，也只有六十万军队，可见此时魏国的兵力何等雄厚。

强大的魏国攻打韩国，弱小的韩国无法抵挡，就向东面的齐国求援。自吴起之后的相当长的一段历史时期里，曾击败过魏国的，只有两个国家——齐国和秦国。如果向西面的秦国求援，秦国欲壑难填，肯定要割地赔款，秦国从来不会给人白帮忙的。所以，不如向东面的齐国求救。

齐威王召集群臣议事，问是早救好还是晚救好。宰相邹忌说："魏国和韩国打起来，双方实力都会削弱，所以不如不救。"田忌不同意这种观点，他说："如果不救韩国，韩国投降魏国，魏国力量更会加强。所以，不如早早救援。"

于是，群臣分成两派，一派认为不必救援，一派认为赶紧救援。而孙膑坐在木车上，一言不发。

齐威王问孙膑有什么建议。孙膑说："现在韩国和魏国相争，兵力都很强盛，如果我们去救援韩国，则是代替韩国和魏国作战，我们将会受到挫伤，而韩国坐享其成。魏国此次是要灭亡韩国的，韩国肯定会全力抵抗。我们先答应韩国马上出兵，让韩国殊死抵挡；等待韩国无力抵挡，而魏国又精疲力竭的时候，我们再出兵，这样，既能免于韩国被魏国吞并，又能有足够的把握击败衰竭的魏国。"

齐威王非常高兴，采纳了孙膑的计策。他告诉韩国使者，齐国一定会出兵援救，军士集结好了，就会向魏军发起攻击，请回去告诉韩国国君。

韩国君臣听说齐国马上就派兵会来增援，军心大震，绝不投降，拼死抵挡。

但是，魏军的实力不容小觑，尽管韩国将士一心，还是无法扭转战局。两军经历了五次战役，韩国都失败了。《资治通鉴》记载："韩因恃齐，五战不胜，而东委国于齐。"韩国托身给了齐国。

这时候，齐国才出兵。

齐威王派田忌和孙膑率兵西进，这次的战略方针和上次的桂陵之战如出一辙，齐军没有奔赴韩国，而是直接奔向魏国都城大梁。

庞涓在韩国战场上听到齐国又来进攻大梁的消息，非常气愤，他留下一部分人继续攻打即将倾覆的韩国，自己则带着精兵魏武卒和轻装步兵，直奔魏国回援。

此时，庞涓肯定已经知道了齐国有一个人叫孙膑，肯定还认为孙膑的能力在他之上，庞涓一定会像一头走进陷阱的狐狸一样，所有的听觉全部竖起，所有的嗅觉全部打开，所有的视觉全部擦亮，因为有桂陵之战的前车之鉴，他不愿意再重蹈覆辙。

然而，庞涓犯了一个很重要的错误，这就是轻敌。他对孙膑没有轻敌，对齐军却轻敌了。他知道自己不是孙膑的对手，也知道齐军不是魏军的对手。只要他小心谨慎，瞅准机会，把魏军带到正确的道路上，抓住齐军，就一定能够将之歼灭。

孙膑也知道齐军不是魏军的对手，从吴起到现在的几十年的历史中，没有人是魏武卒的对手。《史记》中记载："孙子谓田忌曰：'彼三晋之兵素悍勇而轻齐，齐号为怯，善战者因其势而利导之。'"魏国地处山西，所以有三晋之兵的称呼。司马迁笔下的孙子，就是孙膑。魏军看不起齐军，而孙膑准备用骄兵之计，示弱于敌，诱敌深入，然后聚而歼之。

田忌问："如何引诱魏军？"

孙膑说："兵法云：百里而趋利者蹶上将军，五十里而趋利者军半至。"长途奔袭一百里，主帅就要受挫折；长途奔袭五十里，只有一半人能够到达。魏军很强大，且人数众多，齐军无法战胜魏军，但是齐军可以分化魏军，然后出击。这就像斗殴，当一群人围殴你的时候，你转身奔跑，他们在后面追赶，你跑得很快，他们跑得有快有慢，当你跑出一段距离后，再回身搏斗，与你对打的就不是那一群人了，而是跑得最快的那个人。这样你就有了胜算。"

田忌认为这个计策甚妙。

于是，齐军开始退军，引诱魏军追赶。

此时，庞涓的自信心充分膨胀了，齐军和魏军不在一个等级，齐军听到魏军回击，慌忙撤走，这很符合两国军队的客观条件，齐军确实不是魏军的对手。尽管桂陵之战中，齐军击败了魏军，但那只是魏军的先锋部队，魏国的军力并没有受到影响。现在，魏军全部出动，手挽手，抱成团，看你齐军还有什么办法。

所以，庞涓命令魏军追击，誓雪桂陵之战的耻辱。

如果庞涓用全部魏军追击齐军，孙膑还真的没有办法。就算孙膑布置埋伏，就算魏军走进了埋伏圈中，齐军还是吃不动这几十万魏军；而且，想要找到一个口袋，把几十万魏军全部装进去，中原地区哪有这么大的口袋？何况，孙膑懂兵法知地理，庞涓也懂兵法知地理，孙膑知道什么地方可以设伏，庞涓岂不知道什么地方会有埋伏。

所以，庞涓带着几十万魏军追在孙膑的后面，确实不好打。

孙膑又开始使用骄兵之计，对付庞涓这种过分自信的人，骄兵之计就是最好的计策。

孙膑安排管理后勤的人员，第一天造十万人吃饭的炉灶，第二天减为五万人的炉灶，第三天减为三万人的炉灶。这就是后人所说的"减灶法"。"减灶法"的目的就是示弱于敌，引诱对方追击。

与之相对应的，还有一个"增灶法"，"增灶法"的目的，就是不让对方追击，让对方知难而止，自己全身而退。

"增灶法"曾经被东汉时期的名将虞诩使用过。虞诩去武都郡上任，而羌人在他的必经之路阻挡。武都在今天的甘肃。羌人兵力是虞诩兵力的十倍。虞诩先放出风声，说自己的援军马上就到，然而趁着夜晚绕过羌人防线，向前急进，接着，命令第一天每人造两个炉灶，第二天每人造三个炉灶，第三天每人造四个炉灶。羌人追着追着，就没信心了。因为虞诩的兵力每天都在增多，他们担心打不过，最后只好退兵了。

很多人都知道诸葛亮增灶退敌的故事，《三国演义》中说，诸葛亮用"增灶法"吓退了追赶的司马懿。但是这个故事没有出现在《三国志》中，应该是作者罗贯中把虞诩的故事移植到了诸葛亮身上。

猎人在森林中追踪野兽，需要查看野兽的脚印和粪便，从粪便的新鲜程度，能够判断野兽离开的时间长短。而在战场上，追兵要追赶对方，需要查看对方的脚印和炉灶。从脚印判断对方的去向，从炉灶判断对方的数量。

公元前341年的这场战役中，齐军在不断地减灶，魏军在不断地数灶，他们越数发现炉灶越少，他们越数越增强了信心，因为齐军的数量在不断减少。

到了第三天，庞涓意气风发地对士卒们说："我固知齐军怯，入吾地三日，士卒亡者过半矣。"

庞涓犯了经验主义的毛病。按照常规来说，计算炉灶数量确实能够得知对方的军队数量，然而，庞涓忘记了，孙膑不是一个常人，不能用常规来计算他。

既然齐军现在只有三万人，那么就没有必要带着几十万人追赶了。几十万人行动起来慢腾腾，贻误战机，庞涓决定带着一部分人追击就行了。史书记载："乃弃其步军，与其轻锐倍日并行逐之。"

和上次的桂陵之战一样，庞涓又犯了急功冒进的毛病。如果庞涓带着魏军全部人马，孙膑真的没有更好的办法对付他，而现在分兵，孙膑就有了机会。上次在桂陵之战中，就因为走得太快了，一头撞进了孙膑的伏击圈；而这次，还是因为走得太快了，又要撞进孙膑的伏击圈了。

庞涓是魏国名将，但是不善于总结经验教训的人。不善于总结经验教训的人，就要在同一个地方连跌两次跤。

庞涓就这样兴冲冲地走入葬身之地，也走入了后世百谈不厌的话题里。

史书记载："孙子度其行，暮当至马陵。马陵道长狭，而旁多阻隘，可伏兵。"马陵在今天的河南莘县，此地是当年齐国和魏国的交界处。陵在古代没有坟墓的意思，指的是大土山。《孙子兵法》说："用兵之法，高陵勿向。"遇到大土山就不要靠近，因为大土山上最容易布置伏兵。桂陵之战中，孙膑在大土山上布置伏兵；马陵之战中，孙膑又在大土山上布置伏兵。为什么孙膑一再在大土山布置伏兵，因为他看了《孙子兵法》。为什么庞涓一再在大土山遭到伏击，因为他没有看《孙子兵法》。

东晋人虞喜在《志林》中记载："濮州鄄城东北六十里有马陵，涧谷深峻，可以置伏。"而莘县当年就属于濮州，此马陵即彼马陵。可见，马陵这个地方，确实是打伏击战的好地方。

齐军从魏国退兵回齐国，必走一个叫外黄的地方，外黄是今天的河南杞县，而魏军从韩国回来追赶齐军的时候，也一定会走外黄。所以，孙膑从外黄开始，就计算行军日期。从外黄到马陵，大约有150公里。150公里，刚好是车马三天的行军路程。所以，孙膑算好了三天后庞涓会来到马陵，而马陵刚好利于设伏，所以，孙膑就在这里设下重兵。

这三天来，孙膑一路上都在算计庞涓，庞涓却浑然不觉。一个精心设计圈套，一个粗心埋头追赶，所以，庞涓的失败是注定了的。

三天后的黄昏，庞涓追到了马陵，前面道路被乱木堵塞，庞涓命令士卒清理道路，他要继续追赶。号称吴起第二的庞涓此时犯了第一个错误，道路狭窄，又被堵塞，一定要防备是否有伏兵。可是，庞涓没有防备，他急着去追齐军。

前面的士卒在清理道路，旁边的士卒报告说，发现了一棵大树，树上有一行字，因为天色阴暗，看不清楚。庞涓让士兵点燃火把，自己上前查看，看到那棵大树的树皮被剥光了，白色的树身上写着"庞涓死于此树下"。此时，庞涓又犯了第二个错误，情况不明，不能贸然举火，贸然举火会为对方指明自己的方位。

这次庞涓所犯的低级错误，证明了他虽然号称吴起第二，其实他和吴起相差的距离，不是一千里，而是北京到广州的距离。

魏军清理乱木，让所有士卒停下了脚步；士卒点燃火把，让埋伏的齐军看清楚了庞涓的方位。

此前，孙膑将万名弓箭手埋伏在两面的山坡上，约定"暮见火举而俱发"。庞涓此时就站在火把之下，齐军弓箭手一齐射箭，庞涓纵然是孙悟空，也难逃脱被歼灭的命运。

黑暗中，魏军不知到底有多少齐军在射箭，而齐军却知道魏军的方位和数量。在箭镞凄厉的破空之声中，魏军死相枕藉。庞涓看到大势已去，就拔剑自刎，临死前说："遂成竖子之名。"

庞涓到死还不服气，到死还看不起孙膑。他把孙膑叫竖子。《晋书》记载：这个时代有个狂生名叫阮籍，他来到当年楚汉相争的古战场，感叹说："时无英雄，使竖子成名。"他自认为自己是英雄，把项羽和刘邦都骂了。竖子在古代的意思就是骂人的。

这个夜晚，孙膑一跃成为战国名将，他得以和历史上那些著名的军事家并肩。

这个夜晚，中原霸主的魏国开始走向了下坡路，此后，一直到秦统一中国，魏国都没有再崛起过。

这个夜晚，吴起一手打造的魏武卒湮没在了岁月的尘埃中，世间再无魏武卒。后世的魏襄王，尽管借助魏武卒的名气，将二十万重装步兵也叫做武卒，其实已经和吴起时期特种部队的魏武卒完全不一样了。

庞涓死了，孙膑也突然从历史中消失了。孙膑的历史就是一段复仇的历史，是一段师门恩怨的历史，这是武侠小说中最喜欢描写的情节。

有人说，孙膑此后隐居山林，潜心写作《孙膑兵法》。

在战国的历史中，孙膑突然出现，又突然消失，后世有人怀疑历史上是否有孙膑这个人，甚至有人把孙子和孙膑当成了一个人。这种争论一直持续了两千年。

1972年，山东省临沂发现古墓，经过勘察证实，这是一座汉代古墓群，通过发掘，从古墓中找到了大量竹简，而这些竹简竟然是赫赫有名的兵书，包括《孙子兵法》、《六韬》、《尉缭子》等，其中就有《孙膑兵法》。

《孙膑兵法》破土而出，终于证实了《史记》中记载的孙膑故事，是真实可信的。

孙膑像流星一样划过了历史的天空，而他的故事却一直传说到今天。

孙膑五十年后，白起诞生。孙膑的战争履历只有十年，而白起的战争历程却长达五十年。

战国的历史，就是名将的历史。战国从来不缺名将，特色迥异的名将让战国的历史变得精彩纷呈。

4

杀人狂白起

中国古代杀戮最多的将军，坑杀赵降卒四十万，褒之者誉他军神，贬之者骂他人屠。

他是为战争而生的人，他的生命与战争连接在一起，他一生历经大小近百战，从无败绩。

他是一名职业军人，一生南征北战，常常以少胜多，以弱胜强，一生累计击杀六国军队一百余万，创造了军事史上的奇迹，他是六国的噩梦。有人称他为"军神"。

他的名字和战国时期最有名的长平之战连在一起，与坑杀赵军四十万的丑行连在一起，有人称他为"人屠"。

而长平之役，破敌四十万，只是他一生中的典范战役之一。

他在伊阙之战中，运用集中兵力、各个击破的战术，斩杀韩魏联军二十四万；他在鄢城之战中，决堤放水，淹死楚军二十万；他在华阳之战中，长途奔袭，突然攻击，斩杀韩军十三万；在与赵国对垒中，又将两万名赵军沉入黄河溺死……只要有人和他交战，等待他们的，只有死亡。

他是天才的军事家，他的作战艺术因地制宜，花样翻新，历经那么多战役，却几乎没有一次用兵战术是重复的。他指挥的每次战役，都能够载入军事教科书中。

褒之者谓他军神，贬之者谓他人屠，有人说他是战国最伟大的军事家，有人说他是战国时代的杀人狂魔。

无论人们怎么从道德的角度来评价他，但是没有人怀疑他无与伦比的军事才能，没有人从军事的角度对他指手画脚。

上天垂恩于他，让他生在强大的秦国。秦国重战功，所以他能够从下级士卒中一步步升迁。上天又不垂恩于他，让他在晚年遇到了残暴的君主，身首异处。

传说中，白起死后，秦国下暴雨，雷公击死一头耕牛，人们查看，发现牛头上写着白起二字。白起杀人太多，犯了天怒。传说中，山西太原有一道菜，家家必做，红油辣椒浇白豆腐，红油辣椒，是白起的血；白豆腐，是白起的脑浆。白起杀人太多，犯了人怨。

天怒人怨，白起怎么能不留下骂名？

秦国是一架全速开动的战争机器，而白起就是这架机器前的锋利尖刀；秦国是一个凶残暴戾的杀人狂魔，而白起就是这个狂魔手中的倚天之剑。没有秦国，白起无法建立这样的绝世功勋；没有白起，也许秦国完成王朝霸业需时更久。

白起出生在陕西省眉县一个农村家庭。和吴起、乐毅、孙膑比起来，其出身最为贫寒。

吴起家很有钱，属于富甲一方的地方乡绅，他是个富二代；乐毅祖上是镇守中山国的一方诸侯乐羊，他是个官二代；孙膑的祖上是孙子，他是个军二代。唯独白起出生在偏僻乡村，他是个农二代。可是，白起却用自己的努力，摆脱了土地，改变了命运，建立了不朽功业。

当年，秦国的法律规定，在战场上杀一个敌军士兵，赏钱一份；杀一个敌军军官，晋升一级。所以，秦军上了战场，都举着长刀，呼啸而来，像一群刚刚出笼的猛虎一样，抢着割取敌军的人头，尤其抢着割取敌军军官的人头。战役结束后，秦军的裤腰带上吊着一串滴溜溜的人头，回去领赏。

白起从一名最低等的下级士兵做起，用了不长时间，就做到了左庶长。左庶长，相当于现在的团长，可以想见，他砍下了很多颗敌军的人头。

而此时，才揭开了白起砍人头生涯的第一幕。白起一生砍头上百万颗，他比杀人如麻更如麻。他或者是战神，或者是恶魔。无论是战神还是恶魔，他都冷酷如铁，残酷如冰。

杀一人者，会被起诉；杀十人者，会被通缉；杀万人者，会成为将军；杀十万人者，会成为君王；杀百万人者，会载入史册，代代传说，比如白起。

白起就是一个天生的战将，他没有跟任何一个人学习作战，却掌握了纯熟的作战技艺。这个世界上，总有那么极少一部分人，被后人称为是天才。

白起是一个军事天才，他无师自通地掌握了一些著名军事家穷其一生也难掌握的军事要领。

至今，在白起出生的那座村庄，还有很多关于他的传说，人们说，白起在当兵前给人种地，经常指着山峦沟壑说："这里可以埋伏一支百人的军队，能够阻挡一万人通过。"和他一起耕地的乡农说："好好耕你的田，你个乡下娃操那份闲心干什么。"白起说："我以后一定要当将军。"乡农说："甭胡吹牛，再不好好耕地，主家就不让你吃饭了。"

白起的故事很像几十年后陈涉的故事，也很像五百年后邓艾的故事。也许，英雄们小时候都有一个特点，在别人的眼里，他们就是不切合实际、不务正业，很不实在。

每一个英雄小时候都是另类。

史册中记录的白起第一战，是针对韩国的。韩国的国土当时在黄河东岸，白起需要跨河进击。

战国七雄中，除韩国之外每个国家都先后有过风光峥嵘的岁月，都曾经站立在战国舞台的中心，都曾经让所有的聚光灯打在了自己身上，唯独韩国，从来就没有过风光岁月，当聚光灯打在别人的身上时，他只能独自躲在舞台一角，心中充满了无限惆怅。

战国时代，每个国家都是饿狼，每个国家都想吞并别人，都想扩大自己的地盘，然而，弱小的韩国却能生活在大国的夹缝中，没有被吞没，实在是个奇迹，他们靠什么？

他们靠的是地势险要和强弓硬弩，他们没有举世悍将，没有精兵强卒，但是他们有别人很难进入的高山深沟，有别人很难仿效的新式武器。天下强弓硬弩皆出韩国。当别国的弓箭最远只能射出 300 米的时候，韩国的尖端武器弩弓可以射出 500 米。韩国用强弓硬弩射出阵脚，让别国不敢靠他太近。

但是，白起不信这个邪。

秦昭王时代，秦国向西攻占了甘肃、宁夏，向南攻占了四川盆地，向北是没有经济基础的匈奴地盘，秦国想要进一步扩大，就必须向东进攻。向东，就必须跨过黄河，翻越崤山，穿过函谷关，进击六国。秦孝公据崤函之固，拥雍州之地。崤函，指的就是崤山和函谷关。

而吹响进击六国号角的，是白起。此后，秦国开始了吞并天下的霸业计划。

白起的跨河之战，先拿韩国祭旗。

这一仗，白起轻松攻占了韩国的新城。新城，就是今天的河南龙门。后来，这里因为有大量的南北朝石窟，而成为旅游景点。

白起在新城建立了进击中原的桥头堡。只要固守桥头堡，秦军就能够源源不断地从西方来到东方，然后大举反击，六国可图也。

韩国震惊，相邻的魏国也震惊，唇亡齿寒，韩魏决定联合起来，将白起和他的秦军，赶下黄河喂王八。韩魏联军多达二十四万，秦军仅有十万。韩魏联军统帅为魏将公孙喜，秦军统帅为白起。

此时，白起因为战功卓著，已经被封为左更。左更比左庶长高了两个级别，大约相当于今天的军长，可以独当一面了。

白起升职很快，是因为他崇尚攻击。在战国所有的将领中，白起是最好战的，而且，他从来都不屑于防御，他认为进攻就是最好的防御。

新城之战让白起连升两级，这在秦国的战争历史上是很少见的。自商鞅变法以来，秦军每个人的升迁，都是依靠实力，每一位秦国将军，都是依靠一仗一仗打出来的，但是很少有人能够在一仗打赢后，连升两级的。尽管商鞅当年规定过，打一次大胜仗，军官最高可以连升三级，但是从来没有谁能够连升三级。这就像今天的商家促销，号称最高奖是一辆宝马，但是你永远也不知道宝马最后让谁开走了。

也许是因为白起在黄河东岸建立的这个桥头堡太重要了，秦昭王才破例让白起连升两级，从第十个台阶跨上了第十二个台阶。秦军的升迁制是二十个台阶，第一个台阶是公士，相当于现在的下士；最高的台阶是彻侯，相当于今天的国防部长。

韩魏联军在叫嚣了很多天反攻后，始终不敢反攻，后来，他们依托地理优势，决定阻挡秦军东进的步伐。

从新城再向东，是伊阙。战国时期的伊阙，是今天的河南伊川。伊阙易守难攻，地势险要，两山夹峙，如同两扇大门；中间河水汤汤，无法行走。任何一个有点军事常识的人，来到这里，都知道这是打阻击战的好地方。阙的意思是空隙。《水经注》中有这样的句子："自三峡七百里中，两岸连山，略无阙处。"就是说，山峰起伏，连绵不绝。而伊阙，就是指伊河流经的缺口。

缺口的两边，韩军和魏军一边一个，阻挡秦军。

二十四万人的军队扼守着咽喉要道，十万人要用冷兵器攻打，其难度可想而知。咽喉要道，只有那么大的一块地方，一夫当关，万夫莫开。

战争刚开始的时候，白起先派出了一支小部队，前去试探性地攻击魏军，魏军坚守不出，这时候，如果另一边的韩军派兵出击，这股秦军就会被包了饺子。可是，韩军没有出击。

第二天，吴起又派出一支小部队，向着韩军的阵地如法炮制，而魏军照样没有出窝。

于是，白起判断，韩魏两军貌合神离，谁都想保存实力，谁都不想作出牺牲。这样的联军，人数再多，又何惧焉。白起决定采用集中优势兵力，各个击破的战略。

韩军是主力。白起决定先击败魏军，然后再掉头过来攻击主力韩军。

韩魏两支军队虽然貌合神离，各打各的小算盘，但不能保证在魏军受困时，韩军会来增援。所以，白起派出一队疑兵，在韩军通往魏军的必经之路上埋伏起来，他们故意不断点燃柴火，让烟雾升得很高很高；又让有限的几辆战车，在道路上来回奔跑，让尘土升得很高很高。韩军的哨探报告说，秦军在前方埋伏了大量人马，韩军就缩在乌龟壳里，连头都不敢伸出来了。

然后，白起派遣主力部队，绕过伊阙关口，直接攻击伊阙的后方。再居高临下，向魏军发起了攻击。

魏军做梦也没有想到，秦军没有从正面仰攻，而是从他们的后方俯击。魏军辛辛苦苦构筑了好多天坚固的正面防线没有起到任何作用，而没有构筑任何防线的后背却遭到了秦军猛烈的捶击。秦军打仗太不合章法了，太不讲道理了。算了，不和你打了，讲道理和讲章法的魏军开始了大溃败。

然而，在山地中奔跑，他们又怎么能够跑得过秦军。这些从小就在崎岖的秦岭山中奔跑如飞的秦军，一个个都练就了铁脚板，他们凶悍而矫捷，爬山越岭如履平地。魏军跑出了一段距离后，满心以为已经摆脱了秦军的追击，他们踌躇满志地回过头来，突然看到了秦军高高扬起的刀锋在烈日下熠熠生辉，秦军披头散发，赤着双脚，啸声凄厉，瘆人心脾。秦军的腰间挂着人头，人头在他们的胯骨间像拨浪鼓一样荡来荡去，他们每杀死一个敌人，就割下人头挂在腰间，这些人头就是他们的军功章。所以，在每次的战场上，他们都像抢割麦子一样抢割人头。

魏军就这样被轻松打败了。

魏军被击败后，白起带着得胜之师，开始猛攻韩军阵地，而此前埋伏在韩军阵前的秦军，也撕掉了伪装，向韩军杀来。韩军腹背受敌，被包围在狭小的山谷中。

此前，他们据险坚守，拒不出战，而现在，险地成了他们的棺材。

韩国有强弓硬弩，秦军也有硬弩强弓。

现在无法知道韩国的弓弩是什么结构，但是从出土的兵马俑方阵中能够看出秦军弩兵的排兵布阵。

弩是一种比弓更先进的，由弓发展而来的兵器，这种武器由于在弓弦和弓背之间横置一臂，又被称为十字弓。弓的发射依靠手指的松动，而弩的发射依靠机栝的扳动，所以，弩比弓更容易操作，其准确度也比弓更高。现代奥运会上，只有弓箭比赛，而没有弩机比赛，是因为弓的难度比弩更大。

当年，秦军弓弩手是这样排兵布阵的。最前面是一排弩兵，他们半跪在地上，弩已上弦，一触即发。在第一排弩兵的后面，还有两排弩兵，他们弯腰拱背，随时准备向前突击，第二排弩兵的弩机朝下，箭镞已经放在了弓弦和弓背之间的横臂上；第三排士兵一手持弩，一手拿箭。

三排弩兵是轮番攻击，每一排弩兵刚刚射击完毕，第二排弩兵冲上去接着发射；第二排射击结束，第三排又补充上来。三排弩兵不间断地发射，就如同不间断的阵雨一样，任何一片树叶任何一片花瓣，都会被打湿。

这三排弩兵的左右两边，还有担任警戒的两排弩兵，左右各一排，密切地注视着侧翼的安全。

三排弩兵的后面，两边警戒的中间，是战车部队。而此时，战车还没有发动攻击，战车兵也从事弩兵的职责。战国后期的秦国，每辆战车配备五人，其中一个人保管着四名士兵的四支长戟，并约束着马匹，另外四人下车，两人一组，一个人半卧在地上，用双脚蹬开了大弩，另外一个人跪在地上，背着箭袋，负责给大弩装箭。想一想，能够用双脚蹬开的强弩，它的射程该有多远啊。

天下强弓硬弩皆自韩出。韩国的射箭技术也相当不错，然而，现在秦国是居高临下，射程将会更远，而韩国的弓箭因为受到地球引力的作用，射出的威力远远不及秦国。

而且，秦国率先在军队中装备了这种用双脚才能蹬开的大弩。这种大弩每个张力超过 12 石，射程超过 600 步，也就是说，秦国的大弩张力达到了 738 斤，射程达到了惊人的 830 多米。而当时，韩国的强弓硬弩张力只能达到 6 石，可以劲射 500 米。

在两军对阵的时候，韩军还没有看到秦军，而秦军漫天飞舞的箭镞却已经到了。

800 米，这是在平地上的射程，如果是在高山峡谷，居高临下，这种大弩射出的箭镞绝对威力惊人，就像一颗颗六零炮弹一样。

秦军的步兵，赵国的骑兵，在当时都是独树一帜的。

当时，包围圈中的韩军，怎么能够经受这样强有力的冲击。所以，秦军的攻击一开始，韩军就乱成一团麻，纷纷向后退缩。秦军抓住有利战机，大举追杀，活捉了联军主帅公孙喜。随后乘胜追击，一直将仅剩的几个韩军追到了偃师附近，连拔五座城池。

这一仗，韩魏联军全军覆灭，白起率秦军箭射刀劈，联军二十四万颗头颅落地。秦军每个士兵的腰间都挂着圆溜溜的头颅，押着公孙喜凯旋。

此役后，白起晋升为国尉，即太尉。

白起的可怕之处，不是在于他手下的士卒如何蛮勇强悍，而在于白起那颗几百年才能进化出来的脑袋，这颗脑袋总能诞生一些匪夷所思的想法，总能够以少胜多，以弱胜强。

白起仅仅用三年时间，就从一个团长晋升为集团军司令。而秦国当时另外一个集团军司令司马错，从团长晋升为集团军司令，用了整整二十年。白起年少气盛，而司马错已经是三朝元老。司马错，是司马迁的八世祖。

白起年纪轻轻就平步青云，气坏了当年军中一大批资历胜过他的将军。当初他们跟着司马错征战的时候，白起还穿着开裆裤，在关中西府的村庄玩泥巴，而现在，这个农家小子居然成了他们顶头上司。于是，一捆捆告发白起的竹简带着满腹的怨气，堆在了朝堂上。然而，当朝宰相穰侯连这些信件看都不看，就扔进了火堆。

穰侯是白起的伯乐，没有穰侯的破格提拔，就没有白起的飞黄腾达。一个再有能力的人，没有赏识其才能的人，一切都是白搭。冯唐易老，李广难封的事情，在历朝历代都屡见不鲜。

在后来的岁月里，白起创造了一连串令人震惊的战绩。

公元前290年，白起攻打韩国，攻取安邑以东大片地区。安邑，是现在的山西省夏县。胆战心惊的韩国被迫割让遂地200里给秦国；同样胆战心惊的魏国也被迫割让河东400里地给秦国。遂地，指今天的山西临汾；河东，指黄河以东。

公元前289年，夺去了魏国大片土地的白起，继续发起攻击，一直攻到了河南轵城，攻陷魏国大小六十一座城池。轵城，是今天的河南济源。

白起被封为大良造，大良造在秦国二十等军功爵位中，排列第十六位。也就是说，短短的三年过后，白起又官升四级。而秦国当过大良造的人，只有商鞅等少数几个人。

公元前 290 年，白起和司马错再次出兵，取得大胜，攻陷新垣。新垣，是今天的山西垣曲。

公元前 281 年，白起攻打赵国，攻陷石城。石城，是今天的河南林县。

公元前 280 年，白起再次攻打赵国，拔光狼城，将两万俘虏沉入河中淹死。光狼城，是今天的山西高平。

公元前 280 年，白起攻楚，连陷五城。

公元前 279 年，白起继续攻打楚国，攻陷楚国都城郢，焚烧楚国先王陵墓，楚国不敢战，迁都到陈丘。

后来，白起被封为武安君。武安君的意思是武功盖世，安国定邦。这是一个封号，赵国的李牧、楚国的项燕、身挂六国相印的苏秦，都先后得到过这个封号。

成为武安君后，白起的惊人战绩还在延续。

公元前 276 年，司马迁的老祖司马错率领川军，集结于秦楚边境。白起率领秦军翻越云贵高原，迂回包抄，直捣楚国后方，攻占黔中。秦国在此设立黔中郡。黔中，就是今天的湖南沅陵以西。此时，秦国已尽得川地。

公元前 273 年，魏国和赵国联军攻打韩国的华阳，韩国向秦国告急，秦国不满华阳即将被他国占领，急忙派白起出兵。白起千里跃进，日夜兼程，八日即至，突然袭击魏赵联军。秦军先与魏军战，斩首十三万，俘虏魏将三员；再与赵军战，大获全胜，又将两万名赵军战俘沉入黄河。华阳，在今天的河南郑州。魏国把南阳割让给了秦国。

《战国策》如此描述这段时间的白起："楚地持戟百万，白起率数万之师，以与楚战，一战举鄢郢，再战烧夷陵，南并蜀汉，又越韩魏，攻强赵，北坑马服，诛屠四十余万之众，流血成川，沸声若雷，使秦业帝。"

白起以一人之力，奠定了秦国的霸主地位。

白起是一员难得的勇将，而更难得的是，白起的计谋花样翻新，层出不穷。

伊阙之战，白起集中优势兵力，各个击破，斩杀韩魏联军二十四万；鄢郢之战，白起用水攻，淹死楚国军民四十万；黔中之战，迂回包抄，一剑封喉；华阳之战，千里奔袭，突然攻击，一役定江山……

白起指挥过的每场战役，都是教科书式的经典战例。他像一头老奸巨猾的野狼一样，长时间地潜伏，只为了寻找对方的弱点，然后当对方露出破绽后，就突然跃身而去，一声脆响，咬断了对方的喉管。

这样的对手，没有人不害怕。

秦昭王看到白起连战连捷，大喜过望，就准备让白起率军从河南向南，进入湖北，当时的湖北属于楚国。

楚国是南方的大国，幅员异常辽阔，包括今天的两湖两广、江浙福建、安徽江西，可以说，从秦岭淮河这一条中国南北分界线以南，都是楚国的疆域。自古以来，南方物产丰富，土壤肥沃，重经济，而轻征战。如果此时白起举兵南下，楚国岌岌可危。

楚王吓坏了，急忙派出生在楚国的名气很大的春申君黄歇给秦昭王送来一封书信，这封书信写得非常漂亮，因为它居然能够打动好战的秦昭王，让秦昭王制止了白起继续挥军南下。这封情真意切的书信很长，其中有几句是这样写的："王若能保功守威，绌攻取之心，而肥仁义之地，使无后患，三王不足四，五伯不足六也！王若负人徒之众，仗兵革之强，乘毁魏之威，而欲以力臣天下之主，臣恐其有后患也。"

这封引经据典的书信打动了秦昭王，他最担心的，书信中都写到了，如果秦国举兵南下，那么北方各国一定会乘虚出击，秦国本土就会遇到危险。

这时，即使最强大的秦国，也没有力量独自灭掉六国。战国七雄互相制约，维持着一种表面的平衡，谁也无法将谁彻底灭绝。秦国有能力逐一灭亡六国，但是就像三国时期的魏国无法单独对抗吴蜀联盟一样，秦国力量再大，也无法与捆绑在一起的六国相抗衡。

此后，白起有九年没有征战。六国诸侯得到了难得的喘息机会。

没有了白起的战国舞台，没有了硝烟战火，没有了金戈铁马，没有了血雨腥风。此时，战国的舞台上上演了一出出精彩纷呈的话剧。

赵国邯郸的地方税务局局长赵奢带人出外收田租税，赵国宰相平原君赵胜家不交税，不但不交税，还辱骂殴打收税员，赵奢按照律法，连杀宰相家管事的九个人。平原君火冒三丈，就要杀了赵奢，赵奢说："你是赵国的宰相，却纵容下人违法，违法则国家削弱，国家削弱则诸侯攻伐，诸侯攻伐就没有赵国了，没有了赵国，哪里还有你这个宰相。"平原君一听，觉得这个处级干部不简单，不但没有杀他，还向赵王举荐他做财政部长，从处级干部到部级干部，连升四级。

赵奢确实不简单，他果然很有理财能力，短短的几年时间之间，就让赵国府库充实，百姓富裕。

赵奢是一个传奇人物，他文武全才，理财军事都很有一套。当白起在老家享受成功果实的时候，秦军又一次进犯赵国，满朝文武无人应战的时候，赵奢说："狭路相逢勇者胜。"然后以财政部长的身份代理大将出征，取得大胜，他是战国时期能够击败强大秦国的少数将军之一。

赵奢这一生都很成功，干啥啥成，什么事情都干得风生水起。赵奢这一生唯一的失败，就是生了一个不中用的儿子。他的儿子，就是那个因为纸上谈兵而"名垂青史"的赵括。

九年之后，白起结束了自己锦衣玉食的富家翁生活，重新披起战袍，踏上了征战六国的路途。赳赳老秦，猎猎雄风，长剑在手，谁与争锋？风雨肃杀，杀不尽的仇人头；大河奔流，流不尽的英雄血。一代战神的长刀出鞘了，六国再次为之颤抖。

公元前264年，白起攻韩国陉城，拔五城，斩首五万。

公元前263年，白起攻太行道，绝之。

太行道，就是太行八陉。太行八陉，是山西通往河北的八条要道。这八道关口是连接华北平原和山西高原的咽喉地带。如果控制了太行八陉，则进可以直逼华北平原的赵国和燕国，退可以阻止赵国和燕国向山西高原进发。

在白起的眼中，世界是平的，他带着那支百战秦军，想去哪里，就能去哪里，他们是滔天洪水，没有什么力量能够阻挡他们蔓延恣肆的脚步。

在六国眼中，白起就是噩梦，他走到哪里，哪里就会变成人间地狱，就会尸横遍野、血流成河。白起是传说中的金刚，没有人能够击败他。

白起占据太行八陉，只是他通往巅峰之路的第一步。

站在太行山顶上，能够望见那个名叫长平的地方。长平，才是他人生的最高点。

白起占领太行古道后仅仅过了一年，就兵出太行，进入韩国腹地。战国七国中，面积最小的韩国，面临灭顶之灾。

战国历史是一页页战争的历史，是被硝烟浸染的历史，是被血水浸泡的历史，然而，这一页页历史与韩国无关，因为韩国与人为善，谨小慎微，他不会主动攻击别人，只想过着自给自足的乡间小农生活。

韩国没有梦想，没有奢望，韩国有自己的生活态度和处事方式以及人生追求，可是，他却犯了一个错误，这个错误是致命的，从开国之初就伴随着他，如影随形，挥之不去。这个错误就是与强秦为邻。

有一个霸道刁蛮的人做邻居，你的日子岂能太平？

公元前262年，白起发兵攻打韩国野王。野王即今天的河南沁阳。

野王在白起的攻击下，很快就失陷了。野王丢失上党就门户大开。上党在今天的山西晋城、长治一带，是当时韩国的经济中心。尽管韩国的都城在今天河南新郑，但是上党一带的优质煤炭撑起了韩国的经济大厦。

面对秦国大军压境，上党郡守冯亭就和部将谋划说："回到都城新郑的道路已经被白起铲断了，白起这小子毒着呢，想把我们包了饺子。我们等救兵是不现实的，因为我们韩国本来就没有多少兵力。我看我们不如投奔赵国，把上党送给赵国。"

部将说："这岂不便宜了赵国？"

冯亭说："我们把上党给赵国，秦国就很生气，他们辛辛苦苦忙了半天，最后上党成了赵国的，肯定会发兵攻打赵国，赵国单独打，打不过秦国，肯定要联合韩国。到时候，韩赵合一，上党还是我们的。"

大家都同意了。

是否接纳上党，赵国群臣展开了一场讨论，敢不敢要上党？赵王最后一锤定音，上党这么好的地方，我收了。

冯亭投奔赵国后，白起暂时停止了攻势。上党地区风平浪静、和风细雨。

然而，一场巨大的风暴即将来临。

一年过后，秦国再次出兵，攻打上党。白起认为这次秦王肯定还会派他领兵作战，这一年来，他无时无刻不在筹划着怎么攻夺上党，怎么灭绝赵国；这一年来，他一直站在赵国的家门口，向里面窥探。赵国这个大家庭里，都有些什么人，都有些什么建筑，他都了如指掌，成竹在胸。

白起一生的生活就是作战，除了作战，还是作战。作战是他生活的唯一内容。

然而，这次，秦王却没有派武安侯白起，而是派左庶长王龁。左庶长是一个不大不小的官职，白起刚刚引起世界关注的时候，就是担任这个官职。而现在，白起已经是武安侯了，官阶比这个左庶长高了八级。也许，秦王想着，与赵国交战，不需要武安侯，只需要左庶长就足够了。

王龁表现得也很不错，他一出场，就轻松攻下了上党，上党百姓纷纷逃往赵国。韩国已经自身难保，赵国才是避难之所。

上党有失，赵国震惊，赵王派来了当年赵国最擅长打仗的老将廉颇，凭借长平的险峻地势，阻击秦军。

战争史上非常著名的长平之战，就此拉开序幕。当时谁也没有想到，这场战役会打成旷日持久的消耗战，会打成西方最强帝国秦国和北方最强帝国赵国之间的角力战。

时为公元前 260 年。

在这年春天的某一天，阳光明媚，微风和煦，秦国和赵国在山西高平福晋的一片开阔土地上，展开了第一次对攻。

在双方军队长矛在手，踏着鼓点，迈着整齐划一的脚步，准备进行厮杀的时候；在大战一触即发，空气紧张得摔颗火石就能够点燃的时候，秦军方阵突然停止了前行的脚步，前排的士兵半跪在地上，将长矛放在地上，绰弓在手，然后，赵军就看到了铺天盖地而来的箭雨，挟裹着死亡的气息，迎风而来，像漫天飞舞的蝗虫一样。

赵军停止了脚步，他们举起盾牌，迎着阳光，迎着闪闪发光的漫天箭雨。然而，秦国强劲的弩箭穿过了盾牌和铠甲，赵军在秦军的第一波攻势中，就倒下了一大片。

秦国的步兵冠绝天下，赵国的骑兵天下冠绝。秦国的步兵能够全天候征战，从秦穆公那个时代开始，秦国的步兵就以特别吃苦耐劳而著称；赵国的骑兵举世闻名，则是从李牧练出铁骑，击败匈奴开始。

但此时，李牧的铁骑还没有锻造出来。

第一阵箭雨过后，赵军的先锋部队几乎丧失殆尽，主帅廉颇看到形势不利，连忙带着中军和后续部队退进了长平城中，也就是今天的山西高平城中。战国时代的长平城，比今天的高平城要大很多，也高很多。

曾经喧嚣而充满了死亡气息的战场，突然陷入了平静。秦军主将王龁望着高高的城墙和城门上高高悬挂的免战牌一筹莫展。赵军主将廉颇望着城外密密麻麻、排列整齐、一眼望不到边的秦军陷入了沉思。秦国武安侯白起在都城咸阳望着遥远的长平的方向，思虑着对策。

白起是公司的好员工，属于他的工作，他干得很好；不属于他的工作，他也在出谋划策。

公元前 260 年四月下旬的一天，秦军的斥候部队接近了长平。斥候就是前哨。廉颇派出了一支赵军，由将领茄率领，出城驱赶那支斥候部队。

当时，茄带着赵军杀气腾腾地杀奔而出，秦军斥候部队看到威武雄壮的赵军杀来就向后狂奔，一个个像刚放出了圈门的绵羊一样；赵军在后面呼叫着疯狂追赶，一个个像发现了跛脚兔子的猎狗一样。

此前，在上党防御战中，赵军已经输了一着，他们立志痛雪前耻，现在，正是雪耻的好机会。然而，没有料到的是，他们正在兴高采烈地奔上死亡之旅。

赵军追出了十多里，突然看到了万分惊愕的一幕。在地平线的那边，在滚滚烟雾的背后，在他们视线的尽头，秦军的战车部队像滚滚怒涛一样汹涌澎湃、绵延不绝。

然后，两军间的杀戮就开始了。

秦军的战车冲入了奔跑得气喘吁吁的赵军队伍中，坚硬的车轮肆意地碾压着赵军柔软身体，只见战车上的长戈大戟一起一落，赵军的人头就纷纷落地，在华北平原的泥土上翻滚。

战车对步兵，具有无限优势。这情景就像两千多年后的诺门坎战役，当不可一世的日军第 23 师团在辽阔的西伯利亚耀武扬威，追赶着撤退的苏军，自以为即将成为这片冻土的主人时，苏军的坦克部队突然出现了，围着日军竞相碾压，日军只能挺着 60 厘米长的刺刀与苏军的坦克厮杀，结果纷纷"英勇"地奔赴鬼门关了。此战，日军第 23 师团全军覆没，师团长松原剖腹自杀。

茄面对秦军恐怖的攻击只能收缩兵力，固守以待援军。然而，他们等不来援兵了。秦军的战车部队后是威武的步兵方阵。步兵方阵切断了这股赵军与长平城的联系。长平城中的救兵，像被赶鸭子一样，一次次被赶了回去。

茄带着他勇敢的士兵，一起走上了黄泉路。

老将廉颇站在城墙上，望着城外血肉飞溅的场面，一筹莫展。塞北的寒风吹着老将花白的胡子，飘飘冉冉。

六月，秦军再次进攻，攻陷距离长平约 25 里的两座城池，杀县尉。

七月，秦军继续进攻，从后方调来投石机和攻城锤，攻陷赵军所筑堡垒。投石机和攻城锤在电影《指环王》中出现过。投石机，顾名思义，就是把石头通过机械，扔进对方坚守的城池中，对守方的堡垒造成破坏；有时候也会把尸体投进对方城堡，造成恐慌。攻城锤则是巨大的木柱，绑缚在四轮大车上，人们拉动木柱上的绳子，让木柱依靠惯性撞击城门。

尽管那时候，巍峨高耸的喜马拉雅山脉和宽阔无垠的地中海阿拉伯海，隔断了东西方的联系，但是，东西方的机械制造师都不约而同地制造出了这种破坏力极强的攻城工具。

在强大的秦军攻击面前，赵军无以应战。《史记》记载："赵大将廉颇知不能战，严垒相峙，伺机进击。"

此前，69岁的老将军廉颇已经多年没有和秦军交战了，他与秦军的交战经历还是在遥远的十年前，那时候，赵括的父亲赵奢风头正劲，廉颇和赵奢一起将前来进攻的秦军击退。而现在，当年的战友赵奢已经驾鹤西去，他的儿子赵括正在邯郸城里张牙舞爪、夸夸其谈。

这十年来，赵国一如既往地蜗居北方，而秦国一如既往地东征西讨，一代战神白起跃上了战国的舞台，一代名相范雎也让秦国走上了兼并六国的快车道。秦国的实力和战法都已经今非昔比了，老将军以往的作战经验已经不够用了。

面对强大的秦军，老将军除了避而不战，再没有其他办法，属于他的江湖已经远去。江山代有才人出，各领风骚数十年。

现在是白起的时代，是秦昭王的时代，是秦国的时代。廉颇老矣，尚能战否？

廉颇在长平城里一筹莫展，赵王也在邯郸城里一筹莫展，秦国的将领一茬茬长上来，像割不完的韭菜；赵国的将领青黄不接，像霜打的茄子。

赵王召集满朝文武商量对策。

朝中重臣楼昌说："局势危急，不如赶快派人去秦国求和，多带上礼品。"

另一名重臣虞卿制止了，他说："如果派人去秦国求和，只会自取其辱，秦国的目的很明显，就是要灭亡赵国，给他们再多的礼物，他们也不会答应。"

赵王恐慌不已，他问："那你说怎么办？"

虞卿说："最好的办法就是带上重金，去楚国和魏国求救，如果楚国和魏国向秦国发兵，秦军自然就退走了。"

可是，已经乱了方寸的赵王没有听从虞卿的建议，他慌不迭地派遣了一名亲信大臣郑朱带着古玩珠宝去见秦昭王。

在赵国都城邯郸，赵王睡不着觉；在秦国都城咸阳，秦昭王也睡不着觉。赵王最害怕的是，凶猛的秦军会一直打到邯郸；秦昭王最害怕的是，秦国重兵前去攻打赵国，如若邻近的楚国和魏国趁机出兵，那样一来秦国将要血流成河了。

秦昭王正在忧心如焚的时候，郑朱到了。

郑朱的到来让秦昭王和宰相范雎欣喜若狂。郑朱成了他们安抚其余五国的棋子。

在秦国都城咸阳，秦昭王笑纳了古玩珠宝，然后以最高规格的标准宴请郑朱，日日邀请郑朱去赴国宴。郑朱乐得合不拢嘴，认为自己不辱使命，圆满完成了赵王交给自己的任务。

可是，他没有想到的是，秦昭王这是在演戏。既然在演戏，秦昭王当然不会只宴请郑朱一个人，他还宴请了五国设在秦国大使馆的工作人员。在宴会上，秦昭王亲切地拉着郑朱的手，表示秦赵两国人民的友谊万古长青。

五国使馆的工作人员看到这一幕，都在心中感叹：人家秦国和赵国关系好着呢，战争快要结束了，我们就甭掺和了。

在长平前线，廉颇决定与秦国打持久战。赵军的补给线直通邯郸，补给非常方便，而秦国的补给线要穿过波涛汹涌的黄河、连绵起伏的中条山和险峻高耸的太行山，这一路上，山大沟深，交通不便。只要赵军坚守不战，秦国粮草匮乏，自然就会退兵。

可是，赵王不管这些，他一门心思想要换掉廉颇。他觉得廉颇避而不战，畏敌如虎，太让赵国丢脸了，他需要撤换将领。可是，该派谁替换廉颇呢？赵王的目光扫过满朝文武，不是没有作战经验，就是年龄太小。

就在这时候，秦国用金钱收买了大量探子，他们在邯郸散布谣言说，秦国最害怕的不是老将军廉颇，而是年少有为的将军赵括，如果赵括来到前线，秦军立马投降。

谣言像风一样吹遍了邯郸的每个角落，也吹到了赵王的耳朵中。赵王闻听后大喜过望，他终于拿定了主意，就用赵括替换廉颇。

在长平之战中，截至目前，赵王已经犯了三个错误：首先，不应该占小便宜，把秦国辛辛苦苦攻打了半天的上党郡占为己有，他中了冯亭的借刀杀人之计；其次，不应该派遣郑朱前去秦国求和，中了秦昭王的缓兵之计；再次，不应该用赵括替换廉颇，中了秦昭王的反间计。在这场命运攸关的生死之战中，赵王处处被动，他就是那只拴在绳子上的猴子，而秦昭王就是耍猴人。

赵王起用赵括为将，遭到很多人反对。

最先反对的是蔺相如，这个令老将廉颇深深折服的宰相，这个敢于逼迫秦王击缶的小个子有着过人的胆识和谋略，他对赵王说："赵括这个人可不行，他只会死读他父亲留下的兵书。兵者，诡道也，而赵括不会变通。这个人除了嘴巴说得好，其实一无是处。"

蔺相如的话音刚落，赵括的母亲就拄着拐杖进来了。她对赵王说："万万不可让赵括做将军。"

赵王感到很奇怪，就问为什么？赵括母亲说，赵括一向自高自大，认为世界上只有他最行，经常和他父亲谈兵法，他父亲都说不过他，但是，他父亲认为，赵括把打仗想得太简单，以为就像纸上谈兵一样，其实战场上的形势瞬息万变，而赵括只懂兵法却不懂得变通，赵国千万不要让赵括做将军，如果有一天他做了将军，赵国就要葬送在他手中。

然而，赵王一意孤行，还是任命赵括做了将军。

老将军廉颇从主帅的位置上下来了，万分惆怅地回到邯郸。

当年，廉颇做将军的时候，每天宾客盈门，门庭若市，拍马溜须、抬轿吹号的人络绎不绝，在他家门口排成两行，让廉颇应接不暇。

而现在，失势的廉颇无职无权、形单影只，那些宾客朋友都离去了，廉颇家门可罗雀，只有他独自一人萧索的背影。

穷在闹市无人问，富在深山有远亲。

一边是老将军廉颇离群索居的孤独，一边是新将军赵括春风得意的风光。

赵括家的门前，每天都排着前来向他道喜的人群。自从赵奢死后，他家门前就车马稀落，母子两人形影相吊。而现在，赵括突然做了主帅，多年没有来往的亲戚们全都来了，多年没有交情的朋友也全都来了。赵括每天都像喝醉了酒一样，神情倨傲、高视阔步，像公鸡一样雄赳赳地走在邯郸的大街上，走在所有人仰望的视线里。

赵括带着这样的神情来到了长平前线，他更换将领，重新部署攻防目标。

秦昭王得知赵王用好大喜功的黄毛小子赵括代替了老奸巨猾的廉颇，大喜过望，便立即秘密召见白起，让他去长平前线。

在这场决定着秦赵两国命运的战役中，两国都把他们认为最能干的将领派遣到了前方。然而，白起货真价实，赵括有名无实。

一将无能，累死三军；一君无能，举国遭殃。

那个令所有人恐惧的战神，又出现在了华北平原上。而此时，秦昭王还在继续蒙骗赵国，他严密封锁白起为将的消息，胆敢于把这个消息透露出去的人，杀无赦，斩立决。白起是秦王手中的王牌，这张王牌要在最关键的时候才能打出来，但是对方不知道他手中的王牌是什么，不知道会在什么时候打出来。

这就叫出其不意，攻其不备。

白起穿着下级士卒的衣服，在长平前线视察了数天，而赵括一点也不知道。不但赵括不知道，全赵国的人都不知道。

赵括日日陶醉在自己一厢情愿的臆想胜利中，却不知道死亡之鸟已经张开翅膀，乘着夜色，向他飞来。

战场在沉寂了多日后，战火重新点燃。

令人未曾料到的是，点燃战火的居然是处于劣势的赵军统帅赵括。初生牛犊不畏虎，是说刚出生的牛犊不知道老虎的威风，所以就敢把莽撞当成勇敢。初登战场的赵括没有打过仗，他根本就不知道战争的残酷。此前，他只和父亲在家门口的土堆上做过沙盘演习。他把战争想象得太简单。在他眼中，战争不是血流成河，不是尸积如山，不是一个个家庭失去了最优秀的儿子，而是孩子在过家家做游戏。

赵国把举国之力托付给这样一个黄毛小子，悲剧当然就是不可避免的了。

史书记载："秦将白起闻之，佯败走。""赵括至，则出兵击秦军，秦军佯败而走。""赵括至军，悉更约束，易置军吏，出兵击秦师，武安君佯败而走。"

这种诱敌深入的计策，在战场上会经常出现。然而，这么长的时间里，秦国一直在进攻，赵国一直在防御，当赵军突然由防御转入进攻的时候，强大的秦军居然轻易就被打败了。这种逆转的形势，任何一个稍微有点军事常识的人，都能够感到这里面有猫腻。可是，年少气盛的赵括没有意识到，他被自负自大蒙蔽了双眼。

于是，赵括准备进行更大规模的进击，一举将秦军赶出长平，一劳永逸地解决这么长时间来悬而未决的问题。赵括信心百倍，把自己当成了他老爹，可能心中认为他爹也不如他。

他不知道，秦军一直在布置圈套，引他上钩。

很多年前，我看到清朝的一本小册子，写到一种骗局。那时候，有钱人家的孩子都喜欢在帽子上缀一颗宝石，或者珍珠玛瑙什么的，很值钱。骗子看到孩子戴着这样的帽子，就和孩子玩，把孩子的帽子摘下来，躲在树后或者墙角之类的暗处，然后又笑逐颜开跑出来，把帽子戴着孩子头上。孩子哈哈大笑，以为在和他玩捉迷藏；抱着孩子的保姆也以为骗子是孩子家的亲戚，不以为意。骗子一次次逗孩子玩，而跑出的距离也越来越远，终于到了最后一次，骗子在躲起来后，就永远消失了，只留下目瞪口呆的保姆和哇哇大哭的孩子。

当年的白起，也是运用这样的骗局，或者叫做计谋，这种计谋叫骄兵之计。熟读兵书自以为天下无敌的赵括，怎么就没有看出来这是骄兵之计？

赵括在紧锣密鼓地谋划一劳永逸地攻击，白起在默不做声地编制降龙伏虎的圈套。也许直到这个时候，赵括还不知道秦军的主将已经换成了那个可怕的白起。

白起对赵括了如指掌，赵括对白起一无所知。白起在黑暗中磨着倚天剑屠龙刀，赵括在阳光下练着齐步走向右转。

白起在长平东南方的山谷间，昼夜不停地赶造了坚固的堡垒，这些堡垒，将成为阻挡赵军的铜墙铁壁。

廉颇时代，秦军进攻，赵军防守；而赵括时代，赵军进攻，秦军防守。按照孙子兵法的解释，进攻的一方要比防守的一方兵力、实力强很多，才能进攻。而当时的赵国，实力和兵力都不在秦国之上，为什么选择进攻？

兵法是需要变通的，战场上的形势瞬息万变，战将的战略战术也要跟着变化。聪明的将军能够化腐朽为神奇，计策越用越奇妙；愚蠢的将军总是化神奇为腐朽，计策越用越糟糕。

秦军秘密筑城，在几十里之外的赵军，他们对这一切毫无察觉。知己知彼，百战百胜；不知己而知彼，一胜一负；不知彼也不知己，每战必殆。而赵括不知彼也不知己。他不知道秦军张网以待，也不知道自己外强中干。

秦国的堡垒筑好了，赵军的队形队列训练还在继续。

战国时代最大的一场屠杀，像一只传说中的死亡之鸟，张开翅膀，扶摇直上九万里，将赵国攫取在自己的双爪下。而赵国此时却浑然不知。

战国历史上最惊心动魄的一天，就这样悄然来到了，决定中国历史进程的一天来到了，最让后人猜测和畅想的一天来到了。

此前，使者往来、临阵换将、瞒天过海、君臣争执、攻守互换、示弱于人……所有的政治和外交，所有的计策和伎俩，所有的阴谋和韬略，所有的等待和观望，所有的希望和期盼，所有的铺垫和酝酿，都是为了这一天。

为了这一天，秦昭王等待了三年，战神白起等待了三年，强悍的秦国等待了三年，三年的沉默，只为了这一天的爆发。

这一天，让战国历史的进程彻底失去了悬念。

这一天凌晨，赵括和士卒们早早吃过了早餐，然后就向秦军发起进攻。

两千年的云烟雾霭遮掩着已是沧海桑田的华北平原，但是，后世的人们拨开云雾，还是能够看到当年的脉络。这天，当第一缕阳光升起来时，赵括带着四十万大军，像蚂蚁一样漫山遍野，像蝗虫一样铺天盖地，像甲虫一样列着方阵，走向秦军的阵营。他们的脚步咚咚作响，他们的旗幡猎猎飞舞，他们就这样义无反顾地走上了死亡之途，走向一块块湮没在田野中的墓碑，走向人们的传说中。

和赵括预料的一样，没有多少战斗力的秦军，在强大的四十万赵军的攻击下落荒而逃，赵括站在战车上，遥望溃逃的秦军，伸出手臂，做了一个很威武的手势，赵军就追了上去。

赵括心满意足，他觉得他在指挥一场伟大的战争，就要击败最强大的秦军了。这场战争具有划时代的意义，那一刻他预感到自己会载入史册中，被人们代代传诵。赵括的预感只正确了一半，他确实载入史册，却是被人们代代取笑。

秦军像受惊的青蛙逃向池塘一样，向着长平东南方的山地奔逃，他们逃得狼狈不堪，非常混乱，沿路都是他们丢弃的旗帜和武器。

赵军继续追击，以为成功在望。

秦军继续溃逃，他们逃进了堡垒中。而堡垒，几天前刚刚筑成，城墙还散发着新鲜的泥土气息。

赵军攻到堡垒跟前就攻不动了。堡垒像堤岸，赵军像潮水，无论潮水如何汹涌，也无法冲破堤岸。

赵括开动他并不聪明的脑瓜，谋划着怎么冲破堤岸。

秦军新筑的堡垒像磁铁一样，四十万赵军像铁屑一样，铁屑被磁铁牢牢吸住了，动弹不得。

赵军出城野战，攻打了一天仍然没有攻下秦军堡垒。没有攻下的一个重要原因是，赵军没有携带投石机和攻城锤这样的重武器。赵括只想着他在平原和丘陵地带就能将秦军歼灭，他根本就没有想到，秦军会在他的视线之外，构筑了长长的坚固的堡垒，阻挡了他前行的道路。而秦军到底是什么时候构筑了这样一道堡垒，他不知道。

现在，秦军龟缩在堡垒里关闭大门，任赵军如何挑战辱骂，秦军一概不理。

这是歼灭秦军的大好机会，已经将秦军包围在了堡垒中的赵括不想放弃这个机会。

夜晚来临了，赵括命令赵军点起火把，挑灯夜战。

夜晚来临了，白起出动了手中的一张王牌——秦军的精兵。这支精兵有两万五千人。此前，这支精兵一直埋伏在长平的侧翼，他们每天只有两个生活内容：吃饭、睡觉。

而现在，这些养足了精神的精兵，终于派上了用场。

赵军举兵攻打秦军，秦军躲入了堡垒中，而赵军急切间又无法攻下堡垒，双方处于胶着状态，白起打出了手中这张王牌，而赵括已经没有牌可打了，因为他把所有的牌，都用来攻打秦军刚刚筑成的堡垒了。

两万五千名秦军精兵是一支奇兵。这支奇兵的目的是什么？史书记载不详，只有"秦奇兵两万五千人绝赵军后"这样的记载，后世推测是攻打长平城。

在夜幕的掩护下，这支精兵像一支离弦之箭，在一片虫鸣与蛙声中，悄悄走出了山谷，他们赶到长平的时候，长平城还在酣睡中。

时鸡鸣月落，星光照旷野，万籁俱寂，长平城像一只嗜睡的巨兽，而这支逶迤而来的秦军，则像一杆锐利的标枪。

现在，没有人知道长平城是如何被攻占的，也许是秦军精兵乘着黎明前最黑暗的时光，攀援而上，袭击了守城的哨兵；也许冒充得胜归来的赵军，骗开了城门；也许依靠强力攻打，攻占了城池。这些都已不重要了，重要的是四十万赵军的后路被掐断了。

现在，赵军在纸上谈兵的纸帅赵括的率领下，前进不得，后退无路，他们像退潮后，被丢弃在沙滩上的奄奄一息的鱼，大海渐离渐远，死亡愈来愈近。等待他们的，是可以不言而喻的死亡。

天亮后，赵括得知后方失守，他的心中隐隐掠过一丝不祥之兆。赵括命令就地构筑工事和秦军的堡垒对抗到底。秦军会筑城，难道赵军就不会。秦赵两军又开始了新一轮对峙。

秦军已经将赵军前后包围，但是兵力还不足以向赵军发起总攻。白起向秦昭王请求援军。秦昭王听说赵军已经被包围，立即下令，全国十五岁以上的男子，全部武装起来，开往长平。

秦国全民皆兵，自从商鞅变法时期就是这样，他们拿起锄头就是任劳任怨的农民，放下锄头就是世上最好的士兵。

那些天里，从秦国通往晋南的大道小径上，昼夜奔走着皮肤黧黑的西北汉子。西北汉子身材高大、憨厚朴实、坚韧耐劳。秦国要以举国之力，灭掉赵国。

赵括也向赵王求救，他要的不是士兵，而是粮食。他知道赵国已经没有能战的士兵了，除在北方边境预留了一支抵御匈奴南下的军队外，赵国所有的兵力都在这里了。

赵国的粮车从邯郸出动了，可是在路上却遇到了劫粮的。劫粮的正是秦军的另一支奇兵。

这支奇兵是白起手中另外一张王牌。五千名骁勇善战的轻骑兵，早就等候在长平通往邯郸的险要地段，等待着赵国的粮车送上门来。赵国粮车被劫，赵军粮道也被斩断。

纸帅赵括最后一线希望，像风中之烛一样，熄灭了。

前线的赵军，没有援兵，没有粮草，也没有退路。赵括只好命令修筑堡垒，然后带着军队躲进堡垒。当时，赵括没有想到，他这是自掘坟墓，自入绝境。木匠做枷，自作自受。

短短的几天里，赵括已经连输三招。首先，在赵军实力不占优势的情况下，应该像廉颇那样坚守，而不是倾巢出动来攻击；其次，他在攻击受挫后，应该赶快回兵，确保后方不失，而不是继续攻打；再次，已经被秦军包围的赵军，应该集中所有兵力，拼死一搏，突破包围圈，而不是构筑堡垒，作茧自缚。

赵括的三招失误，不但让自己走上了不归路，而且断送了赵国四十万青年的性命。这一个接一个愚蠢的决策，需要退化多少年的大脑才能够想出来啊。赵王任命赵括做主帅，实在是一个愚蠢而大胆的举动。这个世界上，自高自大、自以为是的赵括，从来就没有灭绝。今天，在每个单位、每家公司，你都能够找到这样一个自作聪明、说话头头是道，却没有多少本事的赵括。

秦军将赵军团团包围却迟迟不攻打，赵括臆想中的激战迟迟不来，赵括松了一口气。

然而，很快纸帅赵括就明白了秦军的阴谋。秦军围而不打是想把赵军彻底困死，隔绝粮道，粮草不继，赵军纵有登天的本领，也没有力气站起来爬上梯子。

此后，赵括天天坐在城墙头上，像个怨妇一样举头翘望着北方，盼望着视线里会出现援军，可是，他望眼欲穿，视线里还是没有援军的身影。

赵括没有援军。

直到这时候，纸帅赵括才想起了拼死突围，他组织了一支支敢死队，然而敢死队都悲壮地死去了。

此时，白起就站在赵军堡垒之外，他亲自指挥军队堵击赵军的反击。他不但投入了弓箭手，而且投入了战车部队。所有冲出堡垒的赵军，不是被弩弓射杀，就是被战车碾死。

赵括回到城中，只能坐以待毙。

伴随着饥饿来袭的，还有干渴。

泫水河是一条古老的河流，它流经长平。白起派人在泫水河上游构筑堤坝，截断水源，赵军没有饮水了。后来，泫水河被赵国人称为绝水河，用来纪念那些在长平战争中殉难的将士。

没有粮草，没有饮水，此时，赵括即使有三头六臂，也无可奈何。

此后，战场上变得静寂，没有硝烟，没有战火，没有呐喊，没有刀戈相撞的铿锵，没有进军咚咚的鼓声。偶而，会响起一阵羽箭破空的激越凄厉的声音，那是秦军的弩箭在射击企图突围的赵军。

赵军一直想突围，但一直没有办法突围。

进入九月，天气转凉，秦军已经围攻赵军长达四十六天，赵军早已断绝粮草，早就杀完了马匹，此时开始吃人肉了。

赵括再次集合还能够站起来的士卒，互相搀扶着，拟向秦军做最后一击。赵括亲自率军突围，他认为榜样的力量是无穷的，身先士卒的他能够起到模范带头作用。没想到，白起命令弓箭手向赵军一齐发射，赵括死于乱箭中。

赵括死后，赵军更无斗志，一齐向秦军投降。

白起清点降卒，竟多达四十万。赵军在廉颇时代，投入兵力四十五万，经过三年激战，也只损失五万，而由于赵括的愚蠢，赵军一下子就葬送了四十万。

这四十万降卒难住了白起。

长平的秦军有多少人？至今还没有一个确切的说法，一般认为是在六十万到八十万之间。

秦国全盛期有人口五百万，有兵甲一百万。一百万士卒，说什么也最少要分出二十万兵卒来防范北方的匈奴和南面的楚国，而在长平与赵军作战的兵力，又不能少于赵军的四十五万，所以，秦军兵力应该在六十万到八十万之间。

这么多的兵卒在黄河东岸的山西，吃饭就是一个大问题。战国时代的耕地远远少于今天，战国时代的粮食产量更远远少于今天。而战国时代耕种土地投入的人力物力，又远远大于今天。

以秦国宁秦为例，战国时代的宁秦在今天的陕西省华阴市。华阴在三家分晋的时候划归魏国，与秦国接壤，名叫阴晋。秦国多次攻打魏国皆被击败，更被吴起率魏武卒从阴晋起兵，向西进入秦国境内，进击上百里。吴起死后，秦国为了报复向魏国进击，魏国战败，将阴晋献给秦国，秦将阴晋改名为宁秦，意为"宁靖秦疆"。

因为秦代的耕地已不可考，目前仅能查到最早的明洪武年间，华阴有地 25 万亩；中华民国三十一年（1942 年），华阴有耕地 49 万亩。小麦产量目前能够查找到的最早记录是 1949 年，当时亩产 55.9 公斤；而现在由于科技进步，产量高达 400 公斤。再来看人口，目前能够查找到的是 1949 年，华阴人口 137 455 人，1960 年 96 403 人，1990 年 229 890 人。以上数据均来自于《华阴市志》。

战国时候华阴有多少人口、多少耕地、亩产多少，均不可考。但可以肯定的是，战国时代秦国宁秦的耕地远远少于 49 万亩，小麦亩产远远低于 55.9 公斤。战国时代每个人占有粮食的数量也远远少于今天。秦国要供应一百万人的吃喝拉撒，是一个非常严峻的问题。

当年在长平，白起肯定也想到了这一点。所以，面对这四十万赵国降卒，白起不知道该怎么办？

全部纳降吧，秦国哪有这么多粮食让他们吃；放回去吧，他们马上又会成为反击秦军的力量。白起在经过了激烈的思想斗争后，决定将四十万赵军全部活埋。

于是，战争史上最惨绝人寰的一幕出现了。秦军在长平，也就是今天的山西高平，挖掘了几十个深坑，然后把四十万赵军俘虏，分批押解过去，将前一批推进深坑后，再把后一批带过来。后一批的战俘，根本就不知道前一批战俘的命运是怎样的，他们究竟去了哪里。

就这样，在几天的时间里，四十万战俘几乎被全部活埋在了旷野中，而放回赵国的，只有两百四十人。

史书记载："白起挟诈而尽坑杀之，遣其小者二百四十人归赵。前后斩首虏四十五万人，赵人大震。"

旷野的风依旧在呼啸，山中的花依旧在开放，春去秋来，岁岁年年，改朝换代，沧海桑田，没有人知道，这里曾经掩埋了四十万鲜活的生命。

天空中没有痕迹，而飞鸟已经飞过。

此后，汉武帝的车辇从这里走过，唐太宗的车骑从这里碾过，宋太祖的马蹄从这里踩过……然而，却没有人知道他们脚下的黄土里，掩埋着四十万悲伤的冤魂。

1978 年，山西高平一位农民在深翻土地的时候，挖出了一些残破的骨骸，全村人赶来查看，挖出了更多的骨骸，这些年代久远的骨骸层层叠叠地擦压在一起，有的侧躺，有的俯卧，有的蜷曲，有的伸臂，显然，他们死前遭受了极大的痛苦。

白起活埋四十万赵军的遗址，终于找到了。

坑杀赵军四十万后，白起登上了一生职业的高峰，他将秦军一分为二，分兵北上，一路攻取山西绛州，一路攻取山西太原，赵国、韩国万分惊恐，连忙派遣舌辩之士苏代去秦国，实行离间之计。

苏代带着重礼来到秦国，直接找到秦国宰相范雎。他见到范雎，就问："白起杀了赵括吗？"

范雎说："是的。"

苏代又问："白起在攻打邯郸吗？"

范雎说："是的。"

苏代说："我大老远跑来只想告诉你一件事情。白起占领了赵国，就会被封为赵王，位列三公，地位在你之上。"

范雎问："怎么可能呢？我是宰相，他只是一名将军。"

苏代说："白起为秦国攻陷城池七十座，南震楚国，东定韩魏，他的功劳前所未有，现在如果赵国再被白起攻占，秦王为了统治赵国，一定会封他为赵王，你的地位一定在他之下。"

范雎沉吟不语。

苏代继续说："秦军曾经围攻韩国上党郡，上党郡军民不愿意并入秦国，转而投向赵国。现在，如果赵国被白起占领了，赵国百姓四散奔走，北边的投奔燕国，东面的投奔齐国，南面的投奔韩国魏国，你算算还能有多少人留在赵国。既然赵国没有人了，那还要赵国干什么？所以，不如不打赵国，让秦军撤军，白起不进攻，也就不能封王了。"

范雎仔细一想，觉得苏代说得很有道理。

第二天，范雎就走进王宫里对秦昭王说："秦军打了这么久的仗了，士卒疲劳，归乡心切，不如让白起撤军，向赵国韩国要些土地。反正赵国韩国已经衰败不堪，我们想什么时候打，就什么时候打。"

秦昭王答应了，派人叫回白起。

回到咸阳的白起，打听到是范雎从中捣鬼，异常气愤。此后，两人之间矛盾逐渐加深了。

白起坑杀赵国四十万人，赵国陷入了极大的悲痛中，家家戴孝，户户竖幡，哭声盈野，白发老人垂髫小儿相对而泣，悲伤击碎了这个北方国家。白起的行为让六国都感到震惊愤怒。

赵国无将，赵王再次拜访廉颇，廉颇官复原职。

赵国遭遇了前所未有的灾难，元气大伤。北方近邻燕国看到有机可乘，认为赵国青年全部死在长平，而那些孤儿还没有长大，这是消灭赵国的好机会。于是燕国举国来犯，老将军廉颇率领童子军，大破燕军。燕国被迫割让五座城池给赵国，廉颇才收兵。

全赵国的人都在想：如果当初没有把廉颇撤职，会是什么样的结局？

一年后，秦昭王派遣王陵为将，攻邯郸，不得。

秦昭王想任白起为将，攻打邯郸，白起认为邯郸不能攻打。秦昭王很不高兴，白起说："赵国自从长平之战后君臣齐心，决心重振国威，赵国习练甲兵，结交诸侯，上下一心，所以不能攻打。"

秦昭王无法说服白起，就派宰相范雎劝说。范雎见到白起，劈头就问："当年楚国甲兵百万，你以寡击众，用数万兵力直捣都城；现在赵国兵微将寡，你以众击寡，为什么不去？"

白起回答说："当年楚国虽有甲兵百万，但将士离心，所以易于攻破。去年我带兵打到了邯郸城下，即将攻克，你却把我叫回来。现在，赵国上下同力，君臣一体，又怎么能攻打呢？"

范雎说："现在秦军已经在攻打邯郸，两军处于胶着状态，急需你前去。"

白起撂挑子了，他说："我有病。"

范雎无奈，只好回去告诉秦昭王。秦昭王说：没有他白起，地球还就不转了？史书记载："昭王曰：'无白起，吾不能灭赵乎？'"

秦昭王让王龁代替王陵，继续攻打邯郸。然而，事实证明，没有白起，秦国确实不转了。秦军围攻邯郸八九个月，死伤甚众。赵国派骑兵屡屡袭击秦军后方，秦军屡屡败退。赵国的骑兵号称天下第一骑。

白起听到秦军在前方连连失利，就幸灾乐祸地说："看看，当初不听我的话，就成了这个样子。"

白起这句话传到了秦昭王耳中，秦昭王气坏了，就再次来找白起，让他出征。白起懒洋洋地躺在床上说："我有病，而且病得很重。"白起自认为他是秦国第一功臣，有资格摆谱，谁也不敢把他怎么样，秦国要想统一六国，还要依靠他呢！

秦昭王对白起愤恨不已。

秦昭王回到宫殿后就与范雎商量，决定将白起贬为普通士兵，赶出都城咸阳。史书记载："武安君病，未能行。"武安君就是白起。这时候，白起的病到底是真病还是假病，我们不得而知。笔者认为是真病，他是被气病的，白起曾经攻城略地，威风八面，权倾一时，突然间被贬为庶人，他也许无法接受。

说到底，白起还是一个心胸狭窄的莽夫，他作战很在行，但是在人生修养方面，远远不及老将军廉颇。廉颇几起几落，关键时刻依然能带兵出征，而白起居然把自己气出病来。

他人气我我不气，我的心中有主意。君子量大同天地，好坏事物包心里。小人量小不容人，常常气人气自己。世间万物般般有，岂能尽如我的意？

三个月后，赵国与诸侯国联合，攻打邯郸的秦军形势更为紧迫，秦昭王令白起马上离开咸阳，不管你有病没病。秦昭王此举，可能是不想让白起看笑话。白起只好带病上路。

白起离开咸阳后，秦昭王又与范雎商量："听说白起离开咸阳的时候，嘴里还骂骂咧咧的，干脆把他杀了算了。"范雎立即赞同。

于是，秦昭王把佩剑解下来，交给使者，拿给白起。使者在咸阳城外十里处追上白起，把秦昭王的佩剑交给他。

白起看到佩剑就明白是什么意思，他面朝咸阳的方向跪下来，泪流满面，低头说道："我有什么罪过啊，大王要这么对待我？"

过了很久，白起抬起头来，平静地说："我有罪，长平之战我坑杀赵国四十万士卒，早就该死了。"说毕就引刀自裁。

白起有战神之誉，也有人屠之称，这样的人一定是长得凶神恶煞，一定是赳赳武夫、膀大腰圆、八面威风。

错了。白起的长相完全不是这样，他的长相甚至不如一个普通人那么威武。

当年的渑池会上，蔺相如大出风头，他要秦王击缶，秦王被迫敲击，而在秦王的后面，站着的就是名将白起。白起对文弱书生蔺相如的蛮横举动，不发一言。

后世对这场渑池会留下了记载，也对白起容貌留下记载。《世说新语》中这样写："武安君小头而面锐，瞳子白黑分明，视瞻不转。小头而面锐者，敢断决也；瞳子黑白分明者，见事明也；视瞻不转者，执志坚也。"

小头，则身材矮小；面锐，为尖嘴猴腮。

谁能想到，一生杀人上百万的白起，竟然是这样一个身材矮小、尖嘴猴腮之人。

失去了四十万精壮的赵国，滑到了崩溃的边缘。

然而，天不灭赵，在赵国北部的边境线上，一代名将李牧正在悄然成长。

5

忍者神龟李牧

战国末期对强秦保持全胜，以一己之力使赵国在绝望中重生，他还是第一位全胜匈奴的将军。

　　他是北方游牧民族的克星。在与剽悍的北方游牧民族的作战中，他大战数十，都保持全胜。因为有他在，游牧民族不敢犯境，他以一己之力，保证了北方边境数十年无战事。

　　他是战国七雄中强大秦国的克星。在与素有虎狼之师称谓的秦军作战中，他交战十余次都保持全胜。在他生活的那个时代，秦军横扫中原，席卷荆楚，而唯独不敢再向北方用兵。

　　他是战国末期的常胜将军。他的名字叫李牧。

　　此时，北方的游牧民族就是史书中记载的匈奴。这个民族的生命力异常顽强，他们和战国时期的李牧交战过，和西汉时期的卫青交战过，和东汉时期的窦固交战过，和三国时期曹操之子曹彰交战过，直到南北朝时期，他们的大部才被歼灭，然后，一部西迁进入欧洲。

　　在航海业尚未开启之前，匈奴人是陆地上走得最远的一群人。他们数量稀少，在最强盛时人数也没有超过五十万。他们是陆地上的探险家。

　　这是怎样的一群人，他们是怎么来到北部极寒之地？他们为什么会选择这里作为栖息之地？

　　远古的时候，夏桀无道，成汤起而讨伐。成汤将夏桀及其家族流放到北部极寒地带。三年后，夏桀死亡，他的儿子獯鬻将夏桀的姬纳为自己的老婆，繁衍生息，发扬光大，历经无数代的发展，就有了匈奴这个民族。《史记》记载："匈奴，其先祖夏后氏之苗裔也。"

　　这个民族在尧时称荤粥，在周朝时称猃狁，在春秋时称戎狄，在战国时称匈奴。史书中记载的楼兰、乌孙、楼烦等部落，先后都被匈奴吞并，成为匈奴的一个分支。

　　《诗经》中有首诗歌叫《采薇》，写到过猃狁："采薇采薇，薇亦作止。曰归曰归，岁亦莫止。靡室靡家，猃狁之故。不遑启居，猃狁之故。"

　　猃狁，指的就是后来的匈奴。诗歌中说，士兵们想回家，但是不能回家，因为要防御猃狁。汉武帝时期，为了和乌孙和亲，细君公主嫁到了北方的乌孙。她到了北方后，写了这样一首愁肠百结的诗歌："吾家嫁我兮天一方，远托异国兮乌孙王。穹庐为室兮旃为墙，以肉为食兮酪为浆。居常土思兮心内伤，愿为黄鹄兮归故乡。"从诗歌中能够看出来，乌孙所生活的地理环境，是非常恶劣的。至于楼兰，这个已经灭绝了三千年的古国，更是留下了很多传说，很多朝代的诗歌中都写到了它，最有名的是这样一首："青海长云暗雪山，孤城遥望玉门关，黄沙百战穿金甲，不破楼兰终不还。"

现在，匈奴只生活在传说中。而在那个遥远的时代，他们像风一样在中国北方广袤辽阔的天地间掠过，携带着尖利的啸声和血腥的气味，他们用俘虏的骷髅盛着烈酒，用俘虏的骨骼作为柴火，他们一次次南下将中原民族的人群像牛羊一样驱赶到苦寒的极北地带作为奴隶，肆意地蹂躏和宰杀。

是李牧，这位年轻的将领，第一次向他们展开了复仇之战。

然而，在很长时间里，李牧被世人认为胆怯懦弱，无所作为。他和吴起不一样，吴起一登场就出手不凡，技惊四座。吴起的命运坎坷，是由他的性格决定的，性格决定命运，吴起和乐毅很相似，他们长时间地忍耐潜伏，只为了那一瞬间的突然出击，而一出击，就能咬断对手的咽喉，置对方于死地。

和乐毅同时代的赵武灵王，锐意改革，胡服骑射，赵国对于北方游牧民族具有优势，将他们赶到了漠河以北。而到了赵惠文王、赵孝成王时代，赵国国力减弱，匈奴卷土重来，直接威胁着赵国的北部边境安全。

赵王任命世代生活在北部边境雁门关的李牧为将军，阻击匈奴。

和以前驻守边关的将军不同，这个名叫李牧的，是个从下级士卒提拔上来的将军，他颁布了一系列迥乎前任的措施。李牧在北部边境摸爬滚打多年，和最底层的士兵混迹多年，深知士卒们想什么，爱什么，深知士卒们的渴望是什么，也深知匈奴的命门在哪里。和前任的官僚腐败完全不同，李牧上任后的一系列改革，让人眼前一亮。他治吏治官，把那些昏庸无能、贪生怕死、尸位素餐的军官扫地出门，重新任命一批勇敢坚毅、机智灵敏、忠心耿耿的底层士卒。他把边境的税收和抢掠匈奴得来的财物，掌握在自己手中，任何人都没有贪污的机会，而他更不会贪污，他把这些财物作为军队的日常开支和士卒的奖赏。

北地奇寒，生活苦焦，每到冬季，风雪载途，滴水成冰，为了补充士卒身体的热量，抵御奇寒，李牧让人每天宰杀几头牛，犒赏将官，优待士兵。牛肉羊肉不但能够补充热量，还能补充营养。

除此之外，李牧在北方边境广筑烽火台，烽火台上，士兵二十四小时轮流值班。古代没有电话电报，报警系统只有两种，一种是烽火台，一种是八百里加急快报。烽火台尽管能够在第一时间通知敌寇来犯的消息，但是毕竟修筑烽火台费时费力，而且火焰极易与民间火种混淆，如果报警错误，错把民间失火当成了烽火，引起全国总动员，那种后果是相当严重的。所以，烽火台一般只修筑在荒无人烟的边境地带，而有人烟的地方，则依靠八百里加急快报。

八百里加急快报是指一天一夜要快马加鞭奔跑八百里。在古代，为了能够让情报以最快的速度传递，朝廷在边关通往京城的路上，每隔二十里建造一座驿站，驿站里养有骏马，养马千日，用在一时，当边关有急时，送信者每到一座驿站，就更换一匹马。马匹就像百米接力赛的运动员一样，死命向前跑。唐代安史之乱时，送信人用六天时间，跑完了三千多里路程，而且这一路都是西北的高山大河、沙漠戈壁、沟壑峡谷，所以，这个速度是非常惊人的。而杨贵妃因为爱吃荔枝，唐明皇就让驿站飞骑送荔枝。荔枝一日色变，二日香变，三日味变，所以一定要在三日内送到长安，才可以食用。从岭南三天跑到陕西，那种速度实在太惊人了。

唐代最有名的两个边塞诗人之一岑参曾经写过一首诗："一驿过一驿，驿疾如流星，平明发咸阳，暮及陇山头。"诗歌中描写了驿站飞骑送信的景象。唐代的边塞诗歌很有名，其中以岑参和高适写得最好，写过"秦时明月汉时关"的王昌龄、写过"白日依山尽，黄河入海流"的王之涣，他们的诗歌都比不上岑参和高适。

八百里加急快报需要人和马来传递，而烽火台则是依靠烟火来传递。

烽火台，其实就是建在高处或者山顶上的土台和石台，台上堆积柴火，边关一旦有战事，立即点燃柴火，烈焰腾腾，下一个烽火台看到后，也立即点燃柴火，这样，每一座烽火台都以光速传递消息，而后方的统帅很快就知道了战火燃起。

塞外风沙很大，火焰燃起的烟雾，很快就会被吹散，如何才能让下一个烽火台看到，有人说，把狼粪晒干，堆积在柴火上，狼粪燃起的烟雾又高又直，风吹不散，是为狼烟。是否真是这样，我们不得而知，笔者认为这应该没有科学道理。不过，塞外野狼出没，狼粪应该很容易捡拾。

烽火台传递消息确实很快，但是烽火台也有它的弊端。看守烽火台的，只有少数几个士卒，他们守在与世隔绝的环境里，每天唯一的工作，就是像企鹅一样翘首望着远处，长期下来，肯定会精神疲劳。敌方如果派遣一支特种小分队，直取烽火台，则消息无法传出，然后出奇制胜。三国时候的吕蒙就是用这种方法，偷袭了关羽把守的荆州。

然而，在李牧坚守极北边境的那些年里，烽火台从未遭到偷袭，可能匈奴还没有想到吕蒙这一招。

李牧一方面加紧建立预警系统，一方面加紧训练骑马射箭。

匈奴的作战方法和中原人有很大的差别，匈奴人从小就学习射箭，小孩子就能够骑在马上，将地上奔跑的田鼠一箭射穿；而长大后更能够张弓搭箭，射落空中的大雁。匈奴善射是由他们生活的特殊的地理环境决定的。极北苦寒地带，不长庄稼，而匈奴人也不依靠种田为生，而是射猎为生。从小到大的射猎生活，练就了每一个匈奴男人极为精准的箭法和极为坚韧的性格。中原人每天念的是诗书礼易乐春秋，想的是博取功名光宗耀祖，而匈奴人每天唱的是："砍你的头颅，割你的嘴；抽你的脚筋，断你的腿。"他们想的是骑马奔驰在草原上，任猎猎狂风吹散发辫，攻城略地，马鞍上放着美女和珠宝，满载而归。

中原人是精致的，匈奴人是粗糙的；中原人是文明的，匈奴人是野蛮的。在文明和野蛮的战争中，野蛮往往大占上风。

李牧想与匈奴作战，就必须让他的士兵变成匈奴人。要打败野狼，就必须变得和野狼一样凶残。

匈奴人从小就习惯了张弓搭箭，而现在李牧的士兵才开始学习张弓射箭，所以，他们就需要付出比匈奴人更多的努力；匈奴人从小就习惯了血腥抢掠，而现在李牧的士兵才开始学习血腥抢掠，所以，他们就需要比匈奴人更勤奋，更刻苦，更不怕死。

李牧在暗暗地训练一支铁骑武装，在赵国北部连绵的群山中。李牧对这支军队进行封闭式训练，他们的喊杀声和铁骑的奔突声，消融在无边无际的山峦中，消融在密密实实的云层中，没有人知道李牧在这里打造着一把利剑，他要用这把利剑，刺穿匈奴的喉咙。

不事稼穑、野风粗粝的匈奴，一直觊觎着赵国数不胜数的财富和美女，所以，每当秋季来临，天高气爽，草木茂盛，马匹膘肥体壮，他们就开始了劫掠。他们浩浩荡荡地杀奔而来，挥舞着弯刀，弯刀在秋季灿烂的阳光下闪闪发光，像一条闪闪发光的河流。

边境的烽火燃起来了，报告着匈奴入侵的消息，田间劳作的人群和出外巡逻的士卒，立即跑进了城堡，关上城门，拉起吊桥。匈奴骑着快马围绕着城堡跑了一圈又一圈，然而他们对于这一座座高高的坚固的，用沙土和糯米锻造出的石头城，一筹莫展。匈奴长于野战奔突，而短于攻城拔寨。

在古代，没有水泥沙子，中原人的城墙全部用方石垒摞而成，方石和方石之间的缝隙，用糯米与沙土搅拌而成的糊糊浇灌，极富黏性的糯米，将方石和沙土咬在一起，这样城池就变成了一个整体。

糯米的价格多高啊，这得需要多少糯米啊，为了建造一座城池，他们真是豁出了血本。

匈奴对着这样的一座座城门高挂的城池，毫无办法，只好在城外放一把火，然后气势汹汹地离开了。

多年来，李牧坚守北方边境，避免与匈奴交战，匈奴一无所获，赵国也保存了实力。在赵国实力远远逊于匈奴时，李牧坚守不攻这是最好的办法。

李牧还在崇山峻岭中训练着一支铁骑，这支铁骑就是吴起当年的魏武卒。可是，外界没有人知道这支铁骑在悄然成长。朝廷里的老朽们认为李牧消极避战，简直丢尽了赵国人的脸面，他们一起向赵王建议，将李牧撤换。

调令下来了，李牧离开后，赵王任命一批自吹自擂的年轻将军守卫边关。他们牛皮吹得震天响，可是，仅仅一年后，就被打回了原形。

这年，秋高马肥，蛰伏了一年的匈奴啸聚兴兵再次南下。而这批莽夫将军驱赶着阵容不整的赵军去与匈奴作战，结果，被匈奴的骑兵冲得土崩瓦解，一败涂地。

鲁莽不是勇敢。

此时的赵军还无法与强悍的匈奴一对一单打独斗，他们只能依靠严密的阵型，在多对一的情形下，才可以取胜。可是，他们习练不熟的阵型还没有展开，就被洪水一样的匈奴兵冲击得七零八落。一场信心爆棚的战争，变成了杀戮。

匈奴不但对赵军杀戮，而且还对赵国的百姓杀戮。匈奴唯独没有杀戮的是牛羊。在他们的眼中，牛羊比汉人更有价值。他们把赵国北部杀得血流成河后，驱赶着漫山遍野的牛群羊群，回到了塞外的草原上。

赵王傻眼了，满朝大臣也都傻眼了。

李牧没有傻眼，他早就预料到了会有今天的结局。

这一年来，在赵国都城里，李牧像个退休老大爷一样，然而他的两只耳朵无时无刻不伸向北方，捕捉着每一条来自北方边境的消息。

他知道匈奴进犯双方交战了，知道赵军败了，也知道赵王还会来找他。在当时的赵国，没有人比他更了解北方那片莽莽苍苍的土地，没有人比他更了解匈奴的战法，也没有人比他更了解击败匈奴的办法。

果然，几天后，赵王征召他，要他继续去戍边，去北方与匈奴作战。

他没有感激涕零，没有叩头谢恩，而是不卑不亢地说："大王不用我也行，用我也行。如果一定要用我，我有一个条件。"

赵王耐着性子问："什么条件？"

李牧说："我还和从前一样，只防御，不出战。只有这样，我才敢领命。如果以后你还催促我出战，那还不如我现在不领命。"

赵王沉吟半天，对这个抓住时机、讨价还价的李牧真没有办法，最后只好答应了。

李牧回到北方，又开始了自己严密的反攻计划。此前，他颁布过一道命令："匈奴入盗，急入收报，有敢捕虏者斩。"这次，他依然颁布这道命令。这道命令的意思是说：匈奴来了，要立即通报，躲回城堡，有胆敢和匈奴作战的人，就立即斩杀。

匈奴听到那个缩头乌龟李牧又来了，一齐笑了，他们嘲笑赵国无人啊。

赵国满朝文武认为李牧胆怯，赵国边境军民认为李牧胆怯，赵王也认为李牧胆怯。大家都认为李牧不适宜做镇守边关、独当一面的战将。赵王多次动过心思，想撤换李牧，但是因为李牧有言在先，他不得不遵守当初的承诺。

镇守边关十年后，李牧的铁骑终于炼成了。

而此时，边境防御军队纷纷请求一战，一雪前耻。此前，他们每天牛肉吃着，俸禄拿着，一个个被牛肉养得体壮如牛，如果再不打仗，就实在说不过去了。

直到此时，李牧才下定决心与匈奴一战。他把这十年积攒的家底亮出来，计有战车一千三百辆，每一辆战车都能够冲锋陷阵；精骑一万三千匹，每一匹精骑都能马踏连营；步卒五万人，每一个步卒都是钢铁战士；弓箭手十万人，每一个弓箭手都能弯弓射月。

李牧带着雄兵猛将开始出征了，他们隐忍了十年，等待了十年，蛰伏了十年，磨砺了十年，等的就是这一刻。将令一声震山川，人披衣甲马上鞍，大小儿郎齐呐喊，催动人马到阵前。头戴束发冠，身穿玉连环，胸前狮子扣，腰中挎龙泉，弯弓似月样，狼牙囊中穿，催开青鬃马，豪杰敢当先……

然而，要与匈奴作战，必须讲求策略。

匈奴的马奔跑得很快，它们一生下来就在草原上奔跑，它们吃的是最新鲜营养最丰富的青草；匈奴的人体力健壮，他们一生下来就经历风吹雨打，他们吃的是营养丰富的肉，喝的是营养更丰富的奶。他们呼啸而来，像狂风一样，风驰电掣一般来到你的面前，让你连应对的时间都没有；当你四面的援军赶到，准备大肆捕杀时，他们却又绝尘而去，你只能望到他们轻烟一样飘忽的背影。

在与匈奴的作战中，匈奴总是占据战场上的主动权，打得赢就打，打不赢就走。他们的闪电战法，曾被两千多年后的德军借鉴，并一举攻占了大半个欧洲。即使过了两千多年，这种闪电战术仍然不过时。可见，当初李牧要对抗的匈奴，有多强悍、多难打。

李牧用计策。老虎很凶猛，但可以用窝弓射杀；大象很强大，但可以用陷阱捕捉。每一种动物都有它的弱点，每一支军队也都有他的弱点。匈奴的弱点就是轻敌。

任何一个人，他的对手十年不敢接战，他都会轻敌的。

李牧决定抓住匈奴轻敌的弱点，安排诱饵钓大鳖，布置陷阱缚蛟龙。

秋天到了，匈奴也就要南下了。秋天到，秋天到，田里庄稼长得好，高粱涨红了脸，糜子笑弯了腰。每年庄稼成熟的季节，匈奴总要举兵南下，抢掠一番。这是雷打不动的规律。因为秋季是匈奴最膘肥马壮的时节，他们的战斗力最强；因为秋季过后就是漫长的冬天，他们需要像田鼠那样囤积粮草，用来过冬。

这一年秋季匈奴来犯。

李牧让牛羊漫山遍野奔跑，匈奴的小部队来到边境，看到这种景象高兴得不得了，他们大肆抢掠，正准备运回去的时候，没想到突然杀出了一支赵军拦截匈奴，双方开始了交战。不久，匈奴就杀得赵军丢盔撂甲，狼狈不堪，仓皇向南奔逃。

匈奴小部队向南追赶，没想到看到了更让他们惊喜的一幕，他们看到蓝蓝的天上白云朵朵，美丽河水泛清波，雄鹰在这里展翅飞过，留下那段动人的歌——啊麻利麻利贝贝托，啊麻利麻利贝贝托……和塞外的枯焦比起来，这里简直就是人间天堂。

他们立即派人向单于报告，说这里风景美得很，东西美着哩，赶快派兵来抢占。单于闻听后，大喜过望，立即举兵南下。

单于没想到，他带着匈奴一步步走进了李牧挖掘了十年的陷阱里。

单于向着赵国境内步步深入，引诱匈奴上钩的赵军步步退缩，李牧坐镇在今天的山西省宁武县，密切关注着匈奴的一举一动。十年来，李牧建立的情报系统，现在都发挥了作用，匈奴每到一地，探马就用各种方式报告匈奴所在的位置和匈奴的兵力情况。有的使用消息树，有的则采用飞鸽传书，有的采用烽火台。

消息树就是在高高的山峰上，树立一棵假树，当匈奴出现在视线内时，立即放倒假树，后面的人就知道了匈奴距离此处还有多远。飞鸽传书是一种古老的通信工具，鸽子对路途有着极强的记忆力，即使飞出去几千里，也能够认识来时的路途，所以，古代人们常常用飞鸽传书。但是，又因为鸽子这一路上会遇到种种意想不到的灾难，例如狂风、冰雪、暴雨、强气流，甚至天敌老鹰、大雕，都会让鸽子丧命，后世的人们又培训鹰隼来送信。鹰隼对抗自然的能力远在鸽子之上，鹰隼的记忆力也是超强的。

山西北部崇山峻岭，匈奴的骏马跑得再快，也跑不过消息树、飞鸽和烽火。所以，在匈奴越过赵长城，出现在现在的山西境内时，李牧已经做好了迎击的准备。

聪明的将领，善于以己之长，攻彼之短；愚蠢的将领，才会拿自己的短处和对方的长处对抗。李牧是聪明的，他家世代生活在赵国边境的荒蛮地带，他了解匈奴的习性和特点，就像了解自己的手指头一样。匈奴战马很厉害，野战也很厉害，但是我不和你比赛奔跑，也不和你比赛野战，我和你比赛计谋。我把你引诱到山西北部。山西北部层峦叠嶂，山高路险，你们很能跑，现在就让你们跑啊，看看你们能跑多快，能跑多远。

李牧还担心匈奴不上钩，担心匈奴知难而退，一路上不断派出小部队骚扰匈奴，然后一打就撤；不断丢下牛羊群送给匈奴，匈奴像一条贪吃的大鲨鱼一样，在不断地吞吃鱼饵中一步步走进了陷阱。

终于，战国史上最大的一场歼灭匈奴的战役打响了。

这次，是单于带着匈奴大军倾巢出动，最少也有二十万。赵军能有多少兵力？估计不会超过二十万，因为当年赵国正在南面边境和秦国激战。李牧能够使用的兵力，只有他的边防军，也就是上面说过的战车一千三百辆，骑兵一万三千人，步兵五万人，弓箭手十万人。

这是一场势均力敌的战争。

任何一个稍有军事常识的人，走进了山西北部的崇山峻岭中，都会想到对方会不会布置埋伏，但是匈奴单于没有想到。因为匈奴太轻敌了，因为此前李牧十年不敢接战，让单于认为，他可以将李牧和赵军一直追赶到赵国的都城邯郸。此前十年，李牧一直不敢和他正面交战，而现在，他终于抓住了十载难逢的机会，所以他一定会珍惜这个机会。

山西宁武北部上空战云密布，可是一路上都在埋头赶路的单于没有看到。

李牧在宁武排兵布阵。

他将五万步兵布置在匈奴的正面，五万步兵的后面是李牧精心打造的战车部队。要依靠五万步兵和战车部队抗击二十万匈奴，显然还不够，李牧把十万弓箭手埋伏在后面的两道山峰上。骑兵部队，则埋伏在更远处的山峰后。

李牧精心设计的是一个口袋阵。

现在，可以看清楚了李牧的排兵布阵，他要先用步兵阻挡匈奴，然后再用战车冲击，接着，把匈奴引诱到两面山峰对峙的河谷地带，用弓箭射杀。

那么，骑兵干什么用呢？骑兵为什么要埋伏在弓箭部队的后面？

还有一点不明白，用战车冲击匈奴部队的目的，是为了引诱匈奴进入伏击圈。可是在山高路险的河谷地带，战车行动的阻力远远大于骑兵，又怎么能够引诱呢？又如何能够摆脱匈奴的追击呢？

中国古代最强悍的步兵是魏武卒，此时的李牧排兵布阵伏击匈奴，距离被庞涓折腾殆尽的魏武卒最后的荣光，已经过了两百多年。魏武卒只留下了一段传奇，但魏武卒的战法一直流传了下来。

此时李牧正运用了魏武卒的战法。魏武卒能够用步兵战胜骑兵，窍门在盾牌上。在没有魏武卒之前，骑兵对步兵会成为一场轻松的杀戮，而魏武卒用盾牌搭起墙壁，就能够抵挡骑兵的冲击。

所以，当匈奴的先头部队怒气冲冲地来到宁武以北时，最先遇到的是李牧的五万步兵。五万步兵早就精通了对骑兵的战术，他们把五万面盾牌搭起来，搭成了一道道铜墙铁壁，盾牌的后面还是盾牌，士兵的后面还是士兵，五万面盾牌和五万名士兵变成了一个整体，一个坚不可摧的整体。

五万名士兵是一个整体，而匈奴的先头部队却不是一个整体，因为他们无法把马匹连接起来，然后一起发起冲锋。所以，当匈奴一个个士兵挥舞着弯刀和长矛冲向赵军的盾牌方阵时，就好像一颗颗鸡蛋砸向了石头一样，再多的鸡蛋也不能砸烂石头。

匈奴是单兵作战，而赵军是协同作战。协同作战的威力，肯定要远远大于单兵作战。单个的蚂蚁，构不成任何威胁，任何动物都能够将它一脚踩死，可是，成千上万，成万上亿只蚂蚁组织在一起，它们就可以在非洲和南美丛林中所向无敌，所到之处，草木无存，动物只留下骨骸。

这就是一加一大于二的道理。

匈奴先头部队接连发动了好多次攻击，都被赵军五万步兵的盾牌阵挡了回去，匈奴泄气了。打仗，靠的是一股士气，一鼓作气，再而衰，三而竭，彼竭我盈。泄气了的匈奴情绪低落，争强好胜的心碎成一片一片。

赵军开始发起进攻。

赵军用什么发起进攻？是步兵吗？当然不是，泄气了的骑兵，仍然对步兵占据优势。步兵是无法对骑兵发起攻击的。那么，李牧用什么向匈奴的骑兵发起攻击？李牧用的是战车。骑兵的冲击力超过步兵，而战车的冲击力更超过骑兵。

赵军的步兵收起盾牌，从中间闪出了一条通道。匈奴此时已经筋疲力尽，不明白赵军在耍什么花招，他们犹豫着要不要从这个通道冲进去，搅乱赵军的阵法。

他们还在犹豫的时候，赵军的战车部队突然从步兵方阵中冲出来了。每辆战车由四匹马拉着，每一匹马都在憋足着劲向前冲，战马是有灵性的，它们能闻到硝烟的气味，能听到震天的杀声，它们一进入那种环境和氛围中，就按捺不住心中的激动，跃跃欲试地像勇士一样向前冲击。

马是人类最早驯化的动物之一，而人类之所以能够最早驯化它，是因为它的感情和人的感情在某些交合点上，能够产生共鸣。法国有名的生物学家、作家布封曾经说过，人类最伟大的驯化，就是驯化了马。

一个骑兵只有一匹马，而一辆战车则有四匹马。一辆战车的攻击力，最少是一个骑兵的四倍。骑兵与战车对抗是毫无胜算的。所以，匈奴的先头部队，被战车冲击得七零八落。

赵军的战车部队在与匈奴的先头部队作战，那赵军的步兵部队在哪里？

他们已经撤退了。他们撤退的时候，不是走直线，而是兵分两路，走的是弧线。他们为什么要走弧线，要撤往哪里？

战车部队击败了匈奴的前锋部队后，没有在后追赶，而是掉头撤退。在山西北部的黄土地上，留下了深深的车辙印。

匈奴单于带着大部队赶到了，二十万匹马长声嘶叫，声如裂帛，响彻行云；二十万匹马的四蹄踏在地面上，尘土飞扬，遮天蔽日。单于听到前锋部队被击败的消息，大为恼火；又查看了地面上的车辙印，判断出赵军的战车部队也没有多少辆，所以命令骑兵紧紧追上去，咬住赵军的战车部队。

赵军步兵撤退时向两翼张开，走羊肠小道，穿越树丛草莽。战车部队撤退的时候，沿着山谷中的平坦地带奔驰。匈奴都是骑兵，他们无法行走陡峭的羊肠小道，也无法穿越浓密的树丛草莽，他们来到这里，只有两个选择，要么被打痛后，忍气吞声地灰溜溜地回去，要么沿着河谷地带追击战车部队。

回去？这不符合匈奴的做事风格。强壮的匈奴作战的时候，撞倒南墙也不回头，更何况现在还没有看到南墙。所以，匈奴二十万骑兵一齐追向赵国的战车部队。

匈奴部队追着，追着，就追进了一道峡谷中，峡谷像一个葫芦一样，入口极小，但里面极为宽阔，这个地方就叫葫芦峪。

葫芦峪太大了，大得站在葫芦口，无法望见葫芦底。也就是说，葫芦底和葫芦口距离有几十里路程。而站在葫芦峪，两边的山峰却触目可及。兵书上说，这种地形叫险地，是极度危险的地方。

那么，如何通过这种极度危险的地方？首先，需要派出哨探，搜索两面的山峰上是否有埋伏；如果有埋伏，赶紧退出。其次，派出小分队，渐次走进险地，大部队在险地外待命。小分队安全通过险地后，大部队再跟过去。

单于在当时那种情势下，完全就没有考虑到赵军会有埋伏。打仗打了十年，赵军连交战的勇气和信心都不敢有；刚刚侥幸打了一个小胜仗，击败了匈奴的先头部队，可是见到大部队来了，就仓皇逃窜。这样的一支胆小如鼠的军队，会有埋伏吗？就算有埋伏，又有何惧？

匈奴部队一窝蜂地涌入了葫芦峪。

李牧不和单于斗蛮勇，而和单于斗智谋。

将在谋而不在勇，兵在精而不在多。孙膑勇吗？他的膝盖骨都让人剜走了。韩信勇吗？他连人的胯下都钻过。可是，他们都是举世闻名的战将。魏武卒多吗？仅仅五万，就横扫战国所有军队。岳飞的背嵬军多吗？仅仅五百，却在朱仙镇杀退金军十万。北府兵多吗？仅有五千，却在淝水之战中杀得前秦五万人马血流成河。

李牧在这里埋伏了十万雄师，单于不知道。因为单于太过轻敌。

匈奴兵像羊群一样涌入了葫芦峪，奔腾的马蹄声打破了葫芦峪亘古以来的宁静，各种鸟雀一齐发出恐怖的聒叫声，像礼花一样哗啦啦飞向高空。埋伏在两边山峰上的十万弓弩手知道猎物到了。

匈奴看到了战车部队，战车部队惊慌失措地奔逃着，地上混乱的车辙印迹像一行行潦草的字迹。匈奴快马加鞭追赶，当追到葫芦底的时候，突然惊讶地发现，面前是重重叠叠的战车，战车擦在一起，像城墙一样，挡住了他们的去路。

战车是钢铁打造的，面前的这座城垛是钢铁城垛，匈奴想要用马头和人头撞向钢铁城垛，有多少就死多少。而来到葫芦峪，这是唯一的去路。两面都是高山，陡峭的山峰，只有飞鸟才能飞上去。

前锋部队把这个十分不好的消息报告给了单于，单于带着亲兵赶到葫芦底，想要查看仔细，突然，两面的山峰上响起了尖利的此起彼落的呼哨声，声音异常凄厉恐怖，匈奴们刚抬起头来，飞蝗一样漫天飞舞的箭矢就朝着他们落了下来。

单于现在终于明白，中埋伏了。

赵军的十万弓弩手埋伏在葫芦峪的两边。每一边的弓弩手又分别站成两排，第一排射箭，射完后立即向后退步；背后的第二排已经装好立即上前射箭。这种配合发射集束箭镞的方法，他们已经训练了十年。十年的隐忍，十年的厉兵秣马，只为了这一刻的怒射。

匈奴看到两边高峰上有弓箭手，立即跳下马匹，挥舞着弯刀，嘶声叫喊着向上冲来，可是，山峰太过陡峭，他们还没有爬几步，就像皮球一样滚落谷底。等到他们爬起身来，箭镞已经飞到了眼前。一层又一层密密麻麻的箭镞，像割草机一样，将一排排站着的匈奴兵割倒。

匈奴善射，他们稳住阵脚后，用马匹作为障碍物，举起弓箭向两面山峰射箭。可是，因为地球吸引力的缘故，从山上射到山下的箭镞，势如奔雷，挟裹着风声，一箭就能够把匈奴兵胸脯射穿；而从山下射到山上的箭镞，用手轻轻一拨，就能够拨落。

单于看到在葫芦峪只能被动挨打，立即下令掉转身，向外突围。

匈奴有二十万，而葫芦峪只能装下十几万人马，另外的几万匈奴兵，还没有走进葫芦峪。此时，后续部队向葫芦峪涌来，前锋部队向葫芦峪退出，整个葫芦口内外乱成了一团麻。人和人撞在一起，马和马撞在一起。

后续部队听到撤退的命令，还没有来得及转过身来，突然听见天边传来滚滚的雷声。

那不是雷声，那是赵军骑兵杀奔而来的马蹄声。

赵军铁骑此前训练了十年，十年是封闭式训练，这十年的训练就是为了击败匈奴，匈奴的每一步战法，他们都了如指掌；匈奴如何挥刀，如何劈杀，如何驾驭战马，如何进行包抄，他们都了如指掌。他们在暗处观察了十年，研究了十年，他们比匈奴还更了解匈奴。他们就是匈奴的克星。

一个人如果在暗处观察了你十年，研究了你十年，你的一举一动他都了解，你的所思所想他也了解，你的家庭成员、社会关系、做过的所有事情，他都了解。你刚刚跨出了第一步，他已经知道了你下一步要跨向哪里，你说这个人可怕不可怕？

当时，匈奴还没有从惊慌中回过神来，就已经倒下了一大片。

冲在最前面的赵军铁骑，他们手中的兵器，不是匈奴那样的弯刀，而是两丈长的长矛，在第一轮攻击波中，这些挺直了长矛的赵军士兵，站成了一个横排，最先遭遇的匈奴，他们的弯刀刚刚举起来，就被赵军的长矛刺穿了身体，长矛的长度是弯刀长度的好几倍，弯刀还远远没有接触到对方的身体，而自己的身体早已经被长矛刺中。

赵军铁骑如同狂飙突进，他们不但刺穿了第一批匈奴的身体，而且赵军铁骑人和马巨大的冲击力，将站立在原地的第一排匈奴兵全部刺倒。

现在，在赵军和匈奴之间，有一大片纷纷倒在地上的匈奴，而这些匈奴，刚好成为后面匈奴冲向赵军铁骑的障碍。

赵军铁骑的第一波攻击结束后，那些挺着长矛的骑兵，突然一分为二，向两边跑开，中间闪出了一个空当。空当处，冲来的是赵军铁骑的第二拨攻击。这些赵军骑在马上，手中拿的是弩弓。他们一排箭镞射过去，匈奴就应声倒下一片。弩弓近距离的杀伤力太强了。

匈奴也有弓箭，也不乏射箭的高手，但是，他们零散的箭法，哪里能够阻挡赵军密密麻麻如同急风暴雨一样的箭镞。匈奴的战斗力不可谓不强，匈奴的单兵作战能力不可谓不猛，但是，他们在赵军铁骑接连不断的闪电般的攻击下，连还手的机会都没有。

赵军铁骑，打的就是猝不及防。

匈奴反应过来后，赵军铁骑已经跑远了，赵军铁骑打了就跑，根本就不给匈奴还手的机会。反应过来的匈奴恼羞成怒，他们一起鼓噪着，向赵军铁骑追去。

这时候，远远的地方，从左边和右边，走来了赵军的步兵，他们排着整齐的方阵，齐声喊着号子，向匈奴走来。他们挺着巨大的盾牌，竖着长长的刀矛，他们走得从容不迫，他们的声音震天动地。

赵军骑兵迎着步兵奔去，步兵让开了一道缺口，骑兵消失在了步兵的后面。匈奴追到了步兵跟前，步兵巨大的盾牌竖起来，搭成了铜墙铁壁，匈奴想尽各种办法，也无法攻入步兵方阵。无奈之下，匈奴绕过步兵方阵，想要从侧面攻击。

于是匈奴也学习赵军铁骑的方法，兵分两路，向赵军步兵的两翼包抄，步兵的两翼是两大片草地。可是，等到他们一踏上那片草地，就连人带马掉进了深深的陷阱里。陷阱里是翻转过来的耙刺，耙刺将每一个掉落进来的匈奴都刺穿了。耙是北方一种耕地工具，现在可能失传了。

这时，匈奴阵型大乱。

混乱中，赵军步兵方阵里突然响起了牛角号声，缓慢悠长。在穿透力极强的牛角号声中，步兵开始变阵了，他们的中间又闪出了一条通道。通道处，去而复来的赵军铁骑又杀奔过来。

赵军铁骑狂风一样冲向了匈奴，将立脚未稳的匈奴挤向陷阱的边缘。匈奴一边嘶声呐喊着，一边拼全力抵抗赵军铁骑的冲击。等到他们稳住阵脚，想要好好和赵军铁骑厮杀的时候，赵军铁骑却又跑了。赵军铁骑形同鬼魅，一出现就突然袭击，一袭击完就掉头奔走。匈奴自诩行动迅速，可是在行动更迅速的赵军铁骑面前，毫无还手之力。

匈奴气坏了，他们大声呼喊着向前追赶，突然看到前面奔来的是赵军战车部队。

现在，赵军步兵和陷阱，把匈奴围在一片开阔地里，赵军铁骑和战车在包围圈中往来奔突，想怎么杀就怎么杀，怎么杀得痛快就怎么杀。匈奴人数虽很多，但是不和敌人打阵地战，他们打的是游击战。匈奴抵挡不住赵军的进攻，一步步退向对方的步兵方阵和陷阱，最后不是被步兵方阵斩杀，就是被陷阱吞没。

经过了这么多次反复冲杀，匈奴还能剩多少？弓箭手射死了一批，战车碾死了一批，铁骑捅死了一批，步兵打死了一批，陷阱吞没了一批。算算匈奴现在还能剩多少？

确切的记载是，除了单于带着他的亲兵卫队冲出了包围圈外，其余的全部被歼灭。

一支二十万人的军队，亲兵卫队能有多少人？不超过两万人，也就是说，这一仗，李牧的边防军歼灭了大约十八万匈奴。

这是李牧登上战争舞台的处子秀，他一出手就震惊天下。

这是李牧的边防军第一次拿匈奴试刀，此后，李牧边防军成为战国后期最具威力的一支力量。

此战过后，匈奴不敢南下而牧马，士不敢弯弓而报怨。整整一代匈奴彻底断绝了抢掠赵国的念想。因为李牧的边防军是他们的噩梦。

此战后，李牧保障了赵国北方长期平安，他带着自己一手打造的边防军南下与秦军作战。

从此，李牧的军事生涯翻开了新的一页。此前战无不胜，让诸侯闻之色变的秦军，被李牧连连击败。李牧成了所有诸侯国将领的榜样和楷模。

李牧在赵国北方冰天雪地里戍边的这些年，赵国发生了很多令他意想不到的事情。在长平之战中，赵军四十万精壮被坑杀。赵国元气大伤。

公元前244年，即赵悼襄王元年，被李牧打得焦头烂额的匈奴，不敢再南下进犯，转而向东向西攻伐。这一年，匈奴吞并了长城以北的所有蛮族。

这一年，李牧成为赵国最高级别的将领。此时，老将廉颇已经赌气离开赵国，前往魏国；名将赵奢早已去世。赵国唯能依靠李牧。

这一年，李牧率领边防军浩浩荡荡南下，他们先拿燕国练手。

燕国和赵国本来关系非常好。古来燕赵多慷慨悲歌之士，后世的人们都把这两个国家当成了一个国家来说。

当初，齐国灭燕，赵国护送燕国王子昼夜兼程赶到燕国，终于保住了燕国的一丝血脉，赵国对燕国有大恩；燕昭王要伐齐，兵力不足，赵国第一个响应，派遣军队支持燕国。赵国对燕国有大恩。如果没有赵国，就没有以后的燕昭王；如果没有燕昭王，就没有以后的战国七雄之一燕国，他肯定早就被某一个大国灭亡了。

那些年，燕国对赵国一直心存感激，赵国对燕国也一直照顾有加，他们就像一对亲兄弟一样。

可是，自从那个夸夸其谈的赵括出现后，燕国和赵国的关系就发生了逆转。由此可见，一个空谈的人给一个国家带来的灾难和后果是相当严重的。庞涓把吴起辛辛苦苦打造了一生的魏武卒葬送了，还让魏国从战国第一强国坠入了三流国家；赵括让赵国整整一代人丢了性命，而且差点使赵国灭亡了。

四十万赵军被秦军坑杀后，秦军大举进攻赵国，将赵国都城邯郸围得水泄不通。赵王吓坏了，连忙向各个诸侯国求援，距离最近的燕国，世代交好的燕国，曾深受赵国恩惠的燕国，没有派来一兵一卒，也没有送来一黍一米，而是隔岸观火，袖着双手在永定河畔看热闹。

后来，由于临近的魏国和遥远的楚国帮忙出兵，战败了的秦国撤到了黄河西岸，邯郸之围才解除了。

赵国大难不亡，各诸侯国纷纷赶来慰问，燕国这时候也派来大将栗腹，带着五百两黄金前来。

尽管在赵国最危难的时候，燕国没有帮忙，赵王不计较了；尽管燕王只派人带了这么一点贺礼，还赖在王宫里吃一顿饭，赵王也不计较了。谁让这么多年来，燕国是赵国的兄弟呢？兄弟之间，就不说怨言了。然而，赵王没有想到，他把燕王当成了兄弟，而燕王却没有把他当兄弟。这个燕王，就是想要害死乐毅的那个昏君——燕惠王。

当时，栗腹回到燕国后，就对燕王说："赵国的精壮年都死在长平了，剩下的一代都还没有长大，现在正是攻打赵国的好时机。"燕王一听，就脑子发热，动了歪心思。他召开会议，首先问乐毅的儿子乐间："我想打赵国，你觉得怎么样？"

乐间说："赵国全民皆兵，民风剽悍，不可攻打。"

燕王说："我以众击寡，用两个人打他们一个人，可以吗？"

乐间说："不可。"

燕王说："我用五个人打他们一个人，可以吗？"

乐间还是说："不可。"

燕王气坏了，勃然大怒，要治乐间的罪。别的将领看到燕王发火了，赶紧应声附和："可以打，可以打。"

于是，燕王派遣战车两千辆，兵分两路，栗腹和卿秦各率一路。结果，刚刚经历了惨痛战争，还没有从战争中恢复元气的赵国，一举将想要趁火打劫的燕军打得找不着北。

赵国迎来了难得的恢复元气的时机。

就在赵国默默养伤的时候，燕国还是一再骚扰，而这时候，廉颇因为赌气，离开了赵国，赵国捉襟见肘。终于，他们从北方边境盼来了李牧。

李牧要向燕国展开复仇之战，拿不知道深浅的燕国祭旗。李牧带着他的边防军，不费吹灰之力就攻占了燕国的武遂和方城。武遂，是今天的河北徐水；方城是今天的辽宁沈阳。李牧一出手，就让燕国懂得了什么叫做铁骑雄师，什么叫做骄兵悍将。自从乐毅被逼走后，燕国迅速沦落为七国中实力最弱小的国家了，他们多年都没有打过一场胜仗了。他们本来想在元气大伤的赵国身上捞一把，没想到却得到了赵国的连环报复。

李牧连战连捷，赵王非常高兴，就将李牧调进宫中，让他一度担任赵国的宰相。

李牧在宫中的时间比较短，可就是在这比较短的时间里，给他埋下了祸根。伴君如伴虎，真的是这样。君叫臣死，臣不得不死。

给李牧带来杀身之祸的，是一件赵王的家事。

当年，邯郸城中，有一个娼妓容貌出众。赵王有一名本家兄弟，出外嫖娼的时候，认识了这个娼妓，居然一见钟情，就把这个娼妓娶回来做了老婆。一个娼妓能够嫁到王室确实太富有传奇色彩了。而更传奇的还在后面。

赵王的本家弟兄早早死了，留下了娼妓。赵王去他家奔丧，见到了这名娼妓，居然也一见钟情，也想把这个娼妓娶回宫中。要把一个娼妓娶回宫中，赵王也感到这是一件丢脸的事情，难道世上再没有女人了？

赵王害怕有人在背后戳他的脊梁骨，就偷偷找到宰相李牧商量。本来，大王家中的私事大臣就不应该管，管得好与不好，都不会在大王面前落好，反而让大王认为你太霸道了，居然掺和到了他的家庭中。其实，大王家中的那些琐事，关大臣们什么事？哪个大臣愿意给王室操那份闲心？

可是，李牧长期待在边关，远离政治斗争的漩涡，根本就不知道王宫里这些乱七八糟的事情和规程。当赵王问他的时候，他老老实实地说："你不能娶这个女人啊，这个女人以前是妓女，你娶了她，大臣们会怎么想？全国人民会怎么想？"

赵王说："我娶我的老婆，别人管得着吗？"

李牧又说："这是你兄弟的老婆啊，而你现在又要娶弟媳做老婆，这不合乎礼仪，会乱了纲常的。"

赵王很不高兴地说："乱不乱纲常，跟我娶老婆有什么关系？"

赵王最后还是娶了这个娼妓。这个娼妓应该是史上命最好的娼妓，也是史上最富有传奇色彩的娼妓。

这个娼妓的传奇还在继续。

在没有娶这个娼妓之前，赵王有一个儿子，名叫嘉，是为太子。迎娶了这个娼妓后，娼妓生了一个儿子，名叫迁。娼妓为了让儿子能够当上太子，就阴谋陷害太子嘉，赵王废黜了太子嘉，而改封娼妓之子迁为太子，娼妓成了王后，也就是第一夫人。一个娼妓能够成为第一夫人，这是不是史上最厉害的娼妓？

娼妓的故事还在继续，她还在创造传奇。

娶娼妓为妻的赵王是赵悼襄王，他在位只有九年。

娼妓的第一个丈夫皇亲国戚年纪轻轻就死了，娼妓的第二个丈夫赵悼襄王也年龄不大就死了，莫非这个娼妓真的像民间传说的那样会"克夫"？赵悼襄王死后，他和娼妓生的儿子即位了，这就是赵幽缪王。

儿子当了大王，丈夫又死了，这个娼妓就露出了本来面目，她不但在王宫里养了很多面首，而且还与朝中大臣私通。

在与这个娼妓乱伦的臣子中，最有名的是春平君。春平君曾经做过宰相。能做宰相，至少说明年龄也不小了，而这个娼妓居然和宰相私通，说明这个娼妓是老少通吃。

这个娼妓自己乱伦也就算了，关键是她还参与到国事中。秦国和赵国交战的时候，秦国间谍来到邯郸的第一站，就是这个娼妓的别墅。这个娼妓拿到秦国间谍送来的金子，就开始从事颠覆她儿子的活动。她既是史上最牛的娼妓，也是史上最傻的娼妓。

当初自从听说了李牧阻挡她嫁给赵悼襄王，她就对李牧恨之入骨，无时无刻不在想着怎么害死李牧。这个娼妓历史上称为赵悼倡后。

那段时间里，李牧也在王宫中待得很痛苦，整天和那些官僚们待在一起，说着模棱两可的话语，戴着各种不同的面具，遇到什么人说什么话，遇到哪一种人戴哪一种面具，几千年来的官场约定俗成，已经有了一套严格的谁也打不破的定律。在战场上叱咤风云和底层士兵同甘共苦的李牧，怎么能够过得了这种虚伪的生活。

所以，当边关战事一紧张，李牧立即申请杀敌，远离王宫。

这一年秦国前来攻打赵国。这一次是李牧第一次与强秦直接对话。

这是战国末期，在战国七雄 4×100 米的接力赛中，秦国跑到了最后一棒，他已经遥遥领先于其他六国。

这是秦王嬴政十三年，秦国具有划时代意义的君王已经在位十三年，强大的秦国已经开始启动了灭绝六国、统一全国的计划。而仅仅过了十三年，秦王嬴政就完成了统一霸业。

这时候，秦国历经历代君王的励精图治，军力已经空前强盛，秦军与每一个国家的军队作战都具有压倒性优势，都能够取得摧枯拉朽的胜利。唯独和赵国大将李牧作战，在兵力占据绝对优势的情况下，还是被李牧打得鬼哭狼嚎，狼奔豕突。

李牧是战国末期，唯一一个对强大秦军保持全胜纪录的天才将领。

公元前 234 年，也就是秦王嬴政十三年，秦国大将桓齮明修栈道，暗度陈仓，扬言要进攻魏国，来到漳河岸边后，却突然趁着夜色绕过赵军防线，渡过漳河，来到了赵国境内。

赵国急忙组织力量阻击，无奈秦军兵贵神速，攻陷了平阳，杀死赵国大将扈辄和十万赵军。平阳是今天的河北临漳。赵国仓皇派遣军队在北部阻挡，担心秦军直接攻击都城邯郸，然而，秦军并没有向北进攻，而是轻兵大穿越向东疾进，攻到了山东武城附近。

秦军此举意在灭绝赵国。

谁也没有想到，秦王嬴政吞并天下的计划，竟是先从赵国开刀，也许是看到了赵国当年精锐尽失，被白起坑杀四十万，一代青壮年已经全部灭绝，认为赵国尚未恢复元气。

秦军一路凯歌高奏，满心以为能够很快灭亡赵国，没想到遇到了李牧。李牧率领的是他一手打造的边防军。

当时，李牧从都城邯郸赶往前线，边防军从北部边境赶往前线。前线在哪里？前线在一个李牧假定的地方，当时，这个地方还没有秦军的一兵一卒。但是，李牧算好了秦军进犯赵国时一定会经过这个地方，他决定带着边防军守候在这里，以逸待劳，等候秦军。

这个地方是赵国的宜安，在现在河北省藁城县。

边防军前去救援，不去敌人所在的地方，而去敌人不在的地方，这一招棋实在出乎所有人的意料。这一招棋也是非常大胆的一步棋。万一秦军不经过宜安，那么几十万边防军不舍昼夜奔跑了几百里路程，岂不是白跑一趟，不但白跑一趟，而且贻误战机，如果贻误战机，则是要杀头的。赵王母亲，即赵悼倡后，早就想杀了李牧的头，只是一直找不到借口。

打仗和下棋一样，庸手下棋走一步看一步，高手下棋走一步看三步。李牧当然是高手，他算出来秦军要从宜安经过，所以让边防军早早来到宜安等候秦军。这就叫掌握了战场上的主动权。如果李牧像一般的庸手一样，带着几十万边防军扑向秦军所在的山东武城，劳师远征，秦军就会掌握战场上的主动权。谁掌握了战场上的主动权，谁就成功了一半。

边防军飞兵直下，李牧昼夜兼程，当他们赶到宜安的时候，秦军还没有赶到。

李牧封锁消息，不让方圆几十里的任何一个人经过宜安走向东面，避免秦军打探到消息。为了迷惑秦军，李牧让一支小分队，高举帅旗，大张旗鼓，吹吹打打地赶往秦军所在的山东武城方向。疑兵派出去后，李牧又派出了侦察兵，随时报告秦军的动向。疑兵和侦察兵都派出去了，李牧便抓住这有限的时间，在宜安构筑防御工事。

李牧是防御战的高手，也是构筑防御工事的高手。此前，他与匈奴打了那么多年，匈奴硬是无法攻破赵军的防御工事。现在，李牧又把防御的丰富经验，用在了对付秦军身上。

匈奴全是骑兵，并且匈奴没有攻城工具；秦军以步兵为主，但是秦军有完备的攻城工具。对付秦军比对付匈奴，困难更大。

李牧的防御战不是死板的、简单的防御，而是在防御中有反击。这就像意大利足球的防守反击打法一样，尽管很难看，但是很实用。

当时的秦国兵力远远大于赵国，如果你只追求好看，只追求进攻，那肯定是以卵击石，很快就被秦军吞没。所以，李牧不管难看不难看，只要打败了秦军就是胜利。英雄不问出处，胜利不讲方式。只有蠢货打架的时候才追求动作花哨好看，但是最后死得很难看。

宜安城不大，但是城墙坚固。李牧令士兵加高城墙，防止秦军云梯登城。宜安旁边有山，李牧令士兵在山顶上构筑工事作为瞭望台。除此而外，李牧还在宜安城外构筑了好几处城堡。城堡里藏着精兵强将。这些城堡现在还在，当地人叫李牧堡。

这样，秦军来到后，山顶上高高的瞭望台就能够对秦军的兵力部署一目了然，然后用信号或者旗语告诉城中的主帅，主帅按照秦军的兵力分配，部署如何防守如何反击。宜安城和城外的堡垒互为犄角，可以互相增援。

李牧的防御工事修好后，秦军就浩浩荡荡杀来了。

赵军深沟高垒，拒不出战。秦军攻打多次，都遭到赵军弓箭手的反击。赵军的十万弓箭手相当厉害，这支弓箭部队曾击败过最善于射箭的匈奴。

秦军无法攻占宜安就想把赵军引诱出来打，于是派兵在城外骂阵，而城内的李牧装着听不懂。他不但自己听不懂，还让士兵也听不懂——陕西话其实很好懂的，李牧绝对是装的。

当时，李牧问士兵："谁在城外唱歌呢？"士兵们回答："是秦军唱歌呢。"李牧说："他们会唱歌，难道我们就不会唱歌，来，齐声唱，压倒他们。"

于是，城内的赵军高声唱起军歌，歌声盖过了城外的秦军。城外的秦军一听，气得不行，也唱起了歌。结果，一场生死攸关的战争，变成了歌咏比赛，每天都能听见指挥官在喊："大家齐声唱，预备——起。"

宜安城的上空，没有飘荡着战争的阴云，而是洋溢着欢乐祥和的气氛。两边的士兵都在用歌声渲染着太平盛世，就差手风琴伴奏了。

歌儿唱着唱着，秦军主将桓齮意识到不对劲。赵军在本土作战，而秦军劳师远征，赵军想打多久就打多久，而秦军如果不能速战速决，就会弹尽粮绝。所以，需要赶快结束这一仗。

桓齮无法攻下宜安，就派兵攻打肥下。肥下距离宜安有几十公里。

估计桓齮的这一招是跟孙膑学的，孙膑当年围魏救赵，就用的这一招。桓齮打肥下，赵军就要出兵救肥下，秦军埋伏在通往肥下的路上，伏击赵军。这个计策太普通了，因为那时候《孙膑兵法》已经成为军中畅销书。桓齮能够想到，李牧难道就不会想到？

所以，任凭桓齮在城外如何演戏，李牧只是站在城墙上默默观看。

秦军围攻肥下，昼夜攻打，战火映红半个天空。夜幕降临的时候，即使站在宜安的城墙上，也能够看到远处红彤彤的天空。

肥下守军很少，如果秦军全力攻打，顷刻就能够将肥下踏为平地。肥下只是一个小镇，几十万秦军围攻肥下，一人一口唾沫都能让肥下遭了水灾。

而秦军昼夜都在攻打，好像极为费力，李牧岂能不知道他们的葫芦里卖的是什么药，他们的目的就是把李牧主力从宜安城中吸引出来，然后聚歼。所以，李牧按兵不动。

肥下的士兵一个接着一个冲出了肥下，来到宜安，请李牧速派救兵。几十万秦军将肥下围得铁桶一般，肥下的士兵怎么能够冲出来求援？显然，这些搬救兵的人，是秦军故意放出来的。所以，李牧还是按兵不动。

秦军的计策没有骗了李牧，却骗了副将赵葱。赵葱是赵王的宗亲，一向自视甚高。他认为自己的能力远在李牧之上，能够指挥赵军击败秦军，其实，他就是第二个赵括，和赵括一样狂妄。赵国的富二代中盛产这种人。

赵葱和李牧在宜安城中吵了起来，赵葱讥讽李牧作为主将，胆小如鼠，没有视死如归的大无畏精神。李牧回答说："敌人进攻，我去救援，就会受制于人，这是兵家大忌。"

赵葱为了显示他的能力，要带着本部人马前去救援。李牧下令："擅自出城者，杀无赦。"赵葱气愤难平，就派人去邯郸告诉赵王，极力渲染李牧畏敌如鼠，不堪大用。愚蠢的赵王派人拿着他的亲笔信，督促李牧发兵救援肥下。李牧说："将在外，君命有所不受。"对赵王的使者置之不理。赵国满朝文武都认为李牧害怕秦军，甚至认为李牧拥兵自重。

秦军连续攻打肥下好几天，每天都像头偷懒的毛驴一样，弓开四蹄好像很用力地拉车，但拉车的绳子却都没有拉直。

秦军没有引出赵军，他们终于泄气了。桓齮心想，孙膑的计策也不灵啊，怎么就能称他军神呢？

秦军懈怠像被戳了一针的气球，而赵军士气旺盛，像刚刚充足气的篮球。李牧等的就是秦军懈怠的这一刻。

这天晚上，漆黑如墨，李牧率精锐军队悄悄走出宜安。十万人一路静悄悄地向前行走。奇怪的是，李牧带着十万大军，不是走向秦军重兵包围的肥下，而是秦军的后勤辎重所在地。

桓齮给李牧用了一招围魏救赵的计策，李牧没有上当，桓齮就认为孙膑的计策不好；现在，李牧也给桓齮用了一招围魏救赵，桓齮会不会上当，会不会回兵来救，对孙膑的计策会不会有更深刻的了解？

桓齮想把李牧引出来，李牧没有出来；现在，李牧也想引桓齮过来，桓齮会不会过来？

桓齮对李牧使用的计策，和李牧对桓齮使用的计策一模一样；桓齮计策的目的和李牧计策的目的也是一模一样。李牧实在够大胆，居然完全复制桓齮的计策，他难道就不担心桓齮会识破他的计策，他怎么就知道这个计策一定会成功？如果换成别人，肯定不会这样大胆。这实在是一招险得不能再险的棋了。

也许可以这样理解：李牧进攻的是桓齮必救的地方；而桓齮进攻的，是李牧不一定要救的地方。李牧进攻的是桓齮的粮草囤积之地，桓齮如果不想饿死就必须救。桓齮进攻的只是一座普通的小镇，李牧可救可不救。同样一个计策，两个不同的将领使用了，立即有了高下之分。

《孙膑兵法》本身很精妙，只有像李牧这样精妙的人，才能演绎出这种精妙。而像桓齮这种人，永远体会不到其中的精妙，反而责怪孙膑的兵法不好。

对于任何一支军队来说，粮草都是最重要的。李牧知道桓齮的命门在哪里，知道如果攻击他的命门，他就必须回救。桓齮的命门就是粮草。

几十万秦军远离秦国，后勤保障是一个很大的问题，所有粮草都需要长途跋涉才能运过来。如果没有粮草，这几十万人只能坐以待毙。这时候，秦直道还没有修建。

秦直道是秦国的高速公路，它的路基比别的路基坚硬得多，即使多年过去了，秦直道仍然坚硬如此，路面上连一株野草都不能生长。车辆行驶在这样坚硬的道路上，自然比行驶在乡间土路上的速度快多了。现在，秦直道保存最完好的，是陕西铜川通往陕北的一段路。

这条保存完好的秦直道直接通到了内蒙古，也就是秦国和匈奴的边境线上。当年，秦国大将蒙恬和公子扶苏带着三十万士兵戍边，防范匈奴。

三十万人，每天要吃多少粮食啊，北方极地不长庄稼，粮食只能从咸阳送过去，送得晚了士兵就会饿死。所以，秦始皇下令修筑了秦直道。

而此时，在赵国境内，因为没有秦直道，加上秦军剩下的粮食本来就不多，所以，当李牧率军抢占秦军的粮草时，桓齮说什么也要重新抢回来。断人粮草，口中夺食，攻其必救，李牧这一招确实够明智。

这些天来，一直是秦军攻打，赵国防御，坚守在大本营守护粮草的秦军，想破脑袋也猜不到李牧居然会亲自率领赵军杀出城来，抢夺粮草。因为赵军出其不意，所以没费吹灰之力就抢占了秦军的大本营。

然后，李牧故意让人放起冲天大火。火光足以让几十里外的桓齮看到；李牧又故意放走秦军，让溃败的秦军骑着马向桓齮报信。

所以，黎明时分，桓齮就带领攻打肥下的主力人马，回师杀奔而来。

李牧就等着桓齮杀奔而来，他在桓齮的必经之路埋伏下了十万弓箭手。这十万弓箭手每个人都能够开硬弓，射大雕；每个人都经过了十年的高强度训练，每个人都参加过当年围剿匈奴的战争。现在，他们又要围剿秦军了。

而这一切，桓齮都不知道，他只知道必须抢回粮草。

桓齮带着主力部队趁着夜色向大本营赶来，一路走得匆匆忙忙走得跟跟跄跄，他们心急如焚。

黎明的第一缕曙光染亮了远处的山峦，也染亮了天边的浮云，秦军无意中向愈来愈亮的东方天际望去，突然惊掉了下巴。东边天际，曙光照耀下，赵军的十万弓箭手严阵以待，密密麻麻，一眼望不到边。

秦军还没有从惊愕中反应过来，十万支箭镞就挟裹着巨大的啸声，乘着早晨的第一缕微风，飞向秦军。

秦军趁着夜色救援，而赵军趁着夜色埋伏。夜色帮了赵军的忙，让他们神不知鬼不觉地排兵布阵。夜色没有帮秦军的忙，让他们对近在咫尺的赵军毫无所知。同样都是夜色，而且都是同样的一片夜色，李牧利用夜色完成了对秦军的包围，而桓齮利用夜色把秦军送进了包围圈。

十万弓箭手连珠炮般的几轮箭镞射后，秦军像被割倒的麦子一样接连不断地倒下去。桓齮看到秦军成了十万弓箭手的靶子，喝令全军加快速度，拼全力冲向大本营。他到现在还幻想着能够将赵军从大本营撵出去，夺回粮草。

事实证明这又是一个错误的决定。李牧就赌桓齮在遭到箭镞射击后，会舍命冲向大本营，所以，他在大本营附近埋伏了所有的重装步兵，他们矛在手，刀出鞘，专门等着秦军送上门来。

秦军急急忙忙跑了大半个夜晚，一个个跑得气喘吁吁，现在终于能够看到大本营上空被烟火撕裂的大旗，他们刚想喘口气，突然又看到了赵军重装步兵，这些步兵用盾牌构筑了铜墙铁壁，阻挡了秦军的去路。饥肠辘辘的秦军无论发动怎样的攻击，也无法冲破以逸待劳的赵军重装步兵的防线。

桓齮这时候才想到了退路，他命令秦军赶快退回去，再奔走几十里，将肥下夺回来，作为固守待援的基地。

事实上，这支秦军孤军深入，远离秦国，从陕西跑到了河北境内，这一路上黄河、中条山、太行山、吕梁山重重阻隔，而那时候太行八陉都还没有开凿，秦国要派援军，估计从陕西走到河北，起码需要半年时间。而半年后，桓齮带着的这支秦军早就变成了木乃伊。所以，桓齮现在能够做的，只有固守待援。

秦军仓皇回撤，还没有奔到肥下，远远看到尘土飞扬，遮天蔽日。尘埃落定后，他们看到，赵军最强悍的骑兵，完成了对秦军的包围圈。

《孙子兵法》说："十则围之，五则攻之，倍则战之，敌则能分之，少则能守之，不若则能避之。"《孙子兵法》说得很清楚，只有在人数多于敌方时，才可以实施攻击和包围。然而，现在，李牧率领的赵军数量不如秦军，却敢于包围秦军。为什么？因为赵军处处占据主动，秦军处处被动。在短短的从肥下到宜安的几十里的路程中，秦军来回奔跑，赵军以逸待劳；秦军饥肠辘辘，赵军酒足饭饱；秦军筋疲力尽，赵军士气正高。所以，李牧就敢于打这场歼灭战。

李牧是名军事天才，也是打埋伏的高手，他最喜欢打埋伏，为了打埋伏，他有条件要打，没有条件创造条件也要打。围歼匈奴的时候，他依托葫芦峪的高山峡谷，将匈奴包了饺子，这可以说利用了有利地形，他有打埋伏的条件；而现在，没有有利地形，也没有高山峡谷，他却仍然敢于打歼灭战。这次，他利用的是夜色。

为将者，不仅仅能征惯战，身先士卒，还要能够通天文，知地理，洞悉心理学、历史学、数学等学问。他要像气象台一样预知天气，要像探险家一样熟知环境，要像心理学家一样分析敌方将领的性格，还要像数学家一样计算敌方的行军速度和进军路程，像历史学家一样鉴古知今……

这场围歼战的结果是秦军全军覆灭，史书记载，"斩首十万"。史书中的数字都是约数，估计这场战国后期最大的歼灭战中，秦军死亡人数远远大于十万。因为，桓齮不可能只带着十万人马，就敢于穿过魏国，进占齐国，然后回师攻向赵国。十万人想要在三个国家里畅通无阻，又想灭掉赵国，是完全不可能的。所以，这场战役秦军投入的兵力应在二三十万左右。

战役结束后，秦军主将桓齮带着少数亲兵逃往了燕国。战败回国，全军覆没，按照秦国律令是要被杀头的。燕国孤悬于最北方的极寒地带桓齮会相对安全一些。

桓齮把他的名字改成了樊於期，投靠在燕国太子丹的门下。

处于全盛期的秦军遭此惨败，让秦王嬴政大为光火，此时，秦军的战斗力已达到巅峰，此前后的十多年里，除与李牧交战过外，秦军再没有打过败仗。

秦王嬴政发出了通缉令追捕桓齮：凡是能够割下桓齮人头的，赏赐千两黄金、万户封地。秦王嬴政不知道此时桓齮已经逃到了燕国，更不知道桓齮的名字改成了樊於期。

后来的事情，地球人都知道。燕太子丹为了燕国免于灭亡，派出了史上最著名的刺客，这个刺客的名字叫荆轲。荆轲为了能够顺利见到秦王嬴政完成刺杀计划，就想把樊於期的人头作为晋见的礼物。樊於期毫不犹豫地自尽了。荆轲手持樊於期人头和燕国地图，果然很顺利见到了秦王嬴政。可是，这个不称职的刺客并没有完成任务，让樊於期白死了。

樊於期，即桓齮，也是一条好汉。

此战过后，李牧的名气在诸侯国中如日中天，赵王兴奋异常，逢人就说："秦国有白起，赵国有李牧，怕他秦国做什么？"赵王封李牧为武安君，封地在今天的河北省武安县。

两年后，秦王嬴政用恩威并用的策略，逼迫韩国和魏国听命于他，然后，又派秦军兵分两路，围攻赵国都城邯郸，向赵国展开了复仇之役。

北路秦军从陕北的延安，进入山西太原，然后穿过崎岖难行的井陉关，进入河北境内，攻克了番吾，然后进军邯郸。番吾，就是今天的河北省平山县。这个县很有名，进入了中国历史课本，因为毛泽东曾有一段时间在这个县一个名叫西柏坡的村庄里办公。

南路秦军从邺城出发，向北进攻。邺城也就是魏国名臣西门豹治邺的那个地方，即今天的河北省临漳县。

北路秦军是主力，南路秦军是牵制。秦军统帅是王翦。王翦，这是和白起齐名的战国时期秦国最有名的两大将领之一。

面对秦军来势汹汹的两路夹击，赵王唯一能够依靠的就是李牧。

自古兵来将挡，水来土掩。面对秦军的两路夹击，李牧也分兵抗击。南路，李牧派遣副将司马尚迎击；北路，自己亲自带领精锐骑兵，北上迎战。

李牧和王翦，当世两大顶尖将领相遇了。

但是，战争却没有出现人们臆想的激烈。因为，此时的李牧让秦军闻之色变。

在辽阔的华北平原上，李牧带着精锐骑兵，向秦军发起了连番攻击，打得一路冒进的秦军满头疙瘩。秦军不得不在番吾修筑寨墙，做好长期与李牧抗击的准备。然而，李牧却不想和秦军打持久战，他看到秦军被打怕了，不敢再进攻，就故作疑兵之计，在赵军的寨墙上广设旌旗，让秦军以为赵军兵多将广，而自己却率领精兵趁着夜色南下，猛攻南路秦军。

北路秦军以为李牧还在和他们对攻，南路秦军以为李牧还远在北面，所以，当李牧突然在南面出现的时候，当李牧的精骑旋风般的冲向南面秦军的时候，当李牧的帅旗在漳河岸边迎风招展的时候，南路的秦军望风而逃。

南路秦军一退，北路秦军也退走了，他们有自知之明，知道单凭一己之力是无法击败李牧进占邯郸的。他们从哪里来，只能灰溜溜地回到哪里去。

秦军撤退后，李牧决心向韩国和魏国施威，谁让你们借道给秦国，让秦国能够畅通无阻地进击赵国？韩国和魏国害怕极了，急忙派人拿着礼物向赵王请罪。

此后三年，赵国无战事。

秦国把赵国定为六国中最可怕的对手。

北宋文学家苏东坡他老爹苏洵曾经写过一篇文章叫《六国论》，其中写到了李牧。他这样写道："后秦击赵者再，李牧连却之。"

三年后，赵国境内发生重大地震，百姓死伤无数，房屋倒塌过半。两千年后，这个地方又发生了两次大地震，史称邢台大地震和唐山大地震。这是一条地震带。

地震刚过，秦国就趁火打劫，励志复仇的王翦卷土重来，他带来的是四十万秦军。

这一年，韩国已经被秦国击灭，韩军纳入秦国军队，秦国力量进一步加强。

这一年，魏国向秦国献媚，把富饶的河南南阳地区的土地，全部送给秦国，秦国力量更为加强。

这一年，有一个名叫尉缭的人，从魏国投奔秦国，他写了一本书叫《尉缭子》留存后世，并向秦始皇进献了很多恶毒阴险的计策，而李牧就是他恶毒阴险计策的第一个牺牲品。

这次，秦军还是兵分两路。一路是王翦率领的驻扎在黄河上游的士卒，一路是杨端和率领的驻扎在黄河中游的士卒。王翦和杨端和都参加了三年前围攻赵国的战役，三年前，王翦率领北路，杨端和率领南路，而他们都被李牧打败。

桓齮战败不敢回秦国，而王翦和杨端和战败仍敢于回秦国，可能与损失秦军士卒数量有关系。桓齮全军覆没，王翦、杨端和与李牧一接触，就赶紧撤军，保存了实力。秦始皇全力追杀桓齮，不但没有治罪王翦和杨端和，而且三年后还让他们带兵。

三年前，两路秦军围攻赵军，没有占到任何便宜，三年后，秦军依然兵分两路围攻赵军，依然没有占到任何便宜。因为赵国有李牧。因为李牧的立体防御体系滴水不漏。

李牧和他的副将司马尚用步兵组成坚固的防线，用骑兵和战车部队反复冲击，让秦军始终不能攻到阵地前沿。在天才将领李牧的面前，王翦无可奈何，杨端和也无可奈何。

这时候，卑鄙的反间计又粉墨登场了。当年，齐国将领田单用反间计，赶走了燕国统帅乐毅；这次，秦国都尉尉缭要用反间计杀害李牧。反间计的前提是，必须有一个昏庸无能的君主。当年的燕王足够昏庸，田单的计策才能成功；现在，赵王更为昏庸，所以尉缭对他的反间计有足够的信心。

李牧在前方拼死力战，作为一名赵国将军，他的职责就是保卫赵国。而躲在后方宫殿里的，赵国的统治者，享受赵国利益的，李牧要保卫的，都是些什么人？

赵王，他的名字叫迁。是依靠陷害长兄而篡夺了王位。

赵国太后，即赵悼倡后，先嫁给王族宗室的一名男子，在那名男子死后，又嫁给赵王迁的父亲，生下了赵王迁。因为当年李牧阻止她做王后，所以对李牧恨之入骨。

赵王最亲近的大臣名叫郭开，这是一个彻头彻尾的市井小人，一个见利忘义的势利之徒。就是他残害了赵国最有名的两个大将：廉颇和李牧。

战国末期，有四个最有名的大将，这就是秦国的白起和王翦，赵国的廉颇和李牧。而经过郭开之手，赵国两名大将，战国末期四大名将其中的两个都被郭开害死。郭开也因极端的残忍和贪财而名列史传。

十五年前，已经八十二岁的赵国老将廉颇因为对自己的职位不满意，奔走魏国。在魏国，廉颇一直没有得到重用，他很想再回到赵国继续征战，然而又抹不下那张老脸。这时候，秦国一再欺负赵国，李牧在北方戍边，赵国无将可用，赵王想起了廉颇，就派使者去魏国，看看八十二岁的廉颇是否还能征战。

廉颇看到赵国来人请自己，就非常高兴，宴请使者吃饭。席间，廉颇为了表示自己身体好着哩，就吃了一斗米饭，十斤牛肉，然后披甲上马，往来如飞。廉颇这老汉真能吃，那么大年龄了，还比好几个小伙子加在一起的饭量都大。

使者回去后，廉颇喜滋滋地等着赵王召回他。可是，这个使者事先接受了郭开的贿赂，所以在赵王面前说："廉颇饭量还可以，就是吃一顿饭往厕所跑三次。"赵王一听，就不再打算召回廉颇。三年后，廉颇在无望的等待中凄凉离世。

这一切，都是拜郭开所赐。

尉缭早就知道郭开是个贪财的奸佞小人，所以，要谋害李牧，就从郭开入手。

这是一个连环反间计。

为了能够让计策成功，尉缭先派人给郭开送了很多钱，让郭开在赵王面前说李牧的坏话，就说李牧和司马尚准备谋反。然后，尉缭让王翦不断地给李牧写信，逼迫李牧不断回信。最后，让秦军暂停进攻赵军。至此，这个极端恶毒的连环反间计就成功了。

郭开这个小人拿到了秦国的贿赂后，就一再在赵王面前污蔑李牧："大王现在把举国兵力都交给了李牧，可一定要提防李牧阵前哗变啊。"说得赵王心里发毛。

过了几天，郭开又说："我听说李牧和王翦不断书信往来，李牧即将投奔秦国了。"赵王听得后脊发凉。

又过了几天，郭开又说："秦赵好多天都没有交战了，李牧准备投奔秦国了。"赵王一听吓坏了，赶紧派人秘密去李牧军中查看，结果，探子回来报告说，李牧不断地和王翦通信往来，两国已经好多天没有打仗了。赵王相信了郭开说李牧谋反的鬼话。

而这一切，李牧都不知道，他还在前线尽职尽责，深沟高垒，密切注视着秦军的一举一动，伺机反攻。他和王翦通信，只是礼尚往来，信中没有涉及军国大事。而且，王翦不断写信，李牧如果不回信，绝对不合情理。

可是，赵王不管这一切，只要李牧和王翦通信，只要阵前好多天没有交战，就证明李牧有谋反迹象。赵王派他的宗亲赵葱奔赴前线，夺取李牧的兵权。可是，却遭到了李牧的抵制。

李牧是一个个性强烈的将军，他不畏权贵，不惧强暴，坚持原则，而且，他和吴起一样不会变通，不会圆滑待人处世。

现在，在生死攸关的时刻，他还在抗争，拒绝交出兵权。不交出兵权的原因在于他认为赵葱不能胜任抗击秦军的职责。花花公子赵葱确实不能胜任。

李牧不交出兵权的举动更让赵王坚定了李牧谋反的想法，他派遣几名高手乔装打扮来到前线，秘密砍下了李牧的头颅，拿到邯郸去复命。

那一瞬间，他们砍下了赵国最后的希望。

彼苍者天，歼我良人，如可赎兮，人百其身。

谁也想不到，一代名将居然是这样的凄凉结局。

吴起万箭穿身，他的结局很悲惨；李牧遭人暗杀，他的结局很悲惨；乐毅远走他乡，他的结局很悲惨；白起伏剑而死，他的结局很悲惨；孙膑杳然无迹，他的结局同样很悲惨。为什么绝世名将，命运都如此凄惨？

绝世名将就像绝世美女一样，上天给了她们绝世的容貌，顺手就要把最悲惨的命运赠送给她们。翻开中国历史，又有哪一个绝世美女的结局是完美的？

在兵戈交加的战国末期，在给英雄们提供了最广阔舞台的战国末期，在各国都拼命争抢名将的战国末期，谁也没有想到绝世名将李牧的结局会是这样。

秦国满朝文武听到李牧被害后，欢声雷动。

李牧遇害三个月后，王翦击败赵军，斩杀了代替李牧的赵国主将赵葱，随后占领了赵国都城邯郸，俘虏了赵王迁和他的母亲——赵悼倡后。赵国灭亡。

六年后，秦王嬴政统一中国。

又十二年后，天下起兵，共同反秦。

韩信横空出世。

6

战神韩信

他是楚汉战争中最重要的一支力量，他的每一次战役都是可以载入教科书的经典之战。

　　尽管他一生都生活在项羽与刘邦巨大的阴影之下，但是，没有人会怀疑他卓越的能力，没有人会怀疑他熠熠闪光的军事才华。

　　在楚汉相争的博弈中，他拥有举足轻重的第三方势力。他是一块砝码，无论倒向哪一方，天平都会失衡。

　　和项羽显贵的出身不同，他出生于贫贱之家；和刘邦有众人相帮不同，他一直在独自打拼。他以一己之力，铸就了自己的辉煌。

　　他的故事很传奇。他的故事也很励志。

　　他出生在江苏淮阴，曾被贬淮阴侯。

　　淮阴侯是他最后的爵位，而在此前，他担任过权倾一时的大将军和相国，又被赐封为齐王和楚王，王侯将相集于一身，一个男人能够获得的最高荣誉，他全都获得了；一个男人渴望建立的功勋，他全都建立了。尽管人们称他战神兵仙、国士无双，但是，他仍然没有摆脱被屠戮的命运。

　　他的名字叫韩信。

　　让所有人难以想象的是，韩信这样一个建立了绝世功勋的人，却是在屈辱中成长的。他的少年时代和青年时代，都烙上了苦大仇深的印记。

　　少年时代的韩信，不务正业，游手好闲，简直就是一个二流子。他不种地不经商，总是到别人家中蹭饭吃，吃完饭连碗也不洗，就出去晃悠。他每天都像一只大公鸡，羽毛凌乱而神气活现地游荡在淮阴的大街小巷，有家也不归。在淮阴，韩信的名声像街边大粪一样臭不可闻。人人都知道这个喜欢吃白食、喜欢说大话的少年。

　　没有饭吃的韩信，只好去城外的淮河钓鱼，希望能够解决吃饭问题。可是，韩信一无所长，不会种田，不会经商，不会为人处世，甚至连钓鱼都不会。他常常枯坐河边，饿得头昏眼花，却连一条鱼也钓不上来。烂棉絮还有塞墙缝挡风雨的用处，而韩信连烂棉絮都不如。他一无是处。

淮河边有一群洗衣服的妇女，她们每天都看着这个闻名全城的二流子在钓鱼，却总也钓不上鱼；他想吃一顿饭，却总也没有饭吃，就一起讥笑他。那时候的韩信，是全淮阴城讥笑的对象。

在洗衣服的妇女中，有一个人看到韩信可怜，饿得面黄肌瘦，就让韩信来她家中吃饭。而脸皮超厚的韩信，竟连吃几十天，而且还大言不惭地说："我以后一定报答你。"这名妇女气坏了，她把韩信推出去说："男子汉大丈夫，连自己都养活不起，还谈什么报答别人。我看你可怜才让你吃口饭。走吧，以后别再来了。"

韩信又过上了饥寒交迫的流浪生活。他每天都像一只丧家之犬，垂头丧气地游荡在淮阴的大街小巷，不知何去何从。

那时候，有学问有地位的人，都喜欢在腰中悬挂一把宝剑，而像韩信这样没有学问没有地位的人，是不配悬挂宝剑的，但是，韩信想把自己装扮成一个有学问有地位的人，也想在腰间挂把宝剑。可是他没钱，没钱的韩信只能在腰间挂块破铁片。

腰间挂着破铁片的韩信，每天昂首挺胸，叮叮当当地经过所有人的视线，想在淮阴赢得人们的尊重。然而，他没有想到，得到的却是奚落和屈辱。

淮阴城里有一个少年，是当地的地痞，祖辈杀猪为生。他很看不起整天腰悬破铁片的韩信。他觉得自己一个杀猪的，再怎么说也比一个二流子社会地位高，可现在杀猪的都不能配把宝剑，而二流子竟敢把貌似长剑的铁片挂在腰间，他心理感到极不平衡。

有一天，他在大街上拦住韩信说："你小子长这么高，整天在我眼前踅摸过来踅摸过去，笨狗扎个狼势，告诉你，我很看不惯。"

韩信见了地痞就害怕，地痞就像膏药一样，只要被他缠住了，揭都揭不开。韩信还没有想好如何应对，这个地痞看着身边另外的地痞，然后又看着韩信说："你有胆子，就一剑杀了我；没有胆子，就从我胯下钻过去。"

韩信不敢杀人，他不是吴起，也不是白起，他没有吴起和白起的胆量，所以，他只能选择从屠户之子的胯下钻过去。那一刻，韩信心中充满了难言的屈辱。

此后，满城人都知道韩信懦弱可欺；此后，韩信腰间再也不敢悬挂破铁片了。

韩信一直等待着离开淮阴的机会，淮阴是他的伤心之地。他想到一个谁也不认识的地方，洗心革面，重新做人。

韩信早期的经历很诡异，没有任何征兆能够显示他以后会成为非凡的人物。他没有习文，没有习武，也没有学习兵法，那么他以后那些超常的军事才能，是从哪里来的，谁是他的师父，难道他是天赋异禀，难道他那些花样翻新的绝妙计策，都是妙手偶得之？

韩信很不可思议。

韩信在家乡淮阴无法生存，就去当兵。当时，恰逢项梁带着反秦大军从他的家乡走过，他就把自己的破铁片翻出来，义无反顾地做了普通一兵。

项梁死了，韩信又跟着项羽混日子。这时候，他已经从执戟做到了郎中。郎是侍卫官的通称，郎又分为议郎、中郎、侍郎、郎中。郎中属于最低等的侍卫官。执戟，则是门口执戟站岗的。

这种日子已经很不错，至少能够吃饱。

韩信在项梁时代，是给项梁站岗的小卒；在项羽时代，是安排站岗放哨的小官。不管怎么说，韩信总算从办事员提升为副科级干部。

韩信连地痞都害怕，怎么能够给项梁项羽站岗？估计项梁项羽也就是看他长得高，可以滥竽充数。

韩信跟着项羽从江苏一直打到了陕西，多次给项羽提出了计谋，但是项羽都没有采用。这时候的项羽破釜沉舟，所向无敌，他只崇拜武力，不相信谋略。所以，韩信很失落，他感觉自己在项羽手下，没有出头之日。

项羽分封天下的时候，刘邦被封为汉中王，带着汉军极不情愿地离开关中，翻越秦岭，一路向南，去往汉中盆地。刘邦手下很多将领看到刘邦失势，都纷纷逃走，投奔项羽。

韩信此时面临人生的第一次赌博，他看到刘邦能够趁项羽与秦军杀得难解难分之时，一举攻占了咸阳，他相信投机的刘邦以后肯定能够干成一番大事业，所以，他去投奔刘邦。然而，很快地，他就发现这一步走错了。

韩信跟着刘邦的军队来到汉中。当时刘邦手下兵微将寡，就任命韩信为连敖。这是负责接待的小办事员，如果有人来找刘邦，而刘邦又正忙着，韩信就给客人端茶倒水、整衣拂冠。现在，韩信又从副科级降为了办事员，他的心中充满了失落。

不久，不知道因为什么事情，韩信要和十三个同事一起被问斩。后世有人猜测可能是叛逃。十三个同事都被砍头了，轮到韩信。韩信仰起头来，恰好看到夏侯婴经过，就大喊一声："刘邦不想夺天下吗？为什么要杀壮士？"

夏侯婴是刘邦的贴身侍卫，他大为惊异，就放开韩信，交谈几句，感觉这个小伙子很有才能，就赦免了他的罪状。

韩信在生死关头，一声怒吼，给他的人生带来了转机。

两千多年后，八国联军进攻北京的时候，有一员猛将镇守北京广渠门，力挫强寇。而后，北京城被攻破，他又护送慈禧一路西逃，最后归老田园。这位清末的传奇英雄叫董福祥。

董福祥年轻时，在西北起兵，被左宗棠活捉，开刀问斩。刽子手已经举起大刀，他瞠目怒吼，声如裂帛，唱了一段秦腔："雄信本是奇男儿……"左宗棠深感惊异，喝令松绑，赐酒压惊。而后，董福祥成为左宗棠手下一员悍将。

夏侯婴是刘邦身边的人，认识了夏侯婴，就拥有了一架登天的梯子。刘邦高高在上，寻常人是无法见到他的，而认识了他身边的人，就能够向刘邦传递自己的声音。

夏侯婴是刘邦的车夫，相当于领导的司机。领导的司机当然是举足轻重的。

夏侯婴向刘邦推荐了韩信。刘邦和韩信交谈后发现，韩信能力平平，他感觉韩信并不像夏侯婴所说的那么神奇，但是他又不愿让夏侯婴面上无光，就安排韩信做了治粟都尉，相当于粮食局局长。

刘邦是项羽任命的，他相当于部级干部；而刘邦手下的粮食局局长，则是厅级干部了。韩信此时所任的官职，大约相当于省级粮食厅长。韩信能够从一个行将被斩首的死囚犯，转眼间就做了粮食厅长，已经要烧高香了。这一切都源于韩信认识了刘邦的司机，果然是朝中有人好做官。

但是，尽管韩信如坐上火箭般提升了，却还不满足。

韩信成为厅级干部，等于进入了刘邦权力机构的外围。成为厅级干部，他有机会认识了萧何，萧何是刘邦的相国。萧何和韩信多次交谈后发现，这个管粮食的官员居然精通兵法。萧何非常惊奇。

一个淮阴城中的二流子，居然精通兵法，这实在是一件匪夷所思的事情。这就像有一天你在大街上见到一个乞丐，而这个乞丐居然精通传说中的降龙十八掌一样。

　　萧何像很多年后的美国陆军总参谋长马歇尔一样，记住了韩信的名字，他相信韩信是一个难得的奇才。马歇尔也是这样，他随身带着一个笔记本，如果发现谁有能力，就把谁的姓名和才能记录在笔记本上，然后等到适当的机会，举荐任命。巴顿和艾森豪威尔等一代名将，都是他从下级军官越级提拔的。

　　但是，在萧何还没有提拔韩信的时候，韩信就跑了。

　　刘邦带着汉军一路翻山越岭，来到南郑的时候，清点人数，发现这一路逃跑的将领有几十人。南郑，是汉中的都城，至今，这个地方还叫南郑，是一个风景秀美的县城，盛产大米面皮和黑米粥，还有美女。从南郑再翻过秦岭，就是四川。

　　此时的刘邦，兵微将寡，众叛亲离，连他自己都看不起自己了。刘邦心中充满了难言的苦涩：天要下雨，娘要嫁人，谁也挡不住，由他去吧。

　　有一天，刘邦正满怀惆怅的时候，有人告诉他说：萧何也跑了。

　　作为总经理的刘邦，对别人跳槽可以不在乎，两条腿的蛤蟆找不到，两条腿的打工仔多得是，可是，萧何跳槽，却让他再也不能淡定了。萧何是与他一起创业的元老，是他的副手。如果一起创业的元老都离开了，那只能说明公司马上就要倒闭了。

　　刘邦愁肠百结，愁眉不展，过了两天，萧何突然来拜见刘邦。刘邦一见萧何，又怒又喜，抓着萧何的手，心潮澎湃，半晌才说："人家跑了，你怎么也跟着跑了？"

　　萧何说："我哪里是跑了，我是去追逃跑的人。"

　　刘邦问："你去追谁了？"

　　萧何说："追韩信。"

　　刘邦放开萧何的手，气愤地说："你胡说！这两天逃跑的将军都有几十个，也没见你去追；一个管粮的韩信，你居然去追，显然是骗我。"

　　萧何说："那些将军怎么能跟韩信比？韩信这样的人，当世再找不到第二个了。你如果想长期待在汉中，终老此地，用不上韩信；你如果想霸有天下，除了韩信，你再找不到更合适的人了。"

　　刘邦说："我怎能在这里窝窝囊囊一辈子？"

　　萧何说："你如果打算夺天下，韩信就会留下来；你如果没有这个打算，韩信肯定就要走。"

　　刘邦想了想说："那好吧，我就任命韩信做将军，不做那个粮食局长了。"

萧何说："你如果让他做将军，他还会跑。"

刘邦咬咬牙说："那我让他做大将军，统率全军人马。"

萧何说："我也这样想。"

刘邦让萧何把韩信叫过来，当面任命他做大将军。萧何诚恳地说："你是要封坛拜将，不是呼唤小儿，你这样怎么能行？你一定要找个良辰吉日，斋戒沐浴，焚香净手，设坛祭拜，这样，韩信才不会走。"

刘邦想想，自己帐下无人，樊哙、夏侯婴他们，勇则勇已，但无法独当一面；他需要的是一员智将，可以统率千军万马，攻则惊涛骇浪，守则渊停岳峙，攻无不克，战无不胜，妙计迭出，安定天下。这样的人，现在还没有找到，而萧何却一直推荐韩信，索性先拜韩信为大将，不行了以后再换。

刘邦要拜大将的消息，像风一样吹进了汉军每个人的耳朵里，很多将军喜滋滋地想着，这个大将一定会是我；很多士兵也在喜滋滋地想着，天上会不会掉馅饼，而刚好又砸到我的头上。然而，当拜将那天来到的时候，所有人都傻眼了，刘邦居然拜了韩信做大将。

韩信有什么？韩信来到汉营没有几天，未立尺寸之功；韩信还犯过重大错误，差点被杀头了；韩信做过项羽的门卫，要是楚军知道了，楚军会笑了；韩信是淮阴城的二流子，要是淮阴人民知道了，淮阴人民会笑了；韩信是一个没有资历、没有战功的死刑犯，现在却要做大将军了，如果全国人民知道了，全国人民都会笑了。

所有人都笑了，包括刘邦，刘邦也觉得这件事情有点滑稽。只有萧何没有笑，萧何相信自己的眼光。

拜将仪式结束后，刘邦和韩信交谈。

韩信分析了刘邦和项羽之间的差距，增强了刘邦的信心。项羽是一个重量级拳王，刘邦是一个枯瘦如柴的不入流拳手，本来不在一个等级，但是，韩信说，项羽有他的短处，刘邦有他的长处。刘邦突然一振，他感到自己是一个溺水的人，而韩信就是那把伸过来救命的船桨。

韩信说："我在项羽身边干过，对他非常了解。项羽凶猛强悍，武功盖世，作战时冲在最前面，撤退时走在最后面，但是不能举贤任能，所以这是匹夫之勇；项羽恭敬慈爱，待人和蔼，亲自探望有疾病的士卒，和最低等的士卒吃在一起，但是不能论功行赏，所以这是妇人之仁；项羽雄霸天下，诸侯臣服，但是却离开富饶的关中，跑到海边的徐州，所以他没有远见之明；项羽废黜义帝，裂地封王，但是却只封给自己的亲信，诸侯们愤愤不平，所以他没有公平之心；项羽屠城杀戮，人人惊恐，但是却不思悔改，而且变本加厉，所以他没有民心支持。"

韩信说得入情入理，刘邦听得如痴如醉。

韩信继续说："如果大王您能够与他反其道而行之，任用贤能，就会兵力强盛；分封城郭，就会令诸侯臣服；替天行道，就会赢得民心。"

刘邦大为惊异，向着韩信拜了再拜，然后问："那我下一步该怎么做？"

韩信说："下一步，兵出关中，然后一路向东，占据天下。"

刘邦说："关中是三名秦国降将的封地，他们一向强悍善斗，恐怕夺之不易。"

韩信说："章邯等三名秦将固然强悍，但是已失去关中父老的支持。项羽坑杀秦军二十万，只留下三名秦将。秦军是哪里人？都是关中人。这三名秦将分治关中，不但心无愧疚，而且横征暴敛，关中父老对他们恨之入骨。而大王您当初进入关中，约法三章，秋毫无犯，关中父老都在念叨您的好处，他们盼望您再次归来，犹如久旱盼甘霖。"

刘邦听得心花怒放，他感到自己的腰杆硬了很多。他拉着韩信的手一再说："知音啊，知音啊，相见恨晚哪，相见恨晚哪。"

后来的一切，确实按照韩信的预测在发展。

韩信是一支强心剂，让刘邦本已萎靡的腰身，重新挺直了；韩信是一只牛虻，让刘邦这头垂头丧气的疲牛，重新奔跑了；韩信是一杆猎枪，让刘邦这个穿着裤衩的猎人，重新振作了。

其实，汉中和四川都是非常美丽的地方，如今这两个地方，都是旅游胜地，汉中被称为北国江南，四川更是来了就不想走的地方，汉中盆地和四川盆地，气候适宜，风景秀丽，土地肥沃，物产丰富，四川盆地的重庆和成都，汉中盆地的南郑和汉阳，都是出产美女的地方。湿润的气候让她们肤如凝脂，蜿蜒的山路让她们身材挺拔，多民族杂居让她们五官精致。"少不入川，老不出关。"少年不要去四川，那里风景秀丽，美女如云，饮食繁盛，生活悠闲，去了就不想回来；老年不要出山海关，那里天高地远，野风粗砺，寒冷刺骨，生活苦焦，去了也就回不来了。

汉中和四川都非常好，但是刘邦不想待在这里。刘邦是一个有志中年，有志不在年高迈，他不想只拥有四川和汉中，他想拥有整个国家。

当时，刘邦听了韩信的一席话，就开始准备反攻关中。

四川盆地因为有了都江堰，粮食产量大幅提高，当地人怎么吃也吃不完，萧何就把多余的粮食，运到了南郑；汉中因为有长江最大的支流汉江流经其中，所以粮食年年丰收，萧何又把汉中各地的余粮，集中运到了南郑。就这样，汉军有了极为富足的粮食；有了极为富足的粮食，就有了向项羽宣战的经济基础。

三百多年后，刘备拜访诸葛亮，诸葛亮就说："四川汉中都是好地方，高祖因之而成帝业。"高祖就是汉高祖刘邦。诸葛亮劝刘备先去四川汉中养精蓄锐，等到羽翼丰满了，再出川争霸天下。刘备后来按照诸葛亮设计的蓝图，去往四川，果然渐渐壮大。

刘备出川没有打赢，刘邦出川打赢了。原因在于，刘备出川，面对的是被曹操统一了的北方；而刘邦出川，面对的则是诸侯割据、分崩离析的北方。

一年后，刘邦明修栈道，暗度陈仓，出兵关中，攻占秦都城咸阳，然后向东进击，攻占了项羽的都城彭城，兵力高达五十六万。项羽率三万精兵从山东南下，与刘邦交战，刘邦败退到河南荥阳，双方相持不下，长达数月。

楚汉相争拉开了序幕。

楚汉相争，其实就是苏北人和苏北人在窝里斗，不同的是，他们从苏北打到了中原。

项羽是苏北宿迁人，刘邦是苏北沛县人，龙且是苏北宿迁人，韩信是苏北淮安人，萧何是苏北沛县人，季布是苏北宿迁人，张良是苏北下邳人，周勃是苏北沛县人，钟离眜是苏北连云港人，樊哙是苏北沛县人，虞子期是苏北宿迁人，夏侯婴是苏北沛县人……这样的名单还可以列出很长很长。

当年，为什么会有一大批苏北人，如雨后春笋一般喷薄而出，在中国历史的舞台上叱咤风云，纵横捭阖，呼风唤雨，名噪一时。陈胜吴广是河南人，尽管他们最早举旗造反，然而他们很快就成为明日黄花，倒是这一帮苏北人长时间占据着历史舞台的最中心，站在了权力的最顶峰。

为什么会这样？司马迁的解释是，楚地人意志坚定，民风凶悍。楚虽三户，亡秦必楚。

这时候，无论刘邦是胜还是败，都和韩信没有关系。作为大将军的韩信，此时还没有登台亮相。所有人都在疑惑，这个一步登天的二流子，到底有没有真才实学，到底是不是第二个赵括，到底是不是个骗子？

当年那些诸侯们，都是墙头草，他们看到谁的势力占据上风，就倒向谁。刘邦出关东进，势如破竹，他们倒向刘邦；而项羽三万精兵击败刘邦浩浩荡荡的五十六万兵力，他们又马上倒向项羽。他们就是楚汉争霸时代的不倒翁，他们以争做不倒翁为荣，以不会圆滑变通为耻。

项羽与刘邦在河南荥阳对峙，而这些见风使舵的不倒翁则从四面八方来围攻刘邦。刘邦的归路，被魏王豹隔断了。魏王豹出兵攻占了蒲津关，使刘邦无法回到关中。魏王豹的威胁，远胜项羽的威胁。击败魏王豹，才是当务之急。

然而，要击败魏王豹，需要一个能够独当一面、智勇双全的大将。于是，韩信终于登场了。

韩信出兵，河南荥阳的刘邦捏了一把汗；陕西咸阳的萧何也捏了一把汗。刘邦担心的是韩信不胜，后路断绝；萧何担心的是，自己举荐的韩信，到底能不能胜任这个工作。

每逢大战，萧何都留守咸阳，代刘邦行使职权，为刘邦提供粮草。

蒲津关是连接黄河两岸，贯通秦晋豫的一道重要关口，也是一个重要渡口，蒲津关的东面是今天的山西临猗县，西面是今天的陕西大荔县。如果占据了这个渡口，不但可以断绝汉军西归的道路，而且还可以出兵向西，攻占刘邦赖以起家的关中。大荔属于关中东部最大的县城。

蒲津关对于汉军来说，就是他们的生命线。

刘邦的宗旨是：联合诸侯，共伐项羽。然而现在，即使刘邦不想与诸侯魏王豹为敌，也必须打这一仗。因为魏王豹像一根刺，卡住了他的喉咙，让刘邦无法呼吸，让刘邦命悬一线。

韩信的任务是，拔出卡在刘邦喉咙的这根刺。

自从刘邦翻越秦岭，兵定三秦，到在荥阳据守的很长一段时间里，韩信都无所作为，而在魏王豹占据蒲津关后，韩信却请缨出征，为什么会这样？

唯一的解释只能是，韩信念故主之情。当年，韩信穷困潦倒，衣食不继，像一条流浪的狗，是项羽收留了他；当年，韩信满腹屈辱，落拓不堪，像一条残疾的狗，是项羽提拔了他。项羽是他的故主，也是他的老乡。作为曾经的下级，他不忍心与项羽反目成仇；作为汉军的主帅，他又不得不与项羽对垒。

韩信的心，其实很柔软。

韩信正在汉营中左右为难的时候，魏王豹叛变了。当初刘邦出兵函谷关，向东进击的时候，魏王豹从山西起兵响应，跟着刘邦一直杀到了项羽的老巢徐州，而项羽挥师南下的时候，刘邦一败涂地，魏王豹又跟着刘邦一路奔逃到了河南荥阳。现在，占上风的是项羽，而不再是刘邦，魏王豹就借口他老妈有病，回山西探望。一离开汉军，他马上占据了黄河渡口的蒲津关，切断了汉军的退路。

这一招叫釜底抽薪，很毒辣很阴险。

现在，韩信没有后顾之忧了，他请兵击杀魏王豹。因为魏王豹是山西人，也和他没有交情。

魏王豹早就预料到汉军会来攻打他，所以他在黄河渡口严阵以待，任何一片木板都不让漂过对岸，汹涌澎湃、浊浪翻天的黄河水，胜过百万雄兵，汉军纵有翅膀，也飞不过黄河。何况汉军本来就没有翅膀。

韩信带着汉军来到黄河岸边，来到了魏王豹的视线里，他故意让士兵们抬着船只，在黄河岸边晃来晃去，故意把木船放进黄河里，看着浑浊的河水将木船载沉载浮，然后像片枯叶一样被冲向下游。

魏王豹看到汉军在黄河对岸徒劳无益地忙碌，他开心地笑了。

想过黄河，坐的不是木船，而是羊皮筏子。魏王豹高枕无忧，心无顾虑，这些苏北人怎么会知道木船无法渡越黄河。

他耐心地等待着，等着韩信他们丧失了耐心后，就会自己回去。

魏王豹和韩信隔河相望的地方叫临晋，这个古老的名字现在只存活在那些纸页发黄的古书中。它现在的名字叫朝邑，是属于陕西省大荔县的一个镇。这个镇现在最有名的文物古迹不是蒲津关渡口，而是慈禧太后题写的一个名叫"丰图义仓"的粮仓。曾经在历史中留下了丰富记载的蒲津关渡口，现在淹没在了黄河漫漫无边的泥沙之下。

黄河从陕北壶口瀑布向南，流过平坦的关中，到达潼关折而东流，这一段距离有三百里。壶口瀑布向北，是陕北的千沟万壑，水流湍急；从潼关往东，则是河南境内。所以，要选择渡河，只能选择在关中平原这一段，这一段水流相对平缓。

这一段只有一个渡口，就是蒲津关渡口，魏王豹想到了，只要把住渡口，就能阻挡汉军西进。然而，魏王豹没有想到，韩信可以不选择从渡口过河。三百里的水路，任何一个地势平缓的地方，都能够渡河。

魏王豹只知道当地人要过黄河，必须乘坐浮力极大的羊皮筏子。他不知道苏北人水性极佳，不需要羊皮筏子照样能够渡过黄河。

韩信留下一部分兵力，每天在临晋对岸的河滩上，虚张声势，咋咋呼呼，不断地把木船放进黄河里玩，让河水载着木船像载着一片树叶一样轻松漂走；而他则带着大部分兵力，逆流而上，来到了没有一个兵卒把守的名叫夏阳的地方。夏阳，就是司马迁的故乡，今天陕西省韩城市。

夏阳距离临晋足有二百里。

在夏阳，韩信收集到了很多木桶，这些木桶，就是汉军的渡河工具。

几十年前，在陕西关中和山西晋中还有这样的木桶，这些木桶是用来从深深的井下吊水的工具。在关中和晋中，井深达三十六丈，要吊上来一桶井水实在不容易，所以，这些木桶都很大很深，一个木桶其实就是一个大木缸。现在，村庄通了自来水，庞大而笨重的木桶就绝迹了。

韩信真是厉害，此前他生活在苏北和陕南，从来没有见过这些木桶，而他来到夏阳后，一眼就发现这种木桶可以渡河。于是，在一个风和日丽的午后，汉军坐在木桶里，像坐在摇篮里一样，在微风的抚摸中，脸上带着婴儿般天真烂漫的微笑，从容过河。

汉军沿着黄土高原平缓的斜坡，从北面向魏王豹杀来的时候，魏王豹还专心致志地盯着黄河东岸，脸上带着嘲弄的微笑，他在嘲笑汉军的木船一只又一只被水流冲走。他做梦也不会想到，狡诈的韩信会从他的侧翼出现。

《韩城市志》记载："汉高祖二年（前205年），魏王豹反汉，大军驻蒲坂，封锁黄河渡口临晋关，汉高祖派韩信进击，韩信派兵佯攻临晋，暗中从夏阳渡用水罂缶渡河，袭击魏军后方安邑，魏王豹被俘。"

《大荔县志》记载："秦昭王二十年（前287年），在蒲津关首建浮桥，名曰蒲津桥。"

蒲坂是山西永济，夏阳是陕西韩城，临晋是陕西大荔县朝邑镇，安邑是山西夏县。而黄河从北向南流，隔开了陕西和山西。东边是山西，西边是陕西。

那么，我们现在来还原当年的战场情景：魏王豹反叛后，将重兵驻扎在黄河东岸的山西永济，然后，派兵走过浮桥，占据这座蒲津桥，并在黄河西岸的陕西大荔县朝邑镇派兵据险坚守，不让汉军过河，而当时，这座浮桥是山西通往陕西的唯一一座浮桥。

韩信到后，由于无法攻占浮桥，就在浮桥旁的黄河边作出要划船渡河的模样，吸引魏王豹的注意力，然后派精兵沿着黄河东岸北上，渡过黄河，来到黄河西岸的陕西韩城，接着再南下，占领浮桥。然后，佯攻的汉军与渡河的汉军合兵一处，攻占了黄河东岸的山西永济，俘虏了魏王豹。

《孙子兵法》云："客绝水而来，勿迎之于水内，令半济而击之，利。"简单来说，就是半渡而击，必获胜。"二战"时期的美国将军麦克阿瑟曾经说过，抢滩登陆是最艰苦的作战。

中外两个军事家都认为，渡河作战，是非常难以取胜的。然而，韩信却能在对方最意想不到的地方渡河，将不利转变为有利，一举扭转战局。可见，韩信确实是个无师自通的天才将领。韩信没有师父。

击败了魏王豹以后，韩信兴兵北上，准备攻打赵地。刘邦闻听韩信旗开得胜，异常高兴，让韩信把北方那些反叛的诸侯一个个干掉，而他自己守住荥阳，不让项羽向西进军就行了。

剿灭诸侯，称霸天下，本来是刘邦应该做的事情，可是他现在不做了，让韩信去做。韩信替他打天下，成功了，是刘邦的功劳；失败了，是韩信的责任。刘邦这个人，深得领导艺术的精髓。

当年的赵地有二十万人马，而韩信居然相信他只用几万人，就能攻占赵地。韩信胆识过人。

在赵地，韩信遇到了平生第一个劲敌，也是他一生最敬佩的人。这个人叫李左车，是当年北击匈奴，南破秦军的赵国名将李牧的孙子。李左车深得他爷爷李牧的真传。

韩信要进入赵地，必须经过井陉。

井陉是太行八陉的第五陉。陉指的是山中蜿蜒小道。井陉，是山西通往京城的必经之路，是连接秦晋和燕赵的交通要冲。井陉长达百里，关山环立，最窄处只能容一人通过。《国语》记载："列树以表道，立鄙食以守路。"意思是说，栽树标明道路，建馆迎送客商。可见，井陉的地势有多险要，因为没有路，需要种植树木，指明道路；因为没有村落，需要建立驿站，服务行人。

井陉口东天门关城，至今还有两条车辙印，长约二十米，深达尺余。数千年来，一辆辆车子从这里经过，一年年碾压石头路面，终于碾出了两条岁月无法消磨的深深的印痕。当年韩信率军出征赵地的时候，他的战车也从这里走过，也碾压过这块石头。

井陉如此险要，如果在这里驻扎一支军队，汉军来到这里，将比蒲津关更难飞渡。

韩信遇到了比蒲津关更艰难的考验。赵地不但有天堑井陉，还有比天堑更难对付的李左车。一般人考虑的是在井陉据险坚守，阻挡敌人；而李左车考虑的是依靠井陉，消灭敌人。

李左车听到韩信向赵地进犯，就对赵王和赵王的师傅陈余说："韩信自出兵以来，未尝败绩，如今兵锋正盛，锐不可当。然而，他们想要进犯赵地，一定会经过井陉。井陉此地，车不得双轨，马不得并列，一夫当关，万夫莫开，请给我三万人马，扼守井陉险要。韩信远道来袭，粮草必定在后面，我放过前队人马，扼守井陉，让粮草无法前行，而你们深沟高垒，闭门不战，坚壁清野，韩信前不能战，后不能退，内无所食，外无所掠。你们听从我的计策，不出十日，韩信的人头就会献来；如果你们不听从我的计策，我们就要成为韩信的阶下囚。"

李左车的计策非常精妙，这是对付韩信最好的方法。如果这样，韩信命休矣。

可是，陈余却不听从李左车的计策。陈余是一个书呆子，他只会生搬硬套地运用孙子兵法，而且，经常做小人的事情，却总以君子自居。

陈余说："孙子早就说了，十则围之，倍则战之，有十倍的兵力就包围攻打他。韩信远道而来，号称数万之众，实际上只有几千人，而我们有二十万人，按照孙子兵法，一定要攻打他。再说，我们如果不与韩信交战，闭门坚守，会被听到的人笑话的。我们以后还怎么做人！我们是正义之师，要光明正大和韩信打，不搞那些阴谋诡计。"

四百年前，有一个国君叫宋襄公，他自称自己是仁义之师，绝不用诡计作战，他一定要等到敌方渡过河水，列队完毕，他才和敌方交手，结果，他被乱箭射死。总以为世界上像宋襄公这样愚蠢到家的人，是独一无二的，没想到四百年后，宋襄公的传人重现江湖，那就是陈余。

这样一颗愚蠢的脑瓜，居然需要修炼四百年，才能长成。而且这个傻瓜居然还是赵王的师傅。

韩信也听说过井陉，也早就知道井陉这种拿根长矛就能阻拦百万大军的天堑地形，所以，尽管刘邦一次次催促韩信出兵攻打赵地，但是韩信一再徘徊观望，犹豫不前。他担心的是井陉。

韩信先派出暗探，去赵地打听对手如何布防。当听说李左车要据险截击汉军时，韩信惊出了一身冷汗；当又听说李左车的计策被一个名叫陈余的人否决后，韩信心花怒放。韩信知道了，这个名叫陈余的人，是另一个魏王豹；魏王豹的结局，也就是他的结局。

尽管赵军没有在井陉埋伏重兵，但是，要用三万人击败二十万赵军，仍然是一个问题。

中国的很多地名带有明显的地域特色。比如，湖南湖北是以洞庭湖为界，洞庭湖以北，为湖北；洞庭湖以南，为湖南。河北河南，是以黄河为界，黄河以北，是河北；黄河以南，是河南。山西山东，是以太行山为界，太行山以西，是山西；太行山以东，是山东。而山西和山东之间，还夹着一个河北。也就是说，山西和河北，也是以太行山为界。巍峨高耸、蜿蜒崎岖的太行山，是北方地貌的标志性山岳。

韩信将要穿过的井陉，西边是太原盆地，东边是华北平原，井陉像一副挑担，西边担着太原，东边担着石家庄，而滹沱河则穿太行山而过，流经石家庄的北面。滹沱河有一条支流，流经井陉关口，这条河的名字叫绵蔓河。

韩信面临的问题，不但有太行山的井陉天堑，还有绵蔓河的滔滔河水。

韩信带着三万军队，沿着井陉向前行走，赵军果然没有在此天堑要塞设置伏兵。如此险要地段，不派一兵一卒防守，不但韩信笑了，三万汉军笑了，远在荥阳的刘邦和远在咸阳的萧何也都笑了。

韩信带着汉军来到白鹿泉村的时候，已经没有水喝，将士焦渴无奈，裹步不前。这时，前方出现一只梅花鹿，他们循迹追赶，找到山泉。白鹿泉村现在有人居住，而在两千年前，这里是猿猴的天下，也没有这样一个让人浮想联翩的村名。

继续前行，他们来到了抱犊山，这里山高林密，野草疯长，韩信安排两千人，每人拿着一面旗帜，藏在草丛中。站在山顶上，他们能够望见华北平原，能够望见华北平原上赵军的累累阵营。他们是韩信布置的一支奇兵。

抱犊山，现在的名字叫抱犊寨，有人居住。而在两千年前，这里依然是猿猴的天下。

韩信领兵继续前行，很快就走出了井陉关口，来到了华北平原。在这里，三万汉军要与二十万赵军决战。

韩信走出井陉关口的时候，看到一缕阳光照在头顶的树梢上，黎明来到了。韩信对将士们说："现在先把早点吃了，都少吃点，给肚子留点地方。等到中午破了赵军，再到城里好好饱餐一顿。"

将士们答应了他，而转过身都在偷偷嗤笑他，认为他说大话。

早点吃完后，韩信派出一万精兵先行。这一万人大张旗鼓，吹吹打打地来到了今天的井陉县微水镇岩峰村外。岩峰村方圆二十里，全是平缓的坡谷地带。岩峰村西边，就是绵蔓河，千万年来，绵蔓河泥沙沉淀，让岩峰村周围形成了一小块冲积平原，可以摆放二十万人厮杀。

岩峰村的西面，是绵蔓河。绵蔓河水流经岩峰村外，异常湍急，水深十米，无法跨越，也无法浮游。岩峰村的另外三面，延伸七八里，全是高达四五百米的山峰，山势陡峭，难以攀越。这块地形，按照《孙子兵法》的说法，属于死地。死地，不能防守，也不能涉足，应该极力避免进入。然而，韩信却把一万人布置在了这里，让人非常费解。

赵王和陈余远远看到汉军居然走入了死地，喜不自禁。陈余熟读《孙子兵法》，他知道汉军进入了死地，就有去无回。陈余大笑韩信不会用兵，他要带兵首先干掉这支汉军。

但是赵王不答应。赵王认为，这股汉军只是前锋部队，韩信还没有出现，一定要等到韩信出现了，再出击，就能够一举擒获韩信。如果现在贸然出击，韩信看到了，就会胆怯恐惧，退走山中，失去大好时机。

赵王和陈余继续耐心地等待。蒸馒总在锅里，不着急揭锅这一会。他们已经想当然地把这一万汉军当成了自己的囊中之物。

东方红，太阳升。霞光万丈，喷洒在太行山中，也喷洒在赵王和陈余的头顶上，微风拂面，鸟语呢喃，赵王和陈余的心中也充满了韵律般的快感。今天是一个好天气。赵王和陈余的心情也极好。

他们等啊等，终于等到韩信走进了视线里。韩信的帅字旗迎风招展，韩信的仪仗队招摇过市。他们一边恶狠狠的讥笑韩信死到临头，还讲这么多排场，一边调遣人马，开门迎战。

果然，韩信的战斗力很差，汉军与二十万赵军迎面碰在一起，赵军奋勇攻击，汉军抵挡不住，开始逃跑。他们昏头昏脑地逃向岩峰村的方向，逃向绵蔓河的方向；他们一路上丢盔撂甲，遗鞋掉帽子，帅字旗和仪仗锣鼓全部丢在地上。赵王和陈余一边命令赵军追赶，一边又在心中恶狠狠地讥笑。

韩信带着残兵败将，穿越山峰间的缝隙，逃到了岩峰村，和先前的那一万人合兵一处，赵军衔尾追来。韩信突然拨转马头，拔剑在手，大喝一声："前有大河，后有追兵，此时不战，更待何时！"

汉军全部转过身来，发一声喊，像一群猛虎，扑向赵军。

这个平凡的早晨，因为有震天动地的喊杀声，而蓦地变得很不平凡。

强烈的求生欲望，唤醒了汉军身体里沉睡已久的潜能，汉军像一群被逼到墙角的饿狼，咆哮着扑上去，抓住赵军又撕又咬，赵军虽然人数众多，但是被这种不要命的打法吓破了胆，他们经历了短暂的抵抗后，立即像雪崩一样向后逃窜。

赵王和陈余大惊失色，面面相觑，你看我满脸忧伤，我看你一脸恐慌。现在，他们再也笑不出来了，他们只想哭。

溃兵像潮水一样向赵王和陈余身边涌来，赵王接连斩杀了好几个逃兵，也无法阻挡溃兵匆忙奔跑的脚步。汉军的喊杀声越来越近，赵王的心跳也越来越快。汉军手中的刀光剑光，在阳光下灿若黑夜里的繁星，赵军杂乱的步伐，在尘土中急如鼓点。现在，赵王再也顾不上自己的尊严了，带着陈余也加入了逃跑的行列。

他们争先恐后向井陉城跑去，他们像羊群一样，把华北平原的黄色尘土踩踏得沸沸扬扬，遮天蔽日。他们来到井陉城下，突然看到城墙上遍插汉军旗帜。就在他们倾巢出动，追赶韩信的时候，预先埋伏在抱犊山上的两千名汉军，占领了空荡荡的井陉城，然后把旗帜插在城墙上。五颜六色的旗帜在城墙上呼啦啦地飞舞着，像祭祀时五颜六色的经幡。

赵王和陈余都没有想到，短短的一个早晨，井陉城就换了主人。而且井陉城上插了那么多旗帜，攻打井陉城的汉军一定兵力雄厚。

现在，前有高墙，后有追兵，一个时辰前韩信遇到的险境，一个时辰后赵王也遇到了，但是韩信能够带着以逸待劳的一万精兵回身拼杀，而赵王只能带着气喘吁吁的溃兵仓皇逃命。

此战，韩信击破赵军二十万，斩杀陈余，活捉赵王。

这个早晨和以前的很多个早晨一样，风和日丽，天高云淡；这个早晨又和以前的很多个早晨不一样，刀光剑影后，华北平原易主。太阳当头照，花儿对我笑，小鸟说，早早早，你为什么背着大砍刀。我要进城了，肚子咕咕叫，爱吃米爱吃饭，吃饱要为人民立功劳。中午时分，汉军果然在井陉城里美美地吃了一顿。

《孙子兵法》云："背水结阵，兵家死地"，而韩信偏偏要反其道而行之，居然打胜了。是不是《孙子兵法》也有错误？

《孙子兵法》没有错误，《孙子兵法》上还有"陷之死地而后生，置之亡地而后存"。《孙子兵法》告诉我们的是一些军事规律和军事常识，如果死抱着《孙子兵法》，不知道变通，就会成为陈余和赵王。

截至目前，韩信打过两次大战役，一次是声东击西击败了魏王豹，一次是背水结阵击败了赵王歇。两场战役都精彩纷呈，两场战斗都让人不可思议。而后一场战役比前一场更为精彩，更让人惊叹。

韩信是一个绝顶剑客，很长的时间里，他都是闲袖双手，迎风而立，衣袂翩翩，如翻腾不息的云。而当他突然拔剑时，只能看到电光火石地一闪，他在最意想不到的地方，突刺一剑，然后还剑归鞘，依旧长身玉立，笑看风月。对方还没有看到他如何出剑，如何拼刺，就已经倒下了。韩信的战法非常阴，阴得令人不寒而栗，阴得令人毛骨悚然。

在这场历史上被称为"井陉之战"的以少胜多、以弱胜强的经典战役中，赵王被活捉，陈余被斩杀，李左车呢？那个让韩信惊出了一身冷汗的李左车呢？

李左车跑了。

李左车早早就跑了。李左车是何等聪明的人，他对于整个形势见微知著，洞若观火：愚蠢的赵王和陈余放弃天堑井陉而不坚守，要把韩信引来赵地决战；听任汉军背水结阵而不攻击，要等他们合兵一处才决战；全部军队倾巢出动去追击，而井陉成为一座空城……这场战役中，赵王和陈余一错再错，而李左车每一步都看得明明白白，他早就预言到这场战役会失败，但是他的话没有人听。

所以，逃跑是李左车唯一的选择。

在井陉，韩信遇到了自己平生最敬佩的人。他一定要找到这个人，不能让他流落乡野，不能让他明珠暗投，不能让他绝世的才华湮没在乡间凄厉的寒风中。

可是，华北平原很辽阔，太行山脉很巍峨，要在这里找到隐名埋姓的人，比大海捞针还困难。到哪里才能找到李左车？韩信想到了一个计策。他悬赏捉拿李左车，榜文中说：活捉李左车的奖赏千两黄金，杀死李左车的等同凶犯叛逆。

果然，几天后，就有人绑着李左车，前来领赏。李左车成为阶下囚。

李左车被送来后，韩信立即解开绳索，把李左车扶上椅子，让他面东而坐，自己纳头便拜，连呼李左车为"老师"。李左车是史书可考的，韩信唯一的老师。

韩信对李左车恭敬有加，谦卑有礼，渐渐打消了李左车心中的疑虑和敌对情绪。于是，韩信就向李左车请教，如何能够攻占燕地和齐地。

目前已被韩信占领的河北，北面是燕地，东面是齐地，也就是战国时代燕国和齐国的地盘。

李左车分析说："善用兵者，以己之长攻彼之短；不善用兵者，以己之短攻彼之长。汉军攻占魏赵，名闻海内，威震天下，这是长处，但是旷日作战，士卒疲劳，粮草不济，这是短处。如果现在就去攻打燕地，而燕地闭门避战，急切间难以攻下，齐地趁机扩充兵员，修筑工事，这样下去，消耗自己的力量，而燕地齐地都无法占领。这就是以己之短攻彼之长。"

韩信问："那么，如何以己之长攻彼之短？"

李左车说："汉军的长处是威势，是名气。现在，你应该以赵魏为根据地，休养甲兵，蓄积粮草，抚恤孤幼，礼贤下士。兵精粮足后，然后派人劝降燕地，燕地不敢不从。燕地归降后，你以魏赵燕三国的威势，再派人劝降齐地，齐地自然也会归降。等到这时候，你统领魏赵燕齐四地兵马，进则可图天下，退则分疆裂土。这就叫不战而屈人之兵。"

韩信大喜，拍着手说："李老师您说得太对了。"

不久，韩信派使者去燕地劝降，燕地果然归降了。后来，齐国也顺利拿下。

兵法云："攻心为上，攻人为下；心战为上，兵战为下。"李左车让韩信不费一兵一卒，而占领北国燕地，这才是最上乘的兵法。韩信的剑是有形的，而李左车的剑是无形的。五步之内，一剑封喉，出手如电，已经是高手了；而千里之外，取人首级，杀人于无形，更是绝世高手。

在韩信的军事生涯中，李左车为韩信制订了一系列军事规划，让韩信迅速成为当时势力最强的一支武装。迅速崛起的韩信，让刘邦视为更胜过项羽的心腹之患。刘邦派人打探，才知道韩信背后另有高人，这个高人就是战国末期常胜将军李牧的孙子，李牧把卓越的军事思想遗传给了他的孙子李左车。

既然有这样的绝世高人，为什么要让韩信用呢？我为什么不用呢？于是，刘邦把李左车调到了自己身边，让李左车在河南荥阳城外的高山上给太子刘盈当老师。这座山后来被人们称为广武山，因为李左车曾官封广武君。当时，刘邦和项羽还都陈兵河南，鸿沟为界，互相顶牛。

此后，给太子当老师的李左车，淡出了历史舞台。

后来，刘邦占有天下；后来，韩信被夷灭三族，太子太师李左车不愿看到宫廷之间的阴谋争斗，告老还乡，归隐田园。

官场上的李左车消失了，但是民间的李左车从来就没有消失。京剧

《霸王别姬》中，韩信在九里山前布置十面埋伏，而李左车引诱项羽走进埋伏圈。小说《聊斋志异》中，李左车降冰雹于商丘，冰雹落满沟渠，而庄稼无一损伤。这都是艺术作品，不足为信。在民间故事中，李左车是神仙，他在天上被封为雹神，他永远活在人民的心中。

韩信攻占赵地，归降燕地的时候，刘邦正和项羽在荥阳比赛静坐，因为谁也无法把谁扳倒。刘邦占据着天堑地形，项羽拥有了强兵悍将，他们谁也无法战胜对方，干脆就都坐在地上比赛耐力。

公元前 204 年六月，重重包围圈中的刘邦军中缺少粮草，军心大乱，汉将纪信冒充刘邦，骗取了项羽的信任，从荥阳东门出来，向项羽诈降，楚军欢声雷动，以为战争就要结束了。而刘邦趁机从荥阳西门逃出，渡过黄河，当时只有车夫夏侯婴一个人跟从。

刘邦成了光杆司令。

刘邦一直向北逃窜，逃到了韩信所在的赵地。此时，天色已晚，刘邦就和夏侯婴住进了街边的驿馆里，没有惊动一个人。

黎明时分，刘邦冒充使者，径直闯进了韩信的军中大营，把元帅大印拿在手中，然后击鼓号令所有将领帐前听令。当时，韩信还没有起床，突然听到帅府鼓声，异常震怒，冲进中军帐内，突然看到刘邦正襟危坐，惊恐不已，慌忙跪倒。

就这样，光杆司令刘邦不费吹灰之力，来到韩信帐中，轻松夺去了韩信的兵权，把一个没有任何实权的丞相职位，扔给了韩信。韩丞相的前面还有萧何萧丞相，萧何才是大权在握的正印丞相。

刘邦非常鬼，鬼得让人恐惧。他在与项羽的对峙中，损失了所有人马，只逃出来他和车夫夏侯婴。在那个战乱年代，手中有兵有将，就是老大；手中没兵没将，连当小弟的资格也没有。这时候的刘邦已经赌输了所有家当，输得只剩下一条残破不堪的裤衩。他已经什么都不是了。

刘邦知道如果他穿着一条破裤衩去找韩信，韩信很可能不听他的指挥，而且弄不好连命都没有了。韩信和这么多汉将支持你，跟着你，听从你，是因为你手中有几十万大军，而不是因为你长得帅。何况你还长得一点也不帅。

所以，刘邦用这招釜底抽薪的计策，一下子夺取了韩信的兵权，把韩信二十万大军，收归自己麾下。刘邦很阴冷，阴冷是刘邦的杀手锏。

刘邦逃到了赵地，而项羽攻占了荥阳，接下来就发生了一件让人百思不得其解的事情。

　　占据了荥阳的项羽，为什么没有继续西进，渡过黄河，进军关中？项羽在第一次挺进关中后，又放弃了关中，让刘邦迅速崛起；如果此时项羽再次进入关中，那以后就没有刘邦什么事了。关中是什么？关中是当年中国政治经济文化的中心，是秦始皇打江山的根据地，是刘邦迅速发展壮大的基石。可惜，项羽没有认识到这一点，项羽是个好青年，项羽只爱他的家乡宿迁。谁不说俺家乡好，得儿哟，依儿哟，幸福的生活千年万年长。

　　项羽的一念之差，让江山易主。两千年后，希特勒的一念之差，让敦刻尔克的几十万英法联军从容撤走，盟军保存了实力；蒋介石的一念之差，让林彪的几十万军队撤到了松花江以北，保存了实力。

　　历史很有意思。历史充满了各种偶然，正是这些不经意的偶然，改变了历史的进程。

　　刘邦在赵地精选了二十万士卒，南下继续与项羽作战，而把他挑剩的两万老弱病残交给韩信，让韩信去攻打齐地。韩信在赵地励精图治，辛苦练兵，练好的兵卒让刘邦全给带走了。韩信这些年白忙活了。

　　这么多年过去了，韩信还是那个心地单纯的淮阴小伙子。他打仗很有一套，但是他斗心眼远远不是老流氓刘邦的对手。

　　韩信带着两万名老弱病残上路了。他清楚地知道，用两万残疾兵卒去攻打强大的齐地，无异于飞蛾扑火。但是，此时的韩信，已经没有了和刘邦叫板和讨价还价的资本。

　　韩信来到赵地和齐地的边界上，突然传来了消息，齐地已经投降了刘邦。刘邦一边派韩信去攻打齐地，一面派说客郦食其去劝降齐地，刘邦这样做的目的是什么？一直众说纷纭。但有一点可以看出，刘邦完全没有把韩信放在眼中。他派人去说降齐地，这么大的事情，韩信居然被蒙在鼓里。而齐地归降了汉军，这么大的事情，刘邦也没有派人告诉韩信。

　　既然齐地已经归降了刘邦，那么再进军齐地就没有意义了。韩信想退兵。

　　谋士蒯通说："大王让你退兵了吗？没有接到退兵的诏书，你为什么要退兵？如果你退兵，大王想杀你，正好有了借口。"

　　韩信悚然惊醒，他问道："那我该怎么办？"

　　谋士说："你率兵数万，征战一年，占据赵地五十余城；而郦食其鼓动三寸不烂之舌，片刻之间，就连下齐地七十余城。郦食其靠的是什么，靠的是你轻取魏赵燕的威名。而现在，功劳全被郦食其得了，而你什么都没有。"

韩信说："我知道怎么做了。"

韩信立即号令全军，进攻齐地。

因为齐地归降汉军，所以一切防御设施都拆除了。韩信率领两万残疾兵卒，轻松打到了齐地都城临淄。当日，齐王正与郦食其饮酒，突然听到韩信带着汉军兵临城下，气得两眼发绿，他一把掀翻酒桌，指着郦食其骂道："你个驴日的竟敢骗老子，老子岂能饶你！"

郦食其被放在锅里活活煮死。

韩信兵临城下，齐王仓促之间，无法应战，急忙向东逃窜，逃到了高密。高密，就是莫言的老家。

齐王在高密刚刚喘过气来，就赶紧派人向项羽求救。项羽派出手下五虎上将之首的龙且来救援。龙且带来二十万凶悍的楚军，而韩信只有两万残疾兵卒。韩信如何应对？

这场战役是楚汉决战的预演，这场战役决定着楚汉的命运。

韩信是刘邦帐下第一大将，龙且是项羽帐下第一大将。此前韩信从来没有打过败仗，此前龙且也没有打过败仗。所以，这是一场名副其实的巅峰对决。

韩信用兵很阴柔，他总是在看似平淡无奇的招式中，突然使出杀招，他的杀招总是出人意料，让对手防不胜防，所以韩信总是能够用最小的代价取得最大的胜利。龙且用兵很阳刚，他像项羽一样总是以力取胜，将士们排成方阵，排山倒海一般地，轰轰烈烈地勇往直前。所以，龙且以前的战役，要么是压倒性的胜利，要么是惨胜。

龙且是一把威赫叱咤的大砍刀，虎虎生风，宛若雷霆万钧；韩信是一把柔韧飘忽的龙泉剑，瑟瑟颤动，宛如一湖秋水。

古语云：以柔克刚。百炼钢化作绕指柔。太刚则易折断，而柔韧，才能持久。做人是这样，做事也是这样。性格过于刚硬的人，会频遭挫折；性格善于变通的人，才如鱼得水。固执己见，一条道走到黑，做事肯定会失败；博采众长，寻隙而进，才能够抵达目标。

齐王逃到山东高密，山东高密有一条河叫潍河。韩信和龙且的军队，隔河扎营。

韩信隔河望着龙且的军营，暗自心惊。龙且位居项羽五虎上将首位，战法凶悍，他的营寨依山而筑，杀气腾腾，像一只蹲伏的斑斓猛虎，随时就会一跃而起。韩信的两万疲兵，怎么会是龙且二十万精兵的对手？汉军和楚军的悬殊太大了，韩信向刘邦请求援兵，刘邦派遣灌婴带着五万人增援。

现在，韩信有了七万人，但是七万人仍然和龙且的二十万人难以正面对抗。

韩信带着前来增援的将领，偷窥对岸。将领们看到对岸楚军连绵的阵营，面面相觑，脸如土色，而韩信则笑着说：“我还有十万精兵，尚未启用。”众将惊问：“在哪里？快带出来。”韩信指着潍河说：“那就是我的十万精兵。”

潍河水深数米，两军隔河筑寨，谁也不愿抢先进攻，潍河纵然相当于十万精兵，又有何用？谁都知道，隔河对峙，谁先进攻，谁就处于劣势。

刘邦和项羽在河南顶牛，韩信和龙且在山东顶牛。从中原到海边，风平浪静，一派祥和，然而，表面的祥和下，杀机四伏。

为了引诱龙且渡河，韩信故意退军数里扎寨，示弱于人。龙且看到韩信退军，就准备渡河攻击。龙且擅长野战，两军对峙，排兵布阵，龙且总是一马当先，冲锋陷阵，每战必胜。他高大凶悍，武功高强，是一员难得的猛将。

谋士建议说：“兵法云：渡河未济，半渡而击之。如果我们渡河，形势就变得极为不利。当前最好的办法是，让齐王派使者，去齐国各地，举旗反汉，韩信后院起火，必不能与我们长久对峙。趁他退兵，我们在后面追赶，定能斩杀韩信首级。”如果这个计策实施，那么韩信真的前景不妙了。然而，龙且没有听从，龙且性烈如火，他想赶快结束山东战事。然后去河南与项羽合兵一处，击杀刘邦。

龙且对谋士说：“如果照这样做，那何年何月才能打败韩信？韩信我还是了解的，我当大将的时候，他不就是大王帐下一个执勤的保安吗，有什么了不起？”龙且眼中的韩信，还是当年那个傻呼呼地站在帐前对他点头哈腰的韩信。

龙且开始筹划进击韩信，他派人给韩信送信，约期决战，并说自己会渡河列阵。

韩信回信说：不要你过来，我明天过去和你打。

龙且心花怒放，任何人都知道：谁渡河，谁就落于下风。龙且号令三军，厉兵秣马，准备狠揍这个当年大王帐前的保安。

就在龙且看这封信的时候，韩信紧急召集士卒，他让士卒把干粮袋全部腾空，给里面装上沙土。

然后，韩信把士卒分作四队。第一队士卒，只是一支小分队，他们带着这些装满沙土的干粮袋，来到潍河上游，堵塞潍河，并约定，如果看到韩信的红旗举起，就扒开土袋；第二队，是主力部队，由灌婴带着，埋伏在潍河边的树林里；第三队，则是一群弓箭手，埋伏在潍河下游几十里的一座山岗上。山冈下有一条小路，路边树立一根高杆，高杆上挂着旗帜，上写："杆倒龙且死。"第四队，也是一支小分队，由韩信率领，渡河作战。

第二天，龙且在楚军帐中，等着汉军渡河，他做好了一切迎击的准备。龙且野战天下第一，韩信要和龙且打野战，正中龙且下怀。

龙且看着汉军在潍河对岸，摸摸索索地走下河来；他们在河水中手拉着手，摇摇晃晃；他们慢腾腾地走上堤岸，一个个像落汤鸡。部将劝龙且赶快攻击，将韩军赶下河去。龙且说："急什么，汉军还没有全部渡完。我要把他们杀得一个不留。"

韩信渡过河后，开始列阵，向龙且冲来。龙且没有想到，韩信就这么一点人，也敢向他进攻。龙且不屑于催动大军与韩信的老弱残兵作战，他只派出一支前哨部队接战。龙且也不屑于关注这场战斗，他回到中军帐中，和副将下围棋。龙且是一个低段位的围棋爱好者。尽管他水平很差，但总是乐此不疲。

一场围棋还没有下完，前哨部队报告说，韩信逃往潍河河边，汉军正在过河。龙且微笑着站起来，他气壮山河地说："我早就知道韩信是个胆小鬼。传令全军，立即过河，追杀汉军，一个不留。"

龙且走出大帐，看到汉军掉落了一地的旗帜和盔甲，为了过河逃跑方便，汉军一个个光着身子，像扒光了毛的光猪一样。楚军漫山遍野呼啸而来，在后掩杀，喊杀声和脚步声铺天盖地。

龙且的心中涌起了久违的杀机，此前在河南，他长时间与刘邦对峙，没有上阵杀敌的机会，而现在，机会终于来了。龙且披挂上马，领着亲兵队呼啸而去。

中军帐里，是一盘没有下完的棋。

龙且带着亲兵队走在潍河中，河水清且涟漪，深可齐膝，有部将疑惑，此前无法渡过的潍河，此刻怎么如此清浅，会不会有诈？龙且催动三军，赶快涉水过河，踏上对岸坚实的陆地，就没事了。

楚军加紧渡河。

龙且走上了对岸，回头看到密密麻麻的楚军，像蚂蚁一样挽着裤脚走在潍河中，他庆幸什么事也没有发生。龙且回过头来，准备赶杀韩信，他看到远远的前方，汉军打出了一片红色旗帜。龙且正在疑惑间，突然听到身后传来排山倒海的声音，然后是人群争先恐后的凄厉哀嚎。龙且再次望向河面，他的眼睛睁圆了。潍河的上游，洪水像千万头猛兽一样，协裹着雷霆万钧之势，卷走了正在辛苦渡河的楚军。

龙且还没有从惊愕中回过神来，突然看到从潍河的上游方向，灌婴带着五万铁骑，也像千万头猛兽一样，协裹着雷霆万钧之势，向他席卷而来。

龙且再能野战，也无法抵挡汹涌的河水和汹涌的汉军。他只能逃跑。

龙且带着渡过潍河的楚军，向下游逃窜，黄昏时分，他们来到了一座山冈前。山冈下有一根高杆，高杆上挂着灯笼，灯笼旁飘着旗帜，旗帜上写着一行字："杆倒龙且死。"

龙且借着微弱的灯笼亮光，看到了这行字，异常气愤，他抽出大砍刀，弯腰将旗杆砍倒了。

龙且刚刚站起身来，突然黑暗中传来了尖利的羽箭破空之声，无数只羽箭，像无数只漫天飞舞的蝗虫，钉在了龙且的身上。项羽帐下第一大将，在这个阴冷的黄昏，魂归西天。

龙且砍倒旗杆的地方，也是龙且殒身的地方，据《高密市志》记载，这个地方现在叫灯杆埠，用来纪念当年的那场战事。而灯杆埠前方还有一个地名叫战鼓湾，当年的汉军伏兵指挥部，就设在这里。

战鼓湾再向前，有一座坟墓，坟墓坐落于高密县井沟镇大圈村东，这是齐王的坟墓。当年韩信战败龙且后，在这里追上了齐王，就地斩杀。

估计龙且没有读过《孙膑兵法》，如果他读过《孙膑兵法》，也就知道了当年庞涓是怎么死的。知道庞涓是怎么死的，他肯定就不会在夜晚来到有亮光的地方。夜晚的庞涓来到有灯光的地方，被射杀；夜晚的龙且来到有灯光的地方，也被射杀。

渡过潍河的楚军，被韩信击败；而没有渡过潍河的楚军，则作鸟兽散。

龙且的中军帐里，是一场没有下完的棋，而且永远也下不完了。

这就是潍河之战。此战雄辩地证明了，一头狮子带领的一群绵羊，能够击败一头绵羊带领的一群狮子。

韩信是一个善于利用地形地利的大师，他的每一场经典之战，都离不开地形的最佳利用。

潍河之战后，楚汉两军的实力发生了改变。韩信进入齐地的时候，只有两万老弱病残，而现在一路上扩充军队，接收降兵，等到战败龙且后，已经有了二十万大军。

半年前，韩信在赵地练出的二十万大军被刘邦带走了，而半年后，韩信又拥有了二十万大军。韩信真是一个神人。

韩信成为了一支举足轻重的力量，当刘邦和项羽势均力敌，谁也无法将谁扳倒的时候，只要韩信帮谁，谁就能赢。韩信只需要轻轻地在背后拽谁一把，谁就会倒在地上。

韩信在项羽手下当过小工，现在又在刘邦手下当包工头，不管怎么说，他都是个打工的，不论是刘邦还是项羽得天下，都和他没有太大关系，他都是拿自己那份薪水。所以，项羽就派说客武涉来拉拢韩信，让韩信投靠自己这一方。

武涉对韩信说："当今的形势是三方并存，刘邦乃奸佞之徒，一直想灭掉你，之所以迟迟不动手，只因为有项羽在。如果没有了项羽，刘邦就会向你下手。天下形势，全在于你。你应该脱离刘邦，三分天下，以保自身。"

韩信说："我在项羽手下打工，项羽让我当保安；而我在刘邦手下打工，刘邦让我当包工头。刘邦对我信任有加，我如果背叛他，于心不忍。"武涉无奈，只好离开。

武涉离开后，谋士蒯通又向韩信进言，让韩信防备刘邦，刘邦反复无常，没有信义，而韩信名扬天下，功高震主，刘邦一定会动手的。

蒯通还说，当今最好的办法是占据北方，三分天下，否则，大祸不远矣。

韩信说："我有功于刘邦，刘邦一定会念我的好处，不会加害于我。"

蒯通无法说通韩信，大笑离去。韩信熟读军事学，但没有读懂帝王学。韩信的智商绝对高，但他的情商有点低。

此时北方已经无仗可打，韩信以一己之力，平定了整个北方，然后挟得胜之余威，率无敌之雄师，举兵南下，来到垓下。此时的垓下，项羽已经走上了英雄末路。

公元前 202 年十二月，项羽在乌江自刎，楚地悉定。项羽灭亡后，刘邦处理的第一件事情，超出了人们的想象，据《汉书·高祖纪》记载："汉王还至定陶，驰入齐王信壁，夺其军。"

没有韩信，就没有刘邦的江山。而刘邦刚刚平定天下，就忙不迭地夺去了韩信的兵权，把苏北的土地封给韩信。一切都和武涉与蒯通预言的一样。

苏北是项羽的家乡，民风剽悍，多少人为项羽之死而惋惜，韩信坐在楚王的交椅上，就等于坐在火山口上。

韩信离开齐地，回到家乡。当初让他吃了几个月饭的漂母，韩信给了她千两黄金；而当年让他忍受胯下之辱的那个地痞，韩信把他招至军中，担任中尉，人皆不解，韩信说："要不是他，我今天还是淮阴城里的二流子。"

韩信是个好青年。他不但有恩报恩，还以德报怨。

韩信是一个好人，但不是一个君子，更不是一个义士。好人不做坏事，君子远离坏人，而义士则是坚决与坏人坏事作斗争的。

江山初定后，刘邦大索天下，捉拿项羽党羽，项羽大将钟离昧和韩信关系不错，为了躲避追捕，就藏在韩信军中。

刘邦要召见韩信，韩信不敢去，担心被诛，有人就建议说："拿着钟离昧的人头去，刘邦就不会生疑。"韩信就与钟离昧商量，钟离昧大骂韩信："你不是君子。"然后自刎而死。

钟离昧是个响当当的男子汉。

韩信拿着钟离昧的人头去找刘邦表忠心，刘邦虽然没有杀他，但将他从楚王贬为淮阴侯。韩信仰天长叹："狡兔死，走狗烹；飞鸟尽，良弓藏；敌国破，谋臣亡。"

直到现在，韩信才看穿了刘邦。刘邦用他的时候，"解衣衣之，推食食之"。把自己的衣服让韩信穿，把自己的饭食让韩信吃。而不用韩信的时候，则随意处置。

韩信是当年的大将军，后为丞相，再为齐王、楚王，现在是淮阴侯，王侯将相全都当过了一遍，可惜的是一次次走下坡路，官越当越小，地越封越少。后来，只能与樊哙这样的屠狗莽夫为伍。

韩信很伤心。

　　刘邦称帝后的几年里，众叛亲离，反兵不断。按说，战争结束，天下一统，有功之臣，分王封侯，应该好好享受胜利果实，为什么还要反叛？因为依靠阴谋起家，又依靠阴谋治国的刘邦，摧毁了社会信用体系，抹杀了道德评判标准，毒化官品，败坏民风，也使得各诸侯人人自危，没有安全感，担心会被刘邦随时找个借口杀掉。

　　刘邦打天下得天下，全靠手下三大名将鼎力协助，他们是韩信、彭越、英布。而后来，三位大将都被斩杀。

　　韩信也看穿了刘邦的心思，所以，在阳夏侯陈豨谋反时，韩信准备做内应。刘邦出外征讨陈豨，韩信决定在京城杀死吕后和太子。没想到事情败露了，有人向吕后告密。

　　吕后找到丞相萧何商议，萧何定下计策，假称刘邦得胜归来，要召见群臣，韩信忐忑不安地走进宫中，被捉拿斩首。民间这样说韩信："成也萧何，败也萧何。"当年是萧何举荐他，让他成了大将军；如今是萧何定毒计，让他自投罗网。

　　韩信临死前说："吾悔不用蒯通之计，乃为儿女子所诈，岂非天哉！"韩信和项羽一样，临死前都不认为自己能力不行，都认为这是天意。

　　韩信和项羽的对手都是刘邦，而刘邦是一个不按套路出牌的人，是一个为达到目的什么手段都能够使出来的人，所以，他们都斗不过刘邦。

　　刘邦听闻韩信死，"且喜且怜"。他也明白，韩信被自己整得很惨。

　　人生太残酷了，当年淮阴城里那个到处混饭吃的二流子，如果不从军，也不会落到身首异处的悲惨结局。韩信死前一定很后悔。什么王侯将相，什么锦衣玉食，什么高官厚禄，都比不上内心的平和与安宁。

　　心安处，即为故乡。

　　韩信死后五十年，在山西临汾的一间破茅屋里，一名女仆生了一个私生子，这个孩子叫卫青。当时，谁也不会想到，这个私生子，这名奴隶的儿子，日后会成为大将军。

7

放羊娃卫青

他对匈奴七战七捷，让全盛时期的匈奴帝国走向没落，彻底退出了与中原民族争霸的舞台。

史载，曹操儿子曹彰孔武有力，能够手格猛兽，不喜读书。曹操劝他，他说："大丈夫当学卫青、霍去病，立功沙漠，长驱数十万众，纵横天下。"曹操深为惊异。

在两汉三国时代，卫青和他的外甥霍去病，就是两尊神，是所有青少年心中的偶像。

卫青和霍去病的一生是与战争联系在一起的。他们的一生，就是对匈奴作战的一生，是光辉的一生，是伟大的一生。他们是久经考验的无敌勇士，永远活在世世代代粉丝的心中。

在卫青生活的时代，匈奴的实力空前强大，长城以北广袤的草原和沙漠，都是他们的领地。自从刘邦经历白登之围以后，历代君王只能依靠和亲来勉强维持表面的和平。而匈奴还动不动就南下侵扰，掠夺大量牛羊和人口，让汉室仰天长叹，徒唤奈何。

汉武帝登基了。汉武帝是西汉的第六任皇帝，他上任后，经过一连串措施，让国力强盛。然后，他的目光望向北面那片莽莽苍苍的草原大漠，决心一雪半个多世纪来和亲的耻辱。

汉武帝爱妃卫子夫同母异父的弟弟卫青，迎来了出头之日。

卫青是一个从奴隶到将军的人，他的出身有点羞于出口。卫青的生身父亲叫郑季，是个县级小职员，和平阳侯曹寿家中的女仆私通，让女仆怀孕了。曹寿，是汉朝开国功臣平阳侯曹参的玄孙，平阳侯是一个可以世袭的爵位。《史记》中叫他曹时，《汉书》中叫他曹寿。其实是同一个人。因为女仆的老公姓卫，所以这个私生子就叫卫青。他以后成为了汉武帝时代的大司马大将军。

这个女仆确实不简单。生下女儿卫子夫做了皇帝的爱妃，生下儿子卫青做了大司马大将军。不知道那个小职员知道自己的私生子干出这么大的事业，敢不敢去上门认亲。

卫青是个苦出身，所以小时候，生活苦焦，命运坎坷。又加上是私生子，所以被人看不起，处处受到排挤打击。卫青少年时代给人家放羊，一起放羊的少年都把他当奴隶使唤，动不动就拳脚相加。即使是他的哥哥，也不把他当弟弟对待。

有一天，卫青路过甘泉宫，看到门前有一个戴着枷锁的囚犯，囚犯一见到卫青就说："贵人呀，你以后一定会封王封侯。"卫青苦笑着说："我是奴隶之子，人家不用鞭子打我，我就很满足了，哪里还敢奢望封王封侯？"

卫青不知道，他的命运马上就要出现转机。

卫青的妈妈在平阳府中做女仆，卫青的姐姐卫子夫在平阳府中做歌女，这些出身寒门的底层人群，只能母女两代都在同一家公司打工。

有一天，汉武帝来到了平阳府，平阳侯曹寿是他的姐夫，曹寿的妻子平阳公主是汉武帝同父异母的姐姐。汉武帝这时候还没有儿子，平阳公主就给他找了十几个美女，汉武帝都不满意。后来，歌女来献舞的时候，汉武帝一眼就看上了卫子夫，把卫子夫带到了皇宫里，立为贵妃。

这个平阳公主也不简单，她一生嫁过三个男人，第三个男人就是卫青。

因为姐姐封为贵妃，卫青也就在宫中当差，在这里，他与汉武帝的骑兵侍卫公孙敖成为了好朋友。

卫子夫进了后宫，很快就怀孕了，皇后的母亲——也就是汉武帝的岳母听说后，非常气愤，迁怒于卫青，就派人偷偷把卫青绑起来，准备杀死。外表华丽的后宫，其实是一个最血腥的地方，为了争夺继承权，那些美若天仙的女人，一个个都狠如蛇蝎，任何下作和卑鄙的手段，她们都能够使出来。

卫青大祸临头，公孙敖听说后，就带着几个大胆的卫士将卫青救出来。公孙敖也是一条好汉，明知道这样会得罪皇后母女，会惹祸上身，但是为了朋友，他还是甘愿两肋插刀。后来，公孙敖也成为出击匈奴的将领。

汉武帝听说岳母准备杀害贵妃的弟弟卫青，非常气愤，就立即给卫青加官晋爵，赏赐千金。公孙敖因为表现英勇，也得以升官。

虽然卫青在皇宫里地位显赫，但还是被很多人看不起，因为他们认为他是依靠裙带关系爬上去的。然而，很快地，卫青就证明了自己的能力，建立了自己的威望。卫青的能力和威望，都是在对匈奴作战中建立起来的。

说到卫青，就不能不说匈奴，因为卫青的名字是和匈奴联系在一起的。此前，在对匈奴漫长的作战历史上，只有两个人把匈奴打疼了，一个是李牧，一个是蒙恬。而在相当长的一段历史时期里，都是匈奴占上风。

为了遏制匈奴，只有不断地修长城，北方的燕国修筑，赵国修筑，秦国也在修筑。后来，秦国统一六国，为了防范匈奴，把这些长城连起来，居然有万里之长，从东海之滨一直延伸到了西北的荒漠戈壁。

修长城，是为了遏制匈奴的马，而匈奴之所以战斗力强悍，全赖胯下的马。匈奴与马有着不可分割的关系。他们是马背上的游牧民族，而中原地区则是走在阡陌上的农耕文明。

对于马的驾驭，中原地区无法与匈奴抗衡。

人类很早以前就驯化了马匹，马成为人类最忠实的朋友之一。然而，在战国之前，中原地区的所有马匹都用来拉车，而匈奴人却已经熟练掌握了骑乘技术。

《穆天子传》记载："天子命驾八骏之乘，赤骥之驷，造父为御，南征翔行，迳绝翟道，升于太行，南济于河。"——西周时期，马是用来拉车的。

《战国策》记载："夫骥之齿至矣，服盐车而上太行，蹄申膝折，尾湛胕溃，漉汁洒地，白汗交流。"伯乐看到后，大哭不已，解下自己的衣服，披在千里马的身上。——东周时期，马还是用来拉车的。

而匈奴人，早早就学会了骑马，学会了使用木制马鞍，学会了让身体在马背上保持平衡。他们骑马翻山越岭，来去如风，如履平地。他们比中原地区更精于骑射。

农耕文明地区，一直到了战国时期，一直到了乐毅生活的时期，赵国君主赵武灵王才强制推行胡服骑射，长城之内的军队，才第一次学会了在马背上作战，赵国的骑兵才得以称霸诸侯。而到了长平之战的时期，秦国的轻骑兵还没有使用马镫，而匈奴的骑兵已经使用了类似于马镫的皮镫。

因为有了皮制脚镫和木制马鞍，匈奴得以在马背上更自由地行动。因为匈奴人更熟练地驾驭马匹，所以他们始终掌握着战场上的主动权。

《史记·货殖列传》中，将中国北方分为两大文化体系，南部是农业区，也就是中原地区，而北部则是游牧区，也就是匈奴地区。两个地区的分界线横贯山西山地，在其中部穿过，然后沿太行、燕山山脉边缘折而向东北。这条线，实际上也就是万里长城的分界线。

一道几代人修筑的长城，隔开了两种文明，隔开了两种文化，也隔开了两种生活，但是隔不开匈奴的铁骑。因为匈奴更早学会了骑术，所以匈奴能够在作战中占尽先机。一个骑兵的战斗力，是一个步兵远远不能比拟的。甚至有人估算说，一个骑兵等于二十个步兵的战斗力。

匈奴使用的骑乘工具，就是今天的蒙古马。因为长期生活在北方寒带，生活在夏短冬长的严酷环境中，所以这种马体格匀称、胸廓深广、背腰平直、肋拱腹圆，非常适合骑乘作战，而且十分善跑，它超长的耐力和体力、忍饥受寒的能力和长途奔袭的能力，是别的马种所不能及的。

这种优良品种的马，贯穿了整个北方游牧民族的历史，东胡、匈奴、鲜卑、柔然、室韦、突厥、回纥、契丹、女真、蒙古，他们都骑乘着这样的马匹。鲜卑人在呼伦贝尔草原，发明了铁制马镫，铁制马镫让他们越过长城南下，建立了北魏政权；蒙古人发明了一骑多马战术，这种战术让他们远征欧亚大陆，建立横跨欧亚的大帝国。

在冷兵器时代，马就像摩托，它们来去迅疾，匈奴"开着摩托"作战，而长城以内的军队，迈着两条腿作战。

匈奴是闪电战的鼻祖。

正因为匈奴掌握了闪电战的要诀，所以他们就将侵扰中原作为家常便饭。

公元前 192 年，匈奴冒顿单于欲羞辱汉朝，致函朝廷，要娶吕雉为妻。吕雉无奈，以宗女嫁之。这时刘邦已经死了，吕雉也早就老得像一片晒干的橘子皮，而冒顿单于这样做，完全就是为了蔑视汉室，羞辱中原。

公元前 177 年，匈奴右贤王趁汉朝内乱，发兵南下，一度攻到了河南。此时，吕雉已死。

公元前 166 年，匈奴十四万骑，陷甘肃平凉、固原，烧杀抢掠一番后，回到草原。

公元前 158 年，匈奴陷陕西绥德、山西定襄。

公元前 142 年，匈奴攻雁门关，雁门太守冯敬战死。

公元前 133 年，西汉将军王恢引诱匈奴进入山西朔州，欲歼之，单于发觉，退入草原。此后，匈奴断绝和亲，与汉室决裂，岁岁入侵。此时，汉武帝已经在位二十三年，他发誓一定要剿灭匈奴。

卫青闪亮登场，走上了舞台的中央。

汉武帝元光五年，即公元前130年，卫青第一次出兵匈奴。

这一年夏季，汉武帝派遣四路大军，进攻匈奴。汉武帝笃信，进攻是最好的防守。所以，他舍弃了此前所有针对匈奴的防守作战方略，让大军进入匈奴地区，寻找匈奴主力决战。从汉武帝的作战方针上，就能够看出这是一个具有雄才大略的强悍帝王。

而要进攻匈奴，夏季是最好的季节。因为秋季草高马肥，匈奴作战能力达到顶峰，而春季和冬季，又寒冷风烈，非常不适宜中原地区民族作战。

明代有一个文学家叫袁宏道，他写过一篇很优美的散文，文中写道："燕地寒，花朝节后，余寒犹厉，冻风时作，作则飞沙走砾，局促一室之内，欲出不得，每冒风驰行，未百步辄返。"这段文字仔细品读，很有一种韵律美。燕地指的是今天的北京地区，花朝节指的是农历二月初二。即使到了传统意义上的春季，即使是在华北平原的北京，尚且这么寒冷，何况在更北方的蒙古草原。

汉朝的四路大军从不同的方向向北进攻，第一路是车骑将军卫青从河北张家口出发，第二路是轻车将军公孙贺从内蒙古托克托出发，第三路是合骑将军公孙敖从河北蔚县出发，第四路是骁骑将军李广从山西代县出发，每队各有一万精骑。

四位将军的地位是平等的。他们之上还有左右前后将军，而左右前后将军之上是大将军，大将军则是全国军队的统领；他们之下还有祁连将军、贰师将军等名号。将军之下则是校尉。

此时的李广，已经身经百战；此时的公孙贺，已经屡立战功。他们都是依靠真刀真枪一步步升上来的；而此时的卫青和公孙敖，才第一次上阵杀敌。卫青成为将军，靠的是裙带关系；公孙敖成为将军，靠的是给皇帝当过卫士。

此战，朝中大臣普遍看好与匈奴交战多次、屡有战功的飞将军李广；而普遍不看好依靠姐姐关系爬上去的毛头小伙子卫青。然而，战争的结局，让朝廷大臣们的老花镜"啪啦啪啦"掉落一地。

李广全军覆灭，被俘；公孙敖战败，死亡七千余；公孙贺空跑一趟，一无所获；卫青攻击到茏城，斩获七百首级，得胜而归。

茏城在今天的内蒙古锡林郭勒盟，那是匈奴祭天拜地的宗教圣地，它在匈奴人心中的地位是至高无上的，而年轻的卫青带着精骑直捣茏城，对匈奴人的心理造成毁灭性打击。

卫青初战获胜，满朝文武开始接纳卫青。

卫青不但仗打得好，为人也很好。

卫青为人低调，从不张扬，上朝下朝，遇到每一个士大夫，都恭恭敬敬地避让一边，躬身问好；和士大夫说话，低声细语，从不粗喉咙大嗓门。士大夫是些什么人，是些浸淫在经书中的饱学之士，他们最看重的是三纲五常、忠孝礼义，所以，谦逊有礼、朴实无华的卫青，让他们交口称赞，他们见面都说："卫青是个好娃。"

卫青的谦逊质朴不是装出来的，而是与生俱来的，他出身于底层，他深深懂得下层人民生活的艰辛，深深知道幸福生活来之不易。行军时，每逢打井取水，他总是让士卒先饮，士卒喝饱后，他才饮用；作战时，他一马当先，冲在最前面，不避矢雨；得胜后，皇帝赏赐的所有财物，他全部分给士卒。

吴起当年就是这样做的，所以百战百胜；卫青也是这样做的，所以战无不胜。兵法有云：孙吴白韩，颇牧卫霍。指的是先秦两汉八位最有名的将军，卫青位列其中。

卫青攻占了匈奴祭天的茏城，杀死了那些装神弄鬼的祭司和守卫圣城的武士，单于震怒。为了报复，第二年，匈奴两万人南下，进攻河北迁西，抢掠两千人北去。

为了遏制匈奴的嚣张气焰，卫青率三万人出征，斩杀匈奴数千人后，南归。北部草原地广人稀，能够斩杀几千颗头颅，实属不易。

匈奴单于没想到卫青会还击，而且战果比上次更辉煌，恼羞成怒，就决定加大报复力度。他们举兵南下，一直打到了北京密云县，又杀戮抢掠了两千人。

这种情景，就像两个大汉拿着木棒互殴，你打我一棒，我打你一棒，看谁先倒下去。

卫青再次出击，带兵从内蒙古托克托出发，向西进攻，纵横数千里，一直打到了六盘山以西的甘肃。斩杀并俘虏匈奴五千余人，牛羊百万头。士兵们赶着牛羊浩浩荡荡南下，尘土飞扬，与天相接。没有了牛羊，就断了粮，匈奴一下子傻眼了。

汉武帝看到卫青得胜回朝，龙颜大悦，封卫青为长平侯。

飞将军李广终身与匈奴作战，也没有封侯；而卫青年纪轻轻就被拜将封侯。飞将军李广箭法如神，作战勇猛，然而胜少败多；而卫青截至现在三战三捷。这其中有什么奥秘吗？奥秘在于，卫青的作战方略，更适合对匈奴作战。

李广的箭法当世无双，他能够一箭射入坚硬的石头中，也能够一箭射杀百步外的战将。《水浒传》中有一个神箭手叫花荣，他的绰号只敢叫"小李广"，而不敢叫"赛李广"。李广的身体矫健有力，他能够在负伤的情况下，一跃而起击倒马背上的匈奴士兵，抢走马匹逃脱。卫青和出身名将世家的李广比武功、比身体，显然都比不上。

但是，卫青有他的长处，他的长处就是善于动脑。他善于对症下药，专门找匈奴最薄弱的地方下手，所以就能够一击成功。

匈奴最薄弱的地方在哪里？在后肋。

匈奴骑兵的战法是长途奔袭、正面突击、四面合围、断敌后路，这样的战法，使处于防守的汉军处处被动，难以摆脱失败的命运。但是，卫青不防守，他知道防守是最愚蠢的作战方式；不拼蛮力，他知道一对一作战，比不过吃肉喝奶的匈奴；不拼奔跑，蒙古马可是天下耐力最好的马。

卫青和匈奴比的是战术。北方土地那么辽阔，天苍苍，野茫茫，风吹草低见牛羊，因为天高地远，所以就有了迂回穿插的空间，所以能够施展更精妙的战术。

匈奴士兵确实很强悍，个个都是骑马打仗的好手，但是，你们总不是石头缝里蹦出来的吧，你们总要吃喝拉撒睡吧，你们总有根据地吧。卫青不和匈奴正面打，他打的是匈奴的根据地。

打阵地战，是匈奴的长处，但是卫青不和匈奴打阵地战，他和匈奴打游击战。长城之外幅员辽阔，茫茫无际，山峰草原比比皆是，错落有致，正是打游击战的好地方。卫青的战术就是：深入敌境、出奇制胜、远程奔袭、一击而就。

匈奴善于正面突击，但是我不和你硬碰硬；匈奴善于长途奔袭，但是我不和你赛长跑；匈奴善于战略合围，但是我分成很多小分队；匈奴善于断人后路，但是我不要后方。匈奴军队跑得很快，但是你的根据地总不能跟着跑；匈奴人的饮食来源于牛羊，我掠走你的牛羊，就等于断了你的粮草。没有了粮草，我看你们还能跑多快！

卫青作战，并不在于歼敌数量，而在于完成战略目标。猛将作战，讲求冲锋陷阵，斩杀敌军，以力取胜；而智将作战，百万军中取上将之首，以巧取胜。

卫青真是太聪明了。从春秋到西汉，几百年来，一代代名将与匈奴作战，怎么就没有想出这么好的办法？

要在草原上打游击战，奔袭几千里，可不是一件容易的事情。首先，这是在敌人的后方打游击，交通、语言、后勤保障、行军线路、保密程度等都是大问题，每一个环节出现问题，都会满盘皆输。其次，一定要避免与敌人的主力接触，不然，得不偿失。

这些问题可能会难倒别人，但是难不倒卫青。

匈奴以游牧为生，而卫青也有着丰富的游牧经验。卫青的童年时代和少年时代，都是在放羊放牛中度过的，他熟悉匈奴的生活方式，就像熟悉自己的童年少年岁月一样。

要在茫茫草原上找到匈奴人留下的生活痕迹，对于卫青来说，是一件很容易的事情。羊群牛群行走过后，会留下蹄印和粪便。羊蹄印如破碎的花瓣飘落满地，牛蹄印如一对局促的小括号；羊粪如珍珠乌黑铮亮，牛粪如虫蛀的薄饼金黄酥松。哪里有稠密的羊粪牛粪，哪里有密布的羊蹄牛蹄，哪里就是匈奴的根据地。所以，卫青要在草原上找到匈奴人生活的痕迹，并不难。

卫青的军中有会说匈奴语言的人，他们来到塞外草原后，能很顺利地抓到"舌头"，能很容易地审问俘虏。塞外荒漠环境恶劣，气候严寒，狼群出没，所以匈奴都是过着群居的生活，只要抓住一个"舌头"，顺藤摸瓜，就不愁找不到匈奴的部落。

只要找到了"舌头"，在草原上的一切生活困难都迎刃而解，因为"舌头"既然能够存活，他肯定就知道哪里有水草，哪里有河流，哪里有羊群，大军所有的供给也都水到渠成。卫青的军队一边吃着手抓羊肉，一边盘点着俘虏的数目。

还有一个问题，几万大军北征，又如何能够保证隐秘？难道就不会走漏一点风声？卫青也有办法，他把一路上见到的所有匈奴都带走，一个不留。而战马的粪便，也全部带走，不留痕迹。有时，甚至还会使用疑兵之计，将匈奴的主力引到相反的方向。

现在明白了，为什么卫青每次都能打胜仗，因为卫青带着的，是一支善于穿插伏击的特种部队。这支特种部队钻进了铁扇公主的肚子里，铁扇公主纵有通天的本领，也要躺在地上哭爹喊娘。

卫青是苦孩子出身，小时候他家穷得叮当响，买不起牛也买不起羊，所以，苦孩子卫青这一路上，见到什么拿什么，什么都舍不得丢掉，每次打仗回来，都赶着满山的牛羊，甚至还把匈奴的穹庐帐篷和勒勒车都带回来了。

而霍去病又和卫青不一样，霍去病含着金钥匙出生，在蜜罐中长大。霍去病深入匈奴腹地的时候，见什么烧什么，他看不上匈奴那些破烂东西。

卫青在第三次大捷中，带走了匈奴百万只牛羊，仅有马匹的匈奴无法生存，只能离开河套地区，去往有羊有牛的地方，汉朝趁机向北拓展，在那块河套地区建立了朔方郡。

为了防备匈奴再次南迁，汉朝移民了十万人在朔方郡，构筑城池，开荒垦田，把农耕文明的种子撒在河套地区。河套地区属于黄河冲积平原，土壤肥美，"黄河百害，唯富一套"，指的就是河套地区。河套地区适合游牧民族生活，更适合农耕民族生活，因为这里的农作物产量很高，而且，河套地区成为了攻击匈奴的前方基地。

在卫青不断的打击下，悲催的匈奴只能不断北迁。

元朔四年（前125年），匈奴多次入侵。此年夏天，匈奴杀代郡太守恭友，抢掠数千人；秋天，又进入雁门，杀掠数千人。

第二年，匈奴九万骑再度南下，分别攻入山西、河北和刚刚建立的河套地区，杀掳数千人后，北窜。

抢掠是匈奴的天性，他们从来就不会在一个地方定居，他们随牧草而不断地迁徙，哪里牧草肥美，他们就奔往哪里。

汉武帝决定再次出兵，一定要把匈奴打疼，让匈奴收敛自己的不法行为。

公元前124年，汉军兵分两路，再次进军北方草原。一路是车骑将军卫青率领的三万人马，从河套地区出发；一路是李息率领的七万人马，从辽宁凌源出发。这次，卫青将自己深入敌后长途奔袭的战术，发挥得淋漓尽致。

卫青带着自己的三万特种部队，在辽阔的草原中一路潜行，像一条蛇游走在寂静的黑夜里。他们没有找到匈奴单于的老巢，但是找到了匈奴右贤王所在的部落。右贤王，是匈奴最高的官职，相当于丞相。

当天夜晚，右贤王喝醉了酒，尽管他得到情报，知道汉军向北进攻，但是他想着汉军还在遥远的几百里之外，要赶到他的帐外需要好几天的时间，战争要在好几天后才会打响，所以他纵情酒色，搂着美姜早早就睡觉了。

黎明时分，连续急行军六百里的卫青率军包围了右贤王的营地，点燃火把，扔进帐篷里，匈奴营地大乱，卫青率铁骑冲进营帐，见人就杀。曙光与火光，照亮了匈奴一张张长满胡子的惊惶万状的脸。右贤王被喊杀声惊醒，急忙带着美妾与亲兵向北奔逃。卫青派轻骑校尉郭成带人追击几百里，斩杀甚众，而右贤王终于逃脱。

此战，卫青俘虏匈奴男女五千余人，其中有将领十余人，牲畜几百万只。卫青很会精打细算，是过日子的一把好手，每回打了胜仗，都不忘把牛羊赶回来。

卫青一回到京城，汉武帝马上把大将军印交给卫青，而且还给卫青三个尚处于襁褓中的儿子封侯，卫青坚决不让，他说功劳都是各位将军的，他不敢独享。后来，汉武帝又给了各位将军赏赐。

卫青成为全国最高军事统帅。

做了最高军事统帅的卫青，却仍然有着一颗战士的心。他经常和最普通的士兵生活在一起，吃一样的饭菜，睡一样的帐篷，和士兵们一起欢笑，一起畅想。他厉兵秣马，决心对遥远的匈奴再次发动攻击，用血光洗刷这半个世纪来匈奴强加给中原的耻辱。

卫青是一位稀世之才。他既有韩信的机智，又有吴起的勇猛，既有乐毅的坦荡之心，又有李牧的斗争经验。

卫青把征服匈奴当成了自己毕生的事业。

在一生中的很多岁月里，卫青纵马驰骋于草原之上，弯弓射雕于蓝天之下，马蹄声碎，弓弦声急，惊醒了沉睡千年的荒原。在塞北战场上，追杀可绵延数千里，跨山越水，横渡沙漠戈壁，从沾满冰霜的针叶林，到露水浸泡的阔叶林，杂乱的马蹄声和愤怒的呼喝声永远遗留在大地坦荡的腹部。连续不断的厮杀，日出日落，月圆月缺，晓露晨霜，暮去朝来，让这些战争变得异常惨烈悲壮。一场战争从时间和空间上大大拓宽了它的外延，使得现代的枪战炮战相形见绌。

卫青一次次深入草原腹地，让匈奴一次次北迁。卫青的黑虎掏心战术，让匈奴疲于奔命。

草原上有一首古老的歌谣，叫做《四季歌》，他们这样唱道："春天到了，草儿青青发了芽，本想留在春营地，故乡辽阔，路途遥远，我们还是走吧……冬天到了，草木纷纷凋零了，本想留在冬营地，故乡荒芜，路途遥远，我们还是走吧……"

现在，我们无法考察出这首古老的歌谣发源于哪朝哪代，但是其中流露的淡淡忧伤，和另一首著名的草原歌谣很相似："失我祁连山，使我六畜不蕃息；失我焉支山，使我嫁妇无颜色。"

后一首歌谣确实是反映当年汉武帝时代，将匈奴赶出祁连山和焉支山时，匈奴发出的悲叹。祁连山和焉支山，都在今天的西北地区。

这两首歌谣都让人心中涌起淡淡的悲凉，都反映了匈奴被迫迁徙的悲惨命运。然而，如果没有匈奴的一再入侵，又怎么会有卫青和霍去病的一再报复。

那些年，卫青和霍去病的一次次战无不胜的战争，彻底动摇了匈奴的生存根基，让匈奴这个北方最大的族群，逐渐走向了没落。

匈奴之前有东胡，东胡曾经很强大，生存了大概有一千二百年，"控弦之士二十万"，而在秦朝时代，逐渐壮大的匈奴击败了东胡，成为草原霸主。

卫青生活的这个时代，匈奴正空前繁荣，实力空前强盛。它发源于内蒙古阴山河套地区，因为这里的草木最为繁盛，水分最为充沛。它幅员辽阔，东到辽东，西至帕米尔高原，北到贝加尔湖，南到长城，横贯南北大漠。现在，我们无法知道匈奴全盛期的土地面积到底有多大，但是应该和汉朝疆域不相上下。

然而，匈奴很不幸，他们遇到了卫青，而且是在全盛期遇到了卫青。卫青将他们祭天拜地的宗教圣地端掉了，还把它的发祥地河套平原端掉了，而且，他们走到哪里，卫青就打到哪里，专门攻击他们的后方基地，让他们防不胜防。

现在，卫青要进攻匈奴的漠南了。

即使匈奴不找上门来，卫青也要找到匈奴家门口。谁让你当初要娶吕雉那个老太太，谁让你当初羞辱中原人。

匈奴以南北方向来分，分为漠南和漠北。漠，是沙漠，可能是今天的巴丹吉林沙漠，漠南指沙漠以南，漠北是沙漠以北。

这场战役被后人称为漠南之战。

漠南之战中，被后世称为"帝国双雄"的卫青和霍去病都上场了。霍去病后来成长为卫青之后最著名的将领。卫青七战七捷，杀敌五万人；霍去病六战六捷，杀敌十一万。是他们两个把北方匈奴这个强大的部落送上了黄泉之路。

霍去病杀敌更多，是不是霍去病比卫青更骁勇善战？如果仅仅从歼敌人数上来评判，那就错了。他们两个各有千秋，卫青是以实现战略意图为目的，霍去病是以歼灭有生力量为目的。卫青的战绩不在于杀敌数量，而在于达到战略目的。比如这次。

上次，卫青把右贤王的军队彻底打残了，右贤王的部落想要恢复，需要五百年的人丁繁衍；而这次，卫青要找的是匈奴单于的根据地。

这次攻击匈奴根据地的缘由，还是因为匈奴的报复。匈奴单于听闻右贤王部落灭绝，恼羞成怒，他在同年秋天，派出一万精骑，侵入河北蔚县，代郡都尉朱英战死，匈奴劫掠了千人后，北归，将其中的女子放置在吴儿堡。

我曾经在北方一些地方见到过吴儿堡。匈奴人把汉人叫"吴儿"，这是一种蔑称。匈奴南下，烧杀抢掠一番后，带着汉人女子北归，关押在吴儿堡里。吴儿堡类似于黄土堆积而成的城堡。而这些可怜的女子，除个别人被迫成为匈奴人的妻子外，绝大多数成为他们宣泄性欲的工具。

顽固的匈奴像一张黏稠的膏药，只要被它粘住了，就很难揭掉。

元朔六年（前123年）二月，大将军卫青率中将军公孙敖、左将军公孙贺、前将军赵信、右将军苏建、后将军李广、强弩将军李沮等六将军，带十万骑兵，再次出征。

卫青从车骑将军到大将军仅仅用了五年。这样的升迁速度也许是前所未有的。很多人认为这是裙带关系，因为卫青是汉武帝的小舅子。甚至连司马迁也对卫青带有偏见，他在写到卫青的时候，用笔极为简略，而在写到李广的时候，浓笔渲染，致使后世很多人了解卫青远远不如了解李广，错误地认为卫青能够升为大将军，只是运气好。

但是，卫青这个大将军绝对实至名归，他是一位具有统筹全局能力的帅才；而李广，只是一名具有冲锋陷阵能力的将才。尽管我也非常喜欢李广。

十万大军从山西忻州北进，穿越了今天的呼和浩特和乌兰察布，一直来到了阴山脚下。敕勒川，阴山下，天似穹庐，笼罩四野。在这里，十万大军与一支匈奴偏师相遇，全歼匈奴数千人。

大军继续西进，寻找匈奴主力决战。然而草原茫茫，不见匈奴踪影。西风应时筋角坚，承露牧马水草冷。可怜黄河九曲尽，展馆牢落胡无影。十万大军只好南返，回到忻州和雁门一带休整。

一个月后，十万大军再次从山西忻州北征。卫青现在手下有十万精兵强将，他有了和匈奴单于叫板的资本。这次，卫青带上了外甥霍去病，霍去病当年只有十八岁。十八岁的少年本来只是去北边旅旅游，开开眼，没想到建立了不俗战功，让以后的无数代少年，一想到他，就感觉"压力山大"。人家霍去病十八岁都已经建功立业了，升为骠骑将军，而自己十八岁还经常被老师罚站，范伟老师说：做人的差距怎么就这么大呢！

漠南之战，是卫青第六次出击匈奴。

卫青带着中军北行数百里，遇到了大股匈奴军队，立即展开激战。匈奴无法抵抗，寻求增援，单于和左贤王的军队闻讯赶来，加入战斗。

史书中没有记载匈奴之间是如何进行远程联络的，但是，远在东胡时代，这些草原民族就已经开始训练鹰隼，到了匈奴时代，他们已经和鹰隼有了上千年的亲密接触。而鹰隼，是草原民族和阿拉伯民族用来通讯的最主要的工具，就像信鸽是远古汉民族的通讯工具一样。所以，卫青与大股匈奴军队激战，单于和左贤王的主力能够迅速赶到，估计是用鹰隼来传递情报的。

那时候卫青的军队中应该没有鹰隼，因为鹰隼这种凶悍而有灵性的猛禽，一般生活在草原和沙漠边缘地带，以兔鼠为食。中原地带，难觅鹰隼的影子。

那么，汉军带着信鸽行不行？显然不行。不明地理环境的信鸽，刚刚升到空中，就会成为草原上各种猛禽的食物。气候恶劣的草原上空，各种猛禽比比皆是，温良的鸟类在这里根本没法生存。

因为匈奴中有鹰隼进行远程通讯，匈奴的军队能够在最短的时间里赶来；因为汉军中没有鹰隼这类远程通讯工具，汉军的侧翼在这次征战中就遭到惨败。

匈奴大军来援，千军万马从草原上掠过，像刮起了一片片乌云。卫青让汉军聚集在一起，外围是摆成圆形的战车，铁制的沉重的战车能够抵挡匈奴骑兵的冲击。然后，汉军藏在圆圈里，张弓搭箭，向着匈奴骑兵怒射。据考证，当年卫青的军队，每人携带三十支箭。十万人，每人三十支箭，这就是三百万支箭。三百万支箭，一齐射出去，足以阻挡几万匈奴的进击。

卫青的这种阵法，后人给他起了一个很有气势的名字，叫做"武刚车阵"。武刚车阵在卫青的第六次战役中，只是小试牛刀；而在他的第七次战役中，才大显身手。

这场没有悬念的战争，很快就结束了，匈奴死亡万人，开始退却。卫青率大军随后追击。此时，帝国另一员猛将霍去病横空出世。

时年仅有十八岁的霍去病为剽姚校尉。这个军中官职到底有多大，现在已不得而知，但估计是一个小官，因为担任这个官职的霍去病手下仅有八百人。

卫青的追击战一开始，霍去病就带着八百人远离了大队人马，独自追击。少年霍去病胆识过人，把这八百人扔在辽阔的草原上，就好像把一尾小鱼扔下大海一样，险象环生，危机四伏，随时都会遭受灭顶之灾。但是，少年霍去病毫不畏惧。

霍去病带着手下八百骑一口气追出了几百里，闯进了匈奴单于的大营中，斩获匈奴两千余人，杀了单于大行父，也就是单于的祖父；俘虏单于的叔父和匈奴相国等高官。霍去病一出战，就中了头彩，他将匈奴单于的朝堂和家庭连锅端，只有单于因在外领兵作战，得以幸免。

这个战果毫无疑问是非常巨大的，汉武帝赏封十八岁的霍去病为冠军侯。

老将军李广这时候已经六十岁，历经三朝，征战不休，从当年的意气风发到今天的满头白发，仍然没有封侯。冯唐易老，李广难封。李广成为后世人们聊以自慰的标尺。

这次战役，尽管中军取得大胜，然而，右路军打了败仗。而且，败得很惨，全军覆灭。

古代大军出征，和今天的航母群出巡很相似。航空母舰绝不会独自在海上游弋，否则，它就会成为水雷、舰艇和空中飞机的活靶子，人家想怎么打就怎么打。所以，航空母舰每次出巡的时候，都要有巡洋舰、驱逐舰、舰载飞机一起陪同，它们在前后左右和天空中保护航空母舰的安全。航空母舰其实就是一座海上活动基地。

好莱坞电影《珍珠港》中，为了轰炸日本本土，航空母舰一直把轰炸机送到了日本近海，然后这些轰炸机升空，飞往日本本土。如果没有航空母舰，则轰炸日本是一个无法完成的任务。

古代大军出征，除了主帅所在的中军外，还有前军、后军、左军、右军。前军负责搜索敌情，报告方位，选择路线，逢山开路，遇水搭桥；后军负责粮草供应，做好全军的后勤保障；左军、右军则是担任掩护和警戒的任务。

出征的大军，其实就是陆上的航母群。

在卫青第六次攻击匈奴的时候，右军出现了问题。

在中军右边担任掩护和警戒任务的，是三千名骑兵，由翕侯赵信和卫尉苏建率领。从他们的官衔中能够看出，赵信比苏建要高一个级别。

赵信以前是匈奴中的中级军官，后来投降了汉室，官封翕侯，赐名赵信。

右路汉军在前行途中，突然与匈奴数万大军相遇，汉军仓促反击。激战日余，不支，赵信率领八百名残兵投降了匈奴。苏建至死不降，只身奋战，杀出重围。右路汉军全军覆灭，只逃出了卫尉苏建一个人。

右路汉军被歼，卫青的中军为什么没有派来援军，而让右路军孤立死战？现在已经无法解开这个谜团了，也许匈奴一开始就将右路汉军全部包围，无法派出送信的人；也许汉军送信的人，被半道追杀。但是，按照卫青的为人，绝对不会见死不救的。

卫青率领的中军与匈奴猝然相遇，匈奴能够有援军相救；而苏建和赵信率领的右路汉军也与匈奴猝然相遇，卫青却没有派去援军。原因在于，匈奴看到情势不妙，就很快将送信的鹰隼放飞高空，而汉军却只能派遣信使前去搬救兵。

鹰隼在辽阔的高空中，可以自由飞翔；而信使在陆地上，却很难摆脱追击。

赵信跟着匈奴一路北向，穿越巴丹吉林沙漠，去往更加辽远的漠北；苏建裹伤一路南下，翻越鄂尔多斯高原，来到山西忻州边境向卫青复命。

苏建拼死突围，历尽艰辛，回归汉室，其忠心可昭日月。

然而，他打了败仗。苏建回来，他会遭遇怎样的命运安排？

苏建回到军中后，对败军之将苏建如何处置，卫青征求部将们的意见，有人就建议，杀了苏建，以立军威。卫青说："我依靠天子亲戚的关系，侥幸成为大将军，如果在国境之外斩将，则有失国威。我想把苏建送给天子，让天子处置。"卫青是一个头脑很清醒的人。他清醒地知道什么事情该做，什么事情不该做。

他贵为大将军，位极人臣，却爱惜将士，与士卒同甘共苦，不自矜，不自傲。每次汉武帝赏赐给他的钱物，他都会分发给将士们；每次汉武帝提拔他，他都不忘提到手下将领，所以将领们也跟着升职。而汉武帝要分封他三个还处在襁褓中的儿子，他坚决拒绝。

卫青的质朴和诚恳不是装出来的，是与生俱来的。来自底层的卫青，有着一颗善良的心。卫青是一个好老板。在这样的老板手下打工，人人心情舒畅。

卫尉苏建回到京城长安后，汉武帝没有杀他，缴纳了罚金，贬为庶人。

两年后，博望侯张骞因为延误军期，汉武帝也没有杀他，缴纳了罚金，贬为庶人。张骞，就是那个走通西域各国的大旅行家。

史书记载，这个时期的汉朝府库一点也不充盈，京城长安一点也不富裕，汉武帝要求全国的富人都搬迁到京城长安附近居住，又制作了大面额的皮币，一张四十万，强迫王后皇室必须购买。这等于是变相地剥夺富人的财富。卫青要进攻匈奴，府库没有钱。甚至当时有一个放羊人卖掉了自己的羊群，把钱全部用作军费。

那个时候国家很穷，所以，死刑犯也可以拿钱赎罪。当然，这些所谓的死刑犯，都罪不至死。卫尉苏建拼死回国，杀之违背天理；博望侯张骞迷失路径，杀之不合情理。

公元前122年春，骠骑将军霍去病出陇西，攻匈奴，过焉支山千余里，斩杀匈奴折兰王、卢侯王，杀掳八千九百余人，收休屠王祭天金人。陇西，是今天的甘肃临洮。折兰王、卢侯王、休屠王，分别是匈奴部落首领。

同年夏，霍去病出陇西，过居延两千余里，攻占祁连山，杀掳三万二千人。匈奴悲苦交加，作歌："失我祁连山，使我六畜不蕃息；失我焉支山，使我嫁妇无颜色。"居延，是今天的额济纳旗。唐朝有诗歌："秋天一夜静无云，断续鸿声到晓闻，欲寄征衣问消息，居延城外又移军。"

同年秋，匈奴内乱，浑邪王杀休屠王，投降汉室。边关遂安。

匈奴按照地域分为漠南和漠北。漠南与汉朝边境接壤，不会再有战事；然而，逃到漠北的匈奴单于却无时无刻不在想着反击，想把失去的江山夺回来。

漠北，对于生活在中原的人来说，非常陌生，那是一片人迹罕至的极地，是荒草和冰雪组成的世界。那里野旷天低树，水清月近人；那里孤骑带夕阳，青山独归远。作家张承志曾经在一本书中写道："漠北草原，那里静谧得简直能够听到四十里开外一只獭子的咳嗽。草海潮动时，能吸附一切近在咫尺的声音……"

在这片已经接近北极圈的亘古荒芜的寂静草原上，单于和投降的赵信密谋诱敌深入，围而歼之；卫青和霍去病准备深入险地，直捣黄龙。

汉朝和匈奴最大的一场战役，就这样悄悄来临了。

公元前119年春，有彗星落于东北。公元前119年夏，有彗星落于西北。

《推背图》记载：彗星乍见，不利东北，踽踽何之，瞻彼乐国。一颗彗星就会带来亡国之灾，更何况这一年天空中出现了两颗彗星。

这一年，北方强盛的匈奴，走上了穷途末路。

赵信投降匈奴后，给单于出谋划策，让匈奴放弃漠南各地，把人员牲畜集中在漠北，依托贝加尔湖、色楞格河定居。将汉军引诱到辽阔无人的漠北无人地带，断绝汉军后路，让汉军不战自亡。

赵信熟悉汉军的战法，他知道汉军奔波几千里来追击，一路都是荒凉贫瘠的无人区、沙漠戈壁和荒草，汉军粮食不济，自然内乱。内乱一起，匈奴攻击，就可大获全胜。

赵信算路程，算粮草，算兵力，但是算漏了两点，一是年轻将领霍去病强大的攻击能力，二是大将军卫青最新的武刚车阵。当初赵信在汉军官居翕侯的时候，少年霍去病还没有崭露头角，卫青的武刚车阵才刚刚操练。

赵信算漏了霍去病，而正是霍去病给匈奴带来了灭顶之灾；赵信算漏了武刚车阵，正是武刚车阵把匈奴送上了黄泉之路。

为了将汉军引入漠北，单于派遣小分队，分兵南下，不时骚扰边境地区。汉武帝异常愤怒，举全国之力反击匈奴。汉军出兵十万骑兵，分别由卫青和霍去病率领；骑兵后面，是从民间征调的四万马匹；四万马匹后面，是几十万步兵。

将军百战穿金甲，不破楼兰誓不还。

那时候的汉室确实不富裕，要与匈奴作战，还要向民间征调马匹。而民间的马匹是做什么的？是耕地拉车的，根本就无法作战。估计这四万马匹是用来运输粮食的。

而在汉武帝之前的汉文帝，在位二十三年，没有添置过衣服车马，没有穿过彩色绸衣，可见当时的朝廷，能穷到什么地步。

在公元前119年夏的某一天，汉军几十万人浩浩荡荡上路了，骑兵后面是马车，马车后面是步兵。清脆的马蹄声和吱呀的车轮声，在辽阔无垠的草原上回响，在寂静无边的沙漠上回响，在苍茫无际的森林中回响，在荒凉无涯的戈壁上回响。马蹄声和车轮车，敲响了亘古以来的沉寂和静谧，把这片平坦的土地，从亿万年的沉睡中唤醒。

于是，所有的树木，所有的草丛，所有的野花，都竖起了耳朵，它们都在倾听着、等待着，想知道这片粗犷的土地上，将要发生什么故事。

此前，汉军抓到了匈奴俘虏，俘虏供述说，单于在东面，左贤王在北面。于是，汉军也分兵两处，卫青带着主力向东面攻击单于，霍去病带着偏师进攻北面。

霍去病这一年只有二十二岁，他手下的将领也全都是少年英豪，前锋是校尉李敢。李敢是飞将军李广的小儿子，比霍去病年龄还小，这是李敢第二次出征匈奴。

李敢第一次出征匈奴的时候，是在两年前，他跟着父亲来到塞北，和四年前的少年霍去病一样，只是想旅旅游，开开眼，散散心。左贤王听闻李广出现在塞北荒原，立即纠集了四万重兵，将李广数千士卒四面包围。当时，包围圈中的汉军人人惊恐，惶惶不安。李敢请缨出战，只带着平时和自己一起训练的五十名骑兵，冲入左贤王阵营，左贤王派大将阻击，李敢一矛刺匈奴大将于马下。然后，五十骑在匈奴营中左奔右突，如入无人之境，匈奴纷纷躲避。李敢在匈奴大营中奔走两圈后，又回到包围圈中，对父亲说："匈奴有什么了不起的？不过如此。"

汉军军威大震，立即发动反击，占据有利地形，固守待援。两日后，援军赶到，左贤王含恨退走。

漠北之战，儿子李敢是偏师的先锋，而老子李广则是主力的先锋。

这一年，李广已经六十多岁了，他生有三个儿子，两个儿子都先他而去，他只剩下了小儿子李敢。

在京城长安，李广听说汉军又要出征匈奴，立即向汉武帝请战。汉武帝考虑到他年龄太大，担心不适应漠北那种极为严酷的气候环境，没有同意。而老将军志坚如铁，说道："我从小就与匈奴作战，至今已七十余战，都没有斩杀单于。我这次一定要斩杀单于，让单于死在我的前面。我要做前锋。"老将军不但要出征，而且还要打前锋。汉武帝实在拗不过他，只好同意他带队出征，担任前锋。

但是，汉武帝私下又对卫青说："老将军年龄大了，不要有所闪失，不要让他与匈奴作战，你要把他平安带回来。"

两路汉军向漠北进发，李家父子两人都做前锋。打虎亲兄弟，上阵父子兵。李家父子孤胆忠心，让后人时时感慨。

卫青这一路全是老将，有六十多岁的李广，还有五十岁的公孙敖，公孙敖因为犯错刚刚被剥夺了侯爵爵位；还有公孙贺，公孙贺已历三朝；还有曹襄和赵食其，也都是在前朝就与匈奴作战的老将。

而霍去病那一路，全是新生代战将。

老将这一路稳扎稳打，步步为营；新生代那一路狂飙突击，只求杀得痛快。

卫青带着一群老将刚刚穿越巴丹吉林沙漠，来到漠北荒原地带，抓获了一群俘虏，俘虏供述说，单于就在前方。

卫青异常振奋，他决定亲自带领精兵袭击单于，而让前锋李广与右将军赵食其合兵一处，从右路进行包抄。卫青现在要干的，是前锋李广的活。

李广当然不答应了。这些年来，李广每逢与匈奴交战，必定拼尽全力，多次被匈奴击伤包围，而拼死突出；这些年来，李广一直想建功立业，封王封侯，一雪前耻，可是一直运气不佳，要么是寡不敌众，要么是无功而返，还曾经被贬为平民。当年和他一起作战的老将们，早就官封侯爵了，唯独李广仍旧没有爵位。李广的心理很不平衡。

当年和人家一起打工，人家现在个个都是董事会成员，拿的是上百万的年薪，唯独你自己还是一个打工仔，每月只能赚点生活费；当年打工的时候，卫青和霍去病还是你手下的实习生，而现在卫青是董事长，霍去病是总经理，而你一大把年纪了，却在这两个后辈手下打工。这种心理的落差，没有多少人能够忍受。然而，现在有一个机会，只要你把握住了这个机会，你就会立即成为董事会成员，也能拿到百万年薪了，这个机会就是击败前方的匈奴单于，或者活捉他。这是上天送给李广的机会。李广只要打赢这一仗，就会官封爵位。所以，李广的心中充满了跃跃欲试的激情。

可是，卫青不答应。卫青牢牢记住出征前汉武帝的话，不能让李广单独作战。无论李广如何请求，卫青就是不答应。

老将军为自己的功名考虑，卫青为老将军的安全考虑。老将军眼看着到手的功劳被别人抢走，愤恨不已，他离开的时候，头也不回，没有向卫青道别。

旷野的风吹着老将军白色的长须飘飘冉冉，老将军心中充满了难言的惆怅。

卫青带着精兵向前进发，李广带着右路军担任侧翼掩护，他们穿过乌兰察布盟，越过锡林郭勒盟，横渡大漠，蹚过河流，来到了漠北纵深。在这里，匈奴单于严阵以待，他果然在等着汉军前来。

单于在这里已经等了两年，他等得很着急，也等得很辛苦，他听从了赵信的计策，要把汉军引到漠北，聚而歼之。

卫青走进了匈奴单于的口袋阵中。

单于等待这一天，已经等待了很久，所以，汉军一出现在匈奴的视线中，匈奴立即从山峰后、从森林里、从地平线的那一边，从所有汉军看不到的地方，奔突而出，将汉军包围了。

这是单于和赵信制定的计策，赵信在汉军中担任过多年的将军，他知道汉军的作战方略，他知道汉军远离后方基地，已经奔波了几千里，从温暖的亚热带来到了冰封的寒冷地区，他们不但粮食不济，而且衣物也不济。

在遥远的接近北极圈的漠北作战，匈奴牢牢地掌握着主动权。单于和赵信都自负地认为，这个陌生的冰封之地，就是卫青的葬身之地。

然而，单于和赵信都低估了卫青。卫青早就想到了在陌生的漠北地域作战，会被人数占据优势的匈奴包围，会受到匈奴铁骑强有力的冲击，所以，卫青让汉军将自己新创的武刚车阵练得纯熟。这种阵型，就是专门对付骑兵的。史书记载："于是大将军领武刚车自环为营，而纵五千骑往当匈奴，匈奴亦纵万骑。"

《吴起兵法》对武刚车的解释为："有巾有盖，谓之武刚车。"巾者，缠裹也；盖者，遮掩也。也就是说，这种车外面绑着东西，上面有遮盖。绑着什么呢？肯定是长矛；用什么遮盖呢？肯定是大盾。

武刚车的外部绑着锋利的长矛，上面覆盖着巨大的盾牌，这不是车辆，而是坦克。这种既能攻击又能防守的古代坦克，是吴起发明的。吴起是个超级牛人。

汉军被包围后，卫青将这些武刚车首尾相接，连成一个巨大的圆圈，圆圈的外面，是锋利的密密麻麻的长矛，这就是武刚车阵。它像一个蜷缩成一团的刺猬一样，再凶猛的动物，面对尖刺蓬起的刺猬，都束手无策。

刺猬只能被动防守，不能主动攻击，而卫青的武刚车阵还可以攻击。卫青的武刚车阵，比吴起的武刚车，更进一步。武刚车后，是汉军的弓箭手。

武刚车围成一个圆圈，汉军躲在圆圈里，圆圈的中心位置是主帅，主帅的旁边，则是各色令旗。武刚车后，则是摆成了一个圆圈的弓箭手。

前面已经说过，卫青的弓箭手，每人携带箭镞三十支。

匈奴看到汉军进入了包围圈，一齐呼啸着攻过来。天空下，尘土飞扬；尘土中，是匈奴闪闪的刀光；刀光下，是匈奴一张张狰狞而得意的面容。然而，等到他们冲到近前，却一齐傻眼了，他们看到的是长长的恐怖的长矛丛林，每杆长矛都长约丈许，长矛锋利的矛尖，跳跃着斑斑阳光，如同湖光潋滟晴方好。

冲在前面的匈奴看到长矛丛林，醒悟过来，刚刚刹住闸，可是后面的匈奴看不到长矛丛林，他们继续前冲，巨大的惯性冲击着前面的匈奴，让他们无可奈何地极不情愿地撞上了长矛。匈奴的学校没有开设物理课程，不知道高速奔跑是有惯性的。

匈奴正乱成一团时，武刚车阵里的箭镞突然带着尖利的啸音，像毛毛雨一样密集地落在了他们的背上。他们来不及举起盾牌抵挡。前面的匈奴倒下了一大片，后面的匈奴马蹄踩踏在前面匈奴的身上，茫茫草原热闹非凡，人喊马嘶，哭爹的哭爹，喊娘的喊娘。

然后，武刚车阵打开了一道缺口，汉军五千精骑冲了出来，盔甲鲜艳，刀光铮亮，他们在哭爹喊娘的匈奴阵营中大开杀戒，他们的马蹄践踏着匈奴，匈奴在铁蹄下鬼哭狼嚎。单于看到汉军终于杀了出来，急忙派出最精锐的万人亲兵队前去兜击，可是，武刚车阵打开了一道缺口，汉军的五千精骑回到了武刚车阵中。匈奴万人亲兵队冲到跟前，被乱箭射回。

单于喘过气来后，纠集败兵，组织反攻。匈奴的弓箭手一齐射向武刚车阵中，弓响如闷雷，箭去如飞蝗，然而，箭镞全被武刚车上的大盾阻挡。

匈奴单于面对汉军的武刚车阵，一筹莫展。无可奈何花落去，似曾相识阵中人，荒原小径独徘徊。他像林黛玉一样愁肠百结，像杜十娘一样进退两难，像潘金莲一样羞愧难当。

匈奴无法出击，而汉军又出击了。这次，汉军还是五千精骑，还是破阵而出，还是像风一样席卷而来，在尽情地杀戮一番以后，又飞快地回到了武刚车阵中。不同的是，这五千人不是那五千人，那五千人此刻正在武刚车阵中枕着马鞍睡大觉。

卫青把武刚车阵外的匈奴当成了练兵场。

单于很伤心，面对卫青的武刚车阵，攻又攻不进，撤又不甘心。他不知道现在该怎么办。

突然，狂风四起，飞沙走石。史书记载："大风起，沙砾击面，两军不相见。"沙砾是小石块，既然有小石块，那么就说明当年激战地是在戈壁，或者戈壁边缘。因为北方戈壁滩上都是大若拳头，小如蚕豆的石块。

突然而起的大风，让单于只想到了躲避，而卫青则想到了反击。这就是主将之间的差距。上帝是公平的，他把机遇赠予给每个人，会把握、有准备的人取得成功，而不会把握、没有准备的人只能面对失败的结局。

机会总是留给有准备的人。

卫青开始变阵了，他将全军分成两部分，从左右两翼包抄匈奴。本来是匈奴包围汉军，而现在是汉军反包围匈奴。

包围圈形成后，卫青又派出一支五千名精兵的队伍，突入匈奴阵中，逢人就杀。当时天空昏暗，四野茫茫，能见度极低，而人数居于少数的汉军，居然大占便宜。他们像一条游动在草丛中的蛇一样游刃有余，迅疾如箭，难以捕捉。蛇，还有一个名字叫做"草上飞"。

匈奴死伤惨重，无以应战。

单于没想到汉军居然这样强悍，而且极善于利用天时地利，想到无法战胜，只好寻思跑路。匈奴没有《孙子兵法》和"三十六计"，但是匈奴也知道走为上计。

单于很自私，他逃跑的时候，没有通知手下的将领，只带着手下几百名卫士偷偷地向西北方向逃窜。

史书记载，单于当日骑的是骡子。北方草原良马众多，其中不乏像项羽吕布所骑的千里马，可是这个单于不骑马，居然骑着骡子，难怪他打仗要输。在我们北方老家，骡子是不能骑的，骑了骡子就会招来霉运。

骡子没有生育能力，力大无穷，但却是个怪物。它基本上都是公驴和母马杂交的产物，一辈子只知道下死力干活，却不能传宗接代。"骡"这个字是一个会意字，意思就是比马还累。

也有公马和母驴杂交的骡子，但是极少。

骡子这种牲畜，处境很尴尬。它比驴更能负重，比马更有耐力。它的父亲是驴，母亲是马，但是马群不要它，驴群也不要它，它自己都不知道自己是什么玩意。它是动物界的私生子，和人类的私生子一样，永远被人看不起。它比人类的私生子还可怜，它连个孩子都没有。

我小时候生活在农村，经常能够看到骡子，而现在骡子几乎快要绝迹了。

单于逃走后，包围圈中的匈奴不知道，他们还在自相残杀，杀伤大半。五千汉军像一根棍子，包围圈中的匈奴像池塘，这根棍子把池塘的水全部搅浑，然后坐在岸边静静地观看。

直到许久以后，天色放晴，包围圈中的汉军和匈奴才都罢手了。汉军校尉抓到一名匈奴的卫兵，他供述，单于趁着天色昏暗，已经逃走了。

此时暮色苍茫，万籁俱寂，卫青带着轻骑，立即追赶。他们一口气追出了二百多里，黎明时分，来到了一座土城，这是匈奴单于给赵信修筑的一座城池。汉军冲进城中，将整座城池和粮食全部烧毁。

此役，卫青率军斩杀匈奴取得首级一万九千颗。

卫青带着汉军斩将搴旗，毁敌城郭，取得七战七捷中战果最辉煌的一场胜利。那么，李广在哪里？

李广带着右路军摸索前行，由于没有向导，他们迷路了。卫青打了大胜仗，班师回朝的时候，居然在漠南遇到了他们。他们不但迷失了道路，而且连方向也迷失了。匈奴在北面，而他们像蒙着眼睛的驴子一样，一路向南撞去。

李广运气太差了，他又一次空手而归。

回到长安，李广和赵食其两位将军都将面临军事法庭的审判，而再一次封侯的愿望又破灭了。李广无法忍受此屈辱，愤而自尽。

李广自尽后，全军皆哭；百姓听闻李广自尽，也人人垂泪。

其实，李广可以不死。赵食其回到长安后，只是贬为庶人。李广性格倔强，性格决定命运。倔强的李广一生命运坎坷，而最后，又因为倔强走上了不归路。

李广这老汉，和廉颇一样，遇到事情想不开看不开，过分沉溺于功名利禄，这样就会活得很累。

漠北之战，如果真的让李广去打，很可能打不下来。匈奴准备了两年，诱骗汉军进入伏击圈，然后聚而歼之。如果没有卫青的武刚车阵，汉军就没有胜算。但是，李广不这样想。

法国哲学家蒙田说："苦乐全由心造。"中国古代高僧惠能说："菩提本无树，明镜亦非台。本来无一物，何处惹尘埃？"

遇到同样的一件事情，为什么有人心事重重，有人毫不在乎，关键就在于两人看待这件事情的态度不同。当你真把它当一件事情的时候，它还真的就是一件事情；当你把它不当一回事的时候，它还真的不算什么事情。做人，要活得洒脱。怎样才能洒脱，就是心胸开阔。

李广之死告诉我们，不和任何人攀比，不给自己找气，人生短短几十年，走自己的路，让别人打去吧；穿自己的鞋，让别人光脚去吧。

最美好的事情，就是活着，好好活。

卫青这一路战绩惊人，而霍去病那一路，战绩更惊人。史书记载，他们取得匈奴首级 70 443 颗。

霍去病的行军路线，在卫青行军路线的东面。这群汉室的年轻将士们，一路追杀匈奴，穿越了太怀寺旗，翻越了阿尔泰山余脉，涉过了克鲁伦河。等到他们下马休息的时候，突然看到面前的一座山高耸险峻，山顶上冰雪覆盖，显得晶莹剔透，山脚下流水潺潺，古木参天。他们这一路上只顾追杀，竟然追了两千里，来到了狼居胥山。狼居胥山，是游牧民族的圣山，和古代中国泰山的地位一样。

在古代中国，每个帝王登基时，要做的第一件大事，就是登上泰山，向老天爷祭告：我是上天之子。而在北方草原，每个单于登基时，所做的第一件大事，也是登上狼居胥山，对老天爷说：我当单于了。

狼居胥山，在游牧民族心中的地位，高于一切。

霍去病总是能够中头彩。他第一次出征的时候，带着八百骑闯进了匈奴单于的老巢中，把单于的祖父杀了，把单于的叔父等一干亲戚俘虏了。而这次，居然打到了匈奴的圣山脚下。

霍去病带着李敢等一批年轻人，登上了狼居胥山，举行祭奠仪式，然后告诉老天爷说：这片天空以后就是我们的，和匈奴无关了。这就是史书中所说的"封狼居胥"。辛弃疾有词写道："元嘉草草，封狼居胥，赢得仓皇北顾。四十三年，望中犹记，烽火扬州路。"

狼居胥山，在今天的什么位置，史书中记载分歧很大，但更多人认为，此山为今天的肯特山。肯特山为成吉思汗蒙古帝国的发源地，在今天的蒙古北部，靠近俄罗斯。

然后，霍去病继续向北扫荡，遇到匈奴，立即开战，然后追杀。汉军的铁骑掠过亘古荒凉寂静的漠北草原，密集的马蹄声敲击着大地的胸膛，他们乘着旷野辽阔无垠的粗粝之风，在这片神秘的土地上放飞无数中原人的梦想。

他们追杀匈奴一直到姑衍山，然后下马。姑衍山是匈奴祭地的地方。霍去病又带着一帮年轻人登上山峰，对着大地说：这片土地以后就是我们的，和匈奴没关系了。

走下姑衍山后，他们继续向北进发。

道路越来越窄，气候越来越冷，匈奴越来越少，植被越来越低。他们看到一群群从来没有见过的动物从苔原上跑过，看到浓密的云层凝结在头顶，似乎触手可及。

他们继续北进，突然，茫茫的湖水挡住了去路，湖水碧绿见底，就像裁剪了一片蓝天，融入了湖水中。湖水一眼望不到边，连一片帆船也见不到。他们把手放进湖水中，湖水寒冷刺骨。他们走进湖水中，湖水深不可测。

浩渺无际的湖水挡住了他们的脚步。他们不再北行。

站在湖水边，他们望着湖水，豪迈地说："天空是我们的，大地是我们的，这个大湖也是我们的。"这个大湖，今天的名字叫贝加尔湖。

李敢回到朔方郡后，才知道父亲自杀了。

父亲李广一生渴望拜将封侯，一生的愿望都没有实现；而儿子李敢对匈奴仅有两战，就建功立业，夺取匈奴左贤王旗鼓，斩获甚多，汉武帝封为关内侯。

然而，李敢拜将封侯后，却一点也不开心，因为他没有了父亲。

李敢把父亲自杀的原因，算在卫青身上，他认为是卫青逼死了父亲。他并不知道，卫青不让李广击杀单于，是因为汉武帝有言在先，汉武帝担心李广衰老的身体无法承受漠北严酷的气候考验和激烈的格斗对抗，因为李广已是六十多岁的老人了。

李敢迁怒于卫青，他要报复卫青。李敢真是一个二愣子。

终于有一天，李敢击伤了卫青。如何击伤，用什么击伤，伤势如何，史书语焉不详。

卫青没有告诉任何人，是李敢击伤了他。卫青把天大的委屈埋在肚子里。卫青不仅仅是乐毅那样的君子，他甚至是以身饲虎的菩萨。

但是，这件事情最后被霍去病知道了。霍去病怎么会知道？估计是李敢告诉他的。因为知道李敢击伤卫青的，只有两个人，既然卫青没有告诉任何人，那么霍去病的消息来源，一定就是李敢。李敢确实是一个二愣子，不但击伤了卫青，而且还告诉霍去病，难道他不知道霍去病是卫青的外甥？

舅舅卫青为人豁达，慈悲为怀，可以不计较这件事；但是外甥霍去病性烈如火，少年气盛，他不能不计较这件事情。

他要替舅舅卫青报仇。

有一天，霍去病和李敢在上雍打猎，霍去病趁机射杀了李敢。上雍，是今天陕西兴平南部的秦岭一带。

一年后，霍去病死，年仅二十三岁。汉武帝时代最著名的两位少年将星，就这样悄然陨落。

十年后，卫青去世。

卫青一生七击匈奴，每战必取得决定性胜利，收复河套平原，占领漠南漠北，将危害了中原地区几百年的匈奴赶到了遥远的极北苦寒地带，为汉武帝时代的繁荣稳定奠定了坚实的基础。

卫青一生勤勉节约，谦卑诚恳，每战必身先士卒，赏赐必分与将士，所以深得士卒百姓爱戴。他不但有高超的军事才能，也有极为高尚的道德品质。所有人在他的面前，都被他的人格魅力折服。他虚怀若谷，豁达大度，与人为善，为人纯朴，是中国古代军事家的最高典范。

自卫青之后，匈奴再也难以恢复此前的辉煌与荣光。而后，匈奴分为了南北两部。

公元50年，南匈奴依附汉室，南匈奴部族分布于内蒙古、甘肃、山西、河北、陕西一带，学习农耕文明，并最终融入汉族。至今，北方数以亿计的汉族人，都是当年匈奴的后代。

公元89年，东汉大将窦宪出兵朔方，深入瀚海漠北三千里，灭亡北匈奴。北匈奴部族四处奔逃，分成了这样几个部分：

第一部分转道新疆伊犁河上游，后来又一路西迁，去到中亚地区并居留下来。

第二部分加入了鲜卑。北匈奴灭亡后，汉军南下，东北的鲜卑部族趁机西进，渐渐强大。魏晋南北朝时期，鲜卑南下，建立了北魏政权，后鲜卑内迁，与汉族融合。

第三部分残留在漠北最荒凉的西北角，逃避了汉军的打击。公元5世纪，他们被草原上崛起的一个民族柔然吞并。后来柔然分崩离析，有两部分南下，一支并入西魏，一支并入北齐，成为汉人；还有一支一直向西，去了欧洲。

第四部分，也许是最大的一支，他们逃脱了汉室的攻打，不断向西迁徙，最后来到了欧洲定居，过上了吃面包喝果汁的生活。

那片长城之外辽阔的草原，那片充满了勃勃生机的土地，那方野性疯狂生长的世界，两千年来，无数代人的血液，浇灌滋养，让这里树木葱茏，花草茂盛。

如果想要计算在这片野性土地上发生的战争，肯定无法计数；如果要计算在这片土地上生活过的人群，肯定也无法计数。面对无限蔓延的时间和空间，后代的我们除了惊叹，还是惊叹。历史太浩瀚了，谁还能记得谁的脚步，曾在这片土地上走过。我们站在历史的旷野上，天高地迥，四顾茫茫，沧海桑田，岁月流转，前不见古人，后不见来者，念天地之悠悠，独怆然而涕下。

茫茫的塞外，苍苍的草原，这里曾经繁衍过多少帝国多少民族——

与燕国将领秦开激战过的东胡，他们现在在哪里？

与曹操之子曹彰交战过的乌桓，他们现在在哪里？

与北魏皇帝拓跋交战过的柔然，他们现在在哪里？

与唐朝将领李靖交战过的奚人，他们现在在哪里？

与唐朝郭子仪并肩作战的回鹘，他们现在在哪里？

与北宋名相寇准交战过的契丹，他们现在在哪里？

丁零、室韦、高车、铁勒、肃慎、挹娄、黠戛斯……他们现在在哪里？

今天，沧海桑田，世事变幻，天空不再是当年的天空，大地也不是当年的大地，人群不再是当年的人群。我想起了这样一首诗歌：在戈壁之南/东从大兴安岭，西到阴山和贺兰/几千年绵延的记忆在此截断/无论是苍狼和苍鹰，都已经/失去了大地也失去了天空/只剩下，那还在惶急的呼啸的/天上的风。

8

武圣关羽

武圣的忠义和勇猛，已成千古绝唱。斩河北第一名将，淹曹操七路大军，足以让他跻身名将行列。

清朝中叶，曾在科举考试考得全国第二名的洪亮吉因为上书言政，遭到贬谪，流放新疆。从嘉峪关向西，直到伊犁河谷，他看到凡是有村庄的地方，必有寺庙，寺庙中供奉着三国名将关羽。即使村庄仅有六七户人家，也必有这样一座寺庙。

偏远的西北荒凉地带，尚且如此，更何况东南繁华胜地。

关羽，不仅仅在中国供奉，在朝鲜半岛也有关帝庙。明朝时期，明军抗日援朝，发现很多地方都有供奉关羽的寺庙；清朝末期，很多中国学子去日本留学，发现在日本大城市里，古老的关帝庙随处可见。

今天，不仅仅亚洲有关帝庙，世界各地凡是有华人的地方，一定就有关帝庙。关帝庙是最早走向世界的"中国制造"。

关羽是三国时期最有名的将领，他更是信徒最多的一尊神。在中国，他被称为"武圣"，地位与"文圣"孔子并列。

今天，各行各业的人都在膜拜他。商人膜拜他，是为了发财；旅人膜拜他，是为了平安；官员膜拜他，是为了升官；学子膜拜他，是为了考学；甚至连风尘小姐也在膜拜他，是为了能有靠山。

他究竟是怎样一个人，他为什么能够成为粉丝最多的明星？

关羽有什么？论武功，他不是吕布的对手；论计谋，他是吕蒙的手下败将；论文采，他远不及建安七子；论出身，他家里穷得叮当响；论为人，他有一大堆毛病，刚愎自用，心胸狭窄，目光短浅，骄傲自满，巧言令色，装腔作势……而且，据说还好色。一个男人具有的毛病，他都具有。

他确实有很多毛病，但是他却拥有一个男子最值得敬重的品质，那就是义。为了义，他可以放弃荣华富贵；为了义，他可以舍弃身家性命；为了义，他可以赴汤蹈火；为了义，他可以万劫不复。泰山崩于前而色不变，蛇蝎蜿蜒四周而目不瞬，前有刀山火海也敢闯，后有霹雳雷鸣也无惧，这正是男儿本色。

两千年来，人们喜欢他，正因为他是一个真正的男儿，人们喜欢他，也包括他的缺点。

关羽出生在山西运城，应该是贫民家庭。

弱冠之年，关羽因为犯罪而背井离乡，逃亡到了河北涿州。像关羽这样的底层人士，如果犯罪只会是刑事案件，那些贪污腐败、行贿受贿之类的经济案件与他无缘，因为他没权；犯了刑事案件而北上逃亡，说明他没钱，有钱的话，会用钱摆平的。

这时候的关羽是一个没权没钱的穷小子，而且有案在身，亡命天涯。这样的一个人，别说成为大英雄，甚至连女朋友都找不到。

但是关羽的运气很好。在涿州，关羽遇到了刘备和张飞，三人情同手足。民间说他们结拜为兄弟。刘备是老大。

刘备是老大，不仅仅是年龄比他们大，更重要的是，刘备有做老大的硬件。

《三国志》记载："先帝少言语，善下人，喜怒不形于色。"喜怒不形于色，就是脸上不带表情。为什么会脸上不带表情？因为他有城府，很沉稳，所以就能做老大。而关羽和张飞这两个动不动就要和人拼命的人，注定了只能一辈子做小弟跟班。

刘备一个贩卖草席的乡下人，要官职没官职，要武功没武功，要钱没钱，要权没权，他靠什么招兵买马？靠的是赞助。刘备没钱，但是两个贩马的商人有钱，《三国志》记载："中山大商张世平、苏双等赀累千金，贩马周旋于涿郡，见而异之，乃多与之金财。"刘备借鸡生蛋，用两个商人的钱招兵买马，也靠两个商人的钱，维持兄弟三人的生活。

当时就有人评价说，关羽、张飞都是万人敌，当世虎臣。就是说，关羽和张飞都是能够力敌万人的虎将。刘备也早早看到了这一点，他们三人吃饭吃在一起，住宿住在一起。民间将这种关系认为是义。

后来，曹操著名的谋臣刘晔曾经说过："关羽与备，义为君臣，恩若父子。"但是，关羽和张飞又能够掌握分寸，《三国志》记载："而稠人广坐，侍立终日，随先主周旋，不避艰险。"关羽明白，大哥是背后叫的，在人前还是要叫刘备一声领导。

黄巾起义的时候，各州郡招募兵将自卫，刘备感到机会来了，就带着关羽、张飞和手下少得可怜的几个人一起去围剿黄巾军。因为有功，刘备被封为县刑警队队长，关羽和张飞，也终于穿上了制服。

可是不久，因为刘备的一次按捺不住，他们又从公务员变成了平民。原因在于刘备鞭打一名飞扬跋扈的督邮，《三国演义》把鞭打督邮的事情安在张飞身上。鞭打了上级领导，刘备自然就待不下去了，就带着关羽和张飞又离开了。

后来，刘备投靠了公孙瓒，公孙瓒这时候是汉室的中郎将。中郎将是一个介乎将军和校尉之间的官职，大小也就相当于军长。

但是公孙瓒是一个没有能力的人，他的职位是世袭的。这时候赵云就在他的手下，然而，赵云却没有出头之日，泯然众人。而此时和赵云武功处于同一级别的典韦、许诸、太史慈，已经很有名了。赵云没有出头之日的原因是，没有跟对人。所以，跟对人很重要。

刘备也知道公孙瓒不是一个可以依靠的人，他在公孙瓒手下，只是想有一碗饭吃。因为手下有关羽和张飞，刘备屡屡建功，升为平原令，也就相当于县长。

刘备在当平原令的时候，赢取了一片好名声，而且，大家都觉得这个皇室贵族只做一个小小的县令，有点亏。

刘备很快就等来了一次机会，这个机会就是曹操攻打徐州。

徐州危在旦夕，太守陶谦和谋士糜竺一干人寻找救星，找来找去，就瞄上了刘备。刘备这时候在山东德州当平原县令，徐州以前也属于山东，两地相距有七八百里。

刘备在一番推让后，当上了徐州刺史。

接下来，袁术攻徐州，刘备投吕布；吕布攻刘备，刘备奔曹操。这时候的刘备就像丧家之犬，没有一块能够容身的地方，关羽和张飞也一直跟在他的后面，不抛弃，不放弃。

这段时间里，不论刘备担任什么官职，关羽都是他的副手。毫无疑问，关羽是刘备手下第一战将，尽管他曾经对曹操说，他的兄弟张飞比他更厉害，但明显这是自谦之词，张飞和关羽不是一个重量级的，张飞勇猛归勇猛，但充其量只是一个好前锋，而攻坚守御，独当一面，则非关羽不可。

关羽死后，曹操的儿子曹丕就说过，现在没有关羽了，蜀国不足害怕。

后来，曹操和刘备攻打吕布，将吕布围得铁桶一般。据《蜀书》记载，此时关羽给曹操写信，让曹操把吕布手下一个谋士的妻子送给他，曹操答应了。后来，吕布即将覆灭，关羽又多次给曹操写信，提到此事。曹操就生疑了，怀疑这个女人是绝色美女。城破后，曹操让人把这个女人带过来，一看，果然是倾城之色，就留给了自己。

关羽既懊恼又气愤。

毋庸置疑，关羽身上有很多缺点，关羽是人不是神，神没有缺点，而人都有缺点。

那么，是谁把一个缺点满身的关羽，塑造成一个十全十美的神？又为什么要把关羽塑造成一尊神？

把满身缺点的关羽塑造成一座神的，是历代帝王。封建帝王不管关羽的所有缺点，他只看中了关羽的忠义。关羽身上所有的缺点，都被他的忠义掩盖了。

吕布灭了，公孙瓒灭了，张绣灭了，一大帮当年和曹操一起举事打黄巾、攻董卓的头领，都灭亡了。现在，黄河以北，只剩下了实力在曹操之上的袁绍，和实力远在曹操之下的刘备。

刘备早知道曹操会害他，他在曹操营中，每天种菜为生。关羽和张飞问："你怎么这样胸无大志？"刘备说："我岂是种菜的人？我是为了掩人耳目，现在马上离开。"

刘备带着关羽张飞来到徐州，收拾残兵，有了一部分人马，然后刺杀了曹操任命的徐州刺史车胄，占据了徐州。现在，这哥仨终于又有了一块属于自己的地盘。

曹操要统一黄河以北，就要灭掉袁绍和刘备。而黄河以南，孙策孙权哥儿俩从父亲手中继承家业，此时占有了江东六郡，曹操虽急切却难以攻破。曹操一直想图谋刘备，可是一直没有机会。现在刘备夺去了徐州，曹操便发兵攻打。

刘备此时势力单薄，没有一个能够拿出手的谋士，将领也只有关羽、张飞、赵云三个人，手下兵力万人左右，根本不是曹操的对手。

曹操攻打刘备，并没有使出全力，他把主力留在官渡，准备与袁绍作战，兵多将广的袁绍才是他的主要对手。

曹操带着一支人马进攻徐州。

刘备认为袁绍才是曹操的对手，像他这样势单力薄的人，是不值得攻打的。所以，刘备就没有做什么准备。

几天后，哨探说："曹军来了。"刘备说："不可能，再探。"过了一天，哨探说："曹操亲自带军来了。"刘备将信将疑，自己亲自带着几十个骑兵站在高处瞭望，一看到曹操的旗帜，吓得要死，独自逃走，投奔袁绍。《魏书》记载："……备大惊，然犹未信，自将数十骑出望公军，见麾旌，便弃众而走。"公，指的是曹操。

刘备走了，徐州没有了主宰，乱成了一团，《三国志》记载："曹公尽收其众，虏先主妻子，并禽关羽以归。"张飞和赵云下落不明。

在曹操的军营中，关羽的表现可圈可点，以至于后世的人，无论是褒他贬他，都没有对他这段经历进行非议。

曹操先封他为偏将军，又封他为汉寿亭侯，他在曹操的军营中，只有短短的几个月时间，居然拜将封侯，而许诸、张辽、徐晃、夏侯渊等人，哪一个不是跟着曹操征战多年，哪一个的武功又比关羽差，但他们都没有得到关羽这样的荣誉。

然后，曹操给了关羽很多赏赐，金银财宝，应有尽有。这些财富，足够关羽花一辈子，甚至几辈子。

关羽在短短的几个月里，成为曹营里爵位最高的人，也是最富有的人，有车子、有票子、有房子、有位子，关羽是新时代的"四有新人"。

曹操这样做，当然是为了笼络人心。他这样做是为了让天下人看，你看看我曹操多么宽宏大量，多么礼贤下士，关羽曾经是我的敌人，但是我对他这么好。可是，关羽不吃这一套。说到底，关羽在曹操这里只是暂时安身，等到有了刘备的消息，他就会离开的。

曹操也知道关羽没有久留之意，就让张辽探探关羽的口风。张辽和关羽是老交情，吕布和刘备合作的时候，张辽和关羽来往甚密，是铁哥们儿。

张辽问关羽的时候，关羽叹口气说："我知道曹公对我好，但是刘皇叔对我恩重如山，我不能背叛他。我终究是要离开的，但是离开前，我会报答曹公的。"《傅子》记载："辽欲白太祖，恐太祖杀羽，不白，非事君之道。乃叹曰：'公，君父也；羽，兄弟耳。'遂白之。"

张辽是一个正人君子，他识大体，明事理，经过一番激烈的思想斗争，把关羽的想法告诉了曹操。曹操感叹说："事君不忘其本，天下义士也。"

关羽一直想报答曹操，一直没有机会。

有一天，袁绍派遣大将颜良攻打白马，关羽的机会来了。颜良是河北名将，也是袁绍帐下第一大将。河北指黄河以北，可见当时的颜良名气有多大。白马是一个地方名，在现在的河南滑县。

颜良很倒霉，碰上了立志要立功的关羽。

在《三国演义》中，关羽斩颜良被作为重头戏而大力渲染，也作为关羽武功盖世的一个证明。关羽胯下追风赤兔马，掌中青龙偃月刀，如入无人之境，勇不可挡，颜良军队土崩瓦解。那么真实的情况又是怎样的呢？

《三国志》对这一段是这样记载的："曹公使张辽及羽为先锋击之，羽望见良麾盖，策马刺良于万众之中，斩其首还，绍诸将莫能当者，遂解白马围。"

首先，关羽是不是骑赤兔马，没有说。赤兔马倒是真的，也确实是吕布的坐骑，但是吕布死亡后，赤兔马落于谁手，或者已经死了，史书没有记载；而关羽是不是骑着赤兔马，史书中更没有记载。

然后，再说说青龙偃月刀，关羽是不是拿着这种兵器，也不得而知，但是估计关羽的兵器很可能不是青龙偃月刀，因为，在那个时代，武将骑在马上作战，用长矛的战斗力远远大于用砍刀。在高速奔突中，骑兵的力量加上马匹奔跑的力量，会产生极大的冲击力，而长矛能够很好地利用这种冲击力。用大刀，则会削弱这种冲击力。还有，当时的骑兵都没有马镫，马镫直到北魏时期才由鲜卑人发明，骑在没有马镫的马上，双手举起大刀向下砍杀，百分之百会掉落马下。

所以，关羽的千里赤兔马可能是假的，关羽的青龙偃月刀也可能是假的。《三国志》也写得明明白白，关羽是将颜良刺落马下，然后用剑斩落首级。那时候骑兵都有两种兵器，一种是长矛，一种是佩剑。

《三国演义》中大肆渲染关羽"斩颜良，诛文丑"。而且说关羽是"威震华夏"。其实，关羽斩颜良是真的，诛文丑是假的。文丑有其人，但不是关羽杀的。

颜良死后，曹操占据了黄河以西地带，袁绍很生气，就派遣文丑和刘备渡河追击曹操。

曹操故意一路撤退，把辎重留在路上，让精兵埋伏在山林后。不久，文丑带着六千骑追过来，曹操发布反击命令，曹军六百骑呼啸而去，斩杀文丑。

文丑之死，和关羽没有关系。

关羽打听到了刘备在袁绍处后，就挂印封金，毅然离去。《三国志》记载："羽尽封其所赐，拜书告辞，而奔先主于袁军。"

曹操看到关羽的书信后，黯然神伤，部将要追赶，曹操说："彼各为其主，勿追也。"

曹操没有追赶，关羽也没有"过五关斩六将"的辉煌经历。

关羽在曹营中，和一班战将都处成了好朋友，但是对那些谋士敬而远之。谋臣程昱却一直看好关羽，他多次称赞关羽和张飞都是力敌万人的当世猛将。但是两人也有致命弱点，关羽善待卒伍而骄于士大夫，张飞爱君子而不恤小人。

他们性格的弱点，导致他们走上了死亡之途。

关羽投奔刘备时，刘备还在袁绍手下效力，不过，没有在袁绍身边，而是在外领兵攻打许昌。如果刘备在袁绍身边，估计关羽就性命不保。袁绍那么一个心胸狭窄的人，岂能容忍斩杀自己爱将的人在身边。

袁绍这时候用的是围魏救赵的计策，主力军队和曹操在官渡对峙，而派一支偏师让刘备带着，去攻打许昌。许昌是曹操的老巢。

这场战役，刘备打得挺好，许昌以南各县，都被攻破。眼看许昌危急，曹操忧愤，部将曹仁说："刘备领的是袁绍的军队，还在磨合期，我去攻打，必定取胜。"曹操派曹仁去攻击刘备。曹仁昼夜兼程，赶到许昌之南，击败刘备，尽收失地，刘备仓皇逃走。

此时的刘备，如同丧家之犬，但是，关羽放弃了曹操那边极其优厚的待遇，仍然跟着刘备，为什么？就是为了一个义字。能够放弃跨国公司的高位，而来到一家私人小作坊创业，这样的人，恐怕不会有几个吧。

义和勇，在关羽身上表现得极为突出。

关羽回来了，刘备有了帮手，况且袁绍也不是明主，他只是依靠世袭占据了这样的高位，而刘备一代枭雄，也不会久居人下，所以就寻思离开。

袁绍与曹操对峙官渡，双方谁也不能取胜，刘备对袁绍说："荆州牧刘表是我亲戚，我去劝说他帮助你。"袁绍很高兴，刘备和关羽得以脱身。

刘备来到了荆州后，刘表让他屯兵新野，作为荆州的屏障。新野属于今天的河南南阳，位于荆州的北面。

此时，刘备手下的关羽、张飞、赵云、麋竺、孙乾等人先后归队，刘备暗暗招兵买马，以图东山再起。可是，他缺少一个能够与关张赵这样的绝世名将相匹配的谋士。麋竺、孙乾忠则忠矣，但也就是个跑腿送信的角色。

刘备在荆州居住了好几年，这是他一生中最安逸的一段时光，也是关羽一生中最安逸的一段时光。刘备大腿内侧长出了赘肉，他痛哭流涕，觉得自己老成这样了，却还没有建功立业。

新野是弹丸之地，但是因缘际会，刘备在这里寻访到了一个绝世高人，这就是隐居的诸葛亮。刘备三顾茅庐，请诸葛亮出山。有了诸葛亮，有了关张赵，刘备这条蛰伏多年的蛟龙，现在要腾飞了。

诸葛亮绝对是三国第一谋士，他的才能无人匹敌。他为刘备制定了攻守方略，这就是历史上著名的《隆中对》。诸葛亮让刘备先占据荆州，然后出兵四川，荆州和四川互成犄角，实施北伐，曹操可图也。

此前的刘备跌跌撞撞，茫无头绪，哪里黑了，就在哪里歇。而诸葛亮的一席话，让他觉得拨开迷雾见晴天。他说："孤之有孔明，犹鱼之有水也。"孔明是诸葛亮的字。

刘备和诸葛亮天天在一起，惹得关羽和张飞很不服气。他们对诸葛亮冷嘲热讽，嫌他霸占了本该属于自己的恩宠。这时期的关羽和张飞，都是年过四十的人了，却还像小孩子一样，还需要别人宠着他，想起来就觉得好笑。

刘备还没有图取荆州，而曹操却抢先一步图取荆州了。

刘表死后，曹操趁机发兵，刘表之子刘琮率文武百官投降了曹操，这把刘备诸葛亮关羽一干人气坏了。就放在嘴边的肥肉，居然让曹操抢走了。

曹操占据荆州后，发兵攻打刘备。大兵压境，众寡悬殊，纵然诸葛亮有经天纬地之才，关羽有攻城拔寨之能，也只能选择躲避。

刘备派遣关羽带着几百艘船只走水路，他自己带着张飞、赵云走陆路，另派诸葛亮去江南向孙权搬救兵。

刘备一干人，从河南的新野，向南逃往今天的武汉汉口。他事先与关羽约好，在武汉汉口汇合。

关羽看到狼狈不堪的刘备，就很生气，他说："当年在许昌打猎的时候，我让你趁机射杀曹操，你不杀。如果那时候杀了，怎么会有以后这么多事？"刘备说："那时候不杀他，是为了国家。如果他安心辅佐皇上，就是国家之福啊。"

刘备的眼光比关羽长远。如果当时射杀了曹操，局势只会更乱，有了曹操，诸侯还不敢太造次；而没有了曹操，天下更会乱得不可收拾。

关羽走水路，没有遇到什么麻烦，而走陆路的刘备这一路，则险象环生。

曹操来到新野后，得知刘备已经南逃，就亲自率领精兵五千，一日一夜奔走三百余里，在湖北当阳县的长坂坡追上了刘备，刘备看到追兵来到，仓皇逃窜，连老婆孩子都跑丢了。同时，让张飞带着二十名骑兵在后拦截。张飞带着二十名骑兵，对阵曹操的五千名精骑，这仗怎么打？

可是，张飞够威猛，他占据小河对岸，拆毁桥梁，看着漫山遍野追来的曹军，大喝："身是张翼德也，可来共决死！"意思是说：我是张翼德，谁想和我一起死。

曹军吓坏了，没人敢上前。刘备赢得了难得的时间，逃远了。

刘备的老婆和娃都丢失了，赵云返身向北寻找。《云别传》记载："初，先主之败，有人言云已北去者，先主以手戟摘之曰：'子龙不弃我走也。'顷之，云至。"

《三国演义》中把这个情节渲染为"赵子龙大战长坂坡""单骑救主"，让一代代人看到这个情节就热血沸腾。《三国志》的记载却只有一句话："及先主为曹公所追于当阳长坂，弃妻子南走，云身抱弱子，即后主也，保护甘夫人，即后母也，皆得免难。"

结合《云别传》和《三国志》的记载，可以得知，赵云当时确实回身寻找甘夫人和后主了，但是不是独自一个人？就不得而知。是不是斩杀曹军二十员战将，夺取青釭剑什么的？那肯定不是的。

刘备来到武汉汉口后，适逢诸葛亮从孙权那里搬来救兵，这是诸葛亮第一次出使东吴，此时，他制定了联吴抗曹的基本战略。

和已经打败袁绍，统一了北方的曹操相比，孙权无法与之抗衡，刘备更无法与曹操抗衡，他们只有联合起来，才能对抗曹操。这种计策，在战国时期经常使用，即为"连横合纵"。

曹操攻打刘备的战争，最后打成了赤壁之战。孙权派遣三万人，在周瑜的带领下，取得了赤壁之战的伟大胜利，一举粉碎了曹操企图称霸江南的阴谋。曹操留下曹仁镇守江陵，引兵北还。江陵，也就是荆州。

一千年后，有一个名叫苏轼的大诗人来到当年赤壁之战的古战场，豪情满怀，写下了一首《念奴娇·赤壁怀古》，里面有这样的诗句："遥想公瑾当年，小乔初嫁了，雄姿英发。羽扇纶巾，谈笑间，樯橹灰飞烟灭。"当年的周瑜才刚刚结婚，当年摇着鹅毛扇的是周瑜，而民间把周瑜的形象嫁接在了诸葛亮身上，也把周瑜的功劳慷慨送给了诸葛亮。致使诸葛亮家喻户晓，而让周瑜落下了心胸狭窄的恶名。

官渡之战和赤壁之战都决定了历史走向。前者让曹操统一北方，成为一支最强大的力量；后者让刘备免于灭亡，三国鼎立的形势逐渐形成。

曹操退走后，周瑜带兵攻打曹仁，周瑜虽身负箭伤，仍夺取了荆州。

刘备看到荆州被孙权夺取了，就向孙权提出，自己无家可归，想暂时借荆州作为容身之所。

孙权想答应，但是遭到周瑜等人的极力反对，他们认为刘备就是一条癞皮狗，如果把荆州借给他，他就会赖着不走。但是，鲁肃却一直同意借给他。鲁肃是吴国最支持联合刘备的人。

刘备一边向孙权借荆州，一边表奏已经名存实亡的汉献帝，将刘表之子刘琦封为荆州刺史，这样刘备就能够名正言顺地进入荆州。而刘琦身体虚弱，没有头脑，荆州实际上就在刘备的掌中。"大耳贼"刘备，计谋深着呢。

占据荆州，只是诸葛亮给刘备制定的建国方略中的第一步。

现在，他们要迈出第二步，这就是进攻四川。四川是天府之国，土壤肥沃，可成帝业。然而，去往四川，路途遥远，山高水阻，吉凶未卜，万一形势不利，还是要回到根据地荆州。所以荆州需要一个智勇双全，能够独当一面的人来镇守。

而军中这样的人，只有关羽了。关羽被推上了风口浪尖。

荆州是什么？荆州是一块肥肉，地理位置极为重要，有"七省通衢"的说法，它位于中原的心脏地带，南临长江，北依汉水，无论是陆路，还是水路，都是交通要道。占据了荆州，向西可以攻取巴蜀，向南可以攻取三湘，向东直达皖赣，向北直通黄河冲积平原。

荆州，曹操想要，孙权想要，所有想称霸的人都想要。关羽占据荆州，就像拿着一块大大的金砖走在大街上一样。谁都想拿到，拿不到的也想多看几眼。关羽肩上责任重大啊。

截至目前，民间传说中的关羽：温酒斩华雄、三英战吕布、土山约三事、斩颜良诛文丑、千里走单骑、华容道放曹操、战长沙释黄忠、单刀赴会……我们发现仅仅只有半个是真的，就是刺死了颜良，其余的多为演绎。是罗贯中和说书人拔高了关羽。

但是，关羽后面的樊城之战和水淹七军，都非常精彩。

关羽镇守荆州，暂时平安；刘备远征四川，旗开得胜。

刘备占据了四川后，西凉马超来降，刘备兴奋不已。马超乃当世名将，曾单独率军与曹操交战，名气很大。关羽听闻马超来到军中，很不服气，就修书一封给诸葛亮，问马超的人品才干可与谁匹配？

诸葛亮就回信写道："孟起兼资文武，雄烈过人，一世之杰，黥彭之徒，当与翼德并驱争先，尤未及髯公之绝伦逸群也。"黥彭，是指刘邦手下名将英布和彭越，有勇无谋。髯公，则是关羽，因为关羽留着一把长胡须。

关羽接到这封书信，非常满足，让所有人看，以表示自己比马超能干。关羽气度狭小，马超来降，刘备军中有了新鲜血液，应该高兴才对，而他老人家居然要和马超这位后辈小生争风吃醋，简直有失体统。关羽做人太差劲了，和卫青就不能比。

刘备得了四川，有了安身之所，孙权就派人来向刘备讨要荆州，刘备要赖皮了，他说："须得凉州，当以荆州相与。"孙权愤恨不已，有了武力夺取荆州的打算。

三国时期，有很多州名，看起来很乱，袁绍的冀州、曹操的青州、孔融的徐州、刘备的荆州等，都是怎么回事？这里需要把当时中国的地域分布说明一下。

尧舜时期，大禹治水，四海太平，便分天下为九州，分别是冀州、兖州、青州、徐州、扬州、荆州、豫州、梁州、雍州——这就是九州的来历。

后来，因为冀州太大了，包括现在的华北东北，又分出了并州、幽州；青州也太大了，包括今天的山东平原和胶东半岛，又分出了营州。这样，天下等于有了十二州。

到了汉武帝时代，北击匈奴，扩地千里，又增加了交州和朔方。交州包括今天的两广和越南北部。朔方在卫青篇中写过，包括今天的河套平原。这样，天下有了十四州。

再后来，把朔方并入并州，改雍州为凉州，改梁州为益州。这样，天下又成了十三个州。三国时期，天下就是十三州，分别为：司隶、豫州、兖州、徐州、青州、凉州、并州、冀州、幽州、扬州、益州、荆州、交州。司隶是直辖州。

刘备占有荆州和益州，还想再占有凉州，凉州是今天的甘肃一带。而他猴年马月才能占领凉州，所以，孙权就要对荆州动用武力了。

史书记载，建安二十年（215年），孙权向刘备索荆州诸郡，刘备不许。孙权置诸郡官吏，关羽尽逐之。孙权怒，遣庐江太守吕蒙接收，长沙、桂阳俱降，唯零陵未下。桂阳，为今天的湖南郴州；零陵，今天叫湖南永州。当时，这些地方都属于荆州管辖。荆州是当年全国最大的三个州之一，另外两个是益州和冀州。益州是今天的四川；冀州是今天的河北。

刘备在四川听说孙权进攻荆州，急忙跑到荆州，部署关羽进攻孙权。计议未定，曹操发兵攻打汉中，刘备又急忙回到四川。

当年，曹操的情报工作没有做好。如果他得知刘备要向孙权发起全面战争，肯定不会出兵攻打汉中的。他会坐山观虎斗，坐收渔翁之利。

曹操丧失了一次极好的提前统一全国的机会。而他老人家千里迢迢来到汉中，却得不偿失，损兵折将，不得不退兵，还把本家勇将夏侯渊的性命都丢在了汉中。

建安二十二年（217年），孙权任命吕蒙镇守陆口。陆口在今天的湖北嘉鱼。嘉鱼距离荆州仅有几步之遥。孙权把刀架在了关羽的脖子上。而吕蒙，则是周瑜之后吴国最好的将领。

吴国有过三个超一流的可以独当一面的将领，分别是周瑜、吕蒙、陆逊。吕蒙威猛不及关羽，但是吕蒙的智谋则是关羽远远不及的。

建安二十四年（219年），刘备称汉中王，封关羽为前将军，假节钺；张飞为右将军，假节；马超为偏将军；黄忠为后将军；赵云为翊军将军。

五虎上将中，关羽的权力最大，他可以以刘备的名义出征，也可以随意斩杀大将，而不需经过刘备同意。刘备此时只有两个州郡，一个是益州，一个是荆州，而关羽镇守荆州，所以，刘备就把荆州全权交给关羽。

张飞是假节，他可以处置违反军令的下级军官和士卒，显然没有关羽权力大。黄忠与马超相当，最不公平的是赵云。赵云很早就跟着刘备南征北战，而刘备称帝后，只给了他一个翊军将军。翊军将军不能独立率军征战，只能辅助主帅主将。

关羽拥有了可以独立作战的权力后，第一战对准了曹仁。

当时，曹仁驻守在樊城，也就是今天的襄阳附近。襄阳距离荆州只有三四百里，而且陆路水路都很方便，要保证荆州的安全，就要先拔掉襄阳。

关羽一生中，能称为辉煌的战役其实只有两个，一个是斩杀颜良，一个是樊城之战。然而，就凭这两个战役，关羽也足以跻身古代名将之列，称誉神勇了。

斩杀颜良只是关羽神勇的序幕，而樊城之战才是他辉煌的巅峰。可怜的是，关羽在最辉煌的巅峰时刻，大幕哗然坠落，关羽的人生走到了尽头。

斩杀颜良其实带有很偶然的成分。颜良是河北名将，关羽武功再厉害，也不至于见面只一个回合，就将颜良刺于马下。那么当时是什么情况呢？

有人认为，古代人打仗，先要排兵布阵，而当时颜良的阵营还没有排列结束，关羽就骑着马冲了过去，趁着颜良没有留意，一枪刺颜良于马下。关羽胜之不武。如果这个说法成立，那么就可以理解为什么关羽能够在颜良军中势如破竹，军士竞相逃避，一是人家的阵型还没有摆好，二是主帅被杀，军心大乱。要不然，几十万人的军队，关羽凭什么想来就来，想走就走。

斩杀颜良可能有偶然的运气成分，但是樊城之战却尽显关羽的能力。

关羽要攻打樊城，而樊城守将曹仁也是一个厉害角色。在曹操的众多战将中，曹仁的能力绝对排在前五名。他智勇双全，独当一面，是一个不可多得的人才。曹操封他为征南将军和假节，专门对付周瑜和关羽。他的地位相当于蜀国中的张飞。

关羽攻打樊城的消息传到许昌后，曹操担心曹仁无法抵挡关羽，就派于禁去帮助曹仁。于禁的官职比曹仁要高，他是曹操的左将军和假节钺，恰好，关羽是前将军和假节钺，两人的职位完全一样。

于禁是《三国演义》中被严重低估的人，曹操当年征战时，经常封于禁为前锋；而撤退的时候，经常让于禁断后。而且，于禁还是个模范军人，史书记载："而禁持军严整，得贼财物，无所私入。"

除了曹仁和于禁外，曹军中还有一员猛将，名叫庞德。当年，马超与曹操交战的时候，庞德是马超的先锋。曹操占领汉中的时候，庞德投降曹操。

曹仁与关羽在樊城对垒，庞德数次要求出战，众将向曹仁建议，别派庞德，因为庞德的哥哥在刘备手下，如果派庞德，庞德会临阵反戈。庞德气愤地说："我受国恩，意在效死，我欲身自击羽。今年我不杀羽，羽当杀我。"

听后，曹仁很感动，就派庞德出战。

关羽要对付的，是曹操军营中两位足以排列前五名的大将，还有一位亡命悍将。所以，这场仗很不好打。

关羽与庞德一交战，就被庞德一箭射中额头，又被流矢射中臂膊，只好退兵。射中关羽臂膊的那支箭，是毒箭。庞德旗开得胜。

当时，庞德骑着白马作战，关羽军中都称庞德为"白马将军"，每次作战，军士远远看到白马将军，就赶紧避开。

这时期，关羽因为受箭伤，而箭镞又有毒，每到阴雨天，就疼痛难忍，需要刮骨疗毒。治疗的时候，关羽正和诸将吃饭，他把手臂伸给医生，让医生刮骨。刮骨之声蹇窣可闻，而关羽饮食如常，谈笑自若。关羽的忍耐力，是超常的。

《三国演义》中，把为关羽刮骨疗毒的这个医生，安在华佗头上。其实，此时华佗已经死了十一年。

曹军势众，而关羽又负伤，形势对关羽非常不利。关羽苦思破敌良策，突然，天空下起了瓢泼大雨。关羽高呼："天助我也！"

关羽命令士卒冒着大雨，把阵营秘密移到了高山上，然后派骑哨查看庞德阵营的动态，骑哨回报说："庞德阵营驻扎在平地上。"关羽喜形于色："庞德死定了。"

《蜀记》及很多典籍中都记载过，关羽熟读《左氏春秋》，他对书中的一些章节随口背出。

《左氏春秋》是一本什么书籍？是一本记述春秋历史的典籍，书中对春秋时期的著名战例都有记载。读史使人明志，喜欢读史书的关羽，和不喜欢读史书的庞德，在这场大雨中，高下立判，胜负立分。

学习历史很重要。

那场大雨一直下了十多天，关羽天天坐在帐篷口，望着雾蒙蒙的远方天地，听着哗啦啦的倾盆暴雨，心花怒放，心旌摇曳，心潮澎湃。他知道，这场大雨可以顶十万雄兵。

这十多天来，部将一次次来询问该做什么。关羽都是回答：睡觉。

这十多天来，信使被阻隔在襄阳之外，暴雨如注，道路垮塌，让他们望而却步。

这十多天来，庞德想把阵营移到高处，可是，到处是泥泞，到处是污水，他们已经寸步难移。

这十多天来，远在许昌的曹操忧心如焚，近在樊城的曹仁心急如火，熟悉历史的曹操和曹仁都知道这场大雨对于庞德意味着什么。然而，庞德还不知道。庞德的营寨扎在樊城城北十里的汉江冲积平原上。

然后，在一天夜半，樊城城北突然传来了震天动地的巨响，声音像巨锤一样撞击着每个人的耳膜，所有人都从睡梦中惊醒了，所有人惊醒后都悚然站起，所有人站起后都惊慌四顾。

再然后，他们就看到洪水从北面扑过来，铺天盖地，如同千万只猛兽，挟裹着震耳欲聋的雷声。洪水过处，所有的房屋和树木都被夷为平地。

汉江垮坝了。

那些与关羽对峙了几个月的曹军，没有死于战场，而是死于洪水中。

关羽命人抬出早就准备好的木船，然后坐上去，划向樊城，这一路上，关羽心中都充满了狂喜，士卒们心中也充满了雀跃。让我们荡起双桨，小船儿推开波浪，小船儿轻轻，飘荡在水中，迎面吹来凉爽的风。关羽乘着凉爽的风，划着小船一直划到了一座孤岛边。这座孤岛是一块被冲垮的堤坝，孤零零地站立在水中央。孤岛上，站着庞德和他手下仅存的将领。

关羽命令视线里的所有船只都划向孤岛，将孤岛四面包围，然后，万弩齐发，射向孤岛，曹军将领纷纷倒下。然而，尽管四面被围，庞德却至死不降。部将董衡、董超看到势孤力穷，想要投降，被庞德杀死。

庞德被甲持弓，箭无虚发，无人敢登上孤岛。

关羽带着士卒从天亮攻打到正午，依然无法攻占庞德坚守的孤岛。庞德站立孤岛，威风凛凛，血染征袍，仍大呼酣斗，誓死不退。

正午过后，双方军队的箭镞已经射尽，于是士卒纷纷登上孤岛，两军短兵相接，杀声震天，气壮山河，孤岛周边漂满了死尸，水面也被染成红色。

曹军无法抵抗，士卒纷纷投降，庞德带着部将被逼退到了水边，庞德笑着对监军成何说："吾闻良将不怯死以苟免，烈士不毁节以求生。今日，我死日也。"

庞德抱着必死的决心，所以，带着身边部将向关羽的军队发起更猛烈的进攻，双方刀枪并举，铿然有声，战况更为激烈。

后来，庞德身边的人越战越少，他们也被逼退到了水中，污浊的江水浸湿了他们的战袍，他们的创伤泅红了江水。庞德看到有一艘小船划过来，就带着三名部将扑过来，将小船抢到手中。

四个人用手掌划着小船慢慢地驶向樊城，然而，木船太小，风急浪高，木船倾覆，庞德身上的弓箭兵器都跌落水中，他抱着木船，独自挣扎。关羽带着兵卒从四面围过来，庞德被活捉。

庞德被带到关羽中军帐里，立而不跪，关羽感慨庞德的悍勇，想收为己用，就说："你哥哥现在在我大哥手下当官，你投降我，我封你为将。"庞德大骂道："竖子，什么叫投降？魏王带甲百万，威震天下，你主子刘备怎么敢匹敌？我宁愿站着死，不愿跪着生。"关羽大怒，杀死了庞德。

庞德死后，关羽带着大军继续攻打于禁。史书记载："禁与诸将登高望水，无所回避，羽乘大船就攻禁等，禁遂降。"

关羽斩庞德，擒于禁，然后以得胜之师攻打樊城。樊城中的曹仁，危在旦夕。

樊城也就是今天的襄阳，各种史书中都记载，当时襄阳城外水深五六丈，五六丈等于现在的十二米以上。十二米的水高，足以淹没襄阳城。

当时，襄阳城里的曹仁，手下仅剩几千人，而没有被江水淹没的地方，只剩下了几座高台。

曹仁内无粮草，外无援兵，而围兵数重，无法突围。曹仁激励将士说："人固有一死，或重于泰山，或轻于鸿毛。为国而死，就是重于泰山。"将士们深受感染，决定战至最后一刻，绝不投降。

据《三国志》记载，当天夜晚，关羽睡在襄阳城外，做了一个梦，梦见一头大肥猪咬他的脚趾头，悚然惊醒，他对睡在身边的义子关平说："我今年就要走了。"

说完，他长长叹了一口气，披衣下床，望见月在中天，水光潋滟，心中掠过一丝惆怅。他说他想起了遥远的故乡。夜寒茅店不成眠，残月照吟鞭。黄花细雨时候，催上渡头船。关羽的故乡在黄河岸边的中条山中，可是他回不去了。那个奔跑在中条山中的少年，如今重担在肩，他担负着蜀国的半壁江山。他再也回不到那个天真烂漫的少年时代。

青青陵上柏，磊磊涧中石。人生天地间，忽如远行客。无论是王侯将相，还是平民百姓，无论是富可敌国，还是身无分文，最后都会走上生命的终点。任何人，都无法逃脱死亡的结局。

关羽想到了他的生命在这一年走到尽头，但是他没有想到，他的生命会结束得这样突然。他在北面的樊城水淹七军，而南面的荆州却受到了吕蒙的偷袭。

孙权派遣吕蒙偷袭，蓄谋已久。

关羽一贯很自负，他看不起除了刘备和张飞之外的任何人，甚至诸葛亮。在他的眼中，好像世界上只有刘备和张飞是英雄。

关羽多次在公开场合污蔑孙权。很久以前，孙权为了表示孙刘两家幸福美满，亲如一家，就托人向镇守荆州的关羽提亲，想让自己的儿子迎娶关羽的女儿。如果这门亲事成了，那么荆州会成为东吴的北面屏障，曹操想要进攻东吴，那么关羽肯定不会答应；曹操进攻荆州，东吴也不会坐视不救。而且，既然荆州是亲家关羽的地盘，那么要不要都不打紧了。这是一桩政治联姻。

而且，这桩婚事也不赖，孙权的儿子，那不是太子就是王子，弄得好的话，以后就是吴国国君，关羽的女儿，那就是皇后了。可是，关羽不答应这门婚事。关羽牛得很，你是王子又怎么样，是太子又怎么样，老子看不上。

不答应就不答应吧，人家只是求婚，并没有任何恶意，伸手不打笑脸人，你给人家好好说，就说女儿还小之类的话，别人也不会见怪。可是关羽没有这样说，而是大骂人家使者，并侮辱孙权和他儿子。

使者把话传到孙权耳中，孙权暴跳如雷。我娃怎么说也是个王子，王子难道还担心没老婆？关羽太把人不当人了。

刘备和诸葛亮把关羽放在荆州，是为了北据曹操，南和孙权的，而现在，关羽向北进攻曹仁，得罪了曹操；向南侮辱了孙权，也得罪了孙权。那么，荆州夹在曹操和孙权的中间，怎么会有好日子过？

关羽战术素养很高，但没有战略眼光。关羽还是只能做一个将才，不能做帅才。做将才需要的是冲锋陷阵，开疆拓土，建功立业；而做帅才需要的是具有军事、政治、外交、后勤保障等等全方位的能力。

关羽在襄阳大败曹军，斩庞德擒于禁，威震华夏，湖北河南的各方武装势力纷纷投靠关羽，让曹操极为惊恐。建都在河南许昌的曹操，担心关羽会兵临城下，将迁都列入了议事日程。有谋士建议说："不需要迁都，关羽目前春风得意，孙权肯定不会答应的。"

孙权果然不会答应，他担心关羽势力扩大，夺去了襄阳后，就会回头攻打东吴，所以，孙权给曹操写信，说自己想攻打关羽。你想攻打就攻打，何必这样征求曹操的意见。可见，孙权攻打关羽的决心并没有最后确定，他是想先在曹操这里讨好。

然而，曹操看出了孙权的用心，他派人把孙权的书信射入关羽军中。关羽看到孙权这封亲笔信，怒火燃胸膛，他给孙权去信道："小子，看老子攻破了襄阳后，回头再收拾你。"

孙权气坏了，你先前侮辱我儿子，现在又想收拾我，你也太狂妄了，咱们看谁先收拾谁。孙权派他手下最有能力的战将吕蒙，去攻击荆州。

关羽的灾难，完全是自找的。

东吴占据江南，江南自古多才俊，周瑜之后有鲁肃，鲁肃之后有吕蒙，吕蒙之后有陆逊，他们的人才层出不穷，从来就没有断档过。再反观蜀国，五虎上将之后，实在找不到能够拿出手的人才。蜀中无大将，廖化作先锋。

鲁肃本来就力主连蜀抗魏，而鲁肃死后，吕蒙更主张与关羽结为唇齿之谊，"及蒙代肃，初至陆口，外倍修恩厚，与羽结好"。

然而，关羽征讨曹操，侮辱孙权，孙权决定向关羽用兵，夺回荆州，命吕蒙率军出征。吕蒙看到关羽派兵驻守公安和江陵，扼守着吴军进攻荆州的门户，就对孙权说："关羽在北面攻打襄阳，而在南面留置了这么多兵马，肯定是为了防范我。我现在装着有病，回南京看病，关羽一定会信以为真，把防守公安和江陵的兵力撤走，这样，我们就有了可乘之机，进攻荆州。"

孙权问："如何进攻？"

吕蒙说："我们趁着夜色，溯江而上，袭其空虚，那么公安和江陵都会攻占，然后占领荆州，关羽就被擒获了。"

孙权说："这是一个好主意。"

然后，孙权故意大张旗鼓地召唤吕蒙回南京治病，而假吕蒙也堂而皇之地坐上了东去的车子，真吕蒙却偷偷地藏匿起来。他在军营中消失得无影无踪，没有人知道这是一个以假乱真的计策。

这个计策和长平之战的计策有异曲同工之妙。长平之战前夕，秦昭王偷偷地把白起送到了前线，而这次，孙权偷偷地把吕蒙留下来，秦昭王和孙权这样做的目的，都是为了示弱于人。示弱于人则会引起对方懈怠，而对方懈怠就让自己有了可乘之机。

打仗，其实就是斗心眼，没有多少人一见面就打得头破血流。一见面就打得头破血流的，那不叫战斗，那叫殴斗。

关羽听到吕蒙病重，离开湖北嘉鱼，去往遥远的江苏南京治病，而来到嘉鱼代替吕蒙的，是年轻将领陆逊。关羽笑道："东吴无人啊，小屁孩也派来当大将。"

陆逊来到嘉鱼后，给关羽写信，颂扬关羽的公德，表示永远忠于关羽。永远到底有多远？世界上就没有永远。所以，如果有人给你说永远，你就一定要留意。

关羽接到陆逊的书信，终于放下心来，将据守吕蒙的军队全部开往北面的襄阳，参与围攻曹仁。

湖北的公安、江陵、嘉鱼，江苏的南京，都在长江沿线。长江从北向南，从西向东，依次流过湖北省荆州市下辖的公安县和江陵县，然后流经湖北省咸宁地区的嘉鱼县，三地相距不远；而南京则在遥远的入海口附近。

吕蒙看到公安和江陵守军单薄，立即组织进攻。他准备了几十艘大船，大船的底部由挡板隔开，挡板下暗藏精兵，然后，划船的兵士穿着白衣，假扮成商贩，一路咯吱吱地逆流而上，驶向荆州方向。那时候的商人都喜欢穿白衣，就像今天的推销员都喜欢穿深色西装一样。那是他们职业的标志。

长江浩渺，蜿蜒千里，江水汤汤，碧波荡漾。吕蒙藏在挡板之下，在黑暗中心潮起伏，他知道，属于他的历史马上就要来到了。

吕蒙渴望建功立业，渴望能够名载史册。当年赤壁之战的时候，吕蒙还只是周瑜帐下一员小将，而现在，当年的那名小将成了主帅。

吕蒙知道，他现在要做的，是一件注定会载入史册的大事。吕蒙望着江水，心中涌起万丈豪情。水涌山叠，年少周郎何处也？不觉的灰飞烟灭，可怜黄盖转伤嗟。破曹的樯橹一时绝，鏖兵的江水犹然热。这不是江水，是二十年流不尽的英雄血！

吕蒙乘着快船，沿着长江，逆流而上。

关羽在长江岸边设置了很多岗哨，专门监视东吴的动态。而这些穿着白衣的东吴将士，每逢遇到关羽的岗哨，就借口登岸，将岗哨悉数绑缚，押解到船上。所以，当吕蒙来到了荆州的门户，来到了湖北公安县和江陵县的时候，远在荆州北面襄阳的关羽，毫不知情。

镇守公安和江陵的是关羽部将糜芳和士仁，这是两个庸才。关羽在襄阳征战的时候，这两个庸才在后方负责粮草筹集，却总是无法按时为前方提供粮草，让关羽暴跳如雷。关羽多次放出狠话："我回去后要重罚他们两个。"糜芳和士仁很害怕。

关羽性格很刚硬，这是他性格中的缺陷。一个人的性格不能过硬，也不能过软。过硬，则容易拗断；过软，则难以自立。一个人的性格应该柔韧，柔中带刚，这样才能够持久。苏轼把柔韧的性格解释为球状性格，无论遇到什么挫折和不如意，都能够坦然处置，平和对待。你看苏轼一次次遭到贬谪，一次次发配边关，官越当越小，而他的身体却越来越好，到哪里都不能忘记口腹之福，大快朵颐东坡肉，日啖荔枝三百颗，把自己吃成了一个大胖子，整天摇着破蒲扇，乐呵呵地走街串巷，整个就一活弥勒。

一个人最重要的是什么？不就是身体和心情吗？身体健康，心情愉快，你就活得比比尔·盖茨还幸福。官位不重要，身体才重要；金钱不重要，心情才重要。做一个健康快乐的普通人，就是一个最幸福的人。

性格决定命运。关羽刚硬的性格决定了自己悲剧的命运。

关羽说他回来要收拾糜芳和士仁，糜芳和士仁就很害怕，惶惶不可终日，他们都知道关羽的霹雳手段。所以，吕蒙突然兵临城下，糜芳和士仁没有任何抵抗，就投降了。

吕蒙兵不血刃，占领了荆州的南大门。荆州也不战自降。吕蒙这一招干得很漂亮。不战而屈人之兵，乃上上之策也。

那天晚上，关羽梦见大肥猪咬他的脚趾头，醒来后说自己今年就要死了。

那天晚上，吕蒙占据了关羽的根据地荆州，而远在四百里之外的关羽，却一点也不知道。

关羽完全没有想到自己的厄运会来得这么快。而他的梦境，居然如此灵验。关羽围攻曹仁，曹仁危急，而他自己更危急。

螳螂捕蝉，黄雀在后。

吕蒙是一个聪明人，他懂得攻心为上的道理。

进入荆州后，吕蒙和吴军约法三章，要求对荆州百姓秋毫无犯。当时，正遇到下雨天，有一个士兵站岗的时候，为了避免淋雨，就拿了一个老乡的斗笠，戴在头上，免得淋湿了衣服。吕蒙知道后，将这个士兵砍头了。

因为拿了一顶斗笠，就把人给砍头了，实在太过分。士兵有罪，但罪不至死。吕蒙为什么这样做？他是在演戏，他演戏给所有荆州城的百姓看，演戏给前方作战的荆州士兵看。

曹仁被关羽围困在襄阳城中，情势危急，曹操让徐晃从阳平出兵，援助曹仁。阳平在今天的河南省灵宝市，从灵宝向东南，可达襄阳，地势平坦，道路宽阔。

徐晃也是曹操手下一员勇将，且足智多谋，他的能力和张辽相当，位于曹军将领集团的第一档次。

徐晃昼夜兼程，赶到了襄阳以北，曹仁身边仅剩千人，而且饥寒交迫，奄奄一息。

关羽带着人马迎战徐晃，徐晃带着人马与关羽对峙。徐晃和关羽以前是非常要好的朋友。关羽在曹营中，有了一些莫逆之交，因为关羽很讲义气，喜欢《春秋》，大气豪爽，还是曹操的红人，所以曹营中的将领都乐于与他交往。

而现在，昔日的好朋友，刀戈相见。

徐晃和关羽远远地对望着，叙说往事，没有一句提到即将爆发的这场战争。战场上欢声笑语，其乐融融，蜀军都认为这场仗根本打不起来，因为徐晃是关羽的故知。久旱逢甘霖，他乡遇故知，洞房花烛夜，金榜题名时，此乃人生四大幸事。

徐晃和关羽正说得高兴，突然跳下马来，背对着关羽，面对着曹兵，他喊道："得关云长头，赏金千斤。"

关羽又震惊又恐怖，他问："大兄，是何言邪！"意思为，老兄，你怎么说这样的话。

徐晃转过身来说："此国之事也。"

曹兵发一声喊，冲向蜀军，蜀军没有防备，被曹军冲得稀里哗啦，一败涂地。因为走投无路而跳入汉江和长江的，难以计数。

现在，蜀军才知道了，久旱逢甘霖——只一滴，他乡遇故知——讨债的，洞房花烛夜——变性人，金榜题名时——同姓名。

关羽与徐晃展开激烈交战。《三国志》记载："贼围头有屯，又别屯四冢，晃扬言将攻围头屯，而密攻四冢。羽见四冢欲坏，自将步骑五千出战，晃击之，败走，遂追陷与俱入围，破之。"徐晃此招非常精妙，他看到关羽驻扎了两个大营，一个叫围头屯，一个叫四冢。他装作要攻打围头屯，暗地里却派重兵攻打四冢。关羽看到四冢即将被攻占，就亲率五千人前来救援。然而，五千人不是徐晃大军的对手，关羽带着人在前奔逃，徐晃带着人在后追赶。蜀军逃进了围头屯，魏军衔尾追进了围头屯，就这样，关羽的两个大营都被攻破了。

曹操听说了这一战后，高兴地说："关羽大营，陷坑鹿角围了十重，而徐晃居然轻易攻入关羽大营，我率军三十年第一次听说有这样的事情。"曹操盛赞徐晃是三国时期的孙子和司马穰苴。

关羽无法战胜徐晃，就决定退兵回荆州，然而，使者回报，荆州已经被吕蒙攻占。

吕蒙攻占了荆州后，派士兵走进每一户百姓家，嘘寒问暖，劈柴挑水，耕种田地，扶老携幼，荆州百姓深受感动。荆州被占的消息传入蜀军中，人心惶惶，又传来吴军照顾家人的消息，人人都想回家种地了，不愿再打仗。所以，一夜之间，关羽军中士卒逃亡大半。

关羽进退无路，左右为难，万般无奈之下，只能向西行走，准备去四川投奔他大哥刘备。走到麦城的时候，关羽身边只有几百人，他的心中充满了落寞。麦城，在今天的湖北省当阳县境内。

夜如墨，风如剪，剪不断万千愁绪。笛声寒，千山远，断肠人听断肠曲。想当年立马横刀风云眼底，挽雕弓行天下威震华夷。我今日困麦城身临绝地，雪封道马不前何去何从？

美人迟暮，英雄末路，是人间最悲凉的事情。

那天夜晚，关羽彻夜未眠，他像项羽一样不明白自己为什么会失败得这么仓促，半年前的夏天，他是全国最大的一个州荆州的统帅，肩扛蜀国半壁江山，让北方的魏国惊悚，让南方的吴国恐惧。他出征襄阳，统兵十万，盾牌如云，长矛如林。他跺一脚，整个中原都在颤抖。可是，短短的半年之后，在这个北风呼啸大雪纷飞的季节，他却失败了，当年的十万精兵，现在仅剩几百人。

项羽的失败，失败在过于自大，没有对刘邦穷追猛打，不可沽名学霸王。关羽的失败，失败在刚愎自用，喜欢说狠话，对孙权说狠话，让孙权下定决心攻打他；对糜芳和士仁说狠话，让糜芳和士仁背叛了他。

天亮后，孙权派来使者，劝说关羽投降。关羽答应了孙权，却暗暗地把木头竖在城墙上，木头上包裹着衣服，扮作士兵。麦城的城墙上遍插旌旗，迷惑吴军。

然后，关羽出北门，带着几百名残兵继续上路。他们从湖北当阳走到了湖北南漳，准备走秦岭古道，去往汉中。

当阳距离南漳有近百里，他们这一路上饥肠辘辘，疲惫不堪，一个个冷得直打哆嗦。狂风呼啸，把他们还穿着单衣的身体吹得歪歪斜斜，大雪纷飞，埋住了他们艰难前行的腿脚。前路漫漫，去路彷徨，他们在雪地上跋涉着，东倒西歪，像一根根烧焦的木桩。他们走到南漳的时候，仅剩十几个人。

他们经过一片大雪覆盖的芦苇荡时，芦苇荡里突然冲出了一队伏兵。这些以逸待劳的伏兵，很快就击败了饥寒交迫、已经没有多少力气的他们。关羽和义子关平都被俘了。

伏兵，是东吴大将潘璋部下马忠的军队。一代名将关羽，成了名不见经传的马忠的俘虏，成了阶下囚。曾经威风八面的三国战神关羽，现在只能任人摆布。

孙权听说关羽被俘，就想劝降关羽，用来对付曹操和刘备，谋士说："狼子不可养，后必为害。"谋士还举出了曹操的例子，说曹操当年对他那么好，而他居然攻打曹操，让曹操几乎要迁都了。于是，孙权下令斩杀关羽。

一代名将，落得一个身首异处的悲惨结局。

关羽被斩后，孙权把关羽的首级送给了曹操。孙权不但把关羽的头送来了，而且送来了奏章，请丞相曹操称帝，号令天下，曹操笑着说："孙权这娃很鬼啊，想把我放在炉子上烤。"

孙权是曹操的晚辈，他比曹操要小二十七岁。曹操当年在接受刘表儿子刘琮投降的时候，曾经说过："生子当如孙仲谋，刘景升儿子豚犬耳。"意思是说，生儿子就要生孙权这样的儿子，刘表的儿子是猪狗。

曹操和孙权都是当世豪杰，而关羽居然与曹操和孙权同时交战，失败也在必然。

关羽从征战襄阳，到败走麦城，时间长达半年，这半年里，曹操派兵，孙权派兵，而四川方面的刘备诸葛亮没有派来一兵一卒，甚至刘备诸葛亮连一句问候都没有，这实在太反常了。

而当时，全国的战事，就只有荆州到襄阳方圆几百里打得热火朝天，而其余地方风平浪静。这时候，刘备在干什么？刘备忙着他登基后的庆典。四川一片歌舞升平，荆州日夜险象环生。

所以，有人怀疑是刘备和诸葛亮见死不救。也有人认为是蜀道难行，刘备和诸葛亮心有余而力不足。

9

棋童陈庆之

他的每场战役都在书写以少胜多的传奇。七千白袍军，击败北魏百万军队，创造了战争史上的神话。

　　1969 年春天的东湖，月白风清，万籁无声，毛泽东下榻武昌东湖宾馆，阅读史书。夜半，他读到陈庆之的传记时，心潮澎湃，援笔疾书："再读此传，为之神往。"然后掷笔于地，畅想良久。

　　陈庆之是南北朝时期梁朝的名将，他生活在距今一千五百年的那个遥远的年代。然而，一千五百年过去了，人们至今还记得当年流传北方的一首歌谣："名将大师莫自牢，千军万马避白袍。"意思是说，再勇猛的将领，再凶悍的士卒，纵然有千军万马，见到白袍军也要躲避。

　　白袍军，是当年名气极大的一支军队，仅有七千人。这七千人全部骑白马，着白袍，看起来帅呆了，酷毙了，然而打起仗来，却凶极了，猛歪了。他们自南向北，打得北朝几十万军队望风逃窜。而这支军队的首领，就是白袍将陈庆之。

　　陈庆之，是将领中的一个另类。

　　他文弱纤瘦，射箭射不穿一张木片，骑马骑术也不熟练，史书记载："射不穿札，马非所便。"这样的人，怎么看都不像是一名将领。可是，他不但是将领，而且还是千古名将。白起、项羽，凶悍无比，然而这样一个文弱书生和他们相比，毫不逊色；孙子、吴起，妙计迭出，然而这个文弱书生在他们面前，也能一较高下。

　　他四十一岁前一事无成，每天唯一的工作就是下棋，下棋是他四十一年生活的全部内容；然而从他四十二岁起，领兵征战十五年，纵贯大江南北，横绝秦岭内外，战必胜，攻必克，横扫北朝几十万大军，而他的手下，只有七千人。

　　莫非他用四十一年下棋的参悟，换来了十五年征战的辉煌。

　　陈庆之领着他的七千白袍骑兵，创造了世界战争史上的奇迹。

　　人们不知道陈庆之，是因为混乱的南北朝，那么，南北朝为什么混乱？它到底是一个什么朝代？

　　三国末期，魏国有了一个老狐狸名叫司马懿。司马懿是和诸葛亮、周瑜同时代的人，但是他一直生活在曹操巨大的阴影中。曹操早就看出来这个人包藏祸心，屡屡动了干掉他的念头。司马懿为了能够生存，就把自己的狐狸尾巴藏起来，把自己装成了一只善良温顺的兔子。当曹操的谋士们都在建功立业的时候，他却甘于寂寞，为曹丕作嫁衣裳。等到曹操死后，他终于熬成了第一谋臣。然而曹丕仍然看出来他心术不正，他就继续装下去，把自己装扮成了魏国唯一的顶梁支柱。然后在曹丕死后的某一天，他突然抽身，魏国的大厦就哗然倒塌。

魏国倒塌后，司马懿的孙子司马炎就地取材，建立了西晋王朝。老谋深算的司马懿，为自己的儿孙装出了偌大一份江山。司马懿是史上最能装的一个人。

司马懿的孙子司马炎不是个好玩意，他开始普及了祸及后世的门阀制度，上等人和下等人等级森严，上等人坐享其成，代代相传；下等人穷苦潦倒，没有出头之日。即使诸葛亮生活在这个朝代，也不会有所作为，因为他注定了只能一辈子做一名农夫。

这种罪恶制度维持了五十年。五十年后，北方草原上强大的少数民族，攻入长安，俘虏了西晋最后一个皇帝，北方被少数民族占领。

南方的司马睿看到北方狼烟四起，西晋灭亡，趁机在南京重续司马政权香火，这就是东晋。东晋除了少数的几次北伐外，其余时间偏安一隅，苟且偷安。来自中原的各种人才因为不愿忍受异族迫害，纷纷南下求生，曾经荒蛮的南方各地，迎来了开化、发展的最佳时机，并逐渐走上了繁荣。

此后，山清水软、草长莺飞的江南，成为富庶的代名词。直到今天，还是这样。

而在北方，以匈奴、羯、鲜卑、氐、羌为主的少数民族陷入分裂混战，史称"五胡乱华"。各民族在一百年里，先后建立了十六个国家，这就是五胡十六国。这个时代，是中国最混乱的时代。

后来，北方有一个少数民族拓跋鲜卑逐渐强大起来，他们当初占据了卫青和霍去病离开漠北后留下的巨大空间，现在又击败了各支少数民族，统一北方。

晋朝结束了，中国进入了南北朝。

南北朝时期的中国分裂割据，南朝先后经历了宋、齐、梁、陈四个朝代，北方经历了北魏、东魏、西魏、北齐、北周五个政权。

再后来，北方的北周出现了一个和司马懿一样特能装的人，这个人叫杨坚。北周皇帝宇文邕多次想除掉杨坚，但是杨坚装得温柔敦厚，装得胸无大志，装得与世无争，于是被任命为扬州太守。然后，杨坚又依靠装傻，成为北周丞相。当了丞相后，杨坚又除掉了北周五个诸侯王，扫清了登基的所有障碍。

最后，杨坚夺取帝位，统一南北，建立隋朝。中国结束了自东汉之后长达三百余年的分裂局面，又走上统一。

陈庆之生活在南北朝时期南方的梁朝。在他生活的时代，他一次次北伐，打得北方的北魏摇摇欲坠。

史书中没有记载陈庆之的出身，但是，从他小时候就给雍州刺史萧衍当棋童的经历可以看出，他应该是出生于贫贱人家。棋童，和今天的球童一样，球童是在球场上打下手的，棋童是给下棋人打下手的。下棋人累了，他上去递个热毛巾，给下棋人捶捶肩揉揉背，是个伺候人的小角色。伺候人的小角色，这种职业官宦人家的孩子肯定不干。

上品无寒门，下品无士族。等级森严的门阀制度，让这个出身寒门的棋童无法迈入上层社会。我奋斗了十八年，还是无法和你坐在一起喝咖啡。

然而，为了改变自己的命运，少年陈庆之决定奋斗十九年，甚至更长的时间。后来，陈庆之奋斗了二十五年，等待了二十五年，终于等到了改换门庭的机会，他成为当时从底层跃入上流社会的唯一一个人。

二十五年来，陈庆之都是伺候萧衍下棋。

和萧衍下棋的人，都是当时的社会名流，其中包括著有《宋书》的沈约，让李白崇拜的大诗人谢朓，写有《神灭论》的范缜等。他们在一起面座对弈，高谈阔论，通宵达旦。所有的下人和随从都打起了瞌睡，有的甚至偷偷去睡觉了，而唯独陈庆之精神抖擞，目光炯炯，随时等待着萧衍的召唤。

精力充沛的陈庆之给萧衍留下了极为深刻的印象。

现在无从知道当年的陈庆之在想什么，但是当年的陈庆之一定有所想，一定有所图，如果他没有所想，没有所图，肯定也会和那些下人随从一样昏昏欲睡。陈庆之没有拜师学艺，没有得到兵法传授，那么为什么他日后一出场就震惊四座，一带兵就连战连捷，他的兵法战术肯定得益于这二十五年的参悟和感想。

棋局如战场。在侍奉萧衍下棋的二十五年里，陈庆之一直站在旁边，眼观棋局，心无旁骛，思接万仞，神游八荒。二十五年的观棋岁月，让陈庆之练就了绝世武功，然而，却没有人知道，就连他也不知道，他已练出了倚天之剑。直到有一天，他跃马北上，剑在手，问天下谁是英雄。

萧衍不仅仅在下棋，陈庆之也不仅仅在观棋。和萧衍来往的，都是当时的大学问家，天文地理、哲学伦理、吟诗对赋、军事科技，他们无所不谈，而陈庆之无所不听。萧衍和他们谈了二十五年，陈庆之听了二十五年。二十五年后，陈庆之把他们所有人的学问都学到了，然后博采众长，融会贯通，陈庆之已经成为了当世最有学问的大家，然而，还是没有人知道，甚至连陈庆之也不知道。

这时候的陈庆之，已经拥有了孙子和吴起的兵法，但没有人知道；已经拥有了姜子牙和诸葛亮的谋略，也没有人知道。在所有人的眼中，他还是一个下人；而他自己，也把自己当成一个下人。

东邪西毒，南帝北丐，中神通。陈庆之就是那个武功盖世的中神通，然而他却不知道，所有人都不知道。

少年陈庆之生活的这个时代，南朝的皇帝叫萧宝卷，这是中国历史上最混账的一个皇帝，他小时候不思进取，以捕捉老鼠为乐。后来当了皇帝，不务正业，夜夜玩乐到天亮，一觉睡到下午，如果哪个大臣规劝他一句，他立即诛灭九族。

皇帝萧宝卷最喜欢逛大街，为了能够随时随地逛大街，他把皇宫变成了市场，宫女太监当小贩，皇后做城管，而他自己也做起了店员。大臣们每天上班，不是在朝堂上，而是在自由市场里，他逼迫大臣们买他的东西，不买就不让走。这小子欺行霸市，强买强卖。

萧宝卷执政的这两年，人人自危，民不聊生。

后来，雍州刺史萧衍，就是陈庆之那个喜欢下棋的老板，起而反抗昏君，一直打到了南京城下。

京城旦夕可下，有大臣请求萧宝卷赏赐将士，激励斗志，而萧宝卷居然说："我凭什么给他们钱财？贼寇来了又不是杀我一个人。"说完后，又去他开的店铺里做生意。他是一个锱铢必较的小本生意人，他舍不得乱花一分钱。

不久，萧衍攻破城门，萧宝卷被宫中侍卫和太监杀死，他们提着萧宝卷的人头迎接萧衍进入皇宫。萧宝卷是一个做生意的好料，可惜不是做皇帝的材料，是世袭制害了他。

攻占南京后，萧衍称帝，改国号为梁。萧衍就是梁武帝。梁武帝把当初那个精神抖擞、观棋不语的小棋童陈庆之，也带到了南京。

这时候，南方是梁朝，北方是北魏。

南方出了萧宝卷这样的"脑残"皇帝，北方也出了一个名叫胡充华这样的荒淫太后。南北朝，就是一个生怪胎的朝代。

胡充华以前是尼姑，来皇宫里宣经布道，被皇帝看上了，就留在了皇宫里，生下了太子。后来，年幼的太子继位，胡充华就代子处理朝政。

这个皇帝也太混账了，连尼姑都不放过。

胡充华一生有两大特点，一是像唐僧一样弘扬佛法，大肆修建寺庙；一是像武则天一样乱性，凡是她看上的男子都难以逃脱她的魔爪。皇帝年幼，太后荒淫，北魏也像当年南朝的萧宝卷时代一样，乌烟瘴气，怨声载道。

公元525年冬，北魏的徐州刺史元法僧起来反叛，北魏派兵围剿。元法僧的名字看起来像是和尚，其实不是和尚，他是北魏皇帝拓跋氏的后裔，属于皇亲国戚。元法僧有造反的胆量，但没有造反的能力。他比起当年在南朝造反的萧衍差远了。北魏一攻打他，他就吓得屁滚尿流，赶紧向梁武帝萧衍投降，说他愿做南朝的附庸。

天上掉下一块大馅饼，徐州不需吹灰之力就收入囊中，梁武帝萧衍自然很高兴。

梁武帝大笔一挥，把在身边服侍自己二十五年的陈庆之任命为将军，带着两千兵马，护送自己的第二个儿子、豫章王萧综去接管徐州。

萧综名义上是梁武帝萧衍的第二个儿子，实际上应该是那个昏君萧宝卷的儿子。

萧宝卷死后，萧衍进入皇宫，把萧宝卷那些做生意的皇后宫女一股脑儿接收了。其中就包括萧综的妈，据说，萧综的妈已经怀孕三个月。

萧综的妈和梁武帝在一起生活了七个月后，就生下了萧综。萧综是昏君萧宝卷的种，而不是当今皇帝萧衍的种。

萧综长大后，他妈就流着眼泪告诉了他身世的真相，但是萧综将信将疑。有一次，萧综听说如果是亲生骨肉，生者的血可以渗入死者的骨头里，他决定一试。

某一天深夜，萧综偷偷来到昏君萧宝卷的坟墓旁，将萧宝卷的骨骸挖出来，割开自己手臂，把血液滴上去，血液立即渗进去。尽管如此，他还是将信将疑。后来又一次，他杀死自己的亲生儿子，然后再把自己的血液滴在儿子的骨头上，血液也立即渗进去。至此，他相信了，他是萧宝卷的亲生儿子，而不是当今皇帝的儿子，当今皇帝害死了他的亲生父亲。

杀父之仇，不共戴天。

萧综决心复仇，可是一直没有机会。他就默默地等待着，等待着机会的来临。

终于，机会来临了，梁武帝萧衍派他接收北魏的徐州，他开始拥有了自己的武装力量。

萧综当年用血液和骨头所做的这种实验，是没有科学根据的。血液遇到骨头，肯定都会渗入。

有一个古典戏剧叫《三滴血》，糊涂县官依靠滴血来认亲，生生拆散一对亲人。那个县官的糊涂程度，和萧综有异曲同工之妙。不懂科学很可怕。

萧综是不是梁武帝萧衍的种？那时候没有亲子鉴定，谁也说不准。也许是，也许不是。首先，怀孕三个月的女人，脱光衣服肯定能够看出来，萧衍难道会容忍一个怀孕的女人和自己一起生活，然后把这个野种封为王子？还有，怀孕七个月就可以把孩子生下来，并不是说一定要十月怀胎，也许萧综是早产儿。

这是一桩未解之谜。

当时，梁武帝听闻徐州要归附自己，一定是兴奋过头，只给了两千兵马，就敢进入北魏腹地；而且这两千兵马的头领，居然是毫无作战经验的陈庆之。北魏几十万大军本来已经做好了与南朝开战的准备，现在看到南朝居然只派来了两千兵马，他们全都笑了。

这时候的萧衍，开始信奉佛教。每天主要的时间和精力，都用来念阿弥陀佛。

陈庆之这一年四十二岁，他迎来了自己战争生涯的第一战。而这一战，实在险象环生，危机四伏，内有决意叛乱的萧综，外有北魏几十万人马。陈庆之带着二千人马，一步步走入了狼窝。

北魏看到南朝竟然只派遣了区区两千人进入自己的领地，而且大摇大摆地接收地盘，接纳叛将，这实在太不把人放在眼里了，是可忍，孰不可忍。北魏皇帝决心好好教训一下这支胆大妄为、不知道天高地厚的南朝军队。

南人善舟，北人善骑，自古皆然。而现在两千个南人居然跑到北人的地盘上，和北人打起了陆战。这实在太托大了。这批南蛮子真不知道自己有几斤几两。

北魏皇帝觉得他能够轻易就击败这支南朝军队，所以，他只派遣了一支两万人的精锐骑兵，让安丰王元延明、临淮王元彧带领，开往徐州。

这两个姓元的王，也是北魏拓跋的皇亲国戚。北魏第七个皇帝拓跋宏为了让这些游牧民族融入先进的汉文化，就把拓跋姓氏改为了元。所以，元延明，应该叫拓跋延明；元彧，应该叫拓跋彧。彧的意思是有才华、茂盛，常用作人名。曹操有一个谋士叫荀彧。

两千步兵对阵两万骑兵，任何人看到这种形势，都会认为步兵必败无疑。有人计算过，在冷兵器时代，一个骑兵的战斗力相当于二十个步兵，那么，两万骑兵就相当于四十万步兵。陈庆之的两千人马，相当于要一个人对付对方二百个人。这仗怎么打？而且，北魏的两个统帅都是身经百战的老将，而南朝统帅陈庆之是一个初次上战场的新兵。

陈庆之也知道用步兵打骑兵，会处于绝对劣势，所以，他将自己的两千名步兵带往山中高地，准备俯击北魏骑兵。

元延明看到陈庆之据险坚守，依山扎寨，而骑兵在山中无法发挥优势，便派手下大将丘大千和陈庆之对垒，寻隙进攻。

丘大千带着士卒忙碌了一天，营垒刚刚建好，夜晚就来临了。当天夜晚，北魏的士卒腰酸腿乏，早早就歇息了；而当天夜晚，南朝的士兵睁大了眼睛，盯着北魏的营寨，他们像猛兽一样，愈夜愈疯狂。

陈庆之要求营寨里多点灯火，多扎稻草人，以为疑兵。

当天夜半，狂风大作，漆黑如墨，陈庆之带着两千死士偷偷地摸到了丘大千的营寨里，又砍又杀。北魏的哨兵实在想不明白，明明看到南朝的军营里灯火通明，士兵林立，他们怎么就突然冲到了跟前。夜晚近战，骑兵的优势完全不能发挥，倒是步兵的贴身肉搏大见成效。

丘大千带着士卒忙碌了一天，辛辛苦苦搭成的营寨，就这样被陈庆之轻松夺取，而且马匹也被陈庆之抢走了。现在，他们变成了步兵。狡诈的陈庆之对这些沦落为步兵的北魏士兵，展开了疯狂杀戮。北魏大半士兵躺在这个残酷的夜晚里，再也没有能站起来。少数士兵向西逃走。他们汗流浃背搭起的营寨，现在成了陈庆之阻击他们的屏障。陈庆之鸠占鹊巢，连寨臼都不用建造。事实上他也不可能建造，因为他没有建造的材料。而现在，北魏替他们建好了。

天亮后，北魏的骑兵将营寨团团包围，发动了潮水般的进攻，陈庆之要求士卒们深沟高垒，拒不出战，只把箭镞射向这些蛮勇的骑兵们。弓箭近距离的杀伤力可是相当大。

北魏没办法，只好退后十里扎营。

棋童陈庆之出手不凡，一登场就以少胜多，以弱胜强。他实在太彪悍了。彪悍的人生不需要解释。

你有精骑，冲击力强，但是我不和你正面冲突，等于你没有冲击力；你的优势是野战，但是我不和你野战，等于你没有优势。

任何人都有优点，也有缺点；没有缺点的人是传说中的圣人，但即使圣人孔子也有缺点，他一辈子颠沛流离，连自己的学问都没有卖出去；任何军队都有优势，也有劣势，没有劣势的军队是传说中的天兵天将，但即使天兵天将也被孙猴子打败过。

陈庆之筹划着，怎么利用北魏骑兵的缺点，再次击溃他们。

两万北魏最精锐的骑兵也有缺点，他们的缺点就是骄傲自满，就是轻敌，他们自以为自己一定能够轻松打赢这场实在不对等的战争。而轻敌就是最可以利用的缺点。一个骄傲的人最容易被人利用，一支骄傲的军队也最容易被对方利用。

陈庆之决定把极度有限的兵力分为三部分。第一部分，由部将胡龙牙率领，他们趁着夜晚偷偷地溜出营寨，潜伏在北魏营寨附近的山岭上；第二部分由他率领，向北魏公开叫阵；第三部分由萧综率领，守御营寨。

陈庆之临出门的时候，一再叮咛萧综，无论北魏怎么挑战，都不要迎战，只需把弓弩对着他们狂射就行。

陈庆之与北魏对峙多日，他已经把这座营寨建成了金城汤池。这座营寨不仅仅只有坚固的寨墙，还有营寨外面的层层障碍。对于守城一方，从远到近是这样排列的。

第一道是用来阻击敌军骑兵的鹿角木。鹿角木就是把鹿角形状的坚硬树木锯断，长达数尺，一半埋在地下，一半露出地面，让骑兵无法通过。

第二道是杀机潜藏的陷马坑。陷马坑的上面铺着伪装的稻草或者浮土，下面是削尖的硬木和竹签，无论是人或马，掉进去都会被刺穿。

第三道是形状狰狞的拒马枪，露出地面，阻挡骑兵冲击。

第四道是壕沟。深深的壕沟不但能够阻止敌军步兵，而且还能阻挡敌军骑兵，甚至有的守将还给壕沟里灌满水，更增添了穿越的难度。

壕沟之后，才是寨墙。

所以，萧综带着弓箭手，要守御这座营寨，是非常容易的。

陈庆之的计策是，自己带着步兵向北魏骑兵挑战，在北魏骑兵出来反击的时候，步兵用高大的盾牌建起防御工事，诱敌攻击。将大量的敌军引诱到自己身边。在陈庆之与北魏骑兵攻守交战的时候，胡龙牙率领着那支潜伏部队，突然进击，夺取北魏的营寨。这场战役，攻击北魏是虚，攻占营寨是实。

这是围棋中最基本的战术：腾挪战术。

围棋术语中，对这种战术是这样解释的：当局面复杂，双方都没有进展的时候，运用腾挪战术另行开辟战场，辗转腾挪之间，一条新路就豁然开朗。

陈庆之看人下了二十五年围棋，看成了绝世高手，这条最基本的棋法，信手拈来。当年，围棋在南朝的上流社会非常流行，但是北方少数民族还不知道围棋为何物。

棋局就是战局。搜罗神鬼聚胸脆，措致山河入范围。局合龙蛇成阵斗，劫残鸿雁破行飞。杀多项羽坑案卒，败剧荷坚畏晋师。座上戈铤尝击搏，面前冰炭旋更移。陈庆之看了二十五年围棋，等于和南朝的所有高手作战了二十五年。他的作战艺术绝对妙到毫巅，绝对是当世第一高手。虽然他只带来了两千步兵，但是两万北魏骑兵也不是他的对手。

棋手有两种能力，计算的能力和感觉的能力，每一个卓越的棋手都将这两种能力高度融合，卓越升华。计算是一种思考，而感觉是一种智慧；计算是科学，而感觉则是艺术。

每一个高超的棋手，都有极为高超的感觉能力。

武宫正树说："三三之子想要从棋盘上滑掉似的。"在武宫正树这样的大师心中，方格棋盘不仅仅是他眼中的棋盘，还是他心中的大地。当年陈庆之的眼中看到的也是棋盘，心中想到的也是大地，是大地上的纵横阡陌，是大地上的河川峡谷，是大地上的高山飞瀑，是大地上的风雨雷电。人类历史上所有的战役，都在棋盘上演练了一遍，甚至无数遍；棋盘上的每次对弈，也都是在演练人世间的搏杀对决。

看了二十五年下棋的陈庆之，精于计算，富于感觉，棋盘是他的大地，他忽而像行吟诗人一样，在这片大地上且走且歌，若吟若叹；忽而像执戈将士一样，在这片大地上亦歌亦泣，时喜时悲；忽而像一代帝王一样，在这片大地上傲视阔步，睥睨四方；忽而像垂髫少年一样，在这片大地上流连忘返，顾盼生辉。他熟悉这片土地上的每一棵树木，每一棵花草，每一把泥土，就像他熟悉那一张方格棋盘一样。

所以，任何一场正在发生战役，任何一种正在面对的形势，陈庆之都能够从方格棋盘上找到相对应的战略战术。

陈庆之把棋盘上的腾挪战术用在了战争中，准备直捣北魏的根据地，可是，他意想不到的意外发生了。这场意外与战争无关，但是对这场战争却起到了决定性的作用。

和陈庆之一起来到北魏的豫章王、陈庆之的上级萧综，居然投降了北魏。这简直是世界上最滑稽的事情。

萧综一直认为他不是梁武帝萧衍的儿子，而是那个被萧衍逼死的萧宝卷的儿子，而现在，天赐良机，让他离开了南朝，让陈庆之离开了他，他就立即投降了北魏。

陈庆之是一个绝顶的军事高手，但是不懂宫廷里那些肮脏的狗血鸡毛，不懂政治。

王爷都投降了敌人，这仗还怎么打？还有打的必要吗？

现在，陈庆之腹背受敌，四面楚歌，他能怎么做？他唯一能做的，就是赶紧带着军队撤往南朝，保住士兵们的生命。史书记载："后豫章王弃军奔魏，众皆溃散，诸将莫能制止。"形势急转直下，最不可思议的事情就这样突然发生，陈庆之该如何应对？

孙子云："兵无常势，水无常形。"围棋术语说：流畅自然，因势而动。孙子和围棋中所说的"势"，其实就是变化，是形势。

兵法云："敌未动而我不动，敌欲动而我先动。"讲求的是占取先机，占据主动。

现在，陈庆之的形势危急得不能再危急了。上司突然叛变，敌军四面合围，下级的陈庆之如果不想投降，就只有溃围这一条路。而他的所有军事机密，他的行军路线，他的军队实力，全部被萧综带给了北魏，他现在已经毫无优势可言。

翻遍世界军事史，也找不到这样滑稽的事情。胜利在望，上司却突然投降了。所以说，南北朝是一个盛产"妖孽"的时代。

陈庆之决定：立即发起攻击。北魏的包围圈刚刚形成，陈庆之就趁着夜晚，带着士兵猛打猛冲，斩关夺旗，溃围而出。然后，陈庆之领着军队急急南下，北魏在后急急追赶。

徐州距离南京，有六七百里，而且这一路上没有高山峡谷，几乎全是平原，陈庆之要带着军队，摆脱这些骑着马的追兵，实在不是一件容易的事情。

然而，这一路上尽管没有高山峡谷，但有湖泊河流。沱河、新濉河波涛激荡，洪泽湖、高邮湖漫漫无边，还有蜿蜒奔腾的淮河。每一条河流，每一处湖泊，都抵得上十万雄兵。当陈庆之带着军队在水中浮游，或者划着船桨的时候，北魏的骑兵只能站在岸边望水兴叹，徒唤奈何。

南人善舟，北人善骑。到了水乡泽国，就是南人肆意发挥的舞台。

史书记载，陈庆之在北魏重兵的包围圈中，全身而退，毫发无损。也有的书籍记载，跟着萧综投降北魏的，只有两个随从，其余的都让陈庆之带回来了。

这是陈庆之军事生涯的第一战，他带着两千孤军，深入北魏腹地，而且斩将夺旗，横冲直闯，以少数步兵战胜大量骑兵，书写了南北朝战争史上的传奇。

而且，面对强敌合围，即将面临灭顶之灾的时候，他居然能够带着弱旅溃围而出，摆脱追击，全师而退，保存实力，这不能不说又是一个传奇。

南北朝时期，因为异常混乱和黑暗，所以将星的光芒才更为耀眼，而陈庆之则是这些将星中最璀璨夺目的一颗。陈庆之的传奇，现在才刚刚拉开序幕，他那些令人回肠荡气、击节赞赏、叹为观止的传奇，还没有上演。

公元 526 年，南朝的安西将军元树出征寿春。寿春，是今天的安徽寿县，位于长江以北。当年的南北朝，是以长江为分界线，长江以南属于南朝，长江以北属于北魏。

南北朝时期有一首流传后世的诗歌《采莲曲》："忆梅下西洲，折梅寄江北……南风知我意，吹梦到西洲。"江南女子爱慕江北男子，然而因为长江军事分界线，不能来往，只能在梦中与情郎相会。清代文史学家赵翼《廿二史札记》中有记载："是时梁之境，自巴陵至建康，惟以长江为限……"史书中，把这种军事对峙叫做"划江而治"。

梁武帝任命陈庆之为假节，总知军事。假节，就是拥有独立出征，斩杀中下级军官的权力。当年魏国的曹仁、蜀国的张飞都是假节。曹仁是曹操的本家兄弟，张飞是刘备的义弟，而陈庆之只是梁武帝的棋童，现在居然和当年的曹仁、张飞一样，都是假节。可见，只打过一仗的陈庆之，在梁武帝的心中，地位有多重要。

陈庆之不但是假节，而且是最高军事统帅，江南半壁天下，所有兵马都听从他的调遣指挥。

梁武帝是一个很有意思的皇帝，大兵压境，大战将至，而他把军事交给陈庆之后，自己就去当了和尚。史书记载："南梁武帝萧衍首次舍身同泰寺。"

南北朝这个时期很奇怪，奇怪在方方面面，而大兴寺庙就是其中的一个方面。南北朝时期的寺庙到底有多少，现在已不可考。唐诗云：南朝四百八十寺，多少楼台烟雨中。其实，当年南朝的寺庙远远超过四百八十座。有山必有寺庙，有村必有寺庙。寺庙成为当时人们生活中不可分割的一部分。

当时，当和尚和尼姑是一种时尚，这种时尚的生活让人们趋之若鹜，连皇上也在跟风。梁武帝萧衍当过和尚，隋文帝杨坚当过和尚，不少皇后也当过尼姑。

同泰寺是在梁武帝萧衍称帝后修建的，在当时的南京城外，金碧辉煌，香火兴隆，和尚们每天念念经，修修禅，就优哉游哉地过完了一天。这种幸福生活让梁武帝向往已久，所以，他把军事大权交给陈庆之后，就急急忙忙去寺庙做了和尚。别人是不爱江山爱美人，梁武帝是不爱江山爱和尚。同泰寺，有人认为是现在南京城内的鸡鸣寺。

他相信小书童陈庆之能够替他保卫江山，他乐得游手好闲，当甩手掌柜。

梁武帝去当和尚，陈庆之替他抵挡贼寇。陈庆之率军渡过长江，进入北魏属地的安徽境内。北魏豫州刺史李宪派遣他的儿子李长钧在寿春城外另外构筑了两座城池，与主城成犄角之势，阻挡陈庆之攻伐寿春。

从南京到寿春，路途艰险，不但有琅琊山陡峭难行，而且有瓦埠湖难以穿越。所以，陈庆之这一路上根本无法携带投石机、攻城锤之类的攻城重器，而寿春又是一座有着上千年历史的极为巍峨高峻的古城。寿春，曾是战国时期楚国的都城。

陈庆之不会强攻，强攻是庸将才会干的事情。孙子说："攻城之法，为不得已。修橹轒辒，具器械，三月而后成；距闉，又三月而后已。将不胜其忿而蚁附之，杀士三分之一，而城不拔者，此攻之灾也。"强攻只会给士卒带来巨大的灾难。不爱士兵的将军，不是好将军。

围棋术语中有腾挪战术，就是另外开辟战场。"二战"时期艾森豪威尔的诺曼底登陆，就是采取围棋中的腾挪战术。去年，陈庆之想把这个战术用在元延明和丘大千身上，可是顶头上司萧综投降了，让陈庆之的腾挪战术没有来得及使用。腾挪战术在陈庆之心中都放置一年了，让他技痒难耐，现在，陈庆之准备用在李宪父子身上。

陈庆之让士卒们发力攻打李长钧刚刚构筑而成的新城，攻打了一天后，毫无进展。第二天，士卒们继续鼓噪而上，又攻打了半天，一个个看起来异常疲惫灰心。

然后，士卒们就撤退了，他们一路丢盔撂甲，看起来狼狈不堪。新城上的北魏军队看到攻城者逃走了，一齐开怀大笑。李长钧下令打开城门，追击溃军。

北魏士兵欢天喜地地冲出来，争抢着南朝士兵丢在地上的铠甲头盔和生活用品。那时候的人都不富裕，一副铠甲在那个时候的价钱，相当于今天一套范思哲西装的价格。

北魏士兵正在兴高采烈地捡拾战利品的时候，南朝士兵突然翻身杀回，他们抵挡不住，急忙向新城逃去，可是，新城在他们倾城出动争抢"范思哲"的时候，已经换了主人。两座新城就这样轻易被占领了。

一年前，陈庆之给北魏将领元延明和丘大千准备的圈套，现在终于套在了李宪父子的头上；一年前，陈庆之给元延明和丘大千准备的拐杖，现在终于卖给了李宪父子。赵本山说："做这副拐又搭工又搭料，一天一宿没睡觉，不卖不赔了吗？"赵本山不做赔本生意，陈庆之也不做赔本生意。

新城丢失，寿春显得很孤立。面对非常高大坚厚的寿春城池，陈庆之还是不会攻打。

三十六计中有一个招数叫暗度陈仓，围棋中有一种战术叫先捞后洗。两者说的都是偷袭。陈庆之决定偷袭。

寿春很大，越大越容易找到空档；寿春很高，越高越容易找到弱点。任何事物都是一分为二的，陈庆之学过辩证法。寿春城外有鹿角木、陷马坑、拒马枪，但也只是城门口才有，不是所有地方都有。寿春城里有悬门，有望楼，有雉堞，但也只是城门处才有，不是任何地方都有。

在别人的眼中，薄弱的城门是最容易攻陷的地方，所以，所有的机关都安装在城门上；但是，在陈庆之的眼中，坚固的城墙才是最薄弱的地方，因为这里只有砖块和石头，没有机关。

陈庆之决定偷袭。

夜晚，陈庆之派出大队人马挑灯夜战，在城门方向攻打，敲锣打鼓，齐声喊叫，故意吸引北魏军队的注意力；而陈庆之另外派出一队精兵，从最隐秘的一处城墙下，爬上城墙。

古代城墙都用青砖砌成，青砖和青砖之间有缝隙，而且，因为压强的原因，城墙上头小，下面大，其剖面呈梯形。要攀援这些城墙，比现在攀岩的难度并不会大多少。

这群精兵翻墙溜进寿春城中后，四处放火，大喊大叫："城破了，城破了。"城中混乱不堪，火借风势，风助火势，所有人跑上大街，争相逃命。然后，这群精兵趁乱来到城门方向，打开城门，陈庆之顺利进入寿春。

寿春城池确实很坚固，然而，攻打寿春的陈庆之有计谋。再坚固的城墙，也无法与计谋抗衡。城墙是死的，计谋是活的；城墙是不变的，计谋是诡变的；城墙如铁，为刚，计谋如水，为柔，而柔能克刚。

史书记载："宪力屈遂降，庆之入据其城。"宪，就是北魏的豫州刺史李宪。

寿春被攻陷的消息传到南京后，刚刚当了和尚的梁武帝萧衍兴奋不已。他一把扯下身上的袈裟，这和尚不当了，我回去摆庆功宴去，为陈庆之接风。

梁武帝萧衍是一个性情中人。他兴之所至，随心所欲。邀请全国名流来雍州府上下棋，自己棋艺没长进，却把陈庆之培养成了绝世将才；把萧宝卷的儿子当自己的儿子养，萧宝卷的儿子投了北魏；只给了陈庆之两千人，就让他深入北魏腹地，陈庆之刺出了惊艳一枪；觉得陈庆之能打仗，就给了他"总知军事"的职务，结果陈庆之连战连捷；当皇帝当得不开心了，就削发为僧；可是和尚打禅的凳子还没有暖热，又不当和尚回来当皇帝了。这样有个性的皇帝，世上少有。南北朝净出这样特色显著的人物。

此战过后，陈庆之被封为关中侯。关中侯只是一个名字，和陕西关中没有任何关系。此时的陕西关中属于北魏的地盘。

接下来的两年里，南朝一片平静，梵歌声声，香火缭绕，风景秀丽的江南成为一座巨大的道场。上有好者，下必甚焉。全世界的和尚听说南朝是佛教乐土，纷纷派人前来学习。史书记载："普通八年，天竺国达摩至广州。"普通八年是公元527年，天竺国指印度。当时，连佛教发源地印度都派和尚前来取经，可见南朝的佛教思想影响有多大。

梁武帝萧衍把军事全权交给陈庆之，他不管不问，每天就只忙着亲切接见来自世界各地的佛教信徒，并与他们亲切交谈，偶尔再发表一下似是而非、模棱两可的观点。

梁武帝尽管不问朝政，但是他有一个好处，不贪权，不害人。因为有陈庆之等大臣把全国上下打理得井井有条，所以那些年的南朝经济繁荣，人民生活富裕，各行各业都取得了长足的发展。

而此时的北魏，却是干戈四起，怨声载道。

梁武帝萧衍的无为而治，远远胜过北魏的残暴统治。

公元534年，北魏武川、抚冥、怀朔、怀荒、柔玄、御夷等六镇先后叛，东西敕勒部落也先后叛。幽、秦、凉、营诸州民变蜂起，烽火相望。

公元525年，北魏胡太后复临朝，杀江阳王元乂。胡太后与谏议大夫孙俨、中书舍人徐纥通奸，二人恃内宠，表里相结，权倾朝野，国事益不可为。

公元526年，北魏五原人鲜于修礼叛，旬为部将所杀，其将葛荣代领其众。州郡叛乱相继，互相攻杀，境内几无净土。

公元527年，北魏西讨大都督萧宝寅据长安叛，称帝，国号齐。

这个时期，北魏内乱剧烈，正是北伐建功的好时节。梁武帝也看出了形势对南朝极为有利，所以就派兵北伐，北伐的将领除了陈庆之，还有曹仲宗、韦放。曹仲宗是皇宫中禁军的领军。他的职位尽管比陈庆之低，但是他却是代皇帝出征。至于兵士有多少？史书中没有记载。但是估计也不会太多，因为梁武帝每次派兵北伐，都是蜻蜓点水一般，他没有统一全国的霸业和霸气。

南朝军队北上，北魏十五万军队在常山王元昭的率领下，南下迎击。

北魏的前锋与南朝军队在今天的安徽蒙城县马集镇驼涧村相遇，此地距离蒙城还有四十里。蒙城，当时的名字叫涡阳，因为有涡河从南面流过，而有了这个名字。

北魏的前锋有五万人。

然而，五万人已经把曹仲宗吓住了，他不敢接战。从曹仲宗的反应来看，当时的南朝军队肯定没有五万人。

陈庆之要求出战，曹仲宗说："据我所知，一支军队的前锋肯定都是精锐，如果我们和这支前锋交战，打赢了也没有啥意思，因为只是前锋部队，北魏的中军还没有来；如果打输了，我们就士气挫伤，以后的仗还怎么打？所以，我觉得不能交战，我们以逸待劳，等他的中军过来。"

众将也随声附和。

陈庆之说："北魏远道而来，人困马乏，离我们还有一段距离，不会想到我们出击，现在趁着他们还没有安营扎寨，出其不意攻击他们，一定能胜利。而且，北魏扎营，喜欢在草木茂盛的地方，便于他们放牧，有草木遮挡，我们正好奇袭。"

但是，曹仲宗不答应。众将也说这样做太危险。

陈庆之说："如果没有人和我一起去，我就只带着我的亲兵队去。今晚就去。"陈庆之的亲兵队有多少人？只有二百人。

当天夜晚，陈庆之带着亲兵队的二百人，趁着夜色，摸到了北魏前锋的营寨边，听到了报告时间的打更声。朔气传金柝，寒光照铁衣。杀声三时作阵云，寒声一夜传刁斗。现在，二百人要向五万人发动攻击了。

陈庆之的这次夜袭，很容易让人联想到三国时期吴国的两则轶事。这两则轶事说的都是孤胆英雄，主人公分别是甘宁和丁奉。《三国演义》和《三国志》中都记载有这两个故事，这两个故事分别是"甘宁百骑劫魏营"和"丁奉雪夜奋短兵"。

甘宁的故事是这样的。当年，曹操率军攻打东吴，前军刚到，甘宁就请缨出征，只带着一百名敢死队员，临出征每人喝一碗酒，然后就出发，冲进曹营中大砍大杀，逼得曹军退后十里扎寨。

丁奉的故事同样精彩。在甘宁百骑劫魏营二十年后，曹军十万人又一次攻打东吴，老将军丁奉带着手下三千人前去迎击。当时天气异常寒冷，北风呼啸，大雪纷飞，魏国将军在帐篷里饮酒。丁奉和三千名死士脱掉衣服，光着上身，手持短刀，一步步走近曹营。魏国将领看到大雪天的，来了这么一群光着膀子的人，全都笑了，根本就不做防御准备。

而丁奉趁机冲进魏营中，见人就杀，将十万魏军赶走了。

甘宁、丁奉、陈庆之，都是非常强悍的虎贲之士，这种凶猛实在让人震撼。任何人看到他们的勇气和无畏，都不可能不震惊。

古代军队夜晚扎营的时候，会在营寨外放置鹿角木、拒马枪之类的障碍物，用来阻挡敌军偷袭。把粮车围着中军帐摆一圈，用来保护主将的安全。所以，古代夜袭的战例很多，但很少有能够夜袭杀死主将的。

陈庆之带着二百人来攻打北魏五万人的营寨，而这五万人今天刚刚来到驼涧村，他们人困马乏，安排好岗哨后，就早早休息了，甚至连营寨外的鹿角木和拒马枪都没有放置。陈庆之借助着黯淡的星光，看到北魏营寨如此疏于防范，心中大喜，立即发起进攻的信号。

于是，二百名南朝骑兵披着夜色，像传说中的死亡之神一样，狂飙一般地扑向北魏军队。

他们一冲进北魏营寨，立即兵分几路，逢人就砍，到处放火，北魏营寨完全乱了。北魏军队完全没有想到，这些南蛮子居然这么快就和他们打起来了，连让他们好好睡一觉的机会都不给，实在太不讲理了。昏天黑地中，到处是密集的马蹄声，到处是慌乱的呼喊声，到处是耀眼的火光，到处是奔逃的身影。北魏营寨乱得像一锅冒着气泡的黏粥，人人只顾逃命，哪里还能抵抗。

陈庆之的二百人，就这样轻易打败了五万人。这场战役前面让人悬念丛生，而后面没有任何悬念，陈庆之赢得非常轻松。因为这是夜袭，主动权掌握在陈庆之手中。

下面，再来看一个纯军事的问题：如果突然遭遇敌军夜袭，该如何应对？

孙子兵法中已经说了："故其疾如风，其徐如林，侵掠如火，不动如山。"意思是说，军队疾速行军时，要像大风一样快捷；缓步行军时，要像树林一样平稳；攻击的时候，要像火焰一样凶猛；驻扎的时候，要像山岳一样沉稳。孙子兵法的最后一句说得很明白，驻扎的时候不能惶惶不安，即使遇到偷袭，也不能惶恐。

三国时候，魏国大将张辽的营寨有一天晚上突然火光映天，有人叛乱。张辽立令没有参与谋反的人原地不动，而自己带着几十名亲兵立在中军帐中。过了一会儿，谋反的人就被识破，抓了过来。

打仗是这样，处事也是这样，无论遇到什么事情，都不能乱了方寸，都不能惊慌失措。因为越慌越乱，越乱越会出现更大的问题。

谁也不会想到，北魏的五万前锋军队，居然在一个漆黑的夜晚被南朝的两百个敢死队员打垮了。两百对五万，双方人数悬殊到了一比二百五，而最后陈庆之居然把这群"二百五"击败了，这实在是军事史上的奇迹。

陈庆之是一个极善于利用天气和地理的将才，他利用夜色，夜色会让他出其不意，攻其不备；他利用河流，河流会让他阻敌追击，断敌退路。为将者，要通天文知地理，而不仅仅是"长坂坡上一声吼，吓退曹营百万兵"那样侥幸和蛮勇。

此战过后，陈庆之带着亲兵队，和后面的大部队合兵一处，一直把北魏军队赶到了涡阳城以北。然后，他们占据了地势险峻的涡阳城，与北魏对峙。

当时，谁也没有想到，这场对峙竟然长达一年时间。

为什么时间会拖得这么长，后世的我们无法知道更多的内幕，但是有一点是肯定的，此时的陈庆之没有单独领军作战的权力。从此前此后的表现能够看出来，十五万人的北魏军，完全不能对陈庆之领着的南朝军队构成威胁。而现在双方竟然都停滞不前，可见南朝军队不是由陈庆之掌握的。尽管陈庆之被封为"总知军事"，但是皇城禁卫军的首领曹仲宗才是这支军队的最高指挥官。陈庆之所能够调动的，只有自己的二百名亲兵部队，甚至可能连调动这二百人的权力也被剥夺了。

史书记载："自春至冬，数十百战，师老气衰。"

打了几十仗甚至上百仗，还无法将北魏击败，显然这不是陈庆之的作战风格。陈庆之是一个为战争而生的人，越是众寡悬殊，越能激发出他的斗志；越是不可能完成的任务，越能挖掘出他身上的潜力。十五万人的北魏军队，根本就不够拥兵五万兵力的陈庆之填牙缝。

后来，北魏来了援兵，而南朝还没有援兵到来，可能梁武帝萧衍又躲到了鸡鸣寺里，整天念着般若波罗蜜多心经，心中想着四大皆空，早就忘了千里之外，还有两支军队在作战。

北魏的援兵来到南朝军队的后方筑寨，准备切断南朝军队的后路。

曹仲宗吓坏了，他连忙召开军事会议，命令南朝军队立即往回跑，此地不宜久留。

忍耐了整整一年的陈庆之，现在再也忍不住了，他站起来，拦住将领们的去路，用节杖恶狠狠地敲打着门框说："我们来到这里，已经一年，耗费的粮食和财物无法计算。现在，鲜卑人一增兵，一个个就想逃走，你们还是军人吗？今天，你们有两条路可走，要么跟着我冲上去，和鲜卑人决一死战；要么，我凭借我手中的密诏，治你们死罪。"

陈庆之的职位是假节，皇帝赐封给他节杖，拥有这根节杖的人，可以随意处置中下级军官，而不能治高级军官死罪。但是，谁也不敢保证今天把这个愣小子逼急了，他会连高级军官都杀了。而且，这小子还说自己有皇帝的密诏，皇帝和他在一起生活了三十年，情同兄弟，很可能这小子真的有密诏。

将领们都很害怕，不敢走出营门。陈庆之让他们回去整顿军队，准备杀敌，他们只好答应。

一场败局已定的战役，居然被陈庆之反败为胜。

当天晚上，陈庆之要求军需官把所有腌肉和酒食全都拿出来，让大家饱餐一顿。在古代，因为交通不发达，前方将士只能吃到腌制的蔬菜和肉食。

士兵们欢声雷动，因为粮草将罄，士兵们多少天都没有吃一顿饱饭了。今儿个这是怎么了？碰到什么喜事了？不管那么多，先把肚子吃圆再说。军营里觥筹交错，欢声阵阵，比过新年还热闹。酒酣耳热之际，陈庆之端起一碗酒站起来，对着士兵们喊："大家想不想回家？"

士兵们脱口而出："想。"出征一年了，天天都在想家，久违了，家中的饭菜飘香；久违了，家中的妻儿老小；久违了，家乡熟悉的气息；久违了，家乡的葱茏草木。

陈庆之说："想回家，就得把前面这伙敌人赶跑，把他们赶跑了，我们就能回家。今晚，我要去赶走他们，谁愿意跟着我去，就喝了这碗酒。"陈庆之将手中的一碗酒一饮而尽，然后把碗摔在地上，破碎的声音在空中飘荡，也在士兵们惊愕的视线里飘荡，陈庆之拔剑出鞘，转身离去，走得异常沉稳而坚定，如同风头刀割，如同易水彻寒。没有回头。

士兵们在酒精的冲击下，也纷纷绰刀在手，齐声呐喊着，跟了上去。当主帅的都不怕死，士兵们还怕什么？

陈庆之不但是一个极有智谋的将军，还是一个勇猛无畏的"犀利哥"。

军需官惊愕地望着他们离去了，才终于想明白，怪不得今晚把所有家底都拿出来，又吃又喝的，原来这酒不是白喝了。酒壮英雄胆。喝了酒的武松都敢打老虎，还有什么不敢打的？

北魏军队和南朝军队对峙了将近一年，早就懈怠了。在对峙的这一年里，南朝军队中规中矩地和他们交战，从来不会偷袭，更不会夜袭，所以，他们夜晚也没有做出任何防范措施。因为做也是白做。

陈庆之带着这群喝得微醺的南朝士卒冲进营寨的时候，北魏士兵才发现战争突然在这个平静的月明风清的夜晚打响了。他们光着身体，仓促抵抗，可是还没有找到兵器，就被砍为两段。南朝士卒一路杀过来，满身酒气，一言不发，遇神杀神，遇佛杀佛，遇老鼠杀老鼠，谁挡住他们的去路，他们就杀谁。凡是出现在他们视线里的活物，全部被砍为两段。

喝过酒的人都知道，人在微醺的情况下，最大胆最勇敢，天不怕地不怕，因为这时候大脑是一片空白。秦始皇时代，秦军每逢作战，先喝得微醺，然后冲上去，无所畏惧，战斗力倍增。

这一夜，陈庆之带着微醺的南朝士兵猛冲猛打。天亮后，他们来到了一座山岗上，酒醒了，看到一轮红日喷薄而出，万千鸟雀齐声鸣唱，他们回头望去，居然发现在这个杀气腾腾的夜晚，他们冲垮了敌人四座营寨。

陈庆之笑着对士兵们说："看见了没有，北魏士兵没有什么牛逼的。前面还有九座营寨，今天一起冲上去，把它们捣毁了，然后我们就回家。"士兵们一齐高声响应。

这天的战役，是中国古代最凶悍的战役之一。

陈庆之一夜之间，连攻四寨，北魏惊恐。小时候看评书，看到北宋名将狄青日夺三寨，名垂青史。可是，南朝将领陈庆之夜夺四寨，却不为人知。狄青日夺三寨几无可考，而陈庆之夜夺四寨，却是真实发生过的。

一夜之间丢失了四寨，北魏加强了防御，剩下的九寨严阵以待，他们知道陈庆之迟早会来攻打的。如果因为强大而畏惧，如果因为没有胜算而半途而废，这不符合陈庆之的做事风格。陈庆之当然会攻打，但是陈庆之没有选择智取，而是选择强攻，这也不符合陈庆之的做事风格。

为什么要强攻？也许陈庆之这一年来看到南朝军队萎靡不振，他需要重振士气；也许北魏的营寨驻扎在旷野上，除了强攻，别无他法。

陈庆之的强攻惊心动魄。他让士卒们把北魏俘虏杀掉，砍下头颅，排列阵前，使北魏守军胆寒。然后，鼓声大作，南朝士卒齐声呐喊着，潮水一般冲向北魏营寨，势同天塌地陷。

北魏尽管人数众多，尽管处于守势，然而他们在南朝这种不要命的打法面前，惊慌失措，无法抵挡，九座大营像多米诺骨牌一样，次第倒下。陈庆之带着南朝士卒穷追猛打，狂砍乱杀。陈庆之把一年来的憋屈都发泄在这场战役中。史书记载："所余九城，兵甲犹盛，乃陈其俘馘，鼓噪而攻之，遂大奔溃，斩获略尽，涡水咽流，降城中男女三万余口。"

北魏十五万人几乎被杀绝，尸体倒在涡河里，让河水为之断流。城中的三万百姓，开门纳降。涡河，是淮河的支流。

后来，南朝把这片被陈庆之攻占的土地设置为西徐州。

涡阳大捷的消息传到南朝，一把年纪的梁武帝高兴得活蹦乱跳，他马上亲自起草诏书，赏赐陈庆之。诏书中这样写道："本非将种，又非豪家，觖望风云，以至于此。可深思奇略，善克令终。开砾门而待宾，扬声名于竹帛，岂非大丈夫哉！"梁武帝的文采很不错。他的大儿子，也就是太子萧统的文采更不错。他带人编写的《文选》，是我们现在能够看到的最早的，也是影响最大的文学作品集。熟悉古典文学的人，都知道《古文观止》，而《文选》比《古文观止》早了一千多年，而且编选的作品更全面，体裁更丰富。

有陈庆之镇守边关，南朝平安无事，梁武帝萧衍又去当和尚了。

在梁武帝时代，因为他事佛如痴，所以国中男女都以当僧尼为荣。皇帝爱不爱当和尚是他的事，但是因为他而全国佛事肆虐就是他的责任了。那时候，据不完全统计，全国的僧尼高达十余万，都要赶上军队的数量了。梁武帝舍不得把更多的军队交给陈庆之去北伐，因为这些军队要吃要穿要花钱，却舍得拿出大把大把的钱交给寺庙，养活十余万僧尼。而这些钱哪里来的？从老百姓那里来的。老百姓不但要养活官员、养活军队，还要养活数量庞大的僧尼，负担加重，怨声载道。所以，梁武帝是一个昏庸误国的大昏君。

梁武帝当了和尚，大臣们着了急，国中不可一日无君啊，这么大的国家，每天有多少事情等着他处理；太监们也着了急，这么多的宫女，没有自家男人管着肯定要出乱子。尽管这时候梁武帝已经过了五十岁，而他过了五十岁就再没有过夫妻生活，一心向佛，但是宫女们还都仰仗着他，因为他是她们的老公。

大臣和太监找到同泰寺，请梁武帝回去，可是和尚们不答应了：这里是寺庙，不是朝堂；我们这里只有佛门弟子，没有俗世皇帝；想请皇帝回去，拿钱来。大臣和太监们没有办法，只好给了寺庙一亿钱。

在施耐庵的笔下，那些出家人，除了花和尚鲁智深，再没有一个好玩意。施耐庵写道：出家人的称谓，一个字是僧，两个字是和尚，三个字是急色鬼，四个字是色中饿鬼。苏轼更是详尽描述为什么和尚都不是好玩意：平常人家为柴米油盐而奔波，但是和尚衣食无忧，无所事事，肯定就心生邪念，奸人妻女。

这是梁武帝第二次出家。第一次出家，他只待了三天，第二次出家只有十几天，但被寺庙讹去一亿钱。后来，他在八十多岁高龄的时候，还出家了二次，每次都没有待多久，都被寺庙讹去了不少钱。

公元 528 年，北魏大乱，淫乱的胡太后杀死北魏皇帝，另立新君。依靠镇压起义军而壮大的契胡族人尔朱荣，攻入洛阳，杀胡太后、新君和两千多名北魏皇室成员，曾经繁华的东都洛阳，成为人间地狱。

北魏北海王元颢也是皇室成员，他担心被尔朱荣屠杀，就跑到南朝寻求保护，并请求梁武帝派兵护送他回国称帝。梁武帝听了很高兴，元颢要是当了皇帝，那不就是儿皇帝吗？北魏能不听南朝的吗？

梁武帝派军护送元颢回国称帝，可是，梁武帝只派了七千人出师北伐，七千人的首领是陈庆之。

七千人就想北上攻占北魏的都城洛阳，而北魏尔朱荣刚刚剿灭了百万起义军，手下兵力也有百万。七千人对阵百万人，这个玩笑开得实在太大了。

南朝人人都替陈庆之捏着一把汗，人人都认为这是一个不可能完成的任务。但是，陈庆之坦然接受，没有丝毫犹豫。

陈庆之和七千士卒全部换上白马白袍，面朝北方，誓师出征，河水汤汤，大风猎猎，马鸣萧萧，长路漫漫。他们最后望了一眼家乡的方向，然后就踏上了出征的路途。送行的人们看着他们，看到他们衣冠胜雪，看到他们背影如铁，看到他们融入了一片辉煌的夕阳中。

天高路远莫畏难，壮士一去兮不复还。他们就这样走着，走得毅然决然，走进了一座座墓碑里，走进了一页页历史中，走进了后世一代代人的传说中。

他们再没有回来。

七千白袍军，成为永远的传奇。

白袍，是战袍，也是丧服。莫非他们出征的那一刻，就预言了以后的悲壮结局。鼓声为谁敲响，丧钟为谁而鸣？

七千白袍军，威风凛凛地出师北伐，他们的行装异常耀眼，他们的眼睛充满自信，他们的歌声随风飘荡。他们一路都走得很从容，走得很坚定。他们沐浴着日月星辰，与大地融为一体。他们不像是去作战，倒像是去赶庙会。全北魏的人都知道了，南朝有一队白袍军来到了北魏，他们一个个长身玉立，笑容灿烂。他们简直帅呆了，酷毙了。

陈庆之肯定也很帅，要不然，梁武帝就不会把他选在自己身边当棋童。

他们的第一战在睢阳打响。睢阳位于河南南部，就是两百年后的安史之乱中，张巡死守的那座城池。

睢阳的守军是丘大千，就是陈庆之第一次领兵出征的时候，与他交战的那名北魏将领。在睢阳城里，丘大千陈兵七万，占据守势；而陈庆之只有白袍七千，采取攻势。

当时，如果丘大千将兵马全部集中于睢阳城中，据险坚守，陈庆之要攻下睢阳城，可能还要费些周折。可是，丘大千尽管曾经在陈庆之手下吃过败仗，但是他自信这次自己依靠梯次防守，可以击退陈庆之。陈庆之的七千白袍军看起来英气逼人，说不定中看不中用。

丘大千在城外分筑九座营寨，抵御陈庆之。陈庆之想要靠近睢阳城，必须通过九道防线。所以，丘大千坐在睢阳城中高枕无忧。

然而，丘大千没有想到，"自旦至申，陷其三垒"。古人计时，日出时叫做旦早朝晨，日落时叫做夕暮昏晚。一天分十二个时辰，每个时辰等于现在的两个小时。旦指的是早晨七时，申指的是下午三时。也就是说，在八个小时内，陈庆之就攻陷了丘大千三座营寨。

丘大千把主要兵力都放在城外抵挡七千白袍军，没想到白袍军战斗力如此凶悍，如果照这样计算，到了明天，城外的军队都会被白袍军赶尽杀绝。没有了城外的军队，睢阳城就只是一座空城，那还怎么坚守？所以，丘大千思来想去，干脆投降算了。毕竟还是熟人，两年前他们就在战场上打过招呼。

睢阳是都城洛阳的门户。洛阳的门户就这样轻易打开了，洛阳的情况就很不妙了。

白袍军在北魏的土地上出现后，北魏朝廷赶紧召开紧急御前会议，他们派遣两万名羽林军，由济阴王元晖业率领，前去增援睢阳。羽林军，当然是全军的精华。

两万羽林军来到考城后，听说睢阳已被攻占，他们再也不敢向前走了，赶紧龟缩在考城里。考城四面环水，水深数丈，可以抵御白袍军。考城，就是今天的河南兰考县，当年焦裕禄同志工作的那个县。兰考城外，现在没有水了，因为沧海桑田，世事变幻。唐朝的时候，八水绕长安，八条河流在西安城外流过，而现在西安城外连条臭水沟都找不到了。

考城城墙并不高，两万羽林军仓促之间逃往考城，也来不及构筑工事。陈庆之带着七千白袍军来到水边，渡河而过。南方人凫水如履平地，元晖业在无限惊愕中，看到陈庆之和七千白袍军兵临城下。

考城城墙虽不高，但是有两万羽林军把守。无论在哪个朝代哪个国家，羽林军的射箭技术和武功都应该不错。所以，当陈庆之靠近考城城墙的时候，两万羽林军一起射箭，陈庆之无法靠近城墙。

你不让我靠近，我就不靠近。冒着箭雨而驱动士兵攻打城池，那种傻事，陈庆之不会干。陈庆之又带着士兵涉水而回。深达数丈的河流，根本无法阻挡他们。七千白袍军说来就来，说走就走，他们轻松而随意，就像在自家庭院里一样。

元晖业站在考城城墙上，看到陈庆之退兵，喜不自胜，他想着七千白袍军一定会向南逃窜，打道回府，可是，他没有想到，这些穿着白袍的南蛮子并没有向南逃走，而是绕过兰考，进击西面的荥阳。

朝廷派来两万羽林军，是为了堵截白袍军，而不是坚守考城。白袍军绕过考城去攻打荥阳，那坚守考城就没有任何意义。所以，必须追击白袍军，把他们赶回南朝。

元晖业带着两万羽林军打开城门，驾驶七千辆战车，向西追去。元晖业率领的，是一支战车部队，是当时机械化程度最高的一支部队。它相当于"二战"初期古德里安的装甲师。

元晖业一出考城，就中计了。围棋中有一个最基本的战术，叫做弃子。元晖业不知道，但陈庆之知道。

考城就是陈庆之丢弃的棋子。

河南东部，全是缓缓起伏的丘陵地带。陈庆之跑出几里后，看到远远的后方，尘土飞扬，他知道是元晖业追来了。陈庆之满脸笑容，七千白袍军也是满脸笑容。他们排好阵型，看到北魏的战车驶来了。

步兵对骑兵，没有胜算；骑兵对战车，没有胜算。那么，如果变阵呢？无论是步兵还是骑兵，只要变阵，就可能击败战车，因为阵型会让攻击威力增加数倍，甚至数十倍。北魏的战车冲过来的时候，七千白袍军突然变阵了，中间的骑兵向两边散开，露出空当。巨大的惯性让北魏的战车从这个空当穿过。

然后，闪到两边的白袍军追在战车的后面猛打，想怎么打就怎么打，用弓箭可以，用长枪也可以。战车的灵活程度远远不如骑兵，战车处于被动，骑兵处于主动。

这一场战役赢得非常轻松，陈庆之用围棋中普通得不能再普通的弃子战术，轻松击败北魏两万羽林军，生擒元晖业，缴获战车七千八百辆。

下一站，是荥阳。也就是当年项羽和刘邦对峙多年的那座城池。

陈庆之只带着七千白袍军，一战睢阳，丘大千受降；二战考城，元晖业被擒，现在又发兵攻打荥阳，洛阳惊恐。荥阳距离洛阳只有两百里。七千白袍军仅用一天时间，就能赶到。

北魏君臣吓坏了，他们调集了三十万军队，驰援荥阳。七千白袍军要对阵三十万军队，再一次显示了其让人无法估量的震古烁今的实力。

荥阳是一座名城，它的历史像古猿人一样悠久，它是中国最早的城市之一。荥阳地处中原腹地，每逢改朝换代的时候，这里都要发生战争。它是兵家必争之地。

荥阳有虎牢关，虎牢关天下闻名，易守难攻；荥阳有鸿沟，鸿沟天下闻名，阻挡了项羽西进的脚步。荥阳有"两京襟带，三秦咽喉"的称谓，如果占据荥阳，别说西面两百里处的河南洛阳，即使更西面的陕西长安，想要攻取，也不是难题。两京指的是东都洛阳，西京长安。

历朝历代的军事家，都知道荥阳的重要性。所以，他们不断地加固荥阳，不断地改善其防御措施。等到今天陈庆之攻打的时候，荥阳已经拥有了世界上最坚固和最高耸的城墙。

史书记载，陈庆之攻打荥阳极不顺利，攻城第一天，就损失了五百人。五百人对于这支七千人的白袍军来说，是一笔巨大的损失。

攻不下荥阳并不可怕，可怕的是，三十万北魏军队，从西面扑来，像隆隆开动的铲车，要把白袍军赶到坚硬的荥阳城下，然后碾为肉饼。白袍军远离根据地，粮草无济，孤立无援。到了这里，就像落入了深井中，一切只能靠自己。史书记载："（北魏）前后继至，旗鼓相望，时荥阳未拔，士众皆恐。"

孙子说，三军可夺气，将军可夺心。如果没有士气，这仗怎么打？即使强迫作战，也会打输。

陈庆之清楚地知道，目前最急需的是，重振白袍军的士气。

荣阳攻占不下，敌援步步逼近，形势异常危急，大战一触即发，空气紧张得要凝固一般，所有人都惊恐地望着陈庆之。陈庆之跳下马背，解下鞍鞯，头枕着鞍鞯说："躺在这里睡一觉真好，打完这场仗，我就在这里好好睡一觉。"

然后，陈庆之站起身来，面对所有士卒说："我们从南朝来到这里，一路攻城略地，杀人无算，就算死一百回，也够本了。现在，狭路相逢勇者胜，置之死地而后生，谁不要命，谁就活命；谁想要命，谁就没命。先攻下荥阳，然后把北魏援军赶尽杀绝。"

士卒们欢声雷动，向荥阳城发起疯狂反扑，陈庆之亲自擂起战鼓。一通鼓罢，壮士宋景休和余天愍抢先翻过城堞垛口，登上城墙，挥刀猛砍，守军抵挡不住，纷纷溃逃。荥阳城就这样被占领了。

各种史料对荥阳城当时的守军记载不一，有的是七万，有的是十万，即使七万守军，也是白袍军的十倍。而白袍军一鼓作气，奋勇争先，很快就攻占了荥阳城，为什么？后人分析说，当年北魏分崩离析，杀来杀去，早就让将士寒心，很有可能荥阳城的守军不愿卖力抵抗，他们看到白袍军要和他们玩命，便一哄而散。

攻占了荥阳后，陈庆之挑选了最精锐的三千骑，由自己带领，背城而立。大风呼啸，吹得旌旗猎猎飞舞。他们站立在狂风中，望着渐渐逼近的北魏军队，高声喊道："想送死的，快上来！"

北魏军队一路急急忙忙赶过来，他们没想到荥阳这么快就已经丢失，更没想到白袍军没有占据城池坚守，而是列阵等候。这太不合兵法了。放着金城汤池不坚守，却要用极少数的人和极多数的人打对攻，这样的事情，即使疯子也不会做。

可是，陈庆之就是要打破常规，就是要反其道而行之，尽管双方兵力之比是一比一百，陈庆之就是要用一个人向一百人进攻。而守在城中，怎么进攻？陈庆之比疯狂还疯狂。

但是，陈庆之的疯狂是有道理的。兵法云：出其不意，攻其不备。围棋术语云：抢得先手。我以逸待劳，你劳师远征，我就抢得先手。

陈庆之是围棋大师。

三十万北魏军队逶迤而来，浩浩荡荡，绵延上百里。前面的马匹喷着响鼻，一身汗水，止住了脚步；后面的马匹还在匆匆忙忙赶过来，漫山遍野都是铺开的北魏军队，像铺成了一张牛皮。

陈庆之带着三千白袍军发动了快攻，他们排成三角阵型，像一把尖刀，刺向这张三十万北魏军队组成的牛皮。再钝的尖刀，也能刺穿牛皮；再坚韧的牛皮，也会被刺穿。

陈庆之带着三千白袍军，在三十万北魏军队中左冲右突，北魏军队立足未稳，还没有喘过气来，就被刺落马。三千白袍军卷起了一场风搅雪，三十万北魏军像风中之草，纷纷倒伏。

这种情势，别说是三十万，就算百万，也会一败涂地。将在谋而不在勇，兵在精而不在多。三千白袍军，就这样击溃了三十万北魏军。

接着，陈庆之率得胜之师，杀向虎牢关，虎牢关守将惊惶万状，弃关逃走。

荥阳被占，虎牢关被占，北魏都城洛阳没有屏障，北魏新君元子攸干脆带着贴身随从，离开洛阳，逃往并州。并州，是今天的山西太原。

七千白袍军出师北伐，居然攻占了北魏的都城，这样的战绩，前所未有。

陈庆之带着白袍军进入洛阳，洛阳大街小巷的儿童都在唱着这样的歌谣："名师大将莫自牢，千军万马避白袍。"意思为，甭管你是多有名的大将，甭管你手下有多少兵力，遇到白袍军，有多远就躲多远。

从南朝都城南京，到北魏都城洛阳，陈庆之带领七千白袍军，一路过关斩将，长驱两千里，平三十二城，历四十七战，斩敌数十万，却仅用了三个月时间。这样的战绩，是史无前例的。

为什么会这样？

除了陈庆之和白袍军勇猛善战外，还有两个原因，一个是北魏内乱纷争，干戈纷起，即使纠集起几十万人，也是一伙乌合之众；另一个是陈庆之祭起复国大旗，跟在陈庆之身后的，是北魏的正宗皇室成员元颢。

陈庆之无疑是很聪明的。

陈庆之和元颢走进洛阳城后，就向元颢建议，请南朝速发援兵，因为依靠七千白袍军，要与四面八方即将反扑的北魏军队对抗，风险太大。

可是，元颢不同意，元颢有自己的小算盘，他认为陈庆之七千白袍军，就如此厉害，如果南朝再派兵将，那北魏是谁的北魏？是他元颢的还是南朝的？所以，出于自己的"小九九"，元颢立即向梁武帝上表说，现在北魏只剩下尔朱荣这一支叛军，我和庆之完全能够应付。"今州郡新平，正宜宣抚，不宜征讨，万勿加兵，摇动百姓。"

梁武帝放弃了北伐胜利的大好局面，没有再派兵支援陈庆之。梁武帝是一个十足的蠢材。

陈庆之带着七千孤军，来到了遥远的北方，举目无亲，形影相吊，内无依靠，外无援兵，危机重重，处境堪忧。

陈庆之在军事上，无人匹敌；而在政治上，被元颢轻易击败。

陈庆之进驻洛阳后，更北面的北魏天柱将军尔朱荣纠集各方势力，号称百万，向洛阳杀来。而前锋，则是尔朱荣赖以起家的七千铁骑。

尔朱荣听说陈庆之仅用七千白袍军就攻陷洛阳，非常不高兴，你是陈庆之又怎么了？你又没有三头六臂，你有七千白袍军又怎么了？我也有七千铁骑，你的七千白袍军击败了北魏几十万军队，我的七千铁骑也击败过葛荣的百万起义军，难道七千白袍军还比我的七千铁骑厉害？别人怕你的白袍军，我偏不怕你。

听说尔朱荣带着新君元子攸还有北方的百万军队，一路南下，进攻洛阳；而南朝的梁武帝按兵不动，没有任何北伐的迹象，被陈庆之攻陷的北魏四十七城开始陷入一场纠结的赌博中，他们权衡再三，觉得陈庆之的七千白袍军，无论如何也打不过尔朱荣的百万军队，于是，他们一致倒戈。

现在，陈庆之和七千白袍军不但腹背受敌，而且退往南朝的道路也被截断。陈庆之带着七千白袍军出征，他认为只要杀退尔朱荣，那些墙头草又会倒向自己。

在元颢进入洛阳第六十五日，战争再次爆发。

北魏的先锋七千铁骑进展迅速，他们远远地甩开了大部队，渡过黄河，进攻洛阳。

就在当年年初的三月，这支七千铁骑进击北方葛荣的百万起义军。他们兵分两路，一路佯攻，一路侧击，七千铁骑硬是将百万起义军打得土崩瓦解，连首领葛荣都成了阶下囚。这支北魏的七千铁骑中，就有两名重量级人物，一个叫高欢，一个叫宇文泰。他们两个后来将北魏分裂为东魏和西魏。东魏皇帝高欢，西魏皇帝宇文泰。

七千铁骑，是北魏精兵中的精兵。

现在，两军在洛阳城下摆开战场，一方是南朝七千白袍军，白马啸西风；一方是北魏七千铁骑，铁马秋风大散关。这是一场硬碰硬的战役，决定着谁才是当今最有战斗力的军队。

这场战役打得极为激烈，双方的精锐骑兵胶着厮杀，直杀得震天动地，日月无光。洛阳城下，血流成河，腥风弥漫。黄昏时分，双方杀得精疲力竭，却谁也不能将谁击垮。

就在这时候，一支两千人的白马骑兵突然从树林中杀出，此前的大半天里，他们厉兵秣马，养精蓄锐，就等着夜幕降临，就等着双方都筋疲力尽的这一刻。

白袍军来了援兵，而北魏铁骑却没有援兵，他们的援兵还在遥远的黄河北岸。他们跑得太快了，他们太轻敌了。

陈庆之带着白袍军，把北魏的七千铁骑一直赶到了黄河北岸，然后攻占中郎城，阻止北魏渡过黄河。背水结阵，乃兵家大忌。而陈庆之偏偏要背水结阵，用七千人对抗百万大军。这种胆识，这种勇气，古今未有。陈庆之简直太牛了。

不久，他们就看到尔朱荣的百万大军来到黄河岸边，陈庆之主动出击，带领七千白袍军向尔朱荣发起狂飙突击般的进攻。

七千人攻打百万人，这话怎么听起来都像是神话故事。然而，北魏的百万人并不是一次性投入战争，而是今天几万，明天几万，你从东面来，他从北面来，他们兵力分散，各自为战，正好给了陈庆之各个击破的机会。

也有的书籍记载，当时尔朱荣号令的北方军队，其实是三十万，号称百万。就像曹操的赤壁之战，只有二十万，号称八十万一样。然而，就算三十万，他们的人数也是白袍军的四五十倍。

史书记载："三日中十有一战，伤杀甚众。荣将退。"三天里经历十一战，北魏死伤惨重，统帅尔朱荣决定北退。

这是一代枭雄尔朱荣一生中唯一的一次败仗。

如果当时尔朱荣退往北方，历史完全就要重新书写，历史也完全是另一副新的面目。

就在这时候，尔朱荣的谋士站出来了，他说："我夜观天象，不出十日，河南大定。"所谓的夜观天象，在今天看来，都是装神弄鬼的把戏，都是骗人的鬼话。可是，这种鬼话在那个时代很有号召力，大家都相信。

谋士的鬼话，让尔朱荣决定继续进击。这个谋士的名字，《梁书》

中是刘灵，《南史》中是刘助，《北史》中是杨侃。尽管名字不一样，但都能够证明确实有这样一件事。

尔朱荣打不过陈庆之，只好沿着黄河岸边行走，来到河南陕县东部的硖石渡口。这个渡口的南岸，由元颢据守。陈庆之有胆量背水结阵，元颢只敢据河防守。

尔朱荣收集能够找到的所有木材，绑在一起，做了很多只木筏，然后划向对岸，元颢的防线轻易就被攻破。元颢率先逃跑，被尔朱荣追上斩杀。

洛阳失陷。陈庆之又一次面临灭顶之灾。

陈庆之第一次北伐，只有两千人，遭遇上司叛变，被迫南返；陈庆之最后一次北伐，只有七千人，遭遇上司暗算，又要被迫南返。每次在占据大好形势下，都因不可预知的阴谋而功败垂成，这是陈庆之的宿命。

深入险地，强敌环拱，进无可进，退无可退，人地两生，粮草不济，陈庆之能够怎么办？只能南返。尔朱荣在后追击。

然而，白袍军即使撤退，也阵型不乱，尔朱荣不敢追得太紧，只能相隔数里，一路礼送白袍军出境。

白袍军向南方撤退，没有军队敢交战，也没有军队敢拦截。天降大雨，道路泥泞，白袍军走到嵩山的时候，突然山洪暴发，嵩高维岳，峻极于天，滔滔洪水和巨大的泥石流冲刷而下，卷走了这支神勇无敌的军队。

这是谁也无法预知的天灾，这是谁也无力改变的天灾。

纵横天下叱咤风云的七千白袍军，就这样突然消失了，就这样神奇毁灭了。毁于天灾，这是白袍军最好的结局。因为这支军队太强悍了，没有人能够击败他们，上苍将他们带走了，只把他们的故事留在人间。

大幕哗然垂落，世界坠入沉寂。白袍军的故事成为传说。

洪水过后，陈庆之死里逃生，可是他再也找不到白袍军了。他化装为和尚，只身逃回南朝。梁武帝让他官复原职。

公元 539 年，陈庆之卒，享年五十六岁。

史书评价陈庆之："庆之性至慎，衣不纨绮，不好丝竹，射不穿札，马非所便，而善抚军士，皆得其死力。"

陈庆之是一个文弱书生，他生活简朴，严于律己，不会享乐，一生唯独爱好围棋和打仗。这样的人，就是为战争而生。

　　他本来可以建立不世功勋，建立统一霸业，可惜遇人不淑，遇到的是梁武帝这样不思进取的皇帝。时也，命也。

　　陈庆之用自己的经历告诉世人，每个人都可以改变自己的命运，只要你付出努力，奴隶也可以成为将军。

10

风尘侠李靖

没有他，就没有大唐的万里江山。北征东突厥，西伐吐谷浑，他是大唐当之无愧的第一名将。

　　和韩信一样，他差点成为刀下之鬼，距离鬼门关仅有一步之遥。

　　和卫青一样，他对外作战，开疆拓土，成为北方游牧民族的噩梦。

　　和孙膑一样，他有兵书流传后世，让后世看到了那个时代的辉煌与荣光。

　　他的名字叫李靖。

　　他是一个官方、民间和神界都非常尊崇的人物，这种殊荣，也许只有关羽才能和他相比。在官方，他是皇帝御封的卫国公，位居地位最高的三公九卿之列；在民间，他是"风尘三侠"之一，和虬髯客、红拂女一起被人们代代传诵；在神界，他的称号为"托塔李天王"，而《封神演义》更将他的故事移植入商代，成为踩着风火轮的哪吒的父亲。

　　他是隋朝名门望族，却是唐朝名将忠臣，隋唐两个朝代的人都对他赞叹有加。他的舅舅是隋朝开国大将韩擒虎，在他的少年时代，舅舅曾经抚着他的背脊说："可与论孙吴之术者，惟斯人也。"隋朝最有名的权臣杨素非常器重他，曾对他说："卿终当坐此。"在他弥留之际，唐太宗李世民亲往探问，痛哭流涕，说道："公乃朕生平故人，于国有劳。今疾若此，为公忧之。"

　　他当初对隋朝忠心耿耿，后来对唐朝也忠贞不渝。他忠诚的，是自己心中的信念，而不是看谁当权。他不是墙头草，随风倒；他是山间青松，傲骨嶙峋。

　　他的舅舅是开国大将，父亲是郡守，当朝最有权的三公之一杨素对他器重有加，他们都在朝廷有着稠密而广阔的关系网。然而，他却不愿意依靠他们，想要凭借自己的能力建功立业。于是，他离开繁华的京城长安，独自在遥远的山西朔州当文书。朔州，就是当时隋朝的边境，再往北面，就是游牧民族突厥的地盘。

　　和李靖一同在边境效力的，还有一个人，他的名字叫李渊，任太原留守。

　　李靖当时觉察到李渊这个人有野心，想称帝，就南下告发。没想到道路塌陷，无法通行，半道上被李渊父子带兵追上了。李渊举刀准备杀他，他大呼："你不想得天下吗？为何要斩壮士？"

李渊感觉这个人很有豪气，一愣神，李世民赶紧从旁求情，李渊就放下快刀。

李靖逃过一劫，李世民觉得这是一个人才，就让他在自己帐中做幕僚。李渊父子都没有想到，从他们刀下逃走的，是一个绝世将才。

李世民刀下留人，救出了李靖。然而，李渊却并没有把李靖当成自己人，因为李靖出身大地主阶级，算不上"根正苗红"，所以，李渊处处防备着李靖。

武德二年（619年），隋朝左仆射王世充废黜皇帝杨侗，称帝。在这个世界上只生存了三十九年的隋朝走到了尽头，可惜了隋文帝一代豪杰。他一生励精图治，克勤克俭，开科取士，可是他犯了一个致命的错误，就是没有教育好自己的儿子，让这个儿子葬送了大好江山。

而在王世充之前一年，李渊已经称帝，国号唐。

天无二日，国无二主。王世充称帝让李渊很生气：我忙活了好多年，就是为了推翻隋朝称帝，而你居然捷足先登，占据宫室，号令天下，自立为帝。那么，我这么多年不是白忙活了？

李渊派李世民攻打王世充，李靖作为李世民的幕僚，出谋划策，屡立战功，升为开府将军。

李渊尽管升李靖为将军，但仍然对李靖有所防范。

当时，有实力有兵马的人，都自立为王。有一个人叫萧铣，本来是个小小的县长，一看天下大乱，他也浑水摸鱼，建立梁国，都城在湖南岳阳，疆域包括现在的湖南、鄂西、广西等地。

李渊派李靖带兵去攻打萧铣。

萧铣当时有兵四十万，李靖有兵多少，史书没有记载。但是，当时李渊的总兵力，也不过四十万。作为刚刚提升为将军的李靖，他手下能有多少兵力呢？

像李靖这样职位的将军，当年在李渊手下一抓一大把。《古代文化》中记载："魏晋以后，将军和校尉名目繁多，其中有不少是虚职，如云麾将军、振威校尉等。"而李靖这样的开府将军，也属于虚职一类。

李靖来到湖北宜昌，因为萧铣占据要塞，李靖无法前进，两军陷入僵持。李渊看到李靖迟迟没有战果，怀疑他心存二心，就暗暗派宜昌刺史许绍杀了他。许绍来到前线，了解到客观情况，又爱惜李靖的才华，就上书请命，李渊赦免了李靖。

当时的李靖，忍辱负重，活得实在不容易。不让马吃草料，还责怪马跑不快，用皮鞭抽打。作为马，能有什么办法？它只能拼命跑，才能逃脱皮鞭的惩罚，也才能得到草料。

不久，李靖终于用战功证明了自己的能力。

这是李靖亲自指挥的第一战，他用精湛的兵法证明了，大地主家庭出身的人，也会打仗。

当年，重庆开县的蛮族首领冉肇则起兵反叛，李渊派堂侄李孝恭征讨，屡战失利。而李靖只率领手下八百人，夜袭敌营，大获全胜，后来又占据险要，大破叛军，斩杀冉肇则，俘虏五千余人。李渊听到这个消息后，非常高兴，他给李靖写信说："既往不咎，以前的事情我早就忘了。"李渊真够虚伪的。既然早就忘了，为何又说既往不咎？既然说了既往不咎，那就说明没有忘。

击败那个不会用计的蛮族首领冉肇则，李靖只是牛刀小试。因为，只会用蛮力的冉肇则，和李靖完全就不是一个级别的。给李靖带来巨大声誉的，是击败萧铣的战役。这场战役发生在公元621年。

萧铣只是一个当县令的材料，而现在让他统兵四十万，号令南方诸省，那简直是赶着鸭子上木架，逼着母牛生骡马。

这时候，李靖担任李孝恭的副官，率领部队集结在四川奉节，萧铣的重兵集结在河北荆州。

大军要从奉节去往荆州，只有一条路，这就是长江水路，沿着长江，顺流而下，就可以从奉节到达荆州。这条水路必须通过长江三峡，巴东三峡巫峡长，猿鸣三声泪沾裳。瞿塘嘈嘈十二滩，此中道路古来难。占据长江三峡，就等于卡住了交通要道，从四川来的船只，无法东下；从湖北来的船只，无法西上。1943年，日军占领武汉和宜昌，准备逆流而上进攻重庆，就是因为中国军队第十八军第十一师胡琏率部扼守长江天堑石牌村，让十万日军功亏一篑。石牌村再向西，就是长江三峡。

从四川到湖北，有没有陆路？有。这就是川盐古道。四川产井盐，湖北不产盐，湖北人想要吃盐，只能买官盐。但是官盐价格太高，因为它是国家财政赋税的重要组成部分。湖北人不想多掏钱，就买私盐。川盐古道是历朝历代贩卖私盐的人，在陡峭的山峰中踩出的一条羊肠小道，大军根本无法通行。三国末期魏国大将邓艾就走着这样的道路，出兵蜀国。

所以，如果萧铣要抵挡李靖的军队，非常简单。扼住长江三峡就行了。可是，萧铣没有这样做。萧铣认为李靖不会进攻。

因为这是秋季。秋季江水泛滥，激流险滩，把一根鹅毛扔进江水中，都会卷入水底，李靖想在这个季节进攻，除非他疯了。李靖能够当上将军，那肯定不是疯子。不是疯子，就不会在这个季节进攻，所以萧铣高枕无忧。

萧铣认为李靖不会在这个季节进攻，但是李靖偏偏要在这个季节进攻。李靖要出其不意，攻其不备。

船行到三峡，白浪横江起，槎牙似雪城，江风吹着舟船，舟船像陀螺一样在江中打转。部将吓坏了，劝李靖赶快登船上岸。李靖大义凛然地说："兵贵神速，机不可失。现在萧铣还不知道我们顺江而下，如果我们能够以迅雷不及掩耳之势，突然向萧铣发起进攻，萧铣来不及集结兵力，我们一定可以擒获他。这是上上之策。"

于是，唐军继续前行，到达今天的湖北宜昌夷陵区。此处，就是一千多年后，胡琏击退日军的地方。

这里驻扎着一支军队，由萧铣部将文士弘率领。文士弘是一员悍将。

文士弘的数万大军驻扎在夷陵的清江，清江是长江支流，从南向北注入长江。

文士弘没有发现唐军，唐军只要顺境而下，直扑荆州就行了。这一路江岸狭窄，水流湍急。等到文士弘发现他们，也只能看到他们飘然离去的背景。

可是，主将李孝恭不答应。李孝恭认为大军到此，应该"搂草打兔子"一举两得，先把文士弘收拾了，再去收拾萧铣。

李靖挡不住李孝恭。不仅仅因为他是副将，更因为他的出身，他的身上打着阶级的耻辱印记，而李孝恭却是真正的皇亲国戚。那时候的血统论很重要，尤其是对于一个男人。王子可以爱上牧羊女，但公主永远不可能嫁给放羊娃。

李孝恭带着大部队，从长江航道进入清江航道，与文士弘交锋，果然大败。唐军逃命，纷纷舍舟上岸，文士弘带着士卒，也冲上江岸掩杀。唐军为了逃跑方便，能够丢弃的都丢弃了。文士弘的士卒看到地上这么多头盔铠甲，衣服财物，纷纷捡拾。李靖看到李孝恭情况危急，带着留守部队救援，杀退了文士弘这些因为负重而步履趔趄的士兵。

此战后，李靖获得舟船四百余艘，斩首上万。

然而，这些功劳都算在了李孝恭的头上，朝廷对李孝恭大加表彰。李孝恭水平很差，却是李靖的领导。李靖水平再高，也要听李孝恭指挥。没办法，这就是唐朝的国情。

唐军沿着长江继续东下，来到了荆州。

萧铣看到唐军突然兵临城下，非常害怕，连忙飞骑调遣南方各地的军队，然而山高水长，道路险阻，哪里来得及救援。

李靖带领五千人做先锋，击破萧铣荆州城外大营，仅仅俘虏就有四千人。然后，发兵攻打，李孝恭带着大军随后赶到。萧铣兵微将寡，援兵无望，只好开门投降。后来，被押解长安斩首。

没有李靖，就没有这场胜利。但是，史书中却不这样记载。史书记载：“唐武德四年，赵郡王李孝恭击萧铣，萧铣降。”“诏以孝恭为荆州总管。”功劳大都算在了主帅身上。

剿灭萧铣，只是李靖登上名将之巅的第一个台阶。此前对付蛮族的作战，连台阶都算不上，只能算是登级前的垫步。

两年后的唐武德六年（623年），唐太子李建成大破刘黑闼，刘黑闼奔河北北部，其将执之降唐，斩之。

同一年，辅公祏于江苏丹阳反，诏李孝恭为元帅，李靖副之，前去征讨。现在，李靖要跨上自己的第二步台阶了。

两年才有一次战役，两年才能跨上一个台阶，这种速度比蜗牛爬葡萄树的速度还要慢。李靖和别人不一样，他出身不好，那些针对王世充、刘黑闼、窦建德等等这些猛人的战役，轮不上他，他只能生活在李世民诸位兄弟的巨大阴影下，只能生活在尉迟敬德、秦叔宝这些红人的巨大阴影下。

两年才有一次战役，尽管要等候很久，但是李靖还是无怨无悔地等着，因为这是他能够证明自己能力的唯一机会。两年才能跨一个台阶，尽管很慢很慢，但是，李靖知道，虽然道路是曲折的，等待是漫长的，但前途是光明的。

辅公祏听说唐军要来了，就在长江上拉起一道铁链，阻挡船只通行。唐军的战船顺江而来，来到这里，只能上岸步战。而在岸上，辅公祏派遣猛将冯惠亮在丹阳以西扎寨，和丹阳守军互成犄角之势。这样，唐军来到岸上，攻打冯惠亮，辅公祏呼应；攻打辅公祏，冯惠亮来援。

面对这种情势，应该怎么办？

所有将领都认为，冯惠亮挡道，那么一定是精兵，留守在丹阳的军队，肯定战斗力差，而且本着擒贼先擒王的观点，第一战应该攻击丹阳。丹阳攻破，冯惠亮自然投降。

但是，李靖不同意。李靖认为：从兵力来说，冯惠亮自然不弱，但是留守在辅公祏身边的肯定也不差，因为要保护主帅；从城墙来说，冯惠亮是新筑之城，而丹阳却沟深墙坚；从战术上来说，攻打冯惠亮是一面受敌，而攻打丹阳如果急切间无法攻下，冯惠亮来援，就变成了两面受敌。现在，如果出其不意，突然攻打冯惠亮，则有胜算。最后，李靖说："灭贼之机，唯在此举。"

随后，李靖带着军队向冯惠亮发起疯狂进攻，经过苦战，终于攻占营寨，斩首万人。然后李靖带着一支骑兵突然出现在丹阳城下，辅公祏吓坏了，他没有想到唐军来得这么快，他把丹阳城交给部将左游仙防守，自己向东奔逃。

辅公祏逃走了，左游仙很不乐意。都是爹妈生的，都只有一个脑袋，你怕砍头，难道我就不怕？所以，辅公祏前脚逃走，左游仙后脚就溜了。这世界上，谁比谁笨不了多少，把别人当笨蛋的人，其实自己才是笨蛋。

丹阳很快就被唐军攻占，然后，他们向东急追，追上了辅公祏。辅公祏实在想不明白，不是有左游仙在后面挡着吗？咋这么快就把我追上了？他没有想到，他把左游仙当笨蛋，而左游仙把他给卖了。

此后，又是两年。李靖又要等待两年。

漫漫的两年时间里，李靖在干什么？李靖在练兵。李靖知道，尽管中原一统，但他还有仗要打，他要和北面的突厥作战。

当年，北面的大草原被两支突厥部落占领。阿尔泰山以西，是西突厥的地盘；阿尔泰山以东到额尔古纳河，是东突厥的地盘；而从额尔古纳河向东的大兴安岭和黑龙江流域，则是室韦部落的天下。

突厥的前身是鲜卑。鲜卑，就是和陈庆之交战过的北魏人。隋文帝统一全国后，鲜卑被赶到了北方大草原，因为内讧而分为了西突厥和东突厥。

公元 625 年，也就是李靖攻破丹阳的第二年，东突厥先后攻打甘肃武威、河南临漳、山西太原，大掠山西朔州。唐并州总管张谨迎战，全军覆没。

公元 626 年，天下初定，李世民伏兵玄武门，斩杀太子李建成、齐王李元吉。李渊传位于李世民。

同一年，东西突厥合兵十万，攻至陕西渭河，举国大震。渭河再向南百里，就是京城长安。李世民与突厥盟誓，突厥始退。

李靖在研究突厥战法，在铸炼一支精兵，在打造一把屠龙快刀。

李靖在李世民任总经理的这个国营单位里，他就认准了一个字：熬。多年的媳妇熬成婆，小职员熬成大干部。熬是最好的办法，忍气吞声地熬，含羞忍垢地熬，不屈不挠地熬。一个靠不了父辈荣光的人，想在论资排辈讲究出身的国字号单位里出人头地，熬是唯一的办法。

当熬到机会来的时候，就要赶紧抓住这根救命稻草，只有把握住这次机会，才能在更高一级的层次中熬。因为机会对于李靖这样的白手起家者来说，不是很多。

李靖熬过了一个两年，再熬一个两年。他熬过了很多个两年后，从李渊起兵，熬到李世民建立帝业，从李渊带着几万人南下，熬到中原都成了李家天下。李靖还在熬，熬是他唯一的办法。当跟着李世民一起打江山的人，在加官晋爵、封妻荫子的时候，李靖还在等待着建功立业的机会。

机会还是有的，因为北面还有强大的突厥。强大的突厥，不是那些官二代富二代能够摆平的，因为突厥的战法战术不一样。

从战国到现在，北方草原上的游牧民族总是屡剿不灭，不灭就不灭，只要大家相安无事，可是你总是要发兵南下，惹是生非，烧杀抢掠，逼得中原地区不得不出兵征讨。

但是，游牧民族因为在马上作战，作风凶悍，来去如风，倏聚倏散，很难战胜他们。

李靖通过研究发现，对付突厥不能仅仅依靠单一兵种，而需要诸兵种联合作战。突厥是骑兵，而中原地区没有足以和突厥对抗的骑兵，因为中原地区没有一片足以放养马匹的草原。而要与突厥作战，必须诸兵种联合作战，仅仅依靠步兵是远远不行的。

突厥的兵源来自于骑马放牧，唐朝的兵源来自于躬耕陇亩。突厥啸聚为兵，分散为牧；唐朝出则为兵，入则为民。突厥无论是作战还是放牧，都是在马背上，而唐朝却需要放下锄把拿起刀枪。

差距是很明显的。李靖要锻造一支武装，跨越这种差距。

李靖有兵法流传后世，这就是《卫公兵法》。这部兵法详细记载了李靖当年练兵和作战的技能技巧。

李靖将军队分成了五队，分别是中军、左虞侯、右虞侯、左厢军、右厢军，每队人数相当。如果这五队共有两万人，则会配置四千人的马队。

两万人的队伍，只配置骑兵四千人，可见当年的唐军非常缺乏马匹。

从《卫公兵法》中能够看到，李靖主张每次与突厥交战，右路军先将突厥引出，然后，各军立即行动，将突厥包围。

包围圈中的突厥，战斗力仍然很强，因为他们是骑兵。唐军的战斗力也很强，因为他们分成了弩手、弓手、战锋队、马军、跳荡、奇兵等多个兵种，依次排列。

突厥陷入包围圈，肯定要拼死突围。

在突厥距离唐军一百五十步的时候，排在唐军阵型最前面的弩手首先攻击。弩是一种强有力的武器，弹力大，射程远。一排弩箭射出，突厥倒下一批。

在突厥距离唐军只有六十步的时候，排在第二排的弓手引弓射箭，箭镞如雨，突厥又会倒下一批。

在突厥距离唐军只有二十步的时候，弩手和弓手都更换武器，他们手中拿着的不再是弓弩，而是陌刀。陌刀就是唐刀，流传到日本后，日本人叫它武士刀。此刀双手握持，刀刃狭长，异常锋利，是近战的最佳武器。

唐代的一步大约等于现在的一米半，也就是说，当突厥距离唐军只有三十米的时候，唐军才更换武器，放下弓箭，抽出陌刀。三十米的距离，高速奔跑的突厥骑兵只需三四秒就能到眼前。三四秒的更换武器时间，这得需要多大的镇静能力啊。

当时，突厥骑兵的武器，已经从匈奴时代的长矛大戟换成了马刀，因为半月形的马刀更符合力学原理，更具杀伤力，更有灵活性。

陌刀对马刀，步兵对骑兵。这场大战精彩纷呈。

千万名唐军一齐放下弓弩，一齐抽出陌刀，双手握持，刀刃朝天，刀背枕在右肩，他们一齐伏下身去，像一张拉满的硬弓，蓄势待发。

阳光照在千万把陌刀的刀刃上，闪闪发光，杀气逼人，望之胆寒。

突厥骑兵冲到了面前，居高临下，用马刀砍杀他们，然而因为马刀长度的制约，一般难以触及唐军的身体。唐军挥刀横抹，无论是腾空的还是直立的马蹄，都被纷纷砍断，落了一地。

如果步兵作战顺利，后面的战锋队、跳荡、奇兵、马军按兵不动。如果步兵作战不利，战锋队、跳荡、奇兵、马军会冲上去，与突厥厮杀。如果他们作战依然不利，马上撤离，换上已经休息好的步兵，再次厮杀。

唐军采用的是兵法中所说的车轮战术，不断轮番攻击，突厥自然溃败。

即使突厥退走，也不能马上追击，必须确认敌人真正溃败后，骑兵才能够随后掩杀。

步兵手持陌刀，而陌刀则是步兵对付骑兵最好的利器。查阅唐朝所有战例记载，陌刀都在对付突厥的作战中，起着举足轻重的作用，弥补了步兵对骑兵作战的劣势，扭转了唐军骑兵稀缺的不利局面，为唐朝的开疆拓土立下汗马功劳。

陌刀，这种极具杀伤力的武器，直到今天，作为一种冷兵器，依然大量存在。在岛国日本，更是风靡，这种原名叫陌刀的日本武士刀，其实是中国人发明的。

在李靖的兵法中，缺乏骑兵的唐军，只有步马结合，才能够打败突厥铁骑。步兵为前锋，骑兵为侧翼，步兵彻底舍弃了从人类战争初始就配置的笨拙的长矛，而全部换上了弓弩和陌刀。步兵负责抵挡第一波攻势，骑兵负责步兵战后的突击和追击。步马结合，相得益彰。

李靖发明的这种战法，创造了战争神话。人们突然发现，原来步兵也能够战胜骑兵。

又是一个两年，到了唐贞观二年，公元 628 年。

这一年，突厥举兵南下侵扰，陕北晋北风声鹤唳，唐太宗派出多路兵马，都被突厥杀败。危急关头，有人举荐李靖，说那个在皇上堂弟李孝恭手下打工的小子，这两年一直在练兵，所习练的战法，是专门对付突厥的，说不定能有用处。

唐太宗紧急号令李靖，让他北上御敌。

　　这时候的李靖，只是扬州大都督府长史，大约属于处级干部，处级上面还有局级，局级上面还有厅级，厅级上面才是李世民。像李靖这么低的官职，是无法进入唐太宗的交际圈的。而现在唐太宗亲自点将，这实在是天大的恩泽。

　　李靖接到命令后，立即带着自己平时训练好的一万江淮子弟上路了。卧薪很多年，尝胆无数遍，李靖终于迎来了一次在国际舞台上展现自己能力的机会，因为这场对突厥的战争，举世瞩目。

　　机会总是留给有准备的人。

　　李靖带着这支拿着新式武器陌刀的队伍，渡过淮河，又渡过黄河，来到了晋中太谷。

　　从北面落败的唐军，在晋中集结休整，他们看到李靖带来的这支军队，几乎都是步兵，又因为都是南方人，所以身材矮小，又黑又瘦，人人腰间挂着一把一米长的刀鞘，这些溃兵们全都笑了："我们骑着战马，拿着一丈多长的长矛，都不是突厥的对手，你们这些拿着切菜刀的步兵，简直是来送死！"

　　李靖一言不发。

　　三天后，突厥进犯，李靖在一片哄笑声中，带着他的一万江淮子弟出发了。溃兵们想看热闹，就站在远处的山冈上向下瞭望。然后，他们很快就发现，这些又黑又瘦的南蛮子，打起仗来，简直凶悍无比。

　　突厥的骑兵还没有冲到跟前，南蛮子的弓弩一起发射，冲在最前面的突厥连人带马翻落在地。突厥的骑兵冲到跟前时，这些南蛮子突然抽出陌刀，伏在地上。突厥的骑兵冲过后，却纷纷人仰马翻，原来，他们的马匹都有一条腿被砍断了。接着，这些手持陌刀的南蛮子对倒在地上的突厥肆意砍杀，想怎么杀就怎么杀，想怎么砍就怎么砍。南蛮子太狠了。

　　这场战斗打得无比轻松，李靖仅仅用步兵就战败了前来进犯的突厥。两面山上围观的溃兵们鸦雀无声，他们张大的嘴巴半天都没有合起来。原来仗还可以这样打啊！

　　兵法云：以静制动，示弱于敌。兵器谱云：一寸短，一寸险。李靖的一万人用极短极险的陌刀，对抗极猛极强的突厥铁骑，胜利了。

　　远在长安的唐太宗李世民听到李靖取胜的消息，大为惊喜。太上皇李渊更是欣喜若狂，他说："李靖是韩信、白起、卫青、霍去病这样的名将，萧铣、辅公祏和突厥，怎么会是他的对手?"

有李靖这样的人，为什么不用? 为什么还把他放在唐帝国后方的江南水乡? 有了李靖，还担心什么突厥? 于是，李世民一纸调令，李靖就去灵州上班了，担任灵州总管。

灵州，是今天的宁夏吴忠市，唐代的边关。

现在，李靖终于拥有了一方可以让自己纵情挥洒的舞台。他的人生大幕至此才彻底拉开。

后人提起李靖，都会提起李靖一生中两个最重要的战绩，一次是击灭东突厥，一次是击灭吐谷浑。而此前的所有战役，只是序幕，只是热身。

李世民父子，对北面的突厥，有切齿之恨，有切肤之痛。不仅仅因为突厥屡次南下侵扰，还因为李家父子皇帝，都深受突厥之侮辱。

当年，李渊从山西太原起兵，攻伐隋朝，为了避免腹背受敌，就与突厥订立盟约，盟约中说："李渊征伐所得，子女玉帛，全归可汗所有。"李渊太不道德了，居然订立了这样的条款，因为这个条款深深地伤害了中原人们的感情，也伤害了李渊的感情。李渊打仗，原来是给突厥打的，战利品全部交给突厥。你把金银玉帛交给突厥，爱给不给，可是你把中原的孩子交给突厥，让他们去往天寒地冻的北方草原当奴隶，李渊实在太不地道了。

然而，李渊为了稳定北方，也只能这样做。李渊需要的，不是这些战利品，他需要的是万里江山，有了万里江山，就要什么有什么，何愁没有子女玉帛?

李渊和突厥订立的这个条约，是丧权辱国的不平等条约，受害的是广大的中原人。这件丑事，李家父子也知道不光彩，所以没有记入正史中，只有《大唐创业起居注》中才有记载。

李渊夺得江山，又把江山交给李世民，对于北面的突厥，年年纳贡，岁岁请安。李世民刚上任的第二年，想试试突厥的软硬，没有纳贡，结果，突厥举兵南下，一直打到了渭河边，距离长安只有一步之遥。李世民没办法，带着六个人与突厥首领在渭河的便桥上谈判，答应以后按时纳贡。

李世民自认一代枭雄，但是对于北面的突厥毫无办法。突厥太强大了，他的土地面积大于初唐，他的兵力多于初唐。李世民尽管极不愿意向突厥称臣纳贡，但又不得不这样做。

李靖的出现，让李世民眼前一亮。要雪李家两代人的耻辱，就靠这个人了。

灵州是当年的是非之地，也是初唐与突厥接壤的危险地带，还是气候环境非常恶劣的荒蛮之地，至今，这里还被联合国认为是最不适合人类生存的地区。

灵州，这里至今都人口稀少。东面，是草木不生的毛乌素沙漠；西面，是巍峨高耸的贺兰山脉；南面，是不长草木的固原沙地；北面，黄河从遥远的巴彦淖尔流过，滋润着河套平原，但是，却无法滋润灵州。

灵州的更南面，是连绵不绝的祁连山脉；更北面，是更连绵不绝的阿尔泰山脉。灵州地处三个国家的三角地带，南面是初唐，东北是东突厥，西北是西突厥。

东突厥和西突厥其实是一个国家，后来因为内讧而分家，就像三国时代一样。当年的突厥非常强盛，它东至辽河和额尔古纳河，西至里海，南到灵州北面的阴山，北到贝加尔湖。也就是说，突厥的势力范围，不但包括今天中国的东北西部、内蒙古、新疆，还包括蒙古、俄罗斯南部、哈萨克斯坦、吉尔吉斯斯坦、乌兹别克斯坦、土库曼斯坦，跨过里海，就直达欧洲。这样的疆域，比初唐要大得多。

从战国时代的东胡，到唐代的突厥，战争在这片土地上，就像太阳东升西落，月亮阴晴圆缺一样周而复始。无数年的战争，无数代的战争，让无数人的尸体倒在这里，化为肥沃的泥土，离离原上草，一岁一枯荣。战争也像荒草一样，野火烧不尽，春风吹又来。

没有人统计过有多少精壮士兵倒在了这里，但每一个精壮士兵的后面，都有一个倚门翘望的家庭，都有一个嗷嗷待哺的孩子和一个昼思夜想的妻子。可怜无定河边骨，犹是春闺梦里人。

每一场战争过后，都有无数的士兵倒下去；每一个倒下的士兵背后，都有一个破碎的家庭和一场刻骨铭心的痛苦。一千三百年后的印度，有一个名叫泰戈尔的诗人写下了这样的诗句：

不停的是使天空愁倦的淋漓的雨，

可怜的是无告的人！可怜的是无家的游子！

狂啸的风在呜咽与叹息中死去。

它在无路的田野中追逐着什么飞影呢？

黑夜像盲人眼睛一般地绝望，

可怜的是无告的人，可怜的是无家的游子！

那时候，北方草原上无限延伸的战争，让无数人成为"无告的人"、"无家的游子"。而李靖来到灵州，决心一劳永逸地解决这场旷日持久的战争，让人们安居乐业，让孩子重归家园。

然而，突厥太强大了，它不但有辽阔的土地，还有众多的人口，更有战法剽悍的数量庞大的骑兵部队。

李靖正在琢磨怎么攻打突厥的时候，突厥自己先打了起来。天赐良机，李靖要坐收渔翁之利。

突厥，这是一个以狼为图腾的民族，每一个突厥人在童年时代，都会接受狼性教育，"我们阿史那人是狼所生"。突厥的功德碑《阙特勤碑》上这样记载："我父可汗的军队像狼一样，而其敌人像绵羊一样。"

前几年，有一本畅销书写的是草原民族与狼搏斗厮杀，与狼相依相存的故事。而以狼为图腾，最早是从突厥开始的。突厥的战旗上绣着狼头，突厥的侍卫叫做"附离"，翻译成汉语就是狼。狼是突厥人真正的图腾。

突厥最初起源于俄罗斯境内叶尼塞河上游，后南迁，在富饶的阿尔泰山南路以锻造为生，阿尔泰山富含铁矿。后来，在与另一个草原民族柔然的战斗中，突厥逐渐壮大。

从突厥的发家史能够看出来，突厥不仅像别的民族一样精于骑术，而且精于制造兵器。在唐代史书中，多处可以看到关于鸣镝的记载。鸣镝，是一种能够发出响声的三棱铁箭，在突厥大量制造。这种箭镞威力很大，又带着慑人的响声，交战时，成千上万支这样的箭镞一起射来，带着刺耳的啸声，确实让人害怕。

唐代的突厥，实力空前强大，《旧唐书》这样记载突厥："控弦百余万，北狄之盛，未之有也。"当时突厥有百万士卒，比全盛期的匈奴还要强大。

唐朝建立后，突厥的首领是颉利可汗，他娶的是自己的后母，也就是隋朝的义成公主，他自认为是隋文帝的女婿，所以，一直不承认唐政权，他们只承认隋朝。他们多次打着为隋朝复仇的旗号，南下入侵，弄得李世民寝食难安。

李世民一直等待机会，机会很快就来了。

先是颉利可汗重用了一些从西域来到突厥的胡人，造成胡人和突厥人矛盾对立。接着，好像是天要毁灭突厥，连年大雪成灾，百姓死伤无数，牲畜尸堆如山，突厥的经济滑到了最低谷。

为了满足穷奢极欲的生活，颉利可汗照样加重赋税，弄得民不聊生，暴乱接二连三。叛离突厥的北方各少数民族成立了薛延陀汗国，派来使者，南下数千里，穿越大河冰川、荒漠戈壁、雪山草原，与唐朝结盟，想要夹击突厥。

李世民一看，老天开眼，报仇雪恨的机会来了，就让李靖北击突厥。

要北击突厥，不是一件容易的事。从大兴安岭向西，突厥境内的山脉绵延纵横，分别有燕山、阴山、贺兰山、祁连山、天山和阿尔泰山。它们宛若一条条巨龙，横卧在北方苍茫的原野中，横卧在钢青色的天空下，这些山脉极富战略意义，守住这些山脉，进可以攻，退可以守。

这些山脉，对防守一方极为有利，对进攻一方极为不利，因为任何一道雪山冰川，都给后勤补给造成障碍。

李靖做出了一个让所有人都震撼不已的决定：只带三千轻骑，直取可汗大营。

深入数千里的陌生地带，既无援兵，又无粮草，这个行动实在太疯狂了。如果失败，就一个人也回不来。这是军事史上最大胆的行动。

李靖是从山西朔州出兵，向突厥进击。

那天，是李靖和三千死士在朔州最后的晚餐，吃完这顿晚餐后，他们就要向北进击。

暮色苍茫，野风浩荡，天地间混沌一片，只有帐外的火把"毕毕剥剥"燃烧着。李靖站在旷野的烈风中，手中端着一碗浊酒；三千死士也站在旷野的烈风中，手中也端着一碗浊酒。

李靖说："喝完这碗酒，我们就北击突厥，大家怕不怕？"

三千死士齐声回答："怕个球。"

李靖说："明天的早餐，我们就在突厥人帐中咥羊肉。"

三千死士齐声回答："咥羊肉。""咥"是西北方言，意思是吃。

李靖是陕西三原人，手下的精锐骑兵也都是西北人，突厥人从小在马背上长大，西北很多人从小也在马背上生活，尤其是陇西、朔方一带，战国时期赵国胡服骑射的锐骑，秦国凶悍无比的马军，也都来自这些地区。

李靖带着三千死士出发了，踩着激越的鼓声，踩着漫天的星光，踩着呼啸的狂风。他们一路雄赳赳，气昂昂。旗幡飘舞，意气昂扬。他们乘着大鹏的翅膀，飞翔在黑夜之上。世界在他们的脚下战栗，连江河也停止了呜咽。他们高声谈笑着，唱着战歌，他们好像不是奔赴战场，不是去远征，而是参加野游。连呼酒，上琴台去，秋与云平。那片浩渺的瀚海，那座白色的圣山，真的像传说中那么美丽吗？我们去看看。

他们来到祁连山，死神也降临在祁连山；他们来到敕勒川，死神也降临在敕勒川。

他们越走，人烟越稀少；他们越走，植被越荒凉；他们越走，气候越寒冷。下雪了，天地间白茫茫一片，风雪载途，雪拥山关，他们跳下马背，拽着缰绳，在风雪中继续前行。

遥远的更北的北方，突厥首领颉利可汗正在温暖的帐篷里风花雪月，对酒唱歌。他完全没有想到，在这个寒冷的季节，会有一支唐军的骑兵，跋涉数千里，像一支离弦的劲箭，向他射来。他更没有想到，李靖以百万军中取上将之首的勇气，带领三千死士，孤军深入，来到了他的门前。

当哨探惊慌失措地告诉颉利可汗，唐军出现在他们的视线里时，颉利可汗无论如何也不会相信这个消息。大雪封山，天寒地冻，在这个季节里，即使一直生活在极北地带的突厥人，也不会轻易走出帐篷，怎么会有唐军穿越滴水成冰的奇寒，穿越寸草不生的荒凉，穿越暗无天日的隆冬，出现在北极圈附近？

然而，哨探接二连三地报告，每报告一次，唐军就接近一步。颉利可汗吓坏了，这些唐军能够在这个最不适宜作战的季节，远击千里，那么还有什么能够阻挡他们？而且，唐军既然深入突厥腹地，肯定是有备而来，肯定是一支庞大的部队，现在渐渐逼近的这支唐军，肯定只是先锋部队。颉利可汗想到了逃窜。

李靖带着三千死士，在向导的带领下，逼近了颉利可汗的部落。他们看到可汗部落的帐篷连绵不绝，一直通向了遥远的地平线的那边。

雪停了，风住了，李靖拔剑在手，对着三千死士说："我们来到这里，只有一条路，就是击杀可汗，夺取营寨。稍有退缩和畏惧，就死无葬身之地，跟我冲。"

李靖挥舞长剑，催动胯下战马，向颉利可汗的大帐冲去。三千死士紧紧跟在后面，大声呼喊，势如火山爆发。

这一年，李靖已经是五十多岁的老人了，仍然如此凶悍。

仓促迎战的突厥，与唐军一接触，就被杀得大败。整整一个冬天里，这些突厥足不出户，像土拨鼠一样养在帐篷里，养出了一身肥膘，他们行动迟缓，根本就不是杀红了眼的唐军的对手。

颉利可汗看到突厥抵挡不住，赶紧带随从逃向铁山。史书记载："以靖为代州道行军总管，率骁骑三千，自马邑出其不意。""二月甲辰，李靖破突厥颉利可汗于阴山。颉利既败，窜于铁山。"马邑，是山西朔州。铁山，位于今天蒙古阴山以北。

颉利可汗逃到铁山，李靖就追到铁山。

李靖的胆子实在太大了，仅有三千人，就敢穷追猛打，此时的颉利可汗，身边仅仅亲兵就有五万人。如果再全突厥号令勤王，最少可以召集到五十万人。

李靖一直都是一个非常谨慎的人，怎么会做出这样非常不合常规的大胆之举？这种行动，实在冒险得不能再冒险了，陕西人叫做"光屁股捋狼"。只要颉利可汗发觉李靖只有三千人，回头反击，那么，李靖和三千死士，就会被吃得连骨头渣子都不剩。

但是，李靖算准了颉利可汗不敢回头反击。因为，颉利可汗认准了唐军绝对不会只派遣三千人就深入突厥腹地，唐军绝对是倾全国之力，要与突厥决战。而此时的突厥，四分五裂，颉利可汗身边，除了五万人的亲兵队，只有为数不多的突厥兵。

《孙子兵法》说："知己知彼，百战百胜。"《吴起兵法》说："审敌虚实，而趋其危。"《卫公兵法》说："料敌者，料其彼我之形，定乎得失之计，始可兵出而决于胜负矣。"《卫公兵法》就是李靖所著的兵法书籍。他像雷锋同志一样，公而忘私，言行一致；他是这样说的，也是这样做的；他是活学活用孙吴兵法的光辉典范，是一颗永不生锈的螺丝钉。他认为，作战前，不但要了解敌方的虚实，还要了解敌方的想法，制定计策，就可以一战而胜。

颉利可汗的突厥兵是羊群，李靖是赶羊人，李靖在后面若即若离地追赶着颉利可汗，如果有突厥兵走出了队伍，他就甩两声响鞭，让突厥人聚拢在一起，沿着狭长的河谷，匆忙而持续地逃命。

当时，李靖肯定不会追得太紧，追得太紧则会发生战争，一发生战争，唐军就露馅了。

除了持续不断地追击颉利可汗外，李靖一路上还派出人马，遇到突厥的其他部落，就持续不断地威胁加引诱，致使颉利可汗众叛亲离，等跑到铁山的时候，颉利可汗身边只剩下了他的亲兵队五万人。

然而，即使突厥只有五万人，李靖还不急于攻打。

李靖用兵，缓急得当，缓时如清风拂面，急时如星火燎原。向颉利可汗的部落发起攻击时，以迅雷不及掩耳之势；而和颉利可汗进行对峙时，却慢悠悠如稳坐钓鱼船。因为发起进攻时，颉利可汗毫不知晓；因为进行对峙时，颉利可汗做好了准备。

如果此时，颉利可汗带着五万亲兵，拼个鱼死网破，李靖不一定能够阻挡得住，因为敌我兵力之比是十六比一，颉利可汗占据绝对优势。

可是，颉利可汗已经被吓破胆，他不敢发动反击，只敢向唐军求和。

而求和，正是李靖最盼望的。

颉利可汗的求和是假的，他只是想利用缓兵之计。史书记载："颉利虽外请朝谒，而潜怀犹豫，欲俟草青马肥，亡入漠北。"而李靖的答应求和也是假的，他是在等待唐朝的援军。

经过长达一个月的等待，李靖终于等来了唐军的援兵，这就是由名将李世绩率领的大批军队。他们从云中出发，一路上击败了突厥多支部队，和李靖会合。云中在今天的内蒙古托克托地区。李世绩，就是评书《兴唐传》和小说《隋唐演义》中的徐茂公。

援兵来到，李靖决定向颉利可汗发动攻击，他挑选了一万精兵，带着二十天干粮，准备直取铁山。军中有人提出反对意见，说突厥已经求和，皇帝也颁发诏书答应他，怎么能攻打他呢？

李靖说："这是当年韩信攻打齐国的计策。"

当年，刘邦已经答应了齐王请降，而韩信突然兵临城下，迅速占领齐国。齐王狼狈逃窜。现在，李靖要效仿当年韩信的做法。

李靖的这种做法，确实也很大胆。因为他已经知道了李世民答应颉利可汗投降，如果攻打颉利可汗，会不会犯下欺君之罪？而在那个时候，欺君之罪不但要杀头，还要株连九族。

那么，派人给李世民通报自己的进攻计划行不行？也不行。此处距离长安城两千里，而且风雪载途，一来一去，至少需要一个月时间。

将在外，君命有所不受。想杀头可以，我先把这场仗打完了再说。李靖决定发起攻击。

李靖为前队，猛将苏定方率二百骑为前锋，趁着茫茫夜色出发。李世绩为后队，随后跟进。他们在阴山中，看到有一千多顶突厥人的帐篷。他们突然袭击，将这些突厥人全部俘虏了。为了避免走漏风声，他们将这些人全部带着，赶往铁山。

在铁山，颉利可汗自鸣得意，他为自己的缓兵之计而陶醉。隋朝重臣裴矩曾经说："突厥本淳易，可离间。"意思是说，突厥人都很淳朴简单，用离间之计可以让他们自相残杀。头脑简单，当然就不会使用计策。颉利可汗的这个缓兵之计，是史书记载的突厥有史以来所采用的第一个计策。

可惜的是，这个计策笨拙得像一只木鸭子，李靖将计就计，让颉利可汗的缓兵之计害了自己，让颉利可汗搬起石头砸自己的脚。

苏定方的前锋部队接近铁山时，天降大雾，雾像茫茫的大海，而前锋部队则像弄潮的健儿。他们出现在距离颉利可汗的中军帐只有一里远的地方时，突然浓雾散去。雾霭中，一支杀气腾腾的唐军前锋部队原形毕露。

突厥人正在帐中饮酒，他们一扭头，突然看到已经来到眼前的唐军，一个个下巴差点惊掉了。

颉利可汗以身作则，奔出帐篷，乘上千里马，逃离铁山。苏定方的前锋部队见人就砍。李靖的大军赶到，击溃了已成惊弓之鸟的突厥人。此战，斩杀突厥首级万余颗，俘虏男女人口十余万，缴获牲畜几十万头。杀颉利可汗之妻义成公主，也即是隋文帝宗族的女儿。俘虏颉利可汗之子叠罗施。

颉利可汗向西奔跑，想要逃往吐谷浑。吐谷浑是在青海建立的另一个少数民族国家。然而，山口被李世绩占领，颉利可汗手下的将领纷纷叛逃，李世绩攻打迅猛，颉利可汗只身投奔一个部落。后来该部落将他交给唐军。颉利可汗后来病死在长安。

东突厥就此灭亡。

李世民听闻颉利可汗被擒，东突厥灭亡，就高兴地说："汉高祖当年被困在白马，不能报仇雪恨。而我能够击灭突厥，皆因用人得当。有此等人物，我以后还有什么发愁的？"

于是，全国放假五天，举国同庆。

东突厥和西突厥是以阿尔泰山为界，阿尔泰山在新疆境内，以东为东突厥，以西为西突厥。现在，东突厥已经被灭，李靖的下一个目标，不是西突厥，而是对唐朝威胁更大的吐谷浑。

吐谷浑的厄运来到了，他们已经听到了死神拜访的脚步声。

就在李靖准备西征吐谷浑的时候，却发生了一件谁也意想不到的事情。

御史大夫温彦博向李世民告发，说李靖领军无方，他手下的士卒像土匪一样，把突厥的奇珍异宝抢走后，私吞了。

温彦博也曾经和突厥交战，却屡战屡败。温彦博在山西太谷与突厥交战，兵败被俘；李靖从遥远的江南带着一万江淮子弟来到了山西太谷，用锋利的陌刀战胜了突厥。温彦博被关押在遥远的阴山极寒地带，像苏武一样天天望着南飞的大雁唱情歌；李靖带着唐军在辽阔的草原上拼死征战，鲜血染红了脚下的每一寸土地。唐朝和突厥关系缓和时，没有任何利用价值的温彦博被突厥放回，担任朝中尚书右仆射；李靖带着奇兵三千，长驱两千里，直捣突厥老巢。东突厥灭亡后，温彦博升为御史大夫，专管监察执法；李靖接替温彦博，担任尚书右仆射。

温彦博权力很大，他可以处置李靖。官大一级压死人，而且这个官还是掌管监察执法的大官。

李靖部下是否真的瓜分了突厥的奇珍异宝，谁也不知道，如果要调查的话，不但无法调查，而且费时费力，因为谁也不知道突厥到底都有哪些珍宝，这些珍宝去往何处，突厥首领死的死，逃的逃，谁还挂念自己的珍宝？而且，李靖手下尽管只有三千死士，但是这一路上不断囊括那些突厥部落，一壮声威，给颉利可汗造成唐军倾全国之力来进攻的假象，而且，李世绩的大队人马，在向颉利可汗的藏身之地铁山进攻时，也归李靖指挥。几万兵马，几十万突厥人，要查找子虚乌有的珍宝，实在是不可能的事情。如果真要查下去，也只能是莫须有的罪名。说你有，你可能有；说你没有，你也可能没有。就像秦桧给岳飞捏造的那个罪名一样。

但是，莫须有罪名，也足以杀人。

温彦博可能是嫉妒李靖的功劳，所以才会以忠诚为名，向李世民告发李靖。古往今来，多少谎言，穿着真理的外衣；多少小人，打扮成君子；多少无耻勾当，都打着正义的旗号。

李世民以温彦博告发的罪名，责问李靖。

李靖能怎么应对，他既不能说有，又不能说没有。说有吧，显然是违心之词，本身就没有；说没有吧，万一在部下中查出来有人私藏突厥物品，那就是欺君之罪。再说，几万人的军队中，也许会有人私藏突厥物品，而且，如果有人害他，就会把这件物品说成是珍宝，那你李靖有口难辩。

李靖一再向李世民叩头，长时间伏在地上，一言不发。

李世民看着脚下的李靖，觉得已经对他有了足够的威慑，这才说："隋朝史万岁破突厥达头可汗，有功不赏，最后被杀头了。但是我不会这样做，我会赦免你的罪行。"

这一句话有弦外之音，给李靖敲响警钟，甭看你有盖世奇功，但是我想杀你就杀你，史万岁就是你的前车之鉴。

史万岁和李靖是同乡，都是陕西关中人。史万岁是隋朝第一猛将。突厥自认为凶悍，每与隋朝作战前，先挑出他们中最能战的将军，来到隋军前耀武扬威，要来单挑，这种情形很像《三国演义》中描写的那样。隋朝军队中总是史万岁骑马冲出，慷慨迎战，每战都将突厥猛将挑落马下。如果说武功高强的吕布是三国第一猛将，那么史万岁就是隋唐第一猛将。后来的评书演义排什么隋唐十八条好汉，什么第一条好汉李元霸、第二条好汉宇文成都、第三条好汉裴元庆……一直排到第十八条好汉单雄信，其实都是扯淡。史万岁一出，谁与争锋？

后来，隋文帝派史万岁一路，权臣杨素一路，进剿突厥。杨素无功而返，史万岁大获全胜。权臣杨素嫉妒史万岁的功劳，大肆诬告，说他杀俘。史万岁据理力争，与隋文帝争辩。隋文帝争辩不过，大怒，斩杀史万岁。

温彦博诬告李靖，和当年杨素诬告史万岁如出一辙。聪明的李靖岂能不知道？所以，他做出虔诚认罪的神情，绝不辩驳，终于逃过一劫。

这场诬告事件对李靖的心灵冲击很大。李靖明白，功高盖主，是每个皇帝都最害怕的事情。做臣子做将军的，一生最大的愿望，就是能够遇到一个好皇帝。多少名臣名将，尽管忠心耿耿，功勋赫赫，最后都难逃被杀头的宿命。

既然，已经引起了朝中大臣的猜忌，那么，最好的办法，就是像范蠡那样，全身而退。帮助越王勾践打江山，又在功成名就之后带着西施隐居做生意，范蠡的选择，就是功臣们的最佳选择。可惜，很多功臣看不到这一点，而李靖早就看出了这一点。

任何人的功劳，在皇帝眼中都不值一提。而且，你的功劳越大，对皇帝的威胁越大，皇帝越要铲除你。在战争年代，皇帝需要你的征战才能，而在和平年代，你的征战才能毫无用处，必欲除之以后快。

于是，李靖以腿部有病为由，请求告老还乡。史书记载："寻以足疾上表乞骸骨，言甚恳至。"李世民也知道李靖的真实想法，腿病只是借口，而远离是非之地才是真的。但是，李世民也揣着明白装糊涂，他说："我看自古以来，身居显贵，而能够看到自己腿脚有病的人很少。多少人不知道自己腿脚有病，强行迈步爬台阶，最后跌得很重。你能够识大体，顾大局，说自己腿脚有病，我很欣慰，你是所有官吏的楷模。"

两个人都在说假话，却都能够说得滴水不漏，说得煞有其事，这是中国式的语言艺术。

后来，李世民就同意李靖不要来上朝了，赏赐给他很多金银细软。而李靖巴不得这样，做个富家翁，远离政治漩涡，即可明哲保身。

公元634年，吐谷浑来犯，大掠鄯州，又掠凉州。鄯州，是今天的青海乐都；凉州，是今天的甘肃武威。

吐谷浑也简直太不自量力了，李靖当年想动它，因为受到权臣猜忌，没有动。而李靖不动它了，它自己居然蹦起来，要人们注意他。

要讨伐吐谷浑，李世民想到了那个整天窝在家中的李靖，他对满朝文武说："得李靖为帅，岂非善也！"

李世民亲自点将，李靖不敢不从。这时候他再也不说自己腿脚有毛病了，即使真有毛病，你也必须跛着腿脚前去出征。

吐谷浑，它的起源可以追溯到鲜卑，而鲜卑又是东胡的后裔。东胡，自商代开始，就在北部草原上生存。东胡灭亡后，它的一支成为鲜卑；鲜卑全盛后，它的一支分为吐谷浑。

在漫长的历史时期，中原地区改朝换代，城头变幻大王旗；而北部的草原地区，也在更新换代。壮大的一统天下，弱小的就地灭绝，从肉体到文字上都被全部灭绝，没有给后世留下任何一丝痕迹，就像他们从来没有在世界上生存过一样。这才是最恐怖的灭绝。

历史是一条波浪激荡的大河，它一路吞噬了多少人物，多少故事，又分出了多少条支流。多少条支流在荒凉的大地上干涸，我们不得而知。我们能够看到的，只是流到我们眼前的历史河流。

历史太浩瀚了，我们伸出手掌，永远也无法触摸到历史真实的源头。历史用时间编年，我们在时间中成长，等到若干年后，我们也会成为后人眼中的历史。我们在这条历史的大河中，载沉载浮，时隐时现，等到流到后人的眼前，我们或者早就被吞没，或者只留下转瞬即逝的影子。

我们有故事，有欢笑，有悲苦，有梦想，有期望。我们阅读人生，我们追求正义，我们用人生履历书写着自己的思想。当我们阅读历史文字的时候，我们看到的是思考和启迪；那么，当后人阅读我们的时候，会不会也从我们的文字中读到思考和启迪？

一切都是浮云，唯有文字不朽。

吐谷浑的发现，纯属偶然。20世纪80年代，考古工作者在柴达木盆地南部边缘的青海都兰县挖掘到了千座以上的庞大古墓群，挖掘到了大量器皿和丝绸，这里是当年吐谷浑的疆域，关于这个古老王国的历史，才慢慢浮出水面。

据历史记载，吐谷浑建国三百五十年，曾是丝绸之路的中转站，它的地域包括今天的青海和甘南。

甘南向东，就是大唐长安所在的关中平原。吐谷浑和大唐比邻而居，是它的幸运，也是它的不幸。

要征讨吐谷浑，不是一件容易的事情，因为青海地处青藏高原，交通是最大的问题。即使今天，要从关中进入甘南青海，也没有几条道路。而在当时，只有一条丝绸之路。

唐军来到伏俟城的时候，被吐谷浑发觉，焚烧草原，退往大非川坚守。伏俟城是今天的青海海南，是丝绸之路上必经的城镇。大非川在今天的青海湖以西。

草原被焚烧，马无粮草，而且，在环境恶劣的青藏高原上作战，气候和交通都是难以克服的困难。随行的将军心生退意。李靖坚决命令继续进军，破釜沉舟，与吐谷浑决一死战，彻底解决西部边境问题。

吐谷浑在丝绸之路的关卡上重兵把守，防止唐军进攻。而李靖却带着几十万唐军，在高山峡谷间，在崇山峻岭中，攀岩而行，绕过丝绸之路，来到黄河源头，直插吐谷浑的后方。这一年，李靖已经六十五岁。

唐军一路旗开得胜，在曼都山、牛心堆、赤水源等地，对吐谷浑作战，缴获牲畜数十万头，进逼且末之西。且末，已经到了今天的新疆境内，它位于塔里木盆地南部、阿尔金山的西面。

唐军兜了一个大圈子，将吐谷浑的后路切断了。

吐谷浑可汗伏允已成惊弓之鸟，他相信唐军能够不远万里穿越辽阔的柴达木盆地，翻越巍峨的阿尔金山，肯定是来要他的老命的，所以，他一听闻唐军前来，就带着随从仓皇逃遁。他要去于阗国。于阗国是当时的西域诸国之一，更在且末以西。

今天，从青海到新疆也只有一条公路，这就是315公路。这条公路从青海省会西宁起步，到达新疆且末，经过于田，它的终点站是喀什，喀什距离西宁三千多公里。在这条线上，每座城市之间的距离都是千里以上。

然而，在唐代，这里根本就没有道路可以通行，唐军一路上披荆斩棘，搭桥凿洞，既要忍受高原刺骨的严寒，还要忍受粮草不济的饥饿。他们行走在沙漠中，几天几夜缺乏饮水，士兵们刺马饮血，聊以解渴。他们行走在荒原上，两千里都不见人烟，将士嚼冰，战马喂雪。他们以超乎想象的意志，以超越人类负荷的坚韧，走到了星宿海。

星宿海，是一片世外桃源，此前，人类的脚步从来没有踏进过这里。这里有着亘古以来的寂静和美丽，湖泊纵横，水清沙白，繁花点点，宛若星辰。

金庸在小说《天龙八部》中虚构了一个人物星宿老怪，他的老巢就安在这里。金庸的小说中写了非常多的名山大川、湖泊荒原，而一直到改革开放后，他才来到了自己小说中写到的那些地方。而此时，他的武侠小说已经风靡华人世界几十年。据说，金庸当年是对着地图写的。

唐军穿过星宿海，又向西行，吐谷浑可汗一路奔逃，跟从的人员越来越少，最后只剩下了几百人。

关于吐谷浑可汗的结局，有两种记载，《旧唐书》记载可汗被部将杀死，《新唐书》记载可汗自缢身亡。

可汗死后，李靖另立部落酋长，才班师回朝。

一百多年后，唐朝有一个诗人名叫王昌龄，他这样写这次征剿："大漠风尘日色昏，红旗半卷出辕门。前军夜战洮河北，已报生擒吐谷浑。"

王昌龄显然没有去过当年李靖的古战场。李靖与吐谷浑可汗作战的时候，最后是打到了新疆，而洮河是在青海境内。而且，吐谷浑的首领可汗，也不是生擒的。

此后，唐朝进入西域诸国的通道，被打开了。

李靖回到京城长安，等待他的，不是鲜花掌声，而是一桩谋反罪。此罪比上次那个兵卒私吞财物的罪行，不知道要大了多少倍。

李靖手下有一个人叫高甑生。甑是古代一种蒸饭用的瓦器，此人叫这个名字，可能小时候出生在这种瓦器里。此人应该属于劳动人民行列，但是却品行不端，向李世民告李靖谋反。

李世民命人调查，真相原来是这样的：高甑生是李靖手下军官，在攻打吐谷浑的时候，因为违反军纪而被李靖处分，所以就诬告李靖谋反。这个高甑生太不聪明了，谋反罪一查就落到实处，而李靖何等聪明的一个人，怎么会授人以柄。如果高甑生像上次温彦博那样，以莫须有的罪名告发李靖，那么李靖还真的会有麻烦。可见，武将直来直去，连阴谋诡计都不如文臣。文臣杀人不见血，他们的刀子藏在心中，而武将杀人必见血，他们的刀子拿在手中。

李靖以一己之力，平定了对唐帝国极具威胁的三面死敌：南面的萧铣，北面的突厥，西面的吐谷浑，为唐帝国开拓了万里江山，没有人比他的功劳更大。可是，他却一再遭人诬陷。李靖此后闭门不出，不与任何人来往，即使亲戚也很少接触，他成了中国历史上最早的"宅男"。

当宅男是明哲保身的最有效的方法。李靖从年轻时候就为大唐江山东征西讨，南征北战，建立不世奇功，而最后竟然沦落为一名宅男。

然而，当宅男比那些身首异处的功臣好了多少倍。飞鸟尽，良弓藏，狡兔死，走狗烹。

什么叫功臣？功臣是走在悬崖边，随时会掉落下去的人。

被烹杀，这是中国名将的宿命。

公元 649 年，李靖在寂寞中离去，享年七十九岁。他以他的大智慧，终于寿终正寝。

后世的人们，津津乐道大唐的辽阔疆域和大唐的万国来朝。余光中诗云："酒入豪肠，七分酿成了月光/余下的三分啸成剑气/秀口一吐，就半个盛唐。"然而，没有李靖，就不会有传说中的盛唐。

李靖用他的经历告诉后世，带兵是一门学问，做人更是一门学问。中国古代名将中，难得有颐养天年的，而李靖就是这难得中的一个。

11

智者郭子仪

功盖天下而主不疑，位极人臣而众不疾，穷奢极欲而人不非之。他的处世之道和军事才能同样卓绝。

　　和李靖一样，郭子仪也是古代极少数能够得以善终的名将；而且，和李靖一样，郭子仪也活到了罕见的高龄，李靖活了七十九岁，郭子仪活了八十五岁；和李靖一样，他们都经历了四个皇帝，李靖经历了隋文帝、隋炀帝、唐高祖、唐太宗，郭子仪经历了唐玄宗、唐肃宗、唐代宗、唐德宗；和李靖一样，郭子仪也是大智若愚，躲过了政敌一次次的攻讦；和李靖一样，郭子仪也是挽救大唐的不世出的名将，如果没有他们，大唐就会命运殊异；和李靖一样，郭子仪也出生在陕西关中，他们两人的故乡，相距不过百里。他们两人有太多相似的地方。

　　李靖崭露头角的时候，已经四十岁，而郭子仪比他更晚，郭子仪为人所瞩目，已经到了五十五岁。他们都属于大器晚成的将军。也许正因为他们在此前漫长的岁月里养精蓄锐，所以才有了后来的一出手就技惊四座，一登场就惊艳四方。也许正因为他们在进入权力中心的时候，已经过了知天命的年龄，所以才知道在险象环生、危机四伏的官场，如何明哲保身，如何全身而退。

　　在处理纷繁复杂的人事与盘根错节的关系上，郭子仪做得比李靖更漂亮。李靖像庄子一样出世，闭门谢客，老死不相往来，担心会祸从天上降；而郭子仪则是像韩非子一样入世，长袖善舞，用自己参悟的关系学，平安驶过了一次次惊涛骇浪。在这个古老的国家里，关系学是第一重要的学问。

　　整整一套《二十五史》中的战将，最精研做事做人的，无疑就是郭子仪。而他花费大量心思研究做人做事，却仅仅是为了自保。贵为功臣大将，功成名就后想到的不是美丽人生，而是如何自保，这实在有点黑色幽默。

　　后人评价郭子仪："功盖天下而主不疑，位极人臣而众不嫉。"中国历朝历代的名将中，能够达到这个层次的，仅有郭子仪一人。然而，为了做到这一点，郭子仪的一生如履薄冰，如临深渊，步步惊心，时时自敛。他活得很累。

郭子仪出生在陕西华县，出身于武举人。

过去有一句话叫穷文富武，是说穷人家的孩子去学文，富人家的孩子去练武。穷人家的孩子连饭都吃不饱，哪里会有力气练武？所以，古书中的书生都是与古庙青灯、残月狐仙联系在一起的。为了节省灯油钱，书生一般都寄身古庙，就着佛像前的长明灯读书。漫长而孤独的苦读生活中，他们每天面对枯燥乏味的儒家典籍，沉睡在心灵深处的性幻想就被悄然唤醒，他们把庙门外蹀足独行的狐狸幻想成美若天仙的女子，心似双丝网，中有千千结。然而，蓦然回首，却发现花自飘零水自流，月上西楼。

郭子仪小时候不会有这种寂寥而苦闷的生活，他能够习武，说明家境在当地很不错。《水浒传》中第一个出场的梁山好汉叫九纹龙史进，他是陕西华阴一个喜欢舞枪弄棒的乡下小子，史进的父亲是当地的小地主。华阴和华县紧挨着，当时都叫华州。而郭子仪的家境比史进的家境要好得多，他的父亲曾经做过渭州刺史，相当于今天的市长。

考上了武举之后，郭子仪顺理成章地做了武官，官职还不小，做到了朔方节度使右兵马使，掌管一方军事。

郭子仪在平淡的生活中度过了五十五年。那时没有战事。

在五十五岁以前，郭子仪生活的时代，是中国古代历史上最好的开元盛世。那时候，唐朝立国已逾百年，四海升平，万国来朝，百姓丰衣足食，安居乐业。忆昔开元全盛日，小邑犹藏万家室。稻米流脂粟米白，公私仓廪俱丰实。九州道路无豺虎，远行不劳吉日出。这是真正的太平盛世。

然而，平静的海面下激流暗涌，富裕的生活中危机潜伏。

老年皇帝唐玄宗娶了绝世美女杨玉环，杨玉环认了个胡人儿子安禄山。杨玉环有个哥哥叫杨国忠，杨国忠和安禄山争风吃醋。于是，麻烦就来了。

宫廷里的这些个肮脏破事，一下子把盛世打入了乱世。这就是蝴蝶效应。大西洋上空的蝴蝶扇扇翅膀，北极圈里的爱斯基摩人就要感冒拉稀。偶然改变一个国家的命运。

如果没有这场安禄山引发的战争，郭子仪就会等着退休，然后拿着退休金，儿孙绕膝，颐养天年，过着传说中令人向往的幸福生活。这场战争，改变了郭子仪的命运。偶然也改变一个人的命运。

公元 755 年，安禄山反唐，带领十五万汉蕃军，从范阳南下，一路势如破竹，强渡黄河，进占洛阳。长安危如累卵。

渔阳鼙鼓动地来，惊破霓裳羽衣曲。唐玄宗急忙命令高仙芝领兵十一万，在河南三门峡据守，同时又命宦官边令诚为监军。所谓的监军，就是皇帝派去监管部队的宠臣，以太监居多。历朝历代的监军，都是成事不足，败事有余。

高仙芝是唐朝名将，他被欧洲史学家称为"山地战之王"，他带着唐军长期在西域广袤的山地中作战，连战连捷，先后灭亡十余国，将西域辽阔的土地并入大唐版图，让中原人民吃上了葡萄干和哈密瓜，中原人民爱戴他；也使得大唐的疆域，与西南面的阿拉伯国家大食接壤。

随后，高仙芝又与当时横跨欧亚非三大洲的阿拉伯帝国大食开战，深入大食境内七百余里，到了今天乌兹别克斯坦的塔什干。此战最后虽然因为黑衣大食增援，众寡悬殊而失败，但唐朝的实力已经开始影响世界。

大食之战失败后，高仙芝被从安西都护府大都督的位置上调回，在长安担任右金吾将军。从封疆大吏被贬为御林军将领。

安禄山反唐后，唐玄宗左顾右盼，没有可以抵御安禄山的将领，就再次起用高仙芝，委以重任。

高仙芝的十一万人对抗安禄山的十五万人，高仙芝的惊恐之卒对抗安禄山的得胜之师，明眼人一看就知道这场仗很难取胜，唯一的打法就是据险坚守，为长安和潼关方向的布防赢得时间。可是，监军边令诚胡乱掺和，屡次催促高仙芝进兵，高仙芝不听，边令诚就向唐玄宗进谗言，说高仙芝之所以不进攻，是因为他和现任安西都护府节度使封常清密谋，准备投降安禄山。唐玄宗不问青红皂白，就派人斩杀了高仙芝和封常清。

封常清也是唐朝名将，唐朝有一个著名的边塞诗人名叫岑参，他曾经为封常清写过两首很有名的长诗，这两首长诗都被收入了各种版本的《唐诗三百首》。

军情危急，斩杀大将，唐玄宗做了安禄山想做而做不到的事情。

高仙芝死后，唐玄宗又派患病的哥舒翰为将，在潼关阻击安禄山。从潼关到长安，乘坐长途大巴，只需要两三个小时。而且一路都是阳关大道，潼关和长安都地处平坦的关中平原。

哥舒翰也是唐朝名将。"北斗七星高，哥舒夜带刀。至今窥牧马，不敢过临洮。"这首描写哥舒翰的唐诗，妇孺皆知。

安禄山兵锋极盛，哥舒翰和高仙芝一样，采取守势，坚守达半年之久，安禄山无法前行。可是，唐玄宗一再令其出兵，击退安禄山，哥舒翰不敢抗命，高仙芝和封常清就是前车之鉴，临出征前，哥舒翰捂着胸脯大哭，哭罢，就率领将士在潼关东面的河南灵宝与叛军决战，果然大败。战败回去，肯定会被杀头。哥舒翰一怒之下，投靠了安禄山。

唐玄宗惊惶万状，这个只会和杨玉环洗鸳鸯浴的昏君，急急忙忙逃往蜀地。途径陕西兴平马嵬坡时，六军不前，军心大乱，唐玄宗只好杀杨玉环和杨国忠，以安定军心。

本来当时的形势对唐军已经很有利了。

当初，如果唐玄宗没有逼迫哥舒翰出兵，也就没有逃往蜀地的耻辱。哥舒翰将天堑潼关经营得固若金汤，安禄山急切间，无法攻占。潼关是通往长安的门户，无法攻占潼关，就无法进入长安，后来的抗日战争也是这样，因为中国军队扼守山西中条山，日军就无法进占潼关；因为无法进占潼关，大西北就安然无恙。

就在哥舒翰在潼关与安禄山对峙的时刻，郭子仪率军在河东河北战场上连战连捷，截断了安禄山北归的后路。安禄山一度异常绝望，想要回到范阳。范阳，就是今天的北京。

然而，因为潼关门户大开，形势一下子完全变了。

当安禄山和哥舒翰在潼关对峙的时候，唐玄宗紧急提拔郭子仪为朔方节度使。郭子仪率军经河套平原，向东进击叛军。前面在写卫青的章节时，写到了当年卫青北击匈奴，进占肥沃的河套平原，建立朔方郡。朔方郡郡治，在今天的宁夏，当时叫灵州，李靖曾经在这里任职。在农耕文明社会里，朔方郡是一个很富裕的地方，因为有清澈的黄河水浇灌，天下黄河富宁夏。

在安史之乱时，全国军队分归九个节度使和一个经略使，相当于今天的八大军区。而安禄山一人身兼三个节度使，也就相当于一人身兼三个军区的司令员，而且手下的兵将都经过多年对外战争的锤炼，远非其他节度使的兵马可比。

唐玄宗一贯疑心很重，但是却对安禄山这样信任，居然让他一人兼三职，令人费解。唯一的解释是爱屋及乌，他爱贵妃杨玉环，也就爱杨玉环的干儿子安禄山。安禄山给他戴了绿帽子，他还沾沾自喜。唐玄宗也算是大唐一号极品男。这个推论是建立在杨玉环与安禄山有奸情的基础上。对于他们是否有奸情，众说纷纭。

安禄山身经百战，而郭子仪此前没有参战经历，唐玄宗将郭子仪派上第一线，显然属于临时抱佛脚。

但是，郭子仪的表现却可圈可点，他属于那种天生就会打仗的职业军人。

安禄山在南面的河南作战，从东向西进攻京城长安；郭子仪在北面的河东作战，从西向东切断安禄山的退路。

全国战场一盘棋。郭子仪没有带着朔方的军队南下京师勤王，而是开辟第二战场，实在是高明之举。

郭子仪带着军队穿过毛乌素沙漠，渡过黄河，直取河东最北面的右玉，斩杀叛将周万顷。接着，顺着黄土高原的天然地势，以水银泻地般的攻势，南下直取河曲，将周万顷的首级，用投石机掷进河曲城中，让河曲城溅起一片惊慌，然后又趁机攻占河曲，进而收复了云中和马邑。云中是今天的山西朔州，马邑是今天的山西大同。这样，在短短的时间里，郭子仪就占据了河东北部。

好莱坞有部电影叫《指环王》，半兽人在攻打人类的城池时，也曾经用过此招。郭子仪这老头狠起来比谁都狠。

山西北部简称晋北，地理位置非常重要，占据晋北，南下可紧逼太原，进而攻击安禄山陈兵的中原；东向可兵出井陉关，进击华北平原，攻占安禄山的老巢范阳。

郭子仪这一手实在太漂亮了，他一下子卡住了安禄山的咽喉。让安禄山进不能进，退不能退。因为安禄山要回师，必须经过晋北和井陉关；而要进攻，却又被哥舒翰的军队挡在潼关。

安禄山就这样被吊在半空中。

安史之乱对唐朝的打击是巨大的，它让无数百姓流离失所，也打破了一个名叫杜甫的诗人平静的生活。这名唐朝最忧国忧民的诗人开始了颠沛流离的生活，经过河南新安县的时候，他看到了这样一幕：客行新安道，喧呼闻点兵。借问新安吏，县小更无丁？府帖昨夜下，次选中男行。

中男是指十八岁到二十三岁的男子，也是唐朝抽丁的标准，而现在，因为战场上伤亡太大，连未成年男子也被应征入伍。

郭子仪在太行山之西的河东旗开得胜，而唐朝著名书法家颜真卿兄弟，也在河北取得辉煌战果。

后世人们在谈论安史之乱的时候，都会谈到郭子仪和李光弼，都会谈到颜真卿兄弟和张巡。因为他们是这次长达八年的平叛战争中的标志性人物。前两者是武将，李光弼是郭子仪的部将；后三人是文官，颜真卿兄弟指颜杲卿和颜真卿，颜真卿就是那个著名的书法家。

郭子仪在河东作战的时候，颜家兄弟也在河北举义。

郭子仪是正规军，颜家兄弟是游击队。安史之乱之初，颜杲卿是常山太守，颜真卿是平原太守，他们的军队成员也都是些维持治安的警察、挖煤的矿工和临时招募的农民工，还有上门女婿。在古代，上门女婿是底层中的底层，最没有社会地位。

然而，就是这样一群乌合之众，居然攻占井陉关，打开了河北与河东相接的通道。

占领了井陉关后，颜家兄弟开动了宣传机器，派人在河北各地四处宣扬：郭子仪的大军已经来到了井陉关，正在向河北逼近。结果，安禄山留守在河北的叛军纷纷投奔颜家兄弟，不长的时间里，他们居然集结了二十万之众，占领了河北十七郡，只剩八郡还控制在叛军手中。

河东和河北都燃起了燎原之火，这场大火也烧着了远在河南的安禄山肥胖的屁股。安禄山为了确保后方稳定，派黄河以北的一万精骑袭击颜杲卿的大本营常山。同时，与安禄山一起叛乱的贼酋史思明，也率重兵围攻常山。

一支临时拼凑的军队，不是叛军的对手。常山之战中，叛军抓到了颜杲卿之子颜季明，借此威胁颜杲卿，逼他投降，然而颜杲卿大骂叛军，儿子颜季明被杀。

不久，常山城被史思明攻破，颜杲卿被擒。颜杲卿此前曾在安禄山手下任职，史思明就把他交给安禄山。

凶残的老虎一样的安禄山，换上了一副绵羊的嘴脸，他企图对颜杲卿晓之以情，他语重心长地对颜杲卿说："你是我的手下，怎么就背叛了我？既往不咎，以后就在我手下做事。"

颜杲卿大义凛然："我家世代为唐朝忠臣，岂会跟着你一个放羊的胡人叛乱？"安禄山是突厥人，小时候在北方草原当放羊娃。

放羊娃里出人才，卫青也是放羊娃，安禄山也是放羊娃。童年苦难的生活会影响一个人一辈子。放羊娃的生活让卫青一辈子谦恭有礼，始终和劳动人民打成一片；而放羊娃的生活让安禄山一辈子穷奢极欲，他要加倍弥补童年生活的欠缺。童年的坎坷经历确实会培养人，要么培养出非常善良的好人，要么培养出非常邪恶的坏蛋。

颜杲卿激怒了安禄山，他亲手割掉了颜杲卿的舌头。然而，颜杲卿依然用含糊不清的声音，骂不绝口，每骂一句，血沫就满嘴流淌，直至气绝，才倒了下去。

河北义军领袖颜杲卿牺牲后，河北各郡又回到了叛军手中。

常山丢失一个月后，郭子仪派李光弼攻占井陉关。

盛唐时期的这场战争，从某种意义上来说，就是郭子仪和他的部将李光弼，与安禄山和他的部将史思明之间的战争。

郭子仪是一名战略家，他审时度势，运筹帷幄，是一个胸有丘壑的老帅；李光弼是一名战术家，他冲锋陷阵，攻守兼备，是一名战斗力极佳的将军。如果把大唐比喻成洪七公，郭子仪就是洪七公的看家之宝打狗棒法，李光弼就是那威力无匹的降龙十八掌。

在史思明攻打颜杲卿的这段时间里，郭子仪在干什么？

常山被围是在天宝十五年正月，也就是公元756年正月。而郭子仪在前一年的十一月出兵晋北，很快攻占晋北各郡县。当颜杲卿被围时，郭子仪大军已经控制晋北，随时可以通过已被颜杲卿占领的井陉关，来到华北平原支援颜杲卿。可是，郭子仪的正规军直到常山城破的第二个月，才出兵井陉关。为什么会这样？

有人认为是郭子仪的军队刚刚经历了大战，需要休整；也有人认为当时通信不发达，郭子仪没有得到消息。

事实上，只要郭子仪的正规军一出兵，情况就完全是两回事。

颜杲卿遇害后的一个月，李光弼奉郭子仪命令，兵出井陉关，来到华北平原，他的第一个攻取目标就是一个月前丢失的常山。

攻打常山的史思明已经回军范阳，常山只有一群地方团练驻守。这些仓促组织起来的临时工和民兵，听闻大唐正规军兵临城下，一个个哆嗦得像雨中的树叶。李光弼带着五千人来到常山城下，当地团练知道打不过，就捆绑头领来降，常山不战而取。

常山是华北平原重镇。史思明在常山丢失的第二天，就率领两万精骑，前来攻打常山。常山守军五千人，史思明觉得自己完全胜券在握，不日就能够克复。

然而形势的发展却远远出乎史思明的预料，因为他遇到的是一个极会打仗的唐朝将领。

常山守卫战是李光弼的处女作，李光弼出手不凡，他用常山保卫战证明了自己完全能够独当一面。

史思明全力攻打常山，而李光弼将弓弩手分为四队，每队五百人。每当叛军靠近城墙，就用弓箭射退他们。攻打多日，史思明没有占到丝毫便宜，他就想当然地认为唐军只守不攻，心存忌惮。

有一天，叛军正在吃饭，他们大大咧咧，没有做任何防御措施。李光弼突然率领五千骑兵打开城门，如同狂风呼啸，冲向叛军。这些饿着肚子的叛军惊慌失措，自相践踏，除了抱头鼠窜，再别无选择，可怜的他们，临死前也没有落个肚儿圆。

此战，叛军被斩杀五千，其余的都作鸟兽散。

郭子仪来到常山，与李光弼汇合，然后继续东进。

不甘心失败的史思明纠集残余，一直跟在唐军的后面，不即不离，唐军走，他也走；唐军停，他也停。想要攻打唐军，担心打不过；不打吧，又心有不甘。唐军是根难啃的硬骨头，史思明是流着口水的哈巴狗。

史思明和叛军的用意很明显，他们在等待机会。一旦郭子仪的唐军在某一座城池前，攻击不利，跟随在后面的史思明就会像疯狗一样扑上来。

华北平原一望无际，史思明的叛军总会不时地出现在地平线边，总会出现在唐军后队的视线里。后队把这个消息报告了郭子仪，郭子仪决定斩断这条肮脏的尾巴。

郭子仪挑选了五百名作战凶猛的骑兵，埋伏在村庄的断墙后，悄无声息。然后，大队人马继续向东挺进。

史思明的叛军经过了村庄，他们只看到沉默的房屋，和屋顶上岁月凝结的苔藓，只看到颓废的断墙，和断墙上随风抖动的荒草，他们从村边走过，完全没有想到村庄里埋伏着一支唐军的精兵。

叛军经过村庄，匆匆忙忙地赶路，唐军走得很快，他们也走得很快，他们担心唐军会在视线里消失了，他们一路走得气喘吁吁，走得跌跌撞撞。

突然，身后响起了天塌地陷的声音，五百名唐军精骑旋风一样地卷过来，叛军刚刚来得及转过头去，唐军雪亮的马刀就凌空劈下，他们无可抵挡。史思明急忙命令吹动号角，叛军紧急集结。可是，还没有等到叛军摆好阵型，唐军精骑已经绝尘而去，风中只送来了战马身上的骚臭味。

整整三天里，史思明不断受到这支骑兵的骚扰，他们倏来倏去，来去如风。总是在他们最意想不到的时候，这支骑兵就像鬼影一样出现了；总是在他们准备迎战的时候，这支骑兵又像风一样消失了。

三天后，郭子仪占领了河北曲阳，这支负责骚扰叛军的骑兵才归队了。

曲阳在华北平原西北，沿着曲阳南下，就是邯郸；沿着曲阳北上，就是范阳，那时候的石家庄还是一个名副其实的石姓人家居住的小村庄。邯郸和范阳都是叛军的老巢。而郭子仪像一把钝刀，生生隔断了邯郸和范阳的联系，让他们彼此可望而不可即。

史思明将曲阳围得水泄不通，安禄山又从邯郸调来大队人马，他们发誓要夺回曲阳。

郭子仪坚守不出。

曲阳无险可守，周边既无山又无水，唯一的依靠就是既不坚固又不高大的城墙。安禄山和史思明都认为，华北平原辽阔无垠，郭子仪本来可以顺利逃走，而现在郭子仪居然选择在曲阳守御，那就是自蹈死地，逃无可逃。当时，叛军的数量是唐军的三倍。

郭子仪选择坚守一座小城，所有军队蜷缩在这样一座名不见经传的小城里，实在是一着险棋。

郭子仪命令深沟高垒，不与叛军交战。无论叛军如何挑衅，郭子仪一概置之不理。叛军攻打城池，郭子仪令强弓硬弩，射杀所有靠近城墙的人。叛军一路匆忙赶来，没有携带攻城重器，仅仅依靠长矛大刀，是无法攻占一座城池的。

为了逼迫唐军出战，叛军在城外齐声叫骂，骂了郭子仪的祖宗八代，骂声不堪入耳。部将义愤填膺，纷纷请求出城迎战，而郭子仪说："他们那是给咱唱秦腔哩，好听得很，大家都好好听听这免费的秦腔。"郭子仪手下的兵将来自于西北，都知道秦腔是什么，也都爱听秦腔。

郭子仪心胸开阔，肚量很大，他这一生见过多少惊涛骇浪，遇到多少奸佞小人，几句辱骂当然不算什么。古之所谓豪杰之士，必有过人之节。人情有所不能忍者，匹夫见辱，拔剑而起，挺身而斗，此不足为勇也。天下有大勇者，猝然临之而不惊，无故加之而不怒。此其所挟持者甚大，而其志甚远也。

郭子仪有大智大勇。

叛军叫骂几天，没有任何成效，而粮草又即将告罄，决定退兵。

然而，叛军一离开曲阳城，郭子仪就派出骑兵随后掩杀。叛军回身迎战，唐军骑兵马上就回到城中，吊桥高挂，城门紧闭，不打了！

叛军再次回身撤退，可是，还没有走多远，唐军又随后偷袭。叛军想要好好打一仗，而唐军骑兵又跑了。这种赖皮打法让叛军不胜其烦，唐军骑兵像狗皮膏药一样，揭又揭不掉，甩又甩不开，他们存心就不和你好好打，只是想来恶心你。

夜晚来临了，还没有走多远的叛军安营扎寨，想好好睡一觉，可是唐军骑兵又来了，他们又是敲锣又是打鼓，声势浩大。叛军惊恐不安，出营迎战，而唐军骑兵却又跑远了。叛军一夕数惊，寝不安席。

这种专门恶心人的打法，让叛军没有丝毫办法。《资治通鉴》记载："子仪坚壁自固，贼来则守，贼去则追，昼扬其兵，夕袭其幕，贼人不及息。"

几天后，叛军身心疲惫，吃不好睡不好，一个个就像拉着粪车爬坡的老牛一样，李光弼建议说："现在可以打了。"郭子仪派李光弼率大军偷偷走出曲阳，集结在曲阳东南的嘉山上。

唐军依然是骑兵诱敌，在后面不停地骚扰叛军。

史思明终于忍耐不住了，他决心先消灭了这支像苍蝇一样总在嗡嗡不停的唐军骑兵，然后再带着叛军上路。

对于叛军来说，初期的交战很顺利，唐军骑兵丢盔撂甲，狼狈不堪。史思明发布了追击命令，要将这支唐军全歼。于是，叛军浩浩荡荡来到了嘉山。

嘉山其实不是山，只是一面倾斜的土坡。

史思明看到嘉山上有唐军，急忙命令叛军摆开阵型，与唐军对峙。可是，他们的阵型还没有摆好，唐军就居高临下，洪水猛兽一般地冲击而下，将叛军的阵型冲得七零八落。

此战，唐军斩杀叛军首级四万颗，生擒五千人，缴获战马五千匹。史思明在溃乱中跌落马背，披发赤足，只身逃走。

此战，是安史之乱中很有名的一场战役，严重削弱了叛军的实力，让河北各郡失而复得。

此后，安禄山派往老巢范阳的使者，再也不像以前那样骑着驿站的加鞭快马，一路畅通无阻了。这些可怜的使者化装成客商，拉着骆驼一步一步艰难地通过唐军的防区，却总是被俘获。

在洛阳的安禄山，急得哭出声来。

形势对唐军极为有利，本来安史之乱在这里就要画上句号了，可是，潼关方面出了问题。唐玄宗逼迫哥舒翰出兵，结果在河南灵宝大败。河南灵宝距离陕西潼关只有一步之遥。灵宝丢失，潼关不保；潼关丢失，长安门户大开。安禄山就这样顺利进入了唐都城长安。

刚刚哭完的安禄山，现在又笑了。

公元756年，李隆基奔蜀，众拥唐太子李亨，弃李隆基奔灵州。七月，李亨于灵州称帝（庙号肃宗），遥尊李隆基为太上皇。

灵州，就是今天的宁夏，也是郭子仪当初担任节度使的那个地方。连绵起伏的六盘山和汹涌澎湃的黄河水，足以阻挡叛军西进的脚步。

那个鸳鸯浴的爱好者李隆基，此后退出了大唐的政治舞台，他为了一个姓杨的肥胖女人，断送了曾经拥有的大好江山。一脉相承的世袭制，让太子李亨顺理成章地站在了大唐舞台的中心。

李亨登基后的第一件事情，就是下诏令郭子仪从河北班师，回到灵州勤王。

因为东西两京都被叛军占领，郭子仪再去攻打遥远的范阳就没有多大意义了。此后，他需要做的是，夺回已经被叛军占领的两京，西京长安和东都洛阳；然后恭迎新皇帝回到京城。

如果这些目标实现了，就等于再造了一个大唐帝国，那么，郭子仪的功劳就是无人匹敌的，也许在中国古代历史上都是无人望其项背的。

后来，郭子仪果然实现了这些目标。后来的唐德宗称他为尚父，也就是和父亲一样尊贵的地位。在中国历史上，被皇帝真正称为尚父的大臣，只有两个人，一个是姜子牙，再一个就是郭子仪。

唐肃宗在遥远的风吹草低见牛羊的塞上即位，情绪极为低落。两京沦陷，也让全国臣民坠入了痛苦的深渊中。然而，郭子仪回师，让所有人的精神都为之一振，让他们看到了胜利的曙光。

郭子仪西归，尽管只带来了本部五万人。但是，这五万人盔甲鲜亮，精神饱满，人人眼中都充满了必胜的信念。唐肃宗和大臣们看到这支威武之师，一个个涕泪横流："大唐光复有望矣。"

安史之乱中，郭子仪是唐王朝的意外之喜，意外发现。谁也没有想到，这个一直戍边的沉默寡言的偏将，居然有如此过人的本领。

郭子仪在晋北冀北作战，一直都是以少胜多，以精湛的兵法战术，取得完胜。他就像足球天才梅西一样，在来到巴塞罗那之前，"养在深闺无人知"；而来到了巴塞罗那后，突然大放异彩，一朝成名天下闻。

如果当年唐玄宗让郭子仪，而不是哥舒翰守卫潼关，可能历史就是另一种面目，唐玄宗也不会仓皇远遁，开元盛世还会延续。可是，老而无用的唐玄宗只知道选用那些成名的将领，不会大胆起用新人。

唐玄宗是近视眼。安禄山和肥婆杨玉环就在他的眼皮底下公然调情，而他竟然没有发现，更何况郭子仪还远在六盘山之西的朔方。

唐玄宗的儿子唐肃宗，认为郭子仪是唯一能够依靠的人，他任命郭子仪为兵部尚书兼宰相，集军政大权于一身，在中国古代历史上，能够达到这个职位的没有几个人，而且，郭子仪在两年前还只是朔方节度使右兵马使，这只是一个军职，没有任何政职，而仅仅两年，他就连升数级，成为唐王朝军队的实际指挥者。

尽管唐肃宗把郭子仪提拔到至高无上的地位，但是，他仍然对郭子仪怀有猜忌之心，担心郭子仪拥兵自重，会取而代之，所以，郭子仪尽管是兵部尚书，但只担任天下兵马副元帅，而天下兵马大元帅，由肃宗的儿子李俶担任。

对功臣疑心重重，是帝王的通病。功臣立功越多，威望越高；威望越高，帝王越恐惧；帝王越恐惧，越想除之而后快。这是中国式的悖论。所以，历史上那些所谓的聪明君主，总是一边让功臣拼尽全力，一边总不忘敲打敲打功臣，让功臣牢记：我随时可以取你项上人头。就像当年唐太宗用史万岁的事例威胁李靖一样，吓得李靖倒地长跪，噤若寒蝉。这是帝王的驭人之术。

唐肃宗向往着大唐长安纸醉金迷的奢华生活，不愿意再忍受塞上狂风的肆虐，他一再催促郭子仪赶快向长安发起反攻。可是，依靠郭子仪有限的五万人，根本无法组织反击。

郭子仪建议，向回纥借兵。回纥，建国在北方草原，也就是今天的乌鲁木齐和呼和浩特以北。

杜甫在诗歌《北征》中写到了这次借兵："阴风西北来，惨淡随回纥。其王愿助顺，其俗善驰突。送兵五千人，驱马一万匹。"诗圣杜甫经历了安史之乱的每个大事件，从他的诗歌中能够看到这场盛唐大动乱的全貌。

确实如杜甫诗歌所写，这次向回纥借兵，回纥只给了五千人。

说实话，五千人确实很少，这么大的一场战争，回纥只给了五千人支援，显得很小气。

回纥的小气还在其次，更让人感到恶劣的是，他们向唐肃宗提出了出兵的条件是：两京克复，必须答应让回纥在两京城内抢掠妇女和财物。而这么苛刻的条件，唐肃宗居然也答应了。史书记载："克城之日，土地、士庶归唐，金帛、子女皆归回纥。"

在唐肃宗的眼中，只有他的王位，没有百姓。

郭子仪正在全力以赴准备反攻两京的时候，叛军内部却先乱了起来。

公元757年正月，已是五十五岁的安禄山，眼疾加剧，双目失明。安禄山这种粗人不看书不写字，估计是肥胖引发了眼疾，才导致失明的。失明后的安禄山，脾气暴躁，动不动就殴打身边侍从，还想更换太子。前一年，攻进长安后，安禄山自封皇帝，国号为燕，将长子安庆绪立为太子。

就是这样一个破烂政权，这样一个破烂太子位置，安庆绪也当成了宝贝，为了能够得到皇位时时觊觎，他和服侍安禄山起居的奴才李猪儿合谋，砍死安禄山，然后在床下就地挖坑，将安禄山埋了。然后对外宣称，他是新君，安禄山暴病身亡。

安庆绪派史思明回守范阳。

安庆绪称帝，让史思明很不乐意：以前你爸当皇帝，我是你爸的下级，听你爸说；你小子现在居然也称帝，在老子面前指手画脚的，你娃是个锤子，算个老几？

史思明离开长安，回归范阳的路上，已经萌发了杀安庆绪之心，取而代之的心思。叛军就是一群乌合之众，每个人都心怀鬼胎，每个人都想夺取最大利益。

安禄山死后的第二个月，郭子仪吹响了帝国反击战的号角。

如果从灵州向东南，翻越六盘山进入关中平原，首先遇到的是西京长安，长安应该是唐军攻打的第一个目标。然而，如果攻打长安，洛阳叛军肯定会来增援。这是常规打法，郭子仪不这样做，他需要的是能够攻打长安，同时洛阳又不能增援。

怎么才能这样做？郭子仪看中了长安与洛阳之间的河东。河东，也就是今天的山西运城。如果占领河东，卡住风陵渡，就可以将长安和洛阳的叛军切为两段。

郭子仪带着军队，没有翻越东南的六盘山，而是向东穿过今天的甘肃庆阳，来到千沟万壑的陕北富县，然后从富县南下，进攻关中平原的大荔县，占据了大荔后，切断渭河和洛河渡口。洛河和渭河都自西向东流淌，穿过长安和大荔的平坦地带。洛河是渭河的支流，渭河是黄河的支流。这样，叛军就无法渡过洛河与渭河来进攻大荔。

关中平原以长安为界，分为东府和西府，在过去很长的一段历史时期，东府最大的县城是大荔，西府最大的县城是凤翔。现在，郭子仪占领了东府大荔，唐肃宗进驻西府凤翔，对长安构成了夹击之势。

接下来，郭子仪要做的是，攻占河东，卡住风陵渡，将叛军一分为二。

当时的形势是这样的，两支唐军将长安的叛军包成了肉夹馍，而在东面唐军的背后，洛阳的叛军虎视眈眈，又想与长安叛军联合起来，把东路唐军包成肉夹馍。

郭子仪带着的东路唐军，不愿意做肉夹馍中的那摊碎肉，他要做一根鱼刺，卡在洛阳叛军的喉咙里，让它无法吐出，也无法下咽。

大荔的东面，就是黄河，黄河的对岸，就是河东。郭子仪谋划进占河东。

出兵大荔和河东，切断洛阳和长安的叛军的联系，这个战略战术和两年前郭子仪出兵晋北的战略战术一模一样。两年前，郭子仪带兵从朔方出发，进占晋北，然后兵出井陉，占领冀北，切断了范阳和洛阳的叛军的联系。

打蛇打七寸，将两支叛军拦腰截断，让他们首尾不能相顾，这就是蛇的七寸。

一招鲜，吃遍天。郭子仪就是依靠这个不变的战略，始终占据了战场上的主动权。

《孙子兵法》云："攻心为上。"郭子仪攻打河东，运用攻心术。
叛军在沦陷地的所作所为，令人发指，罄竹难书。
因为长安被占领，诗人杜甫开始了自己一生中最不堪回首的颠沛流离的生活。当时成为沦陷地的长安是一派人间地狱的景象："少陵野老吞生哭，春日潜行曲江曲。江头宫殿锁千门，细柳新蒲为谁绿。"春天来了，只有曲江垂柳和墙角野花依旧灿烂如昔，美丽如初，它们不知道长安城已经换了人间。而长安城外，更是一幅世界末日的景象：乾坤含疮痍，忧虞何时毕！霏霏逾阡陌，人烟渺萧瑟。所遇多被伤，呻吟更流血。叛军所过之处，一片破败凄惨，百姓流离失所，浑身带伤。

正因为叛军是一群无恶不作的烂货流氓，烧杀抢掠，所以人心向背，沦陷地的人们都盼望着唐军能够尽快打回来，解百姓于倒悬。

郭子仪很好地利用了百姓的心理，他轻松攻取河东。

与陕西大荔仅仅隔着一条黄河的河东，由叛军悍将崔乾佑把守。郭子仪派遣了一支精干的小分队，趁着夜晚，偷偷渡过黄河，潜入河东中，作为内应。这支小分队，相当于我们今天经常能够在战争影视剧中看到的特工人员。

这支小分队在运城里秘密发展暴动力量，效果显著，就连河东司户韩旻都加入了他们的组织。

几天后，郭子仪进攻河东，韩旻带人打开运城城门，迎接唐军。郭子仪带着人马冲进运城，一路砍杀上千人。崔乾佑从城墙上跳下去，一路狂奔，才逃回了一条性命。

运城城墙高达数丈，崔乾佑能够从城墙上跳下来，还没有摔死，莫非这小子有轻功？

崔乾佑逃出河东后，左思右想，很不甘心：郭子仪这老汉很不地道，用阴谋诡计骗取了我的城池，又把我赶出城来，我还没有和他好好打一仗呢，怎么能就这样离开？我心不甘啊心不甘！

崔乾佑在河东北面纠集了两万人的叛军，浩浩荡荡地杀向河东，要向郭子仪讨还血债。郭子仪采用疲兵之计，任叛军在城外大呼小叫，一概不理。午时过后，当叛军口干舌燥，浑身乏力，准备开饭的时候，郭子仪突然率军杀出。崔乾佑气得七窍生烟：这个老汉实在太不要脸了，我要和你打，你不敢打；我要开饭了，你却偷袭我，你算什么英雄好汉？

叛军悍将崔乾佑装着一肚子气，骂了一路郭子仪。他逃到西北方向的安邑城下时，清点人数，还有数千。安邑，是今天的山西夏县。崔乾佑决定暂时躲避安邑，伺机反攻。安邑也是叛军的地盘。

叛军络绎不绝地走进安邑，大约有一半人走进瓮城的时候，突然城门上方的铁栅栏哗然坠落，将叛军截为两段。瓮城的叛军无法出去，城外的叛军无法进来。原来，守卫安邑的士兵，看到唐军开始反攻，决定献城投奔唐军。

此役，瓮城里的叛军全部被消灭，还没有走进瓮城的崔乾佑如同被烧着了尾巴的老鼠一样，一路狂奔，侥幸逃脱。他一路都在骂着：什么世道啊，都是骗子，骗了我的河东，又骗了我的安邑，这年头，做一个好人怎么这么难？

郭子仪轻取河东，但是李光弼却在太原艰苦鏖战。与此同时，在河南睢阳坚守了数十天的书生张巡，也走到了最后关头。

先一年，郭子仪带着精兵西去勤王，放弃已经攻占的晋北冀北，只留下李光弼坚守太原，因为太原直线南下，就是东都洛阳。坚守太原，既可以牵制洛阳叛军增援长安，又可以切断洛阳叛军与老巢范阳的联系。

李光弼走进太原时，城中仅有各种杂牌团练不足一万人。

史思明探知郭子仪带领唐军去往灵州，就发兵十万来围攻太原，想要拔掉太原这颗楔在脚边的钉子，这根绊住门牙的肉刺。历史上非常有名的太原守卫战由此打响。

在得知叛军十万人来攻打太原的时候，唐军将领都吓坏了，商议着加高城墙，可是李光弼却不这样做，他认为太原方圆四十里，敌军还没有来，而自己却筑高城墙，累得半死，得不偿失。

李光弼率领太原军民在城外挖掘壕沟，用挖掘壕沟的泥土，做了几十万块砖胚，以备急用。果然，当叛军攻打太原的时候，城墙哪里出现缺口，就用这些砖胚堵上，非常方便。

史思明围攻太原月余，想尽了各种办法，仍然没有进展。他就决定采用声东击西的计策，挑选了一支精兵作为游骑，让他们进攻城南，然后转向城西；而自己率领大军先进攻城北，然后转向城东，想要找到守军的薄弱漏洞。可是，他们折腾了半天，城里巡逻警戒严密，史思明毫无可乘之机。

李光弼做将军，注意发挥每一个人的长处。当时，太原城里有三个人，是过去铸钱的工人，擅长挖掘地道。李光弼就让他们带人挖掘地道，一直把地道挖到城外。地道战，本来是攻城一方的战术，通过地道进入围城。但是李光弼反其道而行之，将地道挖到了城外。

太原久攻不下，攻方心浮气躁，史思明就派人站在城墙下辱骂挑战。然而，每逢叛军叫骂，地道里埋伏的守军，就把叫骂的士兵突然拖进地道里，然后一直拖进城里，推上城墙斩首。城外的叛军看到这一幕，心胆俱裂。

这一招对叛军的威慑力非常巨大，此后，他们走路的时候，不敢抬头看城墙，都低着头看脚下。

史思明一计不成，又生一计，命令叛军用云梯攀附和筑土为山的方法，强行攻城，然而，城墙四周已经被守城一方完全掏空，叛军一来到城墙边，就土层塌陷，将企图攻城的叛军活埋进去。

当时，被叛军层层包围的太原城里能人很多，有会测算挖掘地道的，有擅长木工的，也有精通物理的。

李光弼让擅长木工的和精通物理的人，制作投石机。在冷兵器时代，投石机威力巨大，能够将几百斤的石块，甩出近千米，他的原理和作用，相当于今天的大炮。

史思明不知道太原城里有投石机，让叛军闹嚷嚷地围着城墙叫喊。李光弼派人将投石机架在城墙上，巨石飞出，如同霹雳雷霆，一石可以砸死数人。叛军们眼睁睁地看着刚才还在声嘶力竭叫喊骂阵的同伴，转瞬间就被砸成了肉饼，一个个魂飞魄散。

叛军移后几百米扎营。

李光弼又让那三名会挖地道的工人，带人把地道挖到了叛军的营寨之下，用圆木支撑。唐军已经给叛军挖好了活埋的坟墓，然而叛军丝毫不知。

李光弼派人向史思明诈降，说太原城中已无粮草，史思明大喜，丝毫没有防备。

到了诈降的那一天，几千名唐军打着白旗，走出城门，叛军引颈张望，喜形于色。突然，脚下一声巨响，天崩地裂，几千名叛军又被活埋在了地下。

趁着叛军慌乱，李光弼发动攻势，击杀叛军上万人。

李光弼就是采用这些毫无章法的守城术，连连击败叛军，让叛军彻底崩溃了。最后，叛军在留下七万具尸体后，狼狈奔走。

音乐中有句话叫无声胜有声，曲终人不见，江上数峰青；武术中有句话叫无招胜有招，乱拳打死老拳师。李光弼守城，没有招式，他颠覆了中国所有的守城兵法，反其道而行之，却收到奇效。

太原有惊无险，而睢阳却面临生死关头。

安庆绪当了伪皇帝后，封尹子奇为河南节度使。当时，河南睢阳还在唐军手中，尹子奇就发兵十三万攻打。睢阳守将张巡，手下将士不足一万人。

战争刚开始的时候，睢阳守军与叛军激战，斩杀叛军两万人，叛军退走。不久，尹子奇又征兵数万，再次攻城。

激战多日，城中无粮。史书记载："将士人廪米一合，杂以茶纸、树皮为食，而贼粮运通，兵败复征。"古代计量单位，一升等于十合，一合等于一百毫升。一百毫升的粮食，也就是二三两，只能蒸成一个馒头。守城将士每天的食物，就是这一个馒头。

尹子奇运来云梯攻城，张巡派人在城墙上凿开三个洞穴，从第一个洞穴中伸出长杆，长杆前端有铁钩，勾住云梯，使得云梯无法后退；从第二个洞穴中伸出另一根长杆，抵住云梯，使得云梯无法前进；然后，从第三个洞穴中伸出铁笼，铁笼里装着炭火，将云梯烧断，云梯上的叛军都被摔死。

尹子奇是攻城高手，张巡是守城高手。在睢阳，攻守之间的各种战术都完美地展现出来，攻城守城的各种器械都完美地使用出来。这些器械在漫长的古代历史中，穿插在大大小小的战争中，因为有了这些器械，而让战争变得极为惨烈，也极为精彩。

叛军围困日急，张巡派猛将南霁云冲出包围圈，去向几百里外的临淮求救，临淮驻扎着一支唐军重兵，首领为贺兰进明。贺兰进明嫉妒张巡战功，不发一兵一卒；看到南霁云骁勇，又想留下南霁云。南霁云咬下一根手指，愤然离去。

唐代大文学家韩愈写有《张中丞传后叙》，他写道，南霁云在离开临淮的时候，回头一箭射在城中心的佛塔上，箭镞入砖石数寸，他发誓说："我灭了叛军，一定回来灭贺兰进明。"

明知道睢阳是死地，南霁云还要自蹈死地。

后来，睢阳城中没有食物，连鸟雀昆虫都吃光了，"巡出爱妾，杀以食士，远亦杀其奴，然后括城中妇人食之，继以男子老弱。人知必死，莫有叛者，所余才四百人"。远指的是许远，当时的睢阳太守。此时没有食物，就吃人肉。

再后来，叛军登城，守城将士已经无力举刀，张巡、南霁云等人都被斩。许远被押解到洛阳。

张巡和南霁云的忠烈故事，成为后世很多作家书写的素材。而张巡因为杀妇喂士，也被后世的道学家所唾骂。梁羽生有一本武侠小说，叫

《大唐游侠传》，其中就写到了他们。梁羽生把南霁云塑造成了一个武功高强的侠客。

后来，洛阳被郭子仪和回纥攻破，安庆绪逃往河北，杀死了曾坚守潼关的哥舒翰，并杀死了和张巡一起坚守睢阳的许远。

回头再说说反攻两京：长安和洛阳。

在反攻长安前，郭子仪宴请回纥兵将。这些回纥兵将共有多少人，史书没有详细记载。但是，人数应该不在少数，公元756年，来了五千人；公元757年，又由王子叶护带了一批人马前来支援。而且，在反攻两京的时候，郭子仪为一路，回纥军为一路。

郭子仪宴请这些回纥兵将，这些人挺实在，他们说："国家有急，远来相助，何暇食为？"意思是说，现在大唐有危难，我们跑这么远的路来帮助，哪里有时间大吃大喝？回纥，是今天维吾尔族和裕固族的祖先。

公元757年9月，天下兵马大元帅李俶、副元帅郭子仪，带着十五万军队反攻长安，其中包括回纥兵。当时，唐军每天给回纥兵的食物是羊二百只，牛二十头，米四十斛。一斛为十斗，一斗为十升，四十斛就等于四千升，而且还有那么多的牛羊，所以，回纥兵应该不在少数。

唐军屯扎在香积寺北沣水之东，叛军十万屯扎在北面。两军对垒，剑拔弩张。香积寺在今天的西安市城南长安区，当年的战场应该就在现在的长安区以东。

叛军将领李归仁出阵挑战，叛军一拥而上，唐军抵挡不住，向后退却，叛军看到有机可乘，一齐呼啦啦冲过来，势同洪水决堤。唐军先锋大将李嗣业看到情况危急，就脱掉上衣，露出满身虬结的肌肉，手持长刀，站立阵前，喊道："今日不以身饵敌，军无孑遗矣。"意思是说，今天我如果不把自己当成鱼饵，诱敌攻击，唐军就会被杀光了。

李嗣业持刀挺立，威风凛凛，如同天神下凡，叛军向他冲来，他大呼杀敌，"当其刀者，人马俱碎，杀数十人，阵乃稍定"。唐军一看，主将如此神勇，纷纷掉转身来，冲向叛军。李嗣业身先士卒，率领一群手持长刀的勇士，站成一排，齐刷刷冲向叛军，挡者立死，所向披靡。这群在纷乱溃败情势下自发组织起来的敢死队，扭转了战局。

敢死队中有一个人叫王难得，是凤翔兵马使，他正向前冲锋时，一支利箭射中了他的眉心，他一把拔掉箭镞，把皮肤都扯下一片，血流满面，但仍在奋力冲杀。

这场战役异常惨烈，直杀得日月变色，神鬼垂泣。

安庆绪看到两军胶着厮杀，就暗暗派出了一支精锐骑兵，绕到唐军背后，想要发动偷袭。郭子仪手下大将仆固怀恩带着回纥兵，截杀这支叛军，将他们全部消灭。

叛军开始溃逃。史书记载："自午及酉，斩首六万级，填沟堑死者甚众，贼遂大溃。余皆走入城。"午时，指的是 11 时至 13 时，酉时，指的是 17 点至 19 点。这场决定着大唐首都长安归宿的战役，其实只打了六个小时左右。

当天晚上，已经被吓破胆的叛军，在夜幕的掩护下，逃离长安城，逃往东都洛阳。他们像过街老鼠一样行动迅疾，等到唐军发觉的时候，他们已经越过了崤山和函谷关，来到了河南境内。

长安就这样兵不血刃，轻松易手。

当初，唐肃宗和回纥相约：两京城破后，纵容回纥抢劫，财物妇女都归回纥。回纥王子叶护想要发布抢劫的命令，唐王子李俶站在叶护马前，连连躬身作揖，说："现在刚刚得到长安，如果纵兵抢掠，洛阳百姓就会寒心，与叛军一起固守，我们也就无法夺回洛阳了。请攻占洛阳后再抢掠吧。"

回纥王子大为感动，他滚鞍下马，跪在地上，抱着李俶的脚说："我一定为殿下夺取洛阳。"

长安百姓和军士看到李俶向回纥王子求情，都流下眼泪。

三天后，唐军和回纥军一起向东攻打洛阳。

叛军在河南陕县排兵布阵。陕县在洛阳的西面，黄河的南岸，距离陕县不远，有个地方叫渑池，就是战国时期秦王赵王相会的那个地方，蔺相如在这次聚会上大放异彩，逼着秦王敲瓦盆，而且还让史官把这件丢人的事情记入历史，这个事件叫做"渑池之会"。

当天，叛军依托着一座山坡排好阵型，等待唐军。背山结阵，可占据优势。因为发起冲锋的时候，借助优越的地势，能让冲击力大大增强。

郭子仪带着唐军与叛军正面交锋，久久难以取胜。叛军又分出三千骑兵，切断了唐军的归路。唐军在包围圈中奋力苦战，渐渐露出颓势，军心大乱。

郭子仪看到时机成熟了，就用旗语命令回纥发起攻击。此时，唐军与叛军交战，吸引了叛军注意力，而回纥军偷偷从山坡背后，攀援而上，登上了山顶。

这又是一个三明治式的打法。从西向东，依次是三千叛军骑兵、唐军、大队叛军、回纥军。

回纥军站在山顶上，向着叛军发射十余支箭，叛军看到箭镞，就惊呼："回纥来了，回纥来了！"他们不敢交战，向东面的洛阳逃去。唐军在后掩杀，叛军死尸漫山遍野。

叛军将领严庄知道洛阳守不住了，就和安庆绪放弃洛阳，逃往黄河以北。

洛阳又是兵不血刃光复了，而李俶和郭子仪兴奋之余，最担心的是回纥会来抢掠洛阳和长安的财物妇女。有人就提议，人心都是肉长的，汉人有感情，回纥也有感情，不如动之以情，晓之以理，或许会免于劫掠。于是，洛阳父老跪在路两边，封着几万匹绫罗绸缎，满脸泪水，献于回纥。回纥终于被感动，不再提劫掠的事情。

几天后，唐肃宗还都长安，郭子仪在城外相迎。唐肃宗握着郭子仪的手说："虽吾之家国，实由卿再造。"意思是说，大唐帝国，是郭子仪再次创建的。郭子仪听到这样的话，赶紧双膝跪倒。

郭子仪是聪明人，尽管唐肃宗说他缔造了一个新大唐，但是皇帝依然是皇帝，大臣依然是大臣，君臣之礼岂敢乱了！

回纥在这次兴唐战役中，战功如何，伤亡如何，有一首回纥的民歌这样唱道："八月十五月才圆，新媳妇儿送人难，解下玛瑙一小串，颗颗玛瑙泪连绵。收复了长安洛阳，奔完了唐家疆场，舍去了回纥丈夫，泪洗我回纥柔肠。保住了天朝社稷，舍去了五万兵将，娶来了可敦娘娘……"

民谣中说，回纥牺牲了五万人，显然不现实，但是娶回可敦娘娘却是真的，可敦娘娘，就是唐肃宗的幼女宁国公主。为了答谢回纥可汗挽救了唐王朝，唐肃宗把自己的幼女宁国公主嫁给了回纥可汗。

郭子仪再造了大唐，这种功勋是空前的，然而，卓越的功勋也将郭子仪推到了风口浪尖。

郭子仪面临的形势，和四百年后的岳飞面临的是同样的形势。同样都是先帝离开，同样都是面对新帝。岳飞口口声声说要迎接被掠到北国的二帝回朝，让新帝非常不满意。先帝回朝了，新帝将置于何处？岳飞的执拗和迂腐，给自己带来了杀身之祸。但是，郭子仪不是这样做的，郭子仪绝口不提躲避在蜀地的唐玄宗，只是一再宣誓效忠新帝唐肃宗，让唐肃宗想除掉他，也找不到借口。

郭子仪精通官场学。功劳越大，越需要低调，越需要让皇帝觉得自己愚蠢，觉得自己微不足道，这样才能明哲保身。

两京光复后，郭子仪继续向黄河以北进兵。与叛军交战于卫州。卫州，是今天河南北部的新乡、鹤壁一带。

这次，在河东侥幸逃走的崔乾佑出现了，他是安庆绪的前锋。安庆绪居然用这样一个没脑子的人做前锋，可见，安庆绪也是一个没脑子的人。鱼配鱼，虾配虾，西葫芦配南瓜，萝卜爱的是大头菜，乌龟爱的是王八盖。在没脑子的人眼中，没脑子的人是最聪明的。这一对将帅是绝配。

郭子仪知道崔乾佑有勇无谋，所以事先就把三千名弓箭手埋伏在营寨里，告诉他们："等到我退回营寨，你们就一起射杀追击的叛军。"

两军交战，崔乾佑一看到郭子仪，就仇人相见，分外眼红，骑着快马直扑郭子仪，后面的叛军也蜂拥而来。郭子仪走入阵中，唐军回身撤退。对付崔乾佑这样的人，连伪装的环节都省略了。

崔乾佑在后呼啸追赶，边催促叛军边喊："我今个不把你个老汉碎尸万段，我就不姓崔！"

叛军追到了营寨外，唐军走入了营寨中，叛军追到了营门前。突然，一声唿哨响过，寨墙上闪出了三千弓弩手，对着叛军一齐发，"矢去如雨，贼徒震骇。子仪整众追之，贼众大败"。

崔乾佑又败了，他边逃跑边在心中恶狠狠地骂郭子仪：不要脸的老汉，做人不能无耻到这种地步！

崔乾佑的失败引发了连锁反应，叛军一败涂地，安庆绪逃到了邺城。邺城是今天的河北临漳，也是当年西门豹治邺的那个地方。

公元758年9月，唐肃宗调动全国九路节度使，准备一劳永逸地解决安庆绪。可是，多疑的唐肃宗不愿意把举国兵权交给郭子仪，也不愿意交给李光弼，所以不设主帅，而命令宦官鱼朝恩总揽全局，行使主帅的职权。一个宦官，自己都雄风不再，他统辖的军队又怎么能拥有雄风？唐肃宗简直视战争为儿戏。

郭子仪很好说话，像他这样年龄的人，已经看穿了世态炎凉、人情冷暖，你让我当主帅也行，不让我当主帅也行，我尽职尽责干好自己该干的那份工作就行。

郭子仪领军围攻邺城，引漳河水灌城，邺城叛军苦不堪言，一个个被大水泡成了落汤鸡。这还不是最痛苦的，最痛苦的是没有食物。因为大水灌城，老鼠成群结队窜上屋顶房梁，士卒捉老鼠充饥。后来，老鼠越来越少，一只老鼠卖到了四千钱。

本来此时正是破城良机，无奈唐军因为缺乏统一指挥，各自为战，无法对邺城形成攻击力，让安庆绪苟延残喘。

接着，史思明引兵来援，截断了唐军粮道。郭子仪准备与史思明激战时，突然，"大风猝起，吹沙拔木，天地晦暝，跬步不辨物色。"跬步指的是一两步。

天要下雨，娘要嫁人，这是谁也无法阻挡的事情。因为无法作战，唐军向南撤退，叛军向北撤退。一场即将到手的胜利，被一阵大风吹走了。

但是，鱼朝恩却不这样想，鱼朝恩认为安庆绪逃走是因为郭子仪作战不力，他向唐肃宗打小报告，唐肃宗免去了郭子仪的职务。

事实上，鱼朝恩一直对郭子仪充满了羡慕嫉妒恨，因为郭子仪战功卓绝，位极人臣。鱼朝恩这个宦官，是一个心理变态的家伙。人家郭子仪战功卓绝，关你一个宦官什么事？

从大将军突然降为庶民，而且还不能离开长安，被限制了人身自由。但是，郭子仪毫无怨言，该吃就吃，该睡就睡，从未向任何一个人提起自己的委屈。你说我能打仗，我就能打仗；你说我不能打仗，我就不能打仗。我走出房门，对你点头哈腰；我关上房门，你就是一个屁。

郭子仪这老汉真活成了人精。怪不得在医疗水平不发达的古代，他能活到八十五岁的高龄。

公元 759 年，史思明以安庆绪杀害其父安禄山为由，斩杀安庆绪，自立为皇帝。

公元 760 年，叛军与唐军交战，各有胜负。

公元 761 年，史朝义杀其父史思明，自己即位。看看这伙叛军都是些什么玩意，安庆绪杀父亲安禄山即位，史朝义杀父亲史思明即位，这些孽畜简直都是些没有任何道德的烂货。

公元 762 年，太上皇李隆基驾崩；不久，他儿子唐肃宗李亨也跟着他爸驾崩了。太子李俶即位，不过这时候他的名字改成了李豫，是为唐代宗。

也是在这一年，郭子仪被重新起用，唐代宗让他担任修建宫殿的监理，把他当成了工程技术人员使用。不知道郭子仪心里怎么想，反正他是喜滋滋地上任了。

估计郭子仪是真的高兴，被闲置了好几年，终于有事干了。

也是在这一年，那个疯疯癫癫、到处游山玩水的诗人李白也去世了。比他小十一岁的杜甫给他写了一首诗歌："不见李生久，佯狂真可哀。世人皆欲杀，吾意独怜才。"杜甫认为李白的疯疯癫癫都是装的，是为了掩盖心中的苦闷。

公元763年，史朝义自杀，安史之乱平。

安史之乱后，郭子仪依然做他的工程监理，两耳不闻窗外事，一心只对砖头块。工程监理这个职位也不错，能够和劳动人民打成一片。

郭子仪的心态很平和，但是他手下有一员名叫仆固怀恩的大将，就没有他这种心态。仆固怀恩也是对唐王朝有大功的人，他不满对他的待遇安排，就投了回纥，然后纠集回纥、吐蕃等部落的十万军队，发兵攻打唐朝。唐军抵挡不住，让仆固怀恩一直打到了陕西泾阳。泾阳距离长安只有二百里路，骑着快马小半天就到了，开着汽车一个小时就到了。

唐代宗吓坏了，赶紧从建筑工地请出郭子仪，让他挂帅出征。

郭子仪一言不发，走出工地，拍拍身上的土灰，放下卷到膝盖的裤管，就跨马出征了。这老汉真是百炼金刚，无论什么时候都喜怒不形于色，他得志时不得意，失意时不失望，你想要让他生气，简直比在大街上逮个贼还难。

郭子仪带着一万人前去迎战，一万人对十万人，实在没有什么胜算，但是郭子仪还是去了，你要不去，就给害你的人提供了把柄。郭子仪很明白这一点。

来到泾阳，郭子仪每天骑着马带着随从在阵地前转悠，就像老农在自己快要成熟的庄稼地里转悠一样，脸上带着自给自足的微笑。

回纥兵看到有个老头天天在阵营外瞎转悠，就感到很奇怪，他们问："这个老汉是谁？"随从回答："是郭令公。"回纥兵惊讶万分："郭令公还活着啊，那咱们是一家人啊。"回纥人只认当年和他们并肩作战的郭子仪，而不认高高在上的唐皇帝。

郭子仪看到回纥兵认出了他，就派使者去回纥兵营谈判。回纥人说："如果郭令公真的活着，我们还打什么仗啊。能不能请郭令公来我们这里走一趟?"

郭子仪听说回纥兵想见他,就牵过战马,想孤身前去。部将们不答应,认为太危险,让他多带兵将。郭子仪说:"我一个人去就足够了。"

郭子仪一个人骑着马驰向回纥兵营,回纥人远远看到,就舞枪弄棒,严阵以待。郭子仪索性跳下马背,脱下铠甲,迈着一个七十岁老人的蹒跚脚步,走向回纥兵营。回纥人看到渐来渐近的这个老人真的是郭子仪,一齐放下兵器,向他行礼。

一场干戈,化为玉帛。

吐蕃人听说唐军和回纥和好了,吓得连夜逃遁。郭子仪对回纥客气,可是对吐蕃毫不客气,带兵追杀,大获全胜。

郭子仪回到京城后,就一再请辞官职,但是唐代宗看到郭子仪虽然老了,但是作用还是蛮大的,就坚决不同意,让他继续留在军中。

公元767年,吐蕃进攻河套平原,郭子仪带兵迎击,取胜。

郭子仪在外征战,而一直对郭子仪充满了羡慕嫉妒恨的宦官鱼朝恩,再次向郭子仪下毒手。由于他连连使出阴招,而郭子仪根本就不接招,无论他怎么挑衅郭子仪,郭子仪都包容了他,他便把魔爪伸向了郭子仪的祖坟,把郭子仪家的祖坟刨了。

打瞎子,骂哑巴,踢寡妇门,刨祖宗坟,这是中国古代最为人不齿,最不能容忍的四件事情,

发生了这么大的事情,郭子仪心中不能不愤恨。郭子仪班师回朝后,所有人都认为郭子仪一定会吵闹的,但是,郭子仪依然不动声色。等到他见到唐代宗的时候,唐代宗说起了他家祖坟被刨的事,郭子仪这才大哭道:"我长期带兵,不能制止士兵的暴行,军士刨人家的坟墓,现在我家祖坟也被刨了,这是老天惩罚我啊,和别人没关系。"

郭子仪的肚量实在太大了,他不结宿怨,不与争论,泰然处之,以德报怨,他能够包容一切,甚至包容敌人。这样的人物,古今少有。

寒山和拾得都是唐代著名高僧,两人同在一座寺庙修行。有一天,寒山问曰:"世间有人谤我、欺我、辱我、笑我、轻我、贱我、恶我、骗我,该如何处之乎?"拾得答曰:"只需忍他、让他、由他、避他、耐他、敬他、不要理他,再待几年,你且看他。"

公元781年6月,郭子仪去世,活了罕见的八十五岁。他历经玄宗、肃宗、代宗、德宗四朝,战功卓著,也罕见地得以善终。史书这样

评价他："天下以其身为安危殆三十年，功盖天下而主不疑，位极人臣而众不疾，穷奢极欲而人不非之，年八十五而终。其将佐至大官者甚众。"

这样的人，也是古今第一人。

12

精忠岳飞

养天地正气，法古今完人。他是古代战将的最高典范，文武全才，智勇兼备，他是南宋的顶梁柱。

少年时代，我阅读最多的书籍，是刘兰芳的评书《岳飞传》，那时候的乡村文化生活非常贫乏，那本被无数人的手翻得残破不堪的《岳飞传》，是童年的我们最好的精神食粮，我们说起那里面的人物，如数家珍，什么八大锤，什么金兀术粘罕，那时候不认识金兀术的兀，我们念做数学中的π，因为刚学过祖冲之的圆周率。我们还常常分作两队玩打仗，一队是岳家军，一队是金兵，拿着树棍木片，当做刀枪，在崎岖狭窄的乡间小道上跑得尘土飞扬，我们岳家军即使人数再少，也要把金兵打得狼狈逃窜，而扮作金兵的小伙伴们，也非常配合地发出凄惨的嚎叫，把树棍木片扔在地上，抱头鼠窜。无论是扮作岳家军的，还是扮作金兵的，都能够在这场战场游戏中获得极大的心理满足。因为胜利的是我们最喜爱的岳家军。

青年时代，我自费寻找抗战老兵，曾经在一名新一军老兵家中，听他唱起了岳飞的《满江红》，那是我第一次听到这样激昂悲壮的歌曲，那低回婉转的旋律，那沉郁雄壮的歌词，一下子击中了我，我仿佛突然置身在风云突变、刀枪争鸣的古代战场。老兵白发飘飘，目视远方，眼中充满了老骥伏枥的神情，让我动容。老兵说，当年在缅甸战场上，新一军所有人都会唱《满江红》，因为新一军军长孙立人最敬佩精忠报国的岳飞，他要全军将士都以岳飞为榜样，痛歼日寇，打回祖国。

因为喜欢评书中那些英雄人物，岳飞、杨六郎等的故事贯穿在我们的少年时代，让我们的心中充满了建功立业的英雄豪情，充满了一脉相承的爱国激情，所以，为了了解更多的英雄人物，我开始阅读文字艰深的古典史书，在那些纸页发黄、无人问津的古书中，还有那么多的英雄，沉睡在千年的尘埃之下，等待着被我唤醒。

我走进了历史纵深，才发现历史如同漫漫无边的大海一样浩瀚。

评书中没有提到岳飞的背嵬军，连小说《说岳全传》也没有提起，但是史书中却记载着这样一支极为凶悍的军队。这支军队和吴起的魏武卒、陈庆之的白袍军一样，成为古代最有战斗力的军队。

金兵说："撼山易，撼岳家军难。"他们所说的岳家军，就是这支背嵬军。背嵬军的缔造者是岳飞。在中国，岳飞就是爱国的代名词，就是民族英雄的代名词。

岳飞是个苦出身。苦出身注定了他的奋斗不会一帆风顺。

一个出身于社会最底层的穷二代，依靠自己的能力，走向了辉煌和成功。那么，他的经历一定很坎坷，他的故事一定很感人，他的成功一定很励志。因为他在通向成功的道路上，需要付出比官二代、富二代更多的辛苦和努力，需要洒下更多的汗水和泪水，需要一次次地挫败孤独、痛苦、失意、贫困、万念俱灰，他遍体鳞伤仍在大呼酣斗，他万劫不复仍然高擎信念，他像一匹饿狼一样，求生的欲望战胜了一切困难，为了生存而舍弃一切。也只有这样，他才能改变自己与生俱来的命运。

岳飞的经历，千回百折。

天将降大任于斯人也，必先苦其心志，劳其筋骨，饿其体肤，空乏其身。可能是老天爷要把复国的大任交给岳飞，所以故意考验他，岳飞还在襁褓中的时候，家乡河南汤阴县黄河决堤，洪水泛滥，母亲抱着岳飞坐在水缸中，才得以幸免。洪水滔天，激流漩涡，而坐在水缸里的母亲和岳飞顺流飘荡，居然没有被淹没，这实在是个奇迹。水缸是那种陶制的存水器皿，上大下小，如果漂浮水面，肯定很不平稳。现在因为通了自来水，水缸消失了。

岳飞的父亲是个很有眼光的农民，史书中记载他非常善良，待人随和。岳飞很小的时候，他让岳飞进入私塾读书，童年时代的岳飞，喜欢阅读《左氏春秋》和《孙吴兵法》，那些出奇制胜的战略战术，此时已经在他的心中潜移默化。后来，岳飞又拜一个名叫周同的人为师，学习射箭和武艺，练成了一身好本领。他射箭能够左右开弓，而且箭无虚发。

当时，岳飞所做的一切，都是在为以后力挽狂澜做准备。如果要在古代将领中，挑选一个技术最全面的人，那无疑是岳飞了。陈庆之没有强壮的身体，岳飞有；韩信没有高强的武艺，岳飞有；乐毅没有一支睥睨天下的精兵，岳飞有；关羽没有包容一切的胸怀，岳飞有；张飞没有花样翻新的战术，岳飞有……岳飞就是将领的最高典范，怪不得民国战将孙立人在他的著作《统驭学》中，一次又一次对岳飞赞不绝口。

十九岁的那一年，岳飞应征入伍，开始了自己不平凡的军旅生涯。

当时，河南北部有一股土匪，官军剿之不灭。岳飞提议，给他两百人，他能够歼灭这股土匪。

岳飞把两百人分成三拨，第一拨假扮客商，被土匪劫掠上山，作为内应；第二拨埋伏在树林中，作为奇兵；而岳飞带着第三拨几十个人前去土匪老巢挑战，交战几个回合，岳飞假装打不过，将追赶的土匪引到了树林里，伏兵突然冲出，将土匪击败。而与此同时，山寨上的第一拨人一齐动手，占领了土匪老巢。

岳飞这么小，居然有如此缜密巧妙的谋略，让人惊叹。他的人生第一战，就显示了自己出众的军事才能。

岳飞在中原腹地的河南北部剿匪立功，而当时的国家形势已经危如累卵。过去的通信不发达，村口也没有架设高音喇叭，报纸电台什么的都没有，估计青年岳飞都不知道这些天下大事。在岳飞家乡的北面和西面，当时与宋朝并存的，还有辽国、金国、西夏。这三个国家就像三条饿狼，它们从不同的方向噬咬着宋朝这头反应迟钝的大象，一遍遍地从它的身上撕扯下一片片带血的肉，想要将它啃成一副骨架标本。

这三个国家中，诞生最早的是辽国，辽国发源于今天的内蒙古赤峰市，它是契丹人的一支，实力弱小，后来，部落里出了一个名叫耶律阿保机的人，他和妻子述律平四处征战，建立了辽国的基础。后来，辽国又出了一个奇才，后人称她萧太后，她在辽国担任了四十年的摄政女皇，让辽国走上了前所未有的繁荣富强的道路。

北方崛起的辽国对宋朝构成了威胁。宋朝不得已，就对辽国发动战争，结果，外号"无敌"的杨业战败被俘，绝食身亡。后来，宋朝和辽国签订了澶渊之盟，划清了两国在山西和河北境内的边境线。曾经令宋朝人魂牵梦萦的燕云十六州成为辽国的地盘。

这时候的辽国疆域比宋朝还大，从山西太原和河北沧州向北的广阔土地，包括今天的东三省，都是辽国的。

辽国和宋朝连年征战的时候，西北迅速崛起了一个国家，这就是西夏。西夏是党项族建立的国家，党项族是古老羌族的一支。

西夏起家是依靠一支非常强悍的骑兵部队，这支部队只有三千人，名叫铁鹞子。这支部队多次在金庸的小说《天龙八部》中出现过，不过，金庸把这支重装骑兵部队改写成了武功高强的西夏武士，一个名叫段誉的臭小子，为了不让别人看美女王语嫣换衣服，连杀了十几名西夏武士。其实，这支名叫铁鹞子的部队中，个个都是硬手。鹞子是鹰的一种，飞得很高，过去在西北很常见，现在估计没有多少了。

　　说到西夏，就不能不提元昊。元昊是西夏历史上一个划时代的人物，是他在一次次侵略宋朝时占据上风，让西夏走上了强盛的。元昊的作战史上，最令人叫绝的是好水川之战，他把几十个泥盒子放在路边，里面放着成群的鸽子。宋军来到这里，不明所以，出于好奇打开盒子，成群鸽子腾空而飞，元昊根据鸽子飞翔盘旋的方位，判断宋军的位置。西夏军从四面围拢而来，宋军全军覆灭。

　　西夏还有一支军队叫麻魁，全部是女兵。当年，当汉族人变态地命令女子把双脚裹成三寸金莲的时候，西夏的女子却手舞刀枪，上阵厮杀。

　　西夏全盛期的疆域，包括今天的宁夏、甘肃大部、内蒙古西部、陕西北部、青海东部等地，比宋朝的疆域略小一些。

　　辽国和西夏能够以一个小部落，建立起与宋朝分庭抗礼的国家，已经是奇迹了。然而，一直和岳飞作战的金国，它的崛起更是奇迹。

　　金国的发源地是今天的黑龙江阿城市，这是一个县级市。一千多年前，从这里一个小部落走出的军队，一次次与宋朝交战，要不是北部草原诞生了另一个强大的蒙古部落，金国就会灭掉宋朝。那时候的中国，上演了一出螳螂捕蝉，黄雀在后的悲喜剧。

　　辽国鼎盛期，控制了东北，东北有一个女真族部落，这个部落以海东青为图腾。海东青是一种体积较小，但十分善斗的鹰。

　　就在岳飞出生的那个年代，这个部落的首领完颜阿骨打开始与辽国作战。辽国出兵十万人，准备在出河店消灭女真部落，而完颜阿骨打率领三千七百人的军队，趁着夜色，出其不意地偷袭了辽军的营寨，辽军大败。出河店，在今天的吉林省前郭尔罗斯蒙古族自治县八郎乡。

　　赶走了辽军后，完颜阿骨打就建立金国，建都阿城。史书中把阿城叫做金上京。

　　金国在辽国的北面翻江倒海，而远在中原地带的宋朝一点也不知道，因为他们中间相隔着幅员辽阔的辽国。直到有一天，一个名叫马植的辽国人投降了宋朝，宋朝得知这一利好消息，才欣喜若狂，他们准备联合金国，两面夹击辽国。

　　可是，从河北沧州到黑龙江哈尔滨附近的阿城，距离实在太遥远了，而且还要穿越辽国的疆域，这是一件不可能完成的任务。

　　宋朝决定走水路，与金国结盟。

　　曹操、刘备的那个时代，中国是三国演义；而公元 12 世纪初期，中国是四国演义，北面最强大的是辽国，东北是金国，西北是西夏，南面是宋朝。要对付最强大的辽国，收复燕云十六州，宋朝只能选择和金国结盟。

要去和金国结盟，困难重重，首先不熟悉路径，要派人去遥远的黑龙江，和当年张骞通西域一样，只能在黑暗中摸索前行。宋朝实在找不到人，就派降兵马植坐着木船去东北。

马植在海上走了将近两年，才来到了黑龙江，看地图就知道，当年的航海路线，肯定绕过了朝鲜半岛，要不然，是不能去往黑龙江的。当年的彼得大帝湾和符拉迪沃斯托克还不是俄罗斯的，那时候还没有俄罗斯，这片水域都是属于金国的。

马植来到金国后，和完颜阿骨打订立了协约，金国帮助宋朝夺回燕云十六州，宋朝把每年给辽国的贡物，转交给金国。这就是有名的"海上之盟"。

因为有宋朝为依靠，金国放手一搏，对辽国宣战。护步达冈之战中，金国两万人击败了辽国七十万人，辽国走上了没落之途。

辽国衰退了，但是，北方崛起了更为强大的金国，他们屡次南下进攻宋朝，甚至在靖康二年（1127年）攻占宋都开封，宋徽宗和宋钦宗被带往北地，关在地窖中，日日坐井观天。岳飞《满江红》中写道："靖康耻，犹未雪，臣子恨，何时灭。"这就是史书中记载的靖康之耻。

宋徽宗的毛笔字写得非常好，书法史上的瘦金体，就是指他的书法字体。这个皇帝不务正业，整天琢磨怎么写毛笔字，不想怎么振兴国家。金国南下进击时，宋徽宗害怕了，把皇位让给儿子宋钦宗，自己潜心研究毛笔字。宋钦宗也是一个没有能力的皇帝。结果，金国攻来的时候，父子两个都做了俘虏。

这一年，岳飞只有二十四岁，在抗金名将宗泽手下做一名下级军官。

而评书《岳飞传》中，岳飞的老对手金兀术，此时已经是金军的统帅，就是他率军南下攻破宋朝都城开封，掠走徽钦二帝。他的真实名字不叫金兀术，而叫完颜宗弼。

在靖康之耻以前，岳飞还没有进入宋军的权力机构，但是，作为下级军官的他，当时已经以极为勇敢善战而名噪一时。

岳飞的武功是非常出色的，使一杆长矛，有万夫不当之勇；而且，岳飞的射箭技术也相当出众，能够左右开弓。在二十四岁之前，因为出身于底层，岳飞只能一步一个台阶地依靠军功向上爬，爬得异常艰难；如果岳飞能够出身于官宦人家，早早进入宋朝权力机构，也许就不会有靖康之耻，徽钦二帝也不会被掠到极寒的北地。

此时的岳飞，已经拥有了指挥千军万马的才能。他的勇敢、沉着、机智、武功，在当时无人匹敌。

岳飞二十岁的时候，担任宋军中的承信郎，这个官职相当于今天的排长。而霍去病在这个年龄的时候，已经指挥千军万马，直捣黄龙，封狼居胥，一直把匈奴赶到了今天俄罗斯境内的贝加尔湖。尽管岳飞的才能丝毫不逊色于霍去病，但是霍去病是含着金钥匙出身的孩子，而岳飞是坐在水缸里逃难的孩子，出身决定了他们行走的是不同的道路。

有一天，岳飞带着手下仅有的几十名骑兵，在河南南阳一处结冰的河面上训练战术，突然大队金兵出现在河岸。手下士卒面面相觑，惊惶万状，岳飞说："金兵立足未稳，不知我们的虚实，大家跟着我冲过去，斩杀金兵。"

岳飞说完后，就挺直长矛，一马当先，呼啸着冲向岸边的金兵。金兵中走出一员大将，挥舞大刀迎上来，岳飞一矛将金将刺于马下，然后冲进金兵中，左冲右突，勇不可当。手下几十名骑兵也鼓噪赶来，大队金兵仓皇逃遁。

此战后，岳飞升任秉义郎，也就相当于今天的连长。

宋朝武官设立五十三阶，第五十二阶是承信郎，第四十六阶是秉义郎，第四十阶是武经郎。武经郎相当于今天的营长，而岳飞再从连长升为营长的时候，遇到了一番波折。

再看看岳飞的老对手，金国的完颜宗弼，他的武功、指挥能力、协调能力等综合指数，都在岳飞之下，但是因为他是金国的四皇子，所以一出战，就能够指挥几万军马；而综合指数在他之上的岳飞，此时还在从排长一级级向上艰难地爬。

完颜宗弼就是金兀术，金兀术是他的别名，这个别名广为人知，为了叙述方便，下面就称他为金兀术。

岳飞当了连长后，靖康之耻就发生了，赵构即位，庙号高宗。满怀一腔报国热情的岳飞，向赵构写了洋洋数千言的书信，大谈如何直捣黄龙，迎接二帝，"臣愿陛下乘敌穴未固，亲率六军北渡，则将士作气，中原可复"。赵构看到这封书信非常生气，左右大臣们也很生气，你一个小小的连长，居然敢参与军国大事，成何体统。

岳飞被赶出军队，成了平民。

成了平民的岳飞，不甘心了此一生，就投奔了河北招讨使张所。张所是一个力主抗金的文士，曾在朝中做过监察御史，金军入侵后，他在黄河以北组织义军抵抗，最多时手下有十七万人。

张所手下的这支军队，从严格意义上来说，不是军队，而岳飞此前所在的宗泽的军队，才是真正的军队。张所的这支军队，其实就是地方团练，相当于现在的民兵。

此时，岳飞的勇敢已经在行内出名了，张所专门接见了他，和他交谈。张所盛赞岳飞的勇敢，而岳飞却认为勇敢只是将领最基本的素质之一，然后，岳飞谈起了为将之道，谈起了如何抗击金兵，谈起了天下形势，由点及面，深入浅出，让张所振奋不已。张所就任命他为武经郎。也就是今天的营长。

当班长的岳飞，依靠剿灭土匪，升为排长；当排长的岳飞，依靠击败金兵，升为连长；而当连长的岳飞，依靠一席话，升为了营长，尽管这只是一个民兵营长，但民兵营长也是营长。

岳飞能够从连长升为营长，得益于他的口才。可见，一个人的口才有多重要。

口才确实很重要。三国时期魏国的邓艾，本来有出将入相的才能，但是，因为口吃，他在年轻的时候，一直不被人重用，长期做一个看守稻草的小官，从事着《林教头风雪山神庙》中林冲的工作。每天抱着个酒葫芦，借酒浇愁，还常常没有钱买酒。他的上级总是认为，一个口吃的人，是不能担任重要职务的。等到邓艾飞黄腾达的时候，已经过了六十岁。他带着一支军队，翻越秦岭，兵出剑阁，突然进击成都，蜀国不战而降。

如果邓艾没有口吃，早就坐上了司马懿那样对于魏国有着举足轻重作用的位置了。

岳飞在这支民兵队伍中的第一战，是河南新乡之战。

在新乡，河北民兵部队与金军猝然相遇，民兵非常害怕，纷纷退却，唯独岳飞带着自己的一营人马，旋风般冲入金军中，与敌交战。他杀死一名掌大旗的金军将领，抢夺旗帜，然后骑着马挥舞着这面旗帜在金军中大声呼喊，已经退却的民兵看到这种景象，精神大震，纷纷回身杀敌，金兵败退。

第二天，岳飞在执行任务的时候，又与大股金兵相遇，岳飞大呼迎战，身披十余创，仍死战不退，部下看到营长这样神勇，莫不争先，又一次击败了金兵。

两天两连胜，轰动河北。河北招讨使张所有一个儿子叫张宪，他听到岳飞如此英武，非常神往。

岳飞的神勇还在继续。

有一次，岳飞带着本部人马在太行山巡逻，又一次遭遇大队金兵。太行山山高沟深，道路崎岖，如果猝然相遇，就是短兵相接，连回旋的余地都没有。岳飞大声呼喊着，一马当先，冲入敌阵，刺死了金兵主将黑风大王。金兵一看主将刚一交手，就被刺落马下，丧失了斗志，纷纷溃散。

岳飞在河北招讨使张所门下，其实只是打短工的麦客，他一心想着统领十万铁骑，直捣黄龙，与诸君痛饮，而民兵队伍因为先天的营养不良，只起着保境安民的作用，无法给岳飞提供更广阔的舞台。而且，这支民兵队伍里，也是矛盾重重，岳飞不被自己的顶头上司看好。最终，岳飞选择了离开，他再一次投奔了宋朝大将宗泽。

岳飞离开后，张宪也离开了父亲，投奔岳飞门下。

张宪，就是评书《岳飞传》中和岳飞之子岳云齐名的那员猛将，他后来和岳云一起统领岳飞麾下最傲人的背嵬军。

不过，这时候的岳飞，还没有成立背嵬军，他还只是一名团级干部，手下兵将也只有千人左右。这时候职务比他高得多的另一名宋朝大将韩世忠，手下也才八千人。

建炎二年（1128年），金兵攻陷宋长安、北京、济南，陕西和黄河以北地区全被金兵占领。

这一年，岳飞的老上级宗泽病逝，临死前吟诵杜甫名句："出师未捷身先死，长使英雄泪满襟。"泪流满面，然后大呼三声："渡河！渡河！渡河！"愤然而卒，死不瞑目。

建炎三年（1129年），金兵至扬州，宋高宗赵构从扬州逃往杭州，金兵追至瓜州，"宋未及渡江者十余万人，皆相抱沉于江底，余均为金所掳，焚扬州而去"。瓜州为今天的镇江。

建炎四年（1130年），金兵陷南京、杭州、明州，赵构奔往温州。明州为今天的宁波。"完颜宗弼以孤军深入，再无后继，乃焚临安北返。至平江，纵兵焚掠，杀五十万人。"临安为今天的杭州，平江为今天的江苏吴县。"上有天堂，下有苏杭。"而此时苏杭成为人间地狱。

此时，宋朝最有才能的将领岳飞，因为不能得到重用，只带着一千人在河南境内与金兵作战。他连战连胜，每战必亲自冲锋，斩杀金军大将，然后在金军后面追击，一路杀到江南。

在宜兴，有一伙盗贼，占山为王，为非作歹，岳飞派人劝降，贼酋张威武不肯投降，岳飞单枪匹马来到土匪营寨，斩杀张威武，余众尽皆投降。

在镇江以东的牛头山，岳飞派手下一百名勇敢的士兵，穿着金兵的衣服，夜晚混进金兵营帐，放火袭扰，金兵自相残杀，伤亡惨重。

在建康，岳飞率领三百骑兵，和手下拼凑而来的两千步兵，与金兵交战，岳飞一马当先，挡者披靡，金兵无法抵挡，横尸十五里，建康得以克复。建康，就是今天的南京。

岳飞带着两千三百名散兵游勇，居然能够收复南京偌大一座城市，如果给他十万军马，战绩肯定更为辉煌。

也就是在金兀术焚烧杭州，准备撤往北方的时候，岳飞终于有了机会第一次与他面对面交战。在评书中，金兀术的武器是一把开山大斧，岳飞是沥泉枪。史书中，没有看到金兀术的武器，但是岳飞的兵器是一杆长矛，长矛和沥泉枪相去不远，都属于拼刺类的兵器。

以前，金兀术每次南下侵袭，都能够全身而退，这次，他却倒霉了。

倒霉的原因是，他孤军进入宋朝的腹地太深，而向北撤退时，遇到了当时宋朝最著名的两名将领，一个是浙西制置使韩世忠，一个是武德大夫岳飞。岳飞的这个官职在宋朝五十三级官职中，属于第二十八级，大约相当于今天的副旅长。而韩世忠的官职是统管一州的军事，可能相当于军长。

建炎四年（1130 年）三月，把锦绣江南烧为一片废墟的金兀术，带着十万金兵，准备在江苏镇江渡过长江，然后北归。而韩世忠带着本部八千人，隔江拦住了金兀术。

大战之前，韩世忠的妻子梁红玉就说："兀术孤军深入，即破临安，已强弩之末，必掳掠而北归，不如半途击之，可操必胜。"梁红玉以前是歌姬，被韩世忠赎身为妾，韩世忠正妻死后，梁红玉为正室。

梁红玉是中国古代有名的奇女子。

八千宋军对十万金军的精彩水战，就这样打响了。

南人和北人作战方式不一样。南方人打水战得心应手，北方人打野战游刃有余。而现在，从东北一路跑到江南的金军，要和南方人打水战，那他们就倒霉了。

金兀术急于渡江回去，就四处搜罗木船，然后把这些搜索到的乱七八糟的木船抬到长江南岸，放进水中，一齐划向北岸。韩世忠看到金军开始渡江，就号令艨艟战舰一齐迎击。

金兀术找到的木船，很多都是渔船，没有防护设备，也缺乏攻击力；而韩世忠的战舰，高大坚固，四周钉有牛皮，可挡箭镞，士兵们站在战舰上，居高临下放箭，战斗力自然大增。这还不是最厉害的。最厉害的是，韩世忠对战舰进行了改装，船头船尾都装有一种新式武器，韩世忠称它幽冥鬼爪。这种武器相当于大铁锚，用一根长长的铁链与战舰相连。当两军交战时，战舰就抛出幽冥鬼爪，勾住敌军船只，使其无法逃脱，然后战舰上的箭镞火把一起发射，将对方击沉。

除了舰船的差别外，士兵的个体素质也差别很大。韩世忠手下都是江浙一带的青年，自小熟习水性；而金兀术手下都是自小生活在草原上的人，吃水都困难，更别说游泳了。

尽管如此，但是要用八千人迎击十万人，仍然没有胜算。因为，双方的实力太悬殊了。

金兵划着木船向北争渡，宋军开动大船向南迎击，双方在长江江心相遇。宋军战船像一头威猛的老虎，金军木船像一群嗜血的饿狼，箭镞破空声，士卒呐喊声，刀枪相击声，弥漫江面。宋军战舰虽然战斗力强，但是金军人数占据优势，箭去如蝗，宋军难以应对。

关键时刻，韩世忠妻子梁红玉亲自擂鼓，激励将士。史书记载："两军初合，金军矢密如雨，世忠军稍却。梁氏去铁铠，掷兜鍪，锋矢不避，亲执桴鼓，于是士气大振，金兵终不得渡。"

金兀术不能渡江，就沿着长江南岸向西行进，想要摆脱韩世忠；而韩世忠的战舰也逆流而上，步兵沿着长江北岸向西急进，堵截金兵。金兀术无可奈何，始终无法北进。双方相持了四十八天。

双方相持的这个地方，叫做黄天荡，位于南京东北方向，此处芦苇连绵，河汊纵横，白露横江，水光接天。善于骑射的金兀术和金兵，来到这里，就等于进入了死地。

韩世忠拒敌四十八天，形势对宋军极为有利，为什么宋军没有前来增援韩世忠，为什么没有对金兵包围聚歼？这种情形与赵构有很大的关系。赵构此时逃到温州，惊魂未定，肝胆欲裂，根本就没有想到要把黄天荡的金兵一举歼灭。而江南江北的宋军，都是各自为战，缺乏统一指挥。

金兀术困守黄天荡第四十八天的黄昏，有一个人来到金军大营，向金兀术献计说："此处有一条老鹳河古道，凿开后，就可以直接通到韩世忠水军的上游，进而到达南京。"

金兀术得知可以起死回生，欣喜若狂，他命令十万大军挖掘古道，一夜时间就挖出了五十里，然后沿着老鹳河古道，逃出了黄天荡，得以脱身。

向金兀术献计的这个人是谁？有的书籍说是士人，有的书籍说是土人。士人指读书人，土人指土著人。古代的书籍流传都是靠抄写，抄来抄去，士土混淆，让后世的我们再也搞不懂到底是士人还是土人。

金兀术逃到南京城外，落到了岳飞的视线里，这么好的机会，岳飞岂能放过？可是，岳飞的兵力太少了，他既要与金兀术作战，又要守卫南京，最后，他只带了一百勇士，趁着夜晚偷袭金兀术的大营。这种孤勇，和前面所写陈庆之带着两百人攻打北魏五万人如出一辙，都是发动突然袭击，然后制造混乱，让敌方自相残杀，自己坐收渔翁之利。

此战，岳飞大获全胜，仅仅斩杀的千户长一级的军官，就有176人。从夜半杀到天亮，金军退后十里，十里长的路面上，到处是金军的尸体。岳飞大战金兀术的这个地方，叫做牛头山，在今天南京之南。评书《岳飞传》中也写到了这个地方。

金兀术无法前行，只好再次退回江中。史书记载："完颜宗弼不得进，乃再引还，与宋军相持黄天荡。"

不久，金军中来了一个姓王的读书人，此人为闽人，他向金兀术献计说，给木船上装载泥土，上铺木板，木船就会平稳，"凿舷为洞置桨"。金兀术照做。然后，进军划着小船出长江，韩世忠想要追击，可是没有一丝风，大船无法扬帆。

在无风的情况下，小船可以划动，而大船则无法前行。形势突然对宋军极为不利。史书记载："世忠舟皆张五网，宗弼选善射者，乘轻舟，以火箭射世忠舟上五网，五网著火箭皆自焚，烟焰满江，世忠不能军，追北七十里，舟军歼焉，世忠仅能自免。"

可惜又可悲，在极为有利的情势下，韩世忠全军覆没。

金兀术渡江北还，一路向西，来到陕西，与陕西的宋军将领张浚交战。张浚将金军包围，史书记载："与张浚战于富平。宗弼陷重围中，韩常流矢中目，怒拔去其矢，血淋漓，以土塞创，跃马奋呼搏战，遂解围，与宗弼俱出。"韩常是宋人，后投降金国，骁勇善战。史书记载，韩常射箭非常厉害，能够射穿铁板。

金兀术和韩常从陕西富平杀出后，继续向西，来到了陕西宝鸡南部的大散关。大散关是著名雄关，当年刘邦"明修栈道，暗度陈仓"，就是从汉中来到了这里，这里是秦岭古道中最西面的一条古道的北面终点。在这里，宋将吴玠又埋伏了一支重兵，"及攻吴玠于和尚原，抵险不可进，乃退军。伏兵起，且战且走。行三十里，将至平地，宋军阵于山口，宗弼大败，将士多战没"。

几十年后，一个名叫陆游的大诗人写了一首诗歌《书愤》，写到这次战役："楼船夜雪瓜洲渡，铁马秋风大散关。"

此次南征，金兀术在北退的路上，连连遭伏，损兵过半。

金兀术回到金国后，曾经在靖康之耻中和徽钦二帝一起被掠到北国的秦桧夫妇，从北国返回杭州，官至赵构的宰相。评书中，认为秦桧是金兀术派到宋朝的奸细，秦桧在金国的时候，已经叛变。而史书的记载只有一句："四年冬十月辛未，秦桧自楚州金将挞懒军中归于涟水军丁禩水砦。"

秦桧来到宋朝，岳飞的噩梦就来临了。

金兵退走后，岳飞因功升为通、泰州镇抚使兼知泰州。知州是一名文官官职，大约相当于市长级别。

岳飞不愿意做文官，他想上阵杀敌，于是，就向宋高宗赵构写信。他在信中写道："若蒙朝廷允飞今来所乞，乞将飞母妻为质，免充通泰州镇抚使，止除一淮南东路重难任使，令飞招集兵马，掩杀金贼。"他说，朝廷如果不给我兵马，那就让我自己招募一支军队，去掩杀金贼。如果朝廷不相信我，那就把我的母亲和妻子作为人质。

岳飞简直太单纯了。常言道：吃一堑，长一智。彝族谚语说：人不会被同一个火塘烧烤两次。可是，不懂政治阴谋的岳飞吃一堑，却没有长一智，被同一个火塘烧烤了两次。他当连长的时候，给赵构写信，建议北进，迎回二帝，越级上访，被开除军籍；而现在刚刚当了市长，又犯同一个错误，又给赵构写信。而且，这次写信的内容更露骨，居然要自己招募军队，还不要朝廷的粮草，还要朝廷以自己母亲和妻子为人质，你把朝廷置于何种位置？你把赵构视为何人？你居然敢和朝廷讨价还价？难道朝廷和赵构是绑匪吗？

赵构是一个心胸狭窄的人，他有自己的小算盘，他只想维持现状，自己做个偏安一隅的小皇帝，根本就不想北进中原，如果反攻成功，迎回了徽钦二帝，那他这个皇帝还能不能当？企业利润再不好，我总是老大，总能满足我花天酒地，管你职工能不能发出工资。但是，如果想从外面引进人才，把我取而代之，那绝对不行。

何况，你岳飞还想自己招募兵马，另立山头，这更加不允许。一个岳飞已经够头大的了，如果你再带出一支军队来，个个都像你一样勇猛，那我这个皇位还能不能坐稳？

赵构早就知道岳飞智勇过人，是个极为难得的人才，但是赵构就是不信任岳飞，他和那些平庸的帝王一样，最担心的是功高震主。金国可以一再南下抢掠，但是你岳飞就是不能反攻中原，迎回二帝。这个国家谁是老大？是我赵构，不是徽宗钦宗，也不是你岳飞。

可惜，这些阴谋诡计，岳飞一概不懂，岳飞只想着精忠报国，直捣黄龙，与诸君痛饮。

疾风知劲草，国难思良将。南宋朝廷已经风雨飘摇，举步维艰，而良将就在身边枕戈待旦，可是你却不用。赵构这样的昏庸皇帝，世上少有。

就在这一年，岳飞写下了那首感动了后世无数代人的《满江红》。他在这首词中表达了自己收复中原的决心和意志。不久，他又写了一首诗歌，名为《宝刀歌》，这首诗歌至今读起来，依然能够让人感受到浩然之气："我有一宝刀，深藏未出鞘。今朝持赠南征使，紫霓万丈干青霄。指海海腾沸，指山山动摇。蛟鳄潜形百怪伏，虎豹战服万鬼号。时作龙吟似怀恨，未得尽剿诸天骄……使君一一试此刀，能令四海烽尘消，万姓鼓舞歌唐尧。"

当时，南宋朝纲紊乱，遍地民变，盗贼如麻。赵构面对的，不仅有北方的金国侵扰，还有境内的土匪盗贼。赵构满足了岳飞要上阵杀敌的愿望，但是不让你去北方作战，而让你去平定叛乱。

当初，金国将宋朝赶到了长江以南后，在沦陷区建立了傀儡政权，国号齐，因为伪帝名叫刘豫，所以这个政权就叫做刘齐政权。岳飞攻打的，就是这样的傀儡政权。

公元 1134 年，岳飞攻刘齐，接连收复邓州、随州、襄阳。这些战斗力极差的伪军，根本就不是岳飞的对手。

公元 1135 年，岳飞攻打洞庭湖大圣天王杨么。杨么依仗天险，屡次击败宋军，而且扬言："犯我者，除非岳飞来。"岳飞来到后，攻打八天，大破之，杨么投水，被岳飞部将牛皋擒获。

公元 1136 年，刘齐政权大将刘麟等叛军进攻安徽，宋将杨沂中迎击。赵构命驻扎在襄阳的岳飞进击叛军。当时，岳飞"目疾甚重，闻诏即行"。还没有进入安徽境内，叛军已经被杨沂中击败。赵构说："刘麟败不足惜，诸将知朝廷为可喜。"

叛军战斗力本来就很差，杨沂中一人完全能够应付得了。赵构让岳飞千里迢迢去作战，岳飞不顾眼疾严重，慨然赴战。千军万马奔袭千里，这一路上要耗费多少钱粮，可是，赵构不管这些，他只是想看看岳飞对他是否忠心。赵构和历史上那个烽火戏诸侯的周幽王是同一类人，把战争视为儿戏。

在平叛的这几年里，岳飞因为军功而职位不断提升，先后担任过江西制置使、湖北制置使，和另一员抗金名将韩世忠平起平坐。

也是在这时候，岳飞招降了一批猛将，比如杨再兴，据说他是北宋老令公杨业的后代。这时候，岳飞儿子岳云也前来从军，岳云和父亲岳飞一样，同样有万夫不当之勇。

在评书《岳飞传》中，岳飞帐下具有万夫不当之勇的，共有八人，分别是四枪四锤。四枪是高宠、陆文龙、杨再兴、张宪，四锤是岳云、严成方、狄雷、何元庆。实际上，这八大将领中，只有三个人是真实的，即杨再兴、张宪、岳云，都勇猛过人，力敌万夫。评书中说岳云的兵器是双锤，显然不符合事实，谁都知道，手拿双锤上阵杀敌，太不方便了，就好像马拉松比赛，人家短衣短裤运动鞋，你穿着长袍马褂高靴子一样。

就是在这个时候，背嵬军横空出世。

辽国有铁林军，西夏有铁鹞子，金国有铁浮屠，每逢战役处于胶着状态，这些极为精锐的部队一出手，立即就可以改变整个战局。所以，宋军需要建立一支自己的精锐武装，这就是背嵬军。这些精锐部队，相当于今天的野战特种部队，他们执行特殊的任务，完成不可能完成的任务。

背嵬军是韩世忠的首创，但是岳飞麾下的背嵬军最为有名。嵬者，酒瓶也。而给主将背酒瓶的人，一定是主将最为亲近的人，随叫随到，这就是背嵬军名字的来历。

岳飞手下有两员武功高强且作战凶悍的少年将领，一个是他的儿子岳云，一个是老上级张所的儿子张宪，岳飞就把背嵬军交给他们两个率领。

属于背嵬军的时代来临了。

南宋时代，朝廷偏安于东南一隅，没有辽阔的草场，所以缺乏众多精良的马匹；没有众多精良的马匹，就缺少攻击力强大的骑兵。史载背嵬军有骑兵八千人，这个骑兵数字已经相当惊人了。与岳飞同时代的另一名抗金名将刘光世，麾下军队五万人，而战马仅有三千匹。背嵬军有骑兵八千人，这支军队的战斗力自然是别的宋军无法相比的。

为什么岳家军中的马匹会比其他将军麾下的马匹多？这是因为岳飞战绩惊人，缴获众多，战利品中就包括宋人急需的马匹。

再反观金军，由于他们占据辽阔的草原，而且自小重视骑乘，畜牧业发达，所以每个士兵都有两三匹战马。他们在长途奔袭时换乘马匹，速度惊人，所以能够从北方草原一直杀到江南水乡。即使这样，他们还不满意，还要从盛产千里马的西夏国购置马匹。史载，公元1130年12月，"金左副元帅完颜宗翰令诸州县同日大捕流往金境汉人，尽于耳上刺字，散养民间，继而标价卖之，余者皆驱赴西夏，以换战马"。那时候，中原人在北方连牲口都不如。

宋军没有那么多的骑兵，就大力发展武器，用先进的武器来弥补步战的先天不足。

步兵对骑兵，最好的武器是什么？是弓弩。

当时的宋军中专门设置了弓弩兵，而且弓弩兵在每支军队中的数量要占六成以上。宋朝每位大将在晋升时，都将臂力作为一个重要的考察项目，因为臂力好的人，才能够拉开强弓。史载岳飞能够拉开三百斤重的硬弓，保持宋朝的最高纪录。主将臂力惊人，擅长射箭，部下自然仿效，一批神射手就这样诞生了。

造弓的技术很复杂，比打造刀枪的工艺复杂得多。制造一张弓，需要干、角、筋、胶、丝、漆六种材料，而且这六种材料也不是随时随地就能够得到，冬天制作弓体，春天打磨弓弦，夏天粘贴肌腱，秋天合成各部件。制造弓弩的筋，指的是动物肌腱，在夏天的时候用胶粘贴在弓弩外侧，依据热胀冷缩的原理，到了秋季天气转凉，就会拉紧弓体，让弓体具有弹性。有句俗语说"好弓一年成",确实如此。

由于弓弩在宋军中大量使用,而急切间又没有这么多弓弩,怎么办?有人想起了扬州府库里有一批弓箭,马上派人去拿。扬州府库里的这批弓箭已经被封存了一个半世纪,此前,宋太祖赵匡胤在平定南方后,担心武器流落民间,对自己统治不利,就收缴了所有弓箭,锁在扬州的府库里。

大臣们奉命去扬州府库提取弓箭,他们砸开生锈的铁锁,推开蛛网萦结的木门,突然感到凉气扑面,让人连连哆嗦。那些一个半世纪前打造的弓弩,现在竟然完好如新,拉开试试,韧性十足,让所有人都赞叹不已。

这些弓箭被运到宋军中,作为射杀金军的利器。

宋军除了弓箭外,还在军队中装备了两种杀伤力极大的弩,一种叫床子弩,一种叫神臂弩。床子弩的射程可达五百米;神臂弩的射程可达三百米,而一般的弓箭射程在一百五十米左右。

每逢与金军作战时,缺乏骑兵的宋军,先用拒马将阵营围起来,拒马,前面曾经提到,是一种用来防御的木制设备。拒马后是步兵,唐朝的李靖时代,步兵的拿手武器是陌刀,这种刀专门砍马腿,每逢交战,空中就会噼里啪啦落下一阵"马腿雨";而此时的游牧民族,他们的武器是长矛。到了岳飞时代,步兵的拿手武器换成了长枪,因为游牧民族的武器换成了弯刀。

拿着长枪的步兵后面,是弓手;弓手之后,是弩手。当金军骑兵距离宋军有五百米时,床子弩先发射;当金军骑兵距离宋军三百米时,神臂弩发射;当距离宋军一百米时,弓手发射。每隔两百米,就换一种远射武器。两百米的距离,高速奔跑的马匹只需十几秒就可以跑过,所以,往往在弓弩手发过两三支箭后,金军骑兵就冲到了跟前。

然而,前面有拒马在拦截,拒马锋利的尖刺,让骑兵不得不停下来,他们会用连接套马索的挠钩,勾住拒马,然后拉开,骑兵蜂拥而入。但是,因为速度已经减慢,要再提速,战斗力就会大打折扣。

接下来,就是一场短兵相接的混战。

岳飞的背嵬军,就常常埋伏在军营中,每逢金军拉开拒马想要进入,而速度还没有提起的时候,背嵬军突然一齐出动,用极快的速度和强大的摧毁力,击垮金军。

岳家军是宋军中的精锐，而背嵬军更是精锐中的精锐。和吴起的魏武卒一样，每个想要加入背嵬军的士兵，都要进行一番艰苦的测试和艰辛的训练，主帅岳飞和主将岳云、张宪都臂力惊人，他们也要臂力傲人；主帅岳飞和主将岳云、张宪都武功卓绝，他们也要武功高强；主帅岳飞和主将岳云、张宪都胆大如斗，他们也要胆色过人；主帅岳飞和主将岳云、张宪都抱着必死之心，他们也要赴汤蹈火，在所不辞。八千名不要命的武林高手聚集在一起，战斗力可想而知。

背嵬军的装备为每人长刀一把，短刀一把，弓箭一把，箭镞三十支。武术谚语中讲：刀是百兵之帅。枪扎一条线，刀砍一大片。在混战、野战中，刀的作用远远大于枪。而在贴身肉搏中，短刀的作用，无与伦比。

更多的时候，背嵬军是独立的作战单位，并分为若干战斗小组，执行扭转战局的任务。在郾城之战中，八百背嵬军击败金兀术最精锐的一万五千名精兵；而在朱仙镇之战中，八百背嵬军更是大放异彩，击败金兀术十万骑兵，也有史书认为，此战的背嵬军仅有五百人。《云麓漫钞》记载："凡有坚敌，遣背嵬军，无有不破者。"

背嵬军与中国历史上最有名的魏武卒、白袍军并列，毫不逊色。即使是名噪一时的北府兵，也无法与他们抗衡。

中国古代的士大夫最喜欢说这样一句话：养天地正气，法古今完人。而岳飞就是这样一个古今完人。

如果你要把不会揣摩别人心思也当成缺点的话，那么，岳飞除了这个所谓的缺点，你在他的身上再也找不到其他缺点。

岳云是中国历史上非常著名的少年英雄，他十二岁就跟着父亲征战，每战必奋勇争先，屡立奇功，可是，每次向皇上申报军功的时候，都没有岳云的名字。别人都提升了，而功劳最大的岳云却一直没有提升，众将就很不满意，集体向岳飞"发难"，这样岳云才有了提升的机会。后来，岳云和张宪统领背嵬军，每逢战况相持不下，岳飞就叫来岳云，让他冲击，而且每次都说："若不胜，先斩汝头。"古人说：外举不避仇，内举不避亲。而岳飞举贤却要避亲，而且把自己的儿子放在最危险的地方，这种境界，古今有几个人能够做到？

在古代，士大夫有三妻四妾很正常，然而，岳飞终身不纳妾。岳飞出身农家，家境贫寒，从军的时候已经十九岁。古代男子结婚都较早，这时候岳飞的儿子岳云都三岁了。此后，尽管他位居高官，仍然对糟糠之妻不离不弃。这样的好男子，古今又有几人？

南宋有两位最著名的抗金将领，一个是岳飞，一个是吴玠。岳飞在中原战场，吴玠在陕西战场，都给了金军极大的杀伤。吴玠也战功卓绝，但有一个缺点，就是好色。吴玠曾经把三名绝色美女送给岳飞，岳飞对着这三个美女说，军队生活极为艰苦，睡卧马鞍鞯，渴饮刀头血。岳飞的话还没有说完，三个美女就被吓跑了。好色是男人与生俱来的缺点，更有男人将好色当成炫耀的资本，但是岳飞却能够克服这个缺点，这需要多大的毅力啊。富贵不能淫，贫贱不能移，威武不能屈，这样的大丈夫古今又有几人？

岳飞忠诚、威猛、机智、高尚，如果你认为他只是一个赳赳武夫，那就错了，他的诗词都写得极为漂亮。从古到今，有多少文人骚客，写成的作品汗牛充栋，但是，岳飞的两首词却流传至今，这两首词就是《满江红》和《小重山》。在后世所有的宋词选本中，都会选上这两首词。仅仅凭借这两首词，岳飞在宋代文学史上就能占据一席之地。他的诗词比那些皓首穷经、寻章摘句的老学究写出的酸溜溜的狗屁诗歌来，要好很多倍。这样的文武全才，古今又有几人？

正因为岳飞是这样一个古今完人，所以他的被害才让人痛惜至今。

公元 1137 年，岳飞因功入朝，加太尉，屡次提议恢复中原，赵构曰："有臣如此，朕复何忧？进止之机，朕不中制。"又招岳飞进寝阁曰："中兴之事，悉以委卿。"

赵构是一个很会做人的皇帝，他知道宋朝离不开岳飞，所以不愿意让岳飞失望，岳飞说什么，他都极力赞赏，然而转过身，就把岳飞的话当成了耳边风。岳飞要人没人，要武器没武器，只好一再放弃反攻计划。这就像你给公司提出一套方案，希望增加公司效益，老板对你交口称赞，说你是优秀员工，应该得到大力表彰，而转过身后，老板却骂你是傻子。

公元 1138 年，回到宋朝的秦桧渐渐身居要职。和一门心思要收复中原的岳飞相比，秦桧简直就是一个长袖善舞、左右逢源、八面玲珑的官油子。

此时，宋朝的左仆射同平章事赵鼎非常厌恶秦桧，鄙视秦桧的为人，"而秦桧屈己事之，惟命是从，赵鼎遂引为腹心，言其可大用"。秦桧是一个聪明的奸贼，极其善于伪装自己，骗取了赵鼎和赵构的信任。这一年，秦桧担任右仆射同平章事兼枢密使。左仆射和右仆射，均为宰相，位极人臣。

当了宰相的秦桧，力主和金国议和。而当时，金国故意扬言说，要立前任皇帝宋钦宗。赵构非常害怕，所以也力主议和，讨金国欢心。

君臣两人力主议和，沆瀣一气，赵构把朝中大权都交给了秦桧。而秦桧重权在握，立即把推荐他步步高升的赵鼎贬为绍兴知府。赵鼎后来很想不通，懊悔不迭，绝食身亡。

如果用今天的观点来说，赵鼎有荐人不当的失职行为，把一个千古奸贼推上了历史大舞台，应该追究赵鼎的责任。

这一年，宋朝与金国议和，史称"天眷议和"，两国以黄河为界，黄河以北为金国，以南为南宋，南宋向金国称臣，并且每年向金国纳贡。

岳飞听闻议和后，异常悲愤，当天夜半，他独自一人走出房间，在漆黑的夜晚独自徘徊踟蹰。一弯残月照着他凄清的身影，他的心中充满了难言的惆怅。黎明时分，他回到房间，写下了这首让无数代人感慨不已的《小重山》：

昨夜寒蛩不住鸣。惊回千里梦，已三更。起来独自绕阶行。人悄悄，帘外月胧明。

白首为功名。旧山松竹老，阻归程。欲将心事付瑶琴。知音少，弦断有谁听？

五年前，岳飞写了《满江红》，充满了气吞万里如虎的壮志豪情；五年后，岳飞写了《小重山》，充满了无力回天的难言哀伤。五年的岁月，把一个盖世英雄折磨成了像李清照那样多愁善感的诗人，让人痛惜。

赵构幻想着议和能够带来永久的平安，至少在他临死前，不愿意再看到金国兴兵，然而，好景不长，仅仅过了一年，金国再次兴兵南下。金军的主力仍然由金兀术率领。

公元1140年，金兀术攻汴京。"军既入宋境，所在迎降，连取南京、洛阳、长安。"此处的南京，不是今天的南京，而是今天的河南商丘。

当年七月，宋湖北制置使岳飞前往迎击。

此前，岳飞已经是太尉，而此时却是湖北制置使，太尉的官职比这个制置使要高好几个等级，中国历史上最有名的太尉是高俅，一部《水浒传》，让高俅成为了妇孺皆知的高太尉。此时，岳飞为什么被贬官？史书中没有详细记载，但从岳飞在担任太尉一职时，多次写给皇帝的奏章中，都提起举兵北伐，可以想到，他的贬谪，与想要收复北方，迎回宋钦宗有关系。这时候，宋徽宗已经被金兵折磨致死。

尽管岳飞遭贬，但是一听说金军来犯，马上就跃身而起，前去阻击。抗金史上著名的郾城之战，就这样上演了。

郾城，是现在的河南漯河市一带，一马平川，自古都是好战场，这里可以装百万人作战。

金兀术得知岳飞出兵，就与诸将商议："以宋独岳飞不可当，欲拼力一战。"金兀术号令四面八方的金军向郾城集结，想要击败岳飞，一劳永逸地解决多年来让他寝食不安的心腹之患。

金军骑着快马奔向郾城，赵构看到这种景象后，吓坏了，"下诏命岳飞自固"，"兵不可轻动，宜且班师"。自固的意思，就是保存实力。班师的意思，就是让岳飞避而不战。既然赵构命令岳飞保存实力，班师回朝，自然各路宋军就不会增援岳飞了。再说，即使各路宋军想增援也没法增援，因为他们的两条腿，无论如何也跑不过金兵的马队。

但是，岳飞认为这是击灭金军的良机，他违抗命令，要与金军决死一战。

这一战，岳飞冒着极大的风险，即使他打胜了，也要承担抗命的风险；如果打败了，肯定是要被杀头的。

在战争爆发之前，我们先来比较一下双方的实力。

金兀术的兵力在各类史书中都没有记载，但是，从前几次南下时拥兵十万来看，这次大军南侵，兵力也肯定不会少于十万。而且，这次金兀术的手下不仅有金军，还有伪军孔彦舟和李成的军队。孔彦舟击杀了洞庭湖首领钟相，李成能够开弓三百斤，都有过人之处。所以，有人认为金兀术的手下，兵力约为十五万。

这十五万兵力中，最精锐的当数五千拐子马和两千铁浮屠。

拐子马，就是指张开两翼、实施包抄的铁骑。而金兀术的这支铁骑又和别的骑兵不一样，在这支铁骑中，每三匹马用皮绳连接在一起，同进同退，势不可挡，它的威力相当于现代战场上的坦克。施耐庵在《水浒传》中，借用了拐子马的战法，用在了双鞭呼延灼身上，后来，梁山诱骗金枪手徐宁上山，让徐宁传授钩镰枪法，才大破呼延灼。《水浒传》中，把拐子马叫做连环马。

拐子马已经让人恐惧了，而铁浮屠更是恐怖。铁浮屠是用一片片铁叶子，把骑兵和马匹严密包裹起来，只露出眼睛。每名铁浮屠士兵手持长矛，他们很像欧洲中世纪的重装骑士。铁浮屠的后面跟着拒马，拒马在前面写过多次，是一种防御武器。两千名铁浮屠排成方形，一起缓慢前进，无坚不摧，无往不胜，所过之处，草木无存。他们每占领一处阵地，就用拒马将四周围起来。这么说吧，拐子马像现代的轻型坦克群，而铁浮屠就像现代的重型坦克。

在与辽国作战中，金国依靠拐子马和铁浮屠，连战连胜，将辽国赶到了遥远的西部。

再来看看岳飞这边的实力。

由于岳飞已被贬为湖北制置使，尽管史书中没有记载岳飞此时有多少人马，但参照宋朝兵力配置，推算出岳飞此时的兵力应在五万左右。他的兵力只及金军的三分之一。

金军有拐子马和铁浮屠，岳飞也有背嵬军，这都是两支军队里精锐中的精锐。

岳家军在全盛期的时候，有兵力十万人，分为十二队，每队八千人，分别是：背嵬军、前军、右军、中军、左军、后军、游奕军、踏白军、选锋军、胜捷军、破敌军、水军。而此时，被降职的岳飞只有五万人马，那么背嵬军的人数肯定就没有八千了。从后面岳云带着背嵬军冲杀的时候，只有几百背嵬军就能够看出来。

那么，其余的背嵬军去了哪里？这样一支战斗力超强的军队，谁能不艳羡？会不会被赵构挑去做了自己的御林军？

岳飞只有五万人，人数处于绝对劣势。尽管如此，岳飞还分出了一部分，渡过黄河，切断金军的运粮通道。

金兀术看到岳飞势力单薄，信心爆棚，他发誓一定要击灭岳家军。"辫子军不满万，满万不可敌。"而此时金兀术手下有十五万人，他志在必得，踌躇满志。

这一天是公元1140年阴历七月初八，宜祈福、祭祀、开市，忌栽种、动土、迁移。

这一天，岳飞带领诸将，面朝东方，告慰神灵；这一天，金兀术带着十五万大军，自北向南，进攻岳飞。岳飞顺应天理，金兀术犯了大忌。

当日中午，双方对阵，旌旗猎猎，战鼓隆隆。岳飞命令儿子岳云带着背嵬军出战，并说："必胜而后返，如不用命，我先斩汝。"岳飞知道敌众我寡，即使背嵬军取胜，也不能乘胜追击，否则会落入金军的包围圈。

岳云一声高喊，带着矫健的背嵬军出战了。他们旋风般地卷入金军阵营中，枪挑刀砍，往来冲杀，金军无法抵挡。这一年，岳云仅二十一岁。

金兀术看到岳飞一出手，就派出了最精锐的背嵬军，也急忙调动自己的精锐部队拐子马。金军退后，拐子马从两翼包抄，想要聚歼背嵬军。

岳飞看到拐子马出战了，就派出步兵，以至弱克至强。岳飞手下的步兵手持的不是《水浒传》中的钩镰枪，而是麻扎刀和大斧，他们静静地分开站立，等到拐子马冲到跟前，他们飞快地伏下身体，抡起麻扎刀和大斧，平平地划向马腿。借助着高速奔跑的力量，马腿只要一碰到刀刃，就会被斩断。又因为拐子马是三匹马用皮绳连接在一起，只要一匹马被砍断腿脚，其余的马就无法前行，整组拐子马就真的成了拐子，无法前行了。

麻扎刀是一种狭长的单刃兵器，它和李靖时代的陌刀很相似，都是用来砍马腿的。不同的是，麻扎刀的刀柄比陌刀更长一些。

这是金兀术的拐子马第二次受损，此前一次受损还是毁在宋军手中。宋将刘锜也曾用同样的方法，打败了金兀术的拐子马。此役，金兀术的拐子马丧失殆尽。金兀术做梦也想不到，自己至刚至强的拐子马，竟然会败在战斗力最弱的步兵手中。史书记载，完颜宗弼恸曰："自海上起兵，皆以此胜，今已矣。"金兀术说，他的拐子马从来没有战败过，而今天全军覆灭了。

金兀术没有学过中国哲学，不懂得物物相生相克的道理，不懂得物极必反的道理，不懂得以至柔胜至刚，以至弱胜至强，以至下胜至上的道理。大象无比凶猛，虎豹震恐，然而一只老鼠可以击败它。水滴微不足道，柔弱无比，然而却可以滴穿坚硬的岩石。

当时，金兵一片混乱，他们根本没有想到，曾经凶悍无比的拐子马，此次竟然全军覆没。岳飞催动骑兵进攻。

岳飞帐下悍将杨再兴一马当先，大呼"活捉金兀术"，匹马单枪，冲向金兀术。保护金兀术的亲兵卫队，像波浪一样翻卷躲避，金兀术惊惶万状。

宋军看到大将杨再兴如此神勇，无不奋勇争先，金军在宋军骑兵强有力的冲击下，纷纷溃败。"再兴以单骑入其军，擒兀术不获，手杀数百人而还。"

两天后，金兀术纠集了十二万人，再次进攻。这次，金兀术带来的，是金军中战斗力最强的铁浮屠，在对辽军的作战中，两千铁浮屠曾击败五万辽军。

两千铁浮屠，两千人，两千马，人和马都穿着厚厚的铠甲，而且，每战必排成方阵，缓缓推移，只进不退，如同移动的城堡。厚厚的铠甲，可挡箭镞，可挡刀枪，在冷兵器时代，这样的一支军队，战斗力自然是令人望而生畏的。

浮屠，在古代本来是指佛像、佛塔，韩愈的《张中丞传后叙》中，写到南霁云离开贺兰进明时，"将出城，抽矢射佛寺浮图，矢着其上砖半箭"。浮图即浮屠。不明白金军的重装骑兵部队，为何叫这样一个奇怪的名字？

铁浮屠尽管防御严密，但是也有弱点，这就是马腿。即使包裹再严密，也不可能包裹马腿，否则，马匹难以迈步。如果说铁浮屠有命门，那么马腿就是他们的命门。

在这天的战役中，金兀术派出铁浮屠，他们像移动的城墙一样，以排山倒海之势向宋军压来。岳飞仍然派遣步兵迎击，仍然砍伐马腿，仍然和对付拐子马的手法如出一辙，曾经在北国战场上横行半个世纪的铁浮屠，就这样毁于一旦。

铁浮屠被摧毁后，宋军发起了攻击，两方胶着厮杀，战场上到处是喊杀声，到处是呻吟声，到处是刀戈相撞声，到处是马蹄践踏声，宋军悍将杨再兴仍旧冲在最前面，所向披靡。后来，"再兴以三百骑遇敌于小商桥，骤与之战，杀二千余人，及万户撒八孛堇、千户百人。再兴战死，后获其尸，焚之，得箭镞二升"。

也有史籍记载，杨再兴当时杀得兴起，追赶金军，陷入了沼泽中，难以跃出，金军对着杨再兴射箭，杨再兴满身中箭，形如刺猬，气绝身亡。

有人说，杨再兴是老令公杨业的后代。

《宋史》中有《杨业传》，但只写到三代，杨业之后有杨延昭，杨延昭之后有杨文广。《宋史》中也有《张宪杨再兴牛皋传》，却没有写到杨业与杨再兴的传承关系。

岳飞帐下有三名非常凶悍的战将，分别是杨再兴、岳云、张宪。杨再兴殉身小商桥，岳云率背嵬军连战连捷，此时，张宪在哪里？

张宪此时率领一支偏师，与岳飞分进合击。他一路上与金军打过多次遭遇战，都大获全胜，然后，在河南睢阳与岳飞派来接应的牛皋部汇合，向四十五里外的朱仙镇攻击。牛皋也是岳飞手下一名能够独当一面的大将，不像评书《岳飞传》中所说的那样低劣鲁莽。

朱仙镇，今天属于开封市下辖的一个镇，以出产年画而著名。

岳飞在击败了金兀术大军后，也向朱仙镇攻击。岳飞派牛皋去接应张宪，很可能带去了在朱仙镇汇合的口信。

朱仙镇向北五十里，就是古开封，当时的名字叫汴京。汴京是北宋重镇，著名的《清明上河图》所描绘的画面就是汴京的繁华景象。金兀术不想失去汴京，所以也选择在朱仙镇阻击宋军。

一场意料中的战役，在朱仙镇打响。

金兀术经过两次失败，此时还有十万兵马，岳飞是得胜之师，人马应该在四万左右。金兀术觉得他依靠十万人对付岳飞的四万人，仍然很有胜算。

然而，金兀术没有想到，岳飞派出最精锐的背嵬军打前锋，这支背嵬军只有五百人，他们脱离大军，一路狂飙突击。在金兀术的十万大军还没有摆好阵时，五百背嵬军就冲到了眼前，他们逢人就砍，如砍刀切瓜，金军像决堤的潮水一样，向后退缩。

五百背嵬军就这样干净利落地击败了素以凶悍著称的十万金军，史书记载："以亲兵五百人奋力击破之，逼宗弼退守汴京不敢出战，意欲弃城遁归。""遣骁将以背嵬骑五百奋击，大破之，兀术遁还汴京。"

以五百铁骑战胜十万金军，这个战绩更在陈庆之的白袍军之上。

当时的形势对宋朝非常有利。金军主力龟缩汴京，天天商量着赶紧逃跑；黄河以北的各路义军如星火燎原，牵制大本营的金军。金军无论是在正面战场还是在敌后战场，都焦头烂额，捉襟见肘，岳飞看到形势大好，意气风发，这是他等候了半辈子的好机会啊，他兴奋地对将领们说："直捣黄龙府，与诸君痛饮尔！"意思是说，我们一直打到金国的老巢，好好地喝一顿。

然而，谁也没有想到，奸贼秦桧出场了。

在杭州，奸贼秦桧以赵匡胤的事例，说动了赵构。赵构深深懂得，他的祖先赵匡胤当初是如何黄袍加身的，所以，他最担心的也是手下将领黄袍加身。如果岳飞灭掉金国，那么岳飞的威望如日中天，他随时可以披上赵家祖先的那件黄袍。而且，岳飞这些年来口口声声要迎回先帝，那么，不管岳飞当不当皇帝，只要岳飞灭了金国，这个皇位都不是自己的了。

所以，赵构一天之内，连发十二道金牌，令岳飞班师回朝。

当拿着赵构班师金牌的送信人还在路上的时候，汴京城里的金兀术已经坐在马背上，准备逃回金国。一名士人拦住了金兀术，他说，岳飞马上就要退兵了。金兀术大感不解，问：岳飞连连得胜，怎么会退兵呢？这名书生说："自古未有权臣在内，而大将能立功于外者，岳少保且不免，况欲成功乎？"岳飞的命都快保不住了，还谈何成功？

金兀术一想，真的是这样啊，就跳下马背，决定等等再说。

这一等，真的等到岳飞退兵了。

读书人，总归会是两种境界，或者是高风亮节的君子，或者是寡廉鲜耻的小人。上次在黄天荡，这次在汴京城，都是读书人胡乱搅和，把事情弄砸了。

岳飞离开朱仙镇的时候，周边百姓闻讯赶来，跪倒一片，绵延数十里，哭声震天，都想挽留岳飞。然而，在那样一个封建社会里，民意就像一片枯叶一样轻飘，赵构只要轻轻一挥手，就落在地上。

岳飞上路了，他带着精锐部队黯然离开了朱仙镇，只留下一支武装部队来维持治安。暮色苍茫，风烟滚滚，细雨霏霏，岳飞最后望了一眼渐离渐远的北方，望了一眼淹没在黑暗中的北方，泪流满面。他拖着沉重的脚步，心中充满了永远的忧伤，他长叹一声，说道："十年之力，毁于一旦。"

此后，岳飞再也没有回到北方，他被隔离审查。

岳飞离开后，金兀术大喜。他举兵南下，"黄河以南地复为金有"。

放眼古今中外，你也找不到比这更奇怪的现象。岳飞很不幸，遇到这样一个不作为的皇帝，他能怎么办？

君为臣纲，君不正，臣投他国；父为子纲，父不慈，子奔他乡；夫为妻纲，夫不仁，妻嫁他人。然而，岳飞所在的时代，不是吴起和乐毅所在的时代，不是百家争鸣、百花齐放的春秋战国时代，他即使想走，也无处奔走；即使想逃，也无处遁逃，他只能在宋朝这一棵树上吊死。

等待他的，就是死亡。

公元 1140 年的秋天，阴雨连绵，老天总在哭。秋雨中的岳飞别无选择，他只能一步步地走进杭州那座编织已久的牢笼里，然后，秦桧关紧了铁门，赵构的脸上露出了笑容。

为了谋害岳飞，秦桧用重金收买岳飞身边的工作人员，凡是能够告发岳飞有罪的，重重有赏。可是，很多天过去了，没有一个人污蔑岳飞。

后来，秦桧以军令为由，把岳飞手下大将张宪诱骗到杭州，关入牢房，一次次将张宪打得死去活来，逼他说出岳飞谋反。但是，张宪始终一言不发。

和岳飞同为抗金名将的韩世忠，目睹秦桧所作所为，愤而上朝，历数秦桧种种罪恶。秦桧立即打击报复，韩世忠知道无力回天，只好自求免官。此后，韩世忠归隐山林，天天骑着毛驴到处游荡，腰间挂个酒葫芦，醉里乾坤大，壶中日月长，什么内斗外争，什么争权夺利，管我锤子事！后来，韩世忠活到了六十二岁，这个岁数在古代算高寿了。

岳飞被关在大牢里，日日忍受折磨，但是要杀这样一个举世闻名的民族英雄，谁也没有这个胆。

史书记载，当年，金兀术致秦桧书曰："汝朝夕以和议请，而岳飞方以河北是图，必杀之，始可和。"秦桧自以为如果不杀岳飞，岳飞出来后一定会杀他，所以，杀心立起。

当天夜晚，秦桧写了一张纸条，派人送入狱中，岳飞被秘密绞杀于大理寺狱中风波亭。秦桧和赵构对外宣布，岳飞畏罪自杀。

一代名将，没有死于征战疆场，而死于阴谋诡计。在古代，功臣最常见的结局就是被谋杀。在古代，从来就不缺被冤杀的大将。

岳飞死后，岳云和张宪被押赴闹市，斩首示众。岳飞全家，被发配到岭南荒蛮之地。

岳飞等三人被杀害后，消息传入金国，金人举国欢腾，大庆三天。

13

南蛮子袁崇焕

书生拜大将，只手挽狂澜。他对后金作战，保持全胜，让濒于灭亡的晚明，稍得延续。

岳飞被害五十年后，北方草原崛起了一个新的民族，叫做蒙古族，这个民族比女真人更为骁勇善战。

又过了五十年，蒙古族军队破金界，伐西夏，征辽东，金国灭亡，女真人飘零四散。

又过了五十年，蒙古南侵，南宋灭亡，中国历史进入元朝时代。

过了一百年，元朝灭亡，中国历史进入明朝。

又过了一百年，金国后裔女真族的一个部落，在白山黑水之间，依靠十三副甲胄起家，吞并女真各部，势力逐渐壮大，将女真族改名为满族。

又过了一百年，满族人南下，与明朝作战，中原又开始了以战争为主的历史。最不像将军的明朝将军袁崇焕登场亮相。和岳飞一样，他的一生充满悲情，他的结局是一个悲剧。

中国古代战将，和种庄稼的农民毫无区别。农民盼望遇到一个风调雨顺的好年景，这样才能拥有一个丰收季节；战将盼望遇到一个通晓事理的好君主，这样他们才能逃脱杀头的宿命。洪涝干旱，谁也挡不住；君主品行，谁也管不了。所以，他们都只能听天由命。他们中的很多人注定了是悲情一生，是苦难一生。

袁崇焕和岳飞一样，生不逢时，命运多舛，两人都有扭转乾坤的能力，而遇到的却都是愚昧昏君。他们就像种地的农民一样，在春季辛勤耕耘播种，而在秋季只收获凉凉的风雨。如果他们能够出生在卫青的时代，他们就可以实现理想抱负；如果他们生活在李靖的时代，他们的下场至少也不会这样凄惨。

岳飞性格执着，袁崇焕性格耿直，这种性格在民间是优良品质，然而在古代官场却是致命的缺陷。古代官场和民间从来都是对立的，官场的善就是民间的恶，官场的恶就是民间的善，官场认为的会来事儿，就是民间的圆滑狡诈；官场认为的不成熟，就是民间的坦率赤诚。所以，在封建社会，要进入仕途，先要学坏。只有当你足够坏了，才能够升官。

来自社会底层的岳飞和袁崇焕都没有学坏，都不会学坏。

袁崇焕是将领中的一个另类。他是一个书生，中过进士，做过知县，而最后却做了将军。今天的人们把这叫跨行业，可是，袁崇焕这两个行业跨得太大了，跨得风马牛不相及。

袁崇焕不像孙膑那样精研兵法，也不像陈庆之那样参悟围棋，更不像岳飞那样武功高强，按照将军的标准来判断袁崇焕，袁崇焕怎么看也不像是一个将军。但是，不像将军的袁崇焕偏偏连战连捷、以少胜多，而且他的对手是当时最凶悍的后金军。打胜仗的原因是，袁崇焕有一种不怕死不要命的精神。

一个人不怕死不要命，什么事情不能成功？不怕死不要命，你肯定会考到优异成绩；不怕死不要命，你肯定会摆脱贫穷。

袁崇焕出生的那一年，大明帝国就已经积弊深重，病入膏肓，庙堂上虎狼当道，江湖中刀枪争鸣。明朝最有才干的政治家张居正遭人陷害，尽管他已经溘然长逝，却累及家人。家产被抄没，长子被逼上吊，其余人被发配到烟瘴之地。这是一个不祥之兆，袁崇焕出生在这样一个黑白颠倒的王朝，注定了他时乖命蹇，一生坎坷。

袁崇焕一生历经万历、泰昌、天启、崇祯四个皇帝，四个皇帝都不像样子。

袁崇焕五岁的时候，他在南方广西的十万大山中奔跑；而在北方北京那座阴森恐怖，充满了无限罪恶的宫殿里，万历皇帝朱翊钧因为酒色过度，身体虚弱，开始不上朝了。不上朝的日子里，他每天浸泡在后宫三千佳丽中，醉生梦死。这种日子一直持续了二十六年。万历皇帝过了二十六年隐居一样的生活后，朝廷发生了一起争风吃醋的案件，有贵妃派人拿着棍子闯入了太子的寝宫。发生了这样的家丑，万历皇帝不能不出来面见大臣。然而，此事处理结束，他又躲入后宫，直到死亡。

万历皇帝在位四十八年，是明朝在位时间最长的皇帝，而其中就有三十一年不理朝政，整天泡在后宫。放眼全世界，也找不到这样奇怪的皇帝。

万历皇帝死后，泰昌皇帝即位，同样因为酒色过度，而被掏空了身体，他在位仅仅一个月，就驾鹤西去。

泰昌皇帝之后是天启皇帝，天启皇帝也不是一个好皇帝，他不但不学无术，而且不务正业，整天带着一帮木匠在宫殿里做雕梁画栋，修亭台楼阁，建池馆水榭，不理朝政。历史上最著名的太监魏忠贤趁机把持朝纲，残害忠良。天启皇帝在位七年，国家更趋腐败混乱。

天启皇帝之后是崇祯皇帝。崇祯皇帝只有十七岁就登基，他小事精明，大事糊涂；尽管严以律己，却没有宽以待人；尽管孜孜不倦，却不懂治国之道。

明朝多好的江山啊，当时世界上最先进最富裕的国家，就是被这一个个败家子折腾得风雨飘摇，大厦倾颓。

袁崇焕很不幸，他就是在这样一个奇怪的王朝里生活、生长。所以，他的悲剧命运是注定的。

一个人的出生地无法选择，一个人的出生时间无法选择，所以，无数人一出生，就决定了他一生的命运。有的人经过努力，可以改变自己的命运；有的人穷其一生，也走不出命运的窠臼。

整个少年和青年时代，袁崇焕在偏远的广西发愤苦读，他祖籍广东东莞，出生在广西梧州，也有人说他出生在广东东莞。在遥远的古代，两广都是南蛮子居住的荒芜之地，也是中国最贫穷落后的地区。袁崇焕的祖先和他在这个地区生活，可见他们的生活也好不到哪里去。说不定和《聊斋志异》上描写的那些穷困书生一样，袁崇焕租不起房屋，交不起电费，买不起盒饭，寄宿古庙吃白食，过着三无人员的凄苦生活。

三十五岁的那一年，袁崇焕终于以全国第四十名的成绩考上了进士。三十五岁能够考上进士，已经算很不错了，古代有"五十少进士"的说法，是说五十岁考上进士，还算年龄小的；蒲松龄老先生考到了七十岁，还是个秀才。在过去那种科举体制里，盛产海量的老秀才，无数读书人和蒲松龄一样，皓首穷经，穷困潦倒，抱憾终生。而且，明清时期，全国的进士主要出自江浙，广西能够出一名进士，实属不易。

考上进士不久，袁崇焕到福建邵武任知县。邵武地处闽北武夷山区，经济很不发达。而袁崇焕却励精图治，带领大家一起致富奔小康。在奔小康的路上，袁崇焕还不忘关心国家大事。史书记载，袁崇焕在知县任上，"为人慷慨负胆略，好谈兵"。每遇从北边来的官吏和退伍老兵，都要询问边塞战事。用曾经的一句流行语来说，袁崇焕就是立足山村，胸怀全球，放眼世界。

此时的世界，是另一番样子。

这是17世纪的前期，这个世界的强国，集中在两个地区，一个是西欧，一个是东亚。

在袁崇焕任知县的这段时间里，处于海洋文明时代的英国和法国，次第登上了美洲大陆，开始建立殖民地，掠夺美洲财富。今天非常发达的美国，那时候只有拿着弓箭打猎的印第安人。荷兰人来到了亚洲，设立东印度公司，占领了庞大的印度和东印度群岛。东印度群岛，就是今天的印尼。

西方的强国开始了侵略扩张，为国家积累了巨额财富。

再看看东亚的强国。明朝初年，中国拥有一支由三千多艘战舰组成的海军，他们曾经两次击败了日本海盗，将日本海盗一直赶出了近海。

明朝初年的中国是当时世界上最强大的帝国，郑和六次海上远征，曾经绕过好望角，进入大西洋，直至西南非洲；还曾经驶过所罗门群岛，直至澳大利亚东海岸。然而，中国人和欧洲人不一样，欧洲人每到一地，就进行侵略掠夺，所有值钱的东西都运回国内，然后建立殖民地，给自己的国家创造财富；而中国人每到一地，是进行王化教育。因为观念的差异，让当年站在同一起跑线上的西欧各国，越来越富，拉大了和东亚国家的差距。

因为信息不够畅通，袁崇焕不知道当时的世界形势，但是，他能够从那些来自北地的人们口中，了解到北方塞外的情况。

那时候的明朝，已经危如累卵，内忧外患，不但有后金骑兵一次次举兵南下，塞外风声鹤唳，连战连败，而且有宦官魏忠贤把持朝纲，残害忠良，满朝文武噤不敢言。而这个时候的皇帝呢？依然躲在后宫，过着醉生梦死的生活。天作孽，犹可违；自作孽，不可活。

万历四十四年（1616年），女真部落酋长努尔哈赤在赫图阿拉称可汗，国号金。为了与岳飞时代的那个金国区分，史书将努尔哈赤建立的这个金国，称为后金。赫图阿拉，在今天的辽宁新宾。

两年后，后金可汗努尔哈赤以七大恨告天，出兵攻明，毁抚顺城而退。明广宁总兵张承荫追之，后金军回击，明军覆没，张承荫战死。七大恨，是努尔哈赤的讨明檄文。

一年后，明辽东经略杨镐集兵沈阳，兵分四路，但因军机泄露，四路军皆溃。两路总兵被杀，文武将官及百姓死三万余人，士卒死四万五千人，后金军占开原、铁岭。今天的开原也属于铁岭。

又一年后，后金攻明花岭、王大人屯，明军死亡七百余人。朝中有人弹劾明辽东经略使熊廷弼，熊廷弼被免职，袁应泰继任。这一年，仅死七百人，与熊廷弼的守战方略有极大关系。

又一年后，后金攻陷沈阳、再陷辽阳，明辽东经略使袁应泰自缢身亡。熊廷弼复职，同时任命王化贞为辽东巡抚。

又一年后，王化贞与熊廷弼矛盾加深，王化贞自称可以一鼓荡平后金，朝廷将兵权交付王化贞。后金围西平，王化贞攻打后金，大溃。后金遂陷广宁。熊廷弼率五千人奔赴，与后金战于大凌河，护难民入山海关。朝廷逮熊廷弼、王化贞下狱。广宁，为现在的辽宁北镇市；大凌河，位于辽宁西部，为辽宁境内最长河流。

北部烽烟滚滚，战火频仍，而南部的武夷山区，袁崇焕还在邵武知县任上克勤克俭，尽职尽责。

他不知道，熊廷弼的命运，就是他的命运；熊廷弼的结局，就是他的结局。

熊廷弼是袁崇焕之前晚明最有才华的将军，他推行"实内固外"、"以夷制夷"的策略，屯田积储，修边并堡，他一面运用离间计策，让女真族各部落自相残杀，让努尔哈赤无暇攻击明朝；一面加固城寨，修建边墙，让后金铁骑的长处无法发挥。

在后金犀利的攻击战面前，熊廷弼的防守战，确实很有成效。同时，他还派出使者，前往朝鲜，约请朝鲜出兵，前后夹击，收复辽东。

然而，务实的熊廷弼却总是不得重用，没有兵权，他脾气又不好，经常破口大骂，得罪了朝中一些小人。小人联合起来弹劾，熊廷弼被斩首。

即使在斩首前的最后一刻，熊廷弼仍然对皇上抱有希望，他想着皇上会派人来喊"刀下留人"。他不知道他一直对之忠贞不渝的皇上，已经多年不临朝了，朝中大小事务，一概不问，甚至连他被斩首，也不知道。熊廷弼在走上刑场时，仍然笑容满面，胸前挂着一个布袋子。监斩官指着布袋子问："这是什么？"他说："这是我谢恩的奏章。皇上不会让我死的。"监斩官说："你没有看过《李斯传》吗？死刑犯是不能给皇帝写信的。"熊廷弼仍然毫不在乎："那是赵高这个奸贼的说法。皇上不会让我死的。"

熊廷弼被押赴刑场，刽子手举起屠刀，熊廷弼没有等到"刀下留人"的喊声，一道亮光过后，人头落地。熊廷弼被斩首后，首级传示边镇，尸骨弃之荒野，长子被逼自杀，女儿吐血身亡。

熊廷弼在关外备战的时候，远在闽北的袁崇焕满怀激情，"遇老校退卒，辄与论塞上事，晓其厄塞情形，以边才自许"。

这时候，袁崇焕认识了一个名叫江日彩的京官。江日彩也是考中进士才进入仕途的，他考中的时候，比袁崇焕还要大两岁，已经三十七岁了。可见，过去的进士实在不好考，要经过好几个寒窗十年，才能考上。此时，江日彩在朝中做监察御史，正四品。袁崇焕在闽北做七品县令。

江日彩家在闽北泰宁，泰宁和邵武相距不远，位于邵武南面。每次江日彩回家探亲，都要在邵阳住一晚。作为邵武县令的袁崇焕，肯定要出面接待，迎来送往在中国官场已经有了几千年的传统。

每次接待江日彩，袁崇焕都会询问塞外的战况，然后发表自己的攻守方略。袁崇焕是一个性格外向的人，口无遮拦，心无城府。他和那些官油子很不一样，属于性情中人；而官油子却能够任何时候都把话说得滴水不漏，官油子最擅长的，就是说正确的废话。

袁崇焕的攻守方略给江日彩留下极为深刻的印象。

公元 1622 年，后金不断侵虐，关外战场急需人才，江日彩就写了一篇《议兵将疏》，呈给朝廷。在这份奏折中，江日彩极力推荐袁崇焕："今邵武令袁崇焕，夙攻兵略，精武艺，善骑射。臣向过府城，扣其胸藏，虽曰清廉之令，实具登坛之才……倘臣言不虚，即破格议用，委以招纳豪杰，募兵练将之寄，当必有以国家用者。"

这份奏折有言过其实之处，袁崇焕是一个文士，是一个七品县官，并不像奏折中所说的精武艺，善骑射。袁崇焕从小攻读的，并不是兵书，而是四书五经。

当时，那个只知道躲在后宫寻欢作乐的万历皇帝已经死了，只在龙椅上坐了一个月的泰昌皇帝也死了，即位的是喜欢做木工活的天启皇帝。当时，朝廷人心惶惶，风声鹤唳，谈后金而色变，无人敢去关外应征，甚至有人提出了割地求和的主张。而现在，南方秀丽的武夷山区里，居然有这样一个奇才，那就赶紧提拔任命啊。

江日彩的奏章递上去一个月后，袁崇焕已经来了北京报到，任兵部职方主事，相当于国防部参谋人员。一贯人浮于事、办事拖沓的朝廷，这次居然破天荒有了极高的效率。

在北京做参谋人员的时候，袁崇焕单骑出关，巡视边防，"京师各官，言及辽事，皆缩朒不敢任，崇焕独攘臂请行"。文官出身的袁崇焕确实有着过人的胆识。

袁崇焕不像那时候的官员，每逢出行，一定前呼后拥，每到一地，必定众星捧月。他尽管做了好几年县令，但还是没有学会古代官场那些恶劣习气，他悄悄离开京城，连家人和单位都没有告知。他在关外悄悄查看，攻守形势了然于胸。

不久，袁崇焕回到朝廷，他说："予我军马钱谷，我一人足守此！"你只要给我兵马粮饷，我一个人就能守住边关。这种壮志，这种豪情，这份自信，这份从容，在气氛极度压抑的晚明朝廷，如同一声惊雷炸飞了漫天鸟雀，如同一道闪电划破了阴霾天空。

此前，袁崇焕没有任何从军的经历，也没有一丝战功，朝廷病急乱投医，死马权当活马医，就让袁崇焕去往山海关，负责防务。当时，把如此重担交给一个毫无作战经验的文弱书生，不是木匠皇帝不拘一格降人才，而是朝廷里再无人有胆量与后金对抗。很多人都等着看袁崇焕的笑话：这娃不知道天高地厚，光屁股撵狼，要胆大呢，我看你娃最后连怎么死都不知道哩。

袁崇焕确实胆子很大，有一股不怕死不要命的蛮劲。

袁崇焕祖籍广东，成长于广西。广西人素来以凶蛮著称。当年秦始皇一统海内，五十万秦军乘胜南下，却硬是被三万广西蛮子打得找不着北。当年倭寇纵横东南沿海，六千广西蛮子在五十八岁的瓦氏夫人带领下，千里出征，硬是打破了倭寇不可战胜的神话。"二战"时期日军进攻广西，广西男人在关公塑像前宣誓，一人投敌全家立死，广西境内的游击战如星星之火。

当时，满朝文武百官没有人敢去迎击后金，一个小小的七品县令袁崇焕居然说他能打败后金；当时，辽东人烟稀少，虎狼出没，贼寇横行，险象环生，危机四伏，而这个南蛮子居然独身一人前去查看，昼夜兼程，穿越丛林荒野，跋涉高山大河，有时候走几天几夜也见不到一个人，遇到危险连求援的机会也没有。这个南蛮子真是胆大如斗。

袁崇焕来到辽东后，发现辽东的形势比他想象的还要糟糕。

因为明军屡战屡败，将无死心，兵无斗志，士卒逃亡非常严重，《熊襄愍公集》曾有这样的一段文字记载："募兵，佣徒厮役，游食无赖之徒，几能弓马惯熟？几能膂力过人？朝投此营，领出安家月粮而暮逃彼营；暮投河东，领出安家银两而朝投河西。点册有名，及派工役而忽去其半；领饷有名，及闻告警而又去其半。"《明史》也记载："募辽人为兵，所募万七千人，逃亡过半。""赴浙江，得六千七百人。所募兵畏出关，多逃亡。"

《覆勘蓟镇边务首疏》也记载："蓟兵称雄，由来已久，比臣等至镇，则见其人物琐软，筋骨绵缓，靡靡然有暮气之惰，而无朝气之锐。就而阅之，力士健马，什才二三，钝戈弱弓，往往而是。"蓟州，是燕赵之地，古来燕赵多慷慨悲歌之士，然而在这个时代，这里的人变得臃肿无力。蓟州之北，就是辽东。要从蓟州征兵，显然不行。从辽东就地征兵更不行，这里的人躲奸溜滑，游手好闲，只领钱不干活，把兵营当成了生意场，一到战事紧急，大半都逃跑了。

这样的军队怎么能打仗？

于是袁崇焕向朝廷建议，请求从广西征兵。古有"广西俍兵优于天下"的说法，现代也有"广西猴子是桂军，猛如老虎恶如狼"的说法。在寻找抗战老兵的过程中，我曾经多次去过广西，就这个问题请教过广西很多老人，他们分析说广西士兵战斗力强，是因为广西境内多山少土，生活苦焦，世代贫穷，文化又不够普及，人们只能依靠当兵打仗来改变命运。

当时，朝廷同意了袁崇焕的奏折。

袁崇焕就托付弟弟袁崇煜在广西招募了五千名士卒，同时让叔父袁玉佩在广东征募三千兵勇。两广人同为南蛮子，十分悍勇，打仗不怕死，是出好兵的地方。

八千名南蛮子向北方行走，袁崇焕也向上司辽东经略使王在晋报道。辽东兵将看到来了一个白面秀才，都狠狠讥笑他，关外气候寒冷，后金凶猛，这个秀才来是白白送死。

王在晋派给袁崇焕的第一个任务是，去北面的前屯卫收拢难民。袁崇焕当天就孤身一人上路了。他来到前屯卫的时候，是黎明时分。当时，这一片地区荒无人烟，荆棘丛生，虎豹出没，而白面书生袁崇焕居然敢一人行走，这得需要多大的胆量啊。此后，辽东再没有人敢讥笑这个书生了。

袁崇焕用他的不怕死，为自己树立了威望。

不久，孙承宗代替王在晋担任辽东经略使，他非常赏识袁崇焕。袁崇焕很幸运，遇到了伯乐。

从辽东到北京，中间的屏障只有一个山海关，如果山海关有失，北京危矣。在明清两代，北京作为都城，确实不太好，因为距离游牧民族的地域太接近。但是，也有人认为北京作为都城，可以震慑北面的游牧民族。

袁崇焕力主在山海关的外面再修筑一座城池，作为北京和山海关的屏障，这就是宁远城，今天渤海岸边的兴城。

但是，大臣们极力反对，他们说后金那么凶猛，你建一座孤零零的宁远，孤悬关外，等于是把羊肉喂到了狼嘴里。然而，袁崇焕据理力争，他认为只要坚守住宁远，就能绊住后金南下的脚步，就能够牵制后金的兵力。双方相持不下，关键时刻，孙承宗站在了袁崇焕一边，宁远城修筑方案得以通过。

今天，让我们以事后诸葛亮的眼光来看，这确实是一招妙棋。

宁远城以前有旧城，建于1428年，但城墙不够宽广，城基不够坚固，无法阻挡后金军的攻击。整整两百年来，这座普通的小城都默默无闻。

袁崇焕决定在旧城址上另起新城，将宁远城建成伸出关外的一把楔子，钉在关外的一根钉子，让后金不能顺利进入关内。

宁远城距离南部的山海关两百里，距离北面的锦州两百里，处于锦州和山海关的中点，扼守着辽西走廊，是东北通往华北的咽喉要道。河西走廊则是出关入关的必由之路。而且，宁远城三面临山，只有东面面朝大海，山海之间，只有一条道路沟通南北。与宁远相望的，是海中岛屿觉华岛，可屯粮草，可储重兵，可设舟楫，"若失辽左，必不能守榆关；若失觉华宁远，必不能守辽左"。意思是说，如果失去了觉华岛和宁远城，肯定就失去了辽西走廊；如果失去了辽西走廊，肯定就失去了山海关。所以，宁远城是重中之重。

修筑宁远城的任务交给了游击将军祖大寿。祖大寿是辽东本地人，是著名人物吴三桂的舅舅。

祖大寿和满朝文武一样，断定了宁远城是守不住的，然而，因为上面有命令，他又不能不修建，所以为了省力，他一边磨洋工，一边修建一座豆腐渣工程。袁崇焕看到后，非常生气，他亲手制定规制：高三丈三，雉高六尺，址广三丈，上二丈四。也就是说，城墙要求高约八米，城墙上的城堞高约一米五，城墙底部厚达七米，顶部厚约六米。这样的城墙足够高大坚固了。而且，古代因为没有沙子，没有钢筋水泥，城砖与城砖之间，灌以糯米混凝土，糯米极富黏性，将城砖与城砖咬为一个整体。

宁远城的施工，长达一年。在这一年里，后金没有进袭，可能努尔哈赤和明朝百官持一样的看法，认为修筑宁远徒靡钱粮，无济于事。

和熊廷弼一样，袁崇焕的战术是"关外守关，主守而后战"。在山海关之外，我先守住阵地，让后金不能进攻，等到时机成熟，我再反攻。"以辽土养辽人，以辽人守辽土；且战且守，且筑且屯；守为正著，和为旁著；以实不以虚，以渐不以骤"，当年，明军的战斗力远远不如后金，袁崇焕采取的是步步为营、缓缓推进的战略，在关外屯田养兵，让东北兵民合一，出则为兵，入则为民，这种战略思想，和当年诸葛亮六出祁山的思想如出一辙。

我有坚固的城池可以防守，我有广袤的良田可以种植，我有兵有粮，我还害怕什么？东北的黑土实在太肥沃了，听说插根棒子都能结出苞米。这样的土地怎么能拱手让给后金？

宁远城坚不可摧，明军的防线就向前延伸，辽东经略使孙承宗遣将分据锦州、松山、杏山、石屯及大小凌河各城。明军的防守向北推进了二百里，形成了以宁远为中心的一条防守链。

后金大军想要走直线入关，势必会走辽西走廊。而辽西走廊有了这一条防守链，会渐次削弱后金力量。

这两年，是袁崇焕人生中最如意的两年，上有对自己有知遇之恩的孙承宗，下有同自己友谊深厚的满桂等人。满桂是一个蒙古族将领，勇猛憨厚，没有这个时期汉族将领普遍存在的贪生怕死和钩心斗角。天高任鸟飞，海阔任鱼跃，袁崇焕幻想着在这片属于自己的天地间建功立业。

这个时期，发生了这样几件事情：

袁崇焕手下有一名校尉，虚报人数，领取粮饷，被袁崇焕查出，立即砍头。此事被孙承宗得知，大骂袁崇焕。按照明朝军律，袁崇焕这等级别的将领，是没有权力砍杀军官的。但是，为人忠厚的孙承宗骂归骂，并没有将此事上报朝廷。此事反映了袁崇焕疾恶如仇，但又不知深浅，也为他以后擅杀毛文龙埋下伏笔。

袁崇焕的父亲和哥哥同一年去世，按照古代风俗，袁崇焕必须回家丁忧三年，为父守灵。可是，尽管他三次请假，朝廷都不批准。

皮岛总兵毛文龙攻后金辉发，辉发在今天的吉林辉南县。当年，毛文龙是后金军敌后的一支反抗力量。然而，辉发没有攻克。后金趁机攻打毛文龙的根据地皮岛，毛文龙大败，后金焚掠而去。皮岛，今天属于朝鲜，名叫椴岛。后来，后金陷旅顺，焚掠而去。再后来，后金迁都沈阳，改名盛京。

这段时间，辽东无战事。

孙承宗和袁崇焕一步一步实施反攻计划的时候，朝廷内部魏忠贤翻云覆雨，只手遮天。一大批无耻小人围聚在魏忠贤身边，组成阉党。

魏忠贤完全就是一个市井无赖，赌棍流氓。进宫前，魏忠贤已有妻室，因为贪图富贵，而自愿阉割做了太监。这个太监是个假太监，在皇宫里和木匠皇帝的乳母早有奸情，朝廷人都知道。靠着炮友的关系，魏忠贤得到木匠皇帝的赏识，在朝中横行无法，残害忠良。昏庸的木匠皇帝每天忙着盖房子做家具，把朝中大权都交给了魏忠贤这个假太监。

仅仅在公元 1625 年这一年，据不完全统计，被假太监魏忠贤诬杀的忠臣计有：汪文言、杨涟、周朝瑞、左光斗、顾大章、袁化中、魏大中等，这些均为朝廷重臣。汪文言被五毒而死，杨涟被铁钉贯耳而死。因为史书记载不详，汪文言可能是遭受各种酷刑而死，魏大中可能是被埋在腐烂的死尸堆中闷死。假太监杀人的手法花样百出，从不重复。

也是在这一年，孙承宗也遭诬陷，被免职。顶替他担任辽东经略使的，是没有能力的高第。

后金侦知孙承宗被免职，大喜过望，立即组织了十三万兵力，号称二十万，进攻辽东。

袁崇焕和他一手构筑的宁远城，面临第一次严峻考验。

天启六年（1626 年）正月十七，后金渡过辽河，向辽东进逼。兵部尚书兼辽东经略使高第惶惶不可终日，接连发布命令，令关外的明军全部撤往关内，不能与后金交战。除此而外，高第还打着坚壁清野的旗号，要求关外所有房屋全部烧毁，"死亡载途，哭声震野，民怨而军益不振"。

关外各地将领都撤退了，唯独袁崇焕不退。高第派人送信给袁崇焕，南蛮子袁崇焕的蛮劲又上来了，他回答说："我为宁前道也，官此当死此。必不去。"意思是说，我的职责就是守卫宁远城，就是死了，也不后退。

当时的形势异常严峻，后金大军畅通无阻，一路直抵宁远城下，宁远已成一座孤城，孤悬于二百里的关外。而在关内，高第麾下几十万大军，坐等宁远失守。而高第，更是盼望后金赶快攻破宁远，以证明自己战略方针正确。

所以，袁崇焕只有孤军奋战，以寡敌众，没有一兵一卒会来增援，无所依靠。

宁远城里所有人都知道此城已是死地，要想不死，唯有杀退后金。袁崇焕割破手指，书写血书，激励将士，手下将士也纷纷咬破手指，表示血战到底，绝不投降。

后金军有十三万人，也有的资料说六万人，宁远城里只有一万将士。这一万人除了袁崇焕从两广招募的八千人外，还有两千人是此前守卫宁远的浙江老兵。后金在兵力上占有绝对优势，而袁崇焕能够依靠的，只有坚固的城墙和他的秘密武器，那就是红夷大炮，也有的书籍写为红衣大炮。这种大炮装填火药，威力巨大。

在冷兵器时代的明朝，怎么会有火器时代的大炮？

早在袁崇焕出生的一百年前，欧洲国家运用中国四大发明之一的火药，研制出了一种名叫佛郎机的火器。中国人早在几千年前就发明了火药，然而这几千年来，中国人都是用火药制造鞭炮，增加喜庆气氛，而火药一传到欧洲，人家就制造出了威力强悍的火器。

公元 1522 年，五艘葡萄牙军舰远涉重洋，来到广州湾，企图进犯。在广州新会，侵略者被当地守军击退，缴获了两艘军舰，舰上有炮，中国人叫它佛郎机。在明朝，中国人把欧洲崛起的帝国葡萄牙和西班牙都叫佛郎机。

有这样精良的武器送上门来，中国人马上进行仿造。《大明会典》记载，两年后的 1524 年，第一批三十二门佛郎机制造出来。《练兵实纪》记载："可打一里有余，人马洞过。"

佛郎机是一种杀伤力巨大的火器，很快就被装备到东南沿海和西北边防，作用巨大。《练兵实录》记载，戚继光的军队中装备佛郎机约四百门。在对待新生事物上，明政府要比清政府开明。清乾隆时代，英国使者马尔嘎尼曾带着世界上最先进的枪炮罗盘来到大清，想结为友好之邦，但是，乾隆担心这种火器流入民间，贻害无穷，所以封于府库。又过了一百年，英法联军攻入北京，打开府库，拨开蛛网，枪炮簇新。

又过了一百年，世界形势发生了很大变化，这时候称霸海洋的，不再是葡萄牙、西班牙，而是荷兰、英国、法国了。世界风云浩浩荡荡，顺天者昌，逆天者亡。

荷英法称霸世界的时候，中国进入了万历年间。中国的皇帝日日在后宫睡觉，荷兰的国王将势力范围扩张到了印度，中国从印度得到了一门比佛郎机威力更大的巨炮，由荷兰制造。这就是史书中记载的红夷大炮。夷者，荒蛮也，中国人那时还把西方人叫做蛮夷。史书记载："复得巨炮，曰红夷，长两丈余，重者三千斤，能洞裂石城，震数十里。"

红夷大炮到手后，朝廷为了抵御后金进攻，让徐光启等人仿制。徐光启是中国古代有名的科学家，是中国古代研究科技的寥若晨星的少数人之一。也多亏了这些舍弃寻章摘句、潜心科研创造的有识之士，才让中国科学薪火相传，燃到了今天。

徐光启仿制成功，到1630年，全国共有红夷大炮三十门，北京部署了二十门，宁远部署了十门。

宁远之战，是红夷大炮第一次在战场上亮相。然而，它到底能够起到多大的作用，谁心里都没谱。

正月二十三日，努尔哈赤将宁远团团包围。仅仅六天时间，后金就驱兵八百里，一路畅通无阻地来到了宁远城下。努尔哈赤劝降袁崇焕："我率二十万大军前来，宁远必破，你若投降，给你大官。"袁崇焕回答说："呸。"

第二天，后金运来攻城锤和云梯，开始攻打。

一部分后金军在攀附攻城，另一部分后金军在射箭掩护。后金军虽然崛起于当时落后的白山黑水，但是他们的攻城能力绝对是先进的。几万名士兵一齐放箭，几万支箭镞呼啸飞去，那种矢去如雨的情景，足以令人惊怖。而且，草原民族的射箭技术一向高超，又准又狠，远非养尊处优、胆小怯懦的明军可比。还有，当时的后金军已经掌握了先进的攻城技艺，拥有了先进的攻城战术，从他们用攻城锤和云梯攻城，就能够看出来。此时的草原游牧民族，他们的作战技术，远超当年的匈奴突厥。

城墙上的守军奋力抵挡，战争处于胶着状态。

后金军推着攻城锤来到城门，咚咚撞击，城门哗哗作响。守军抬来巨石，填堵城门。后金军在城墙下挖掘地洞，守军将棉絮捆扎成堆，浸泡菜油，点燃后推下城墙，挖城掏洞的后金军都被烧死。

混战中，袁崇焕受伤，《辽师入卫实录》记载："自裂战袍，裹左伤处，战益力；将卒愧，厉奋争先，相翼蔽城。"

激战从凌晨直到夜半，城上城下死尸如山，鲜血顺着城墙流淌，没流多久，就被冻住了，成为红色的冰凌。宁远已被血染红。

第二天，后金军依然倾尽全力攻城，明军推出了十门红夷大炮。红夷大炮的威力超出了城上城下两军的预料。

当时，城里不但有辽东避难的百姓，有袁崇焕专门从关内接来的母亲，还有一名朝鲜使者。避难的百姓来不及逃往关内，而袁崇焕又坚壁清野，将宁远城外的房屋全部焚毁，不留给后金；袁崇焕的母亲是他专门接来的，母子要与宁远共存亡，军心也得以安定；朝鲜使者在战前来到宁远考察，没来得及回去。

这名朝鲜使者叫韩瑗。韩瑗和袁崇焕在一起，他从城堞间看到后金军漫山遍野奔腾而来，马蹄扬起的尘土遮天蔽日，脸都吓白了，而袁崇焕却谈笑风生，镇定自若，向他介绍城墙的构建。突然，一声炮响，震天动地，韩瑗吓得抱紧脑袋，袁崇焕笑着说："那是我们的大将军炮。"

红夷大炮威力巨大，一炮可打死二十人。十三万后金军像蚂蚁一样密集攻城，死亡率那可是相当高。这是一场冷兵器与火器的交锋，是一场先进与落后的交锋，后金军在这十门大炮面前，就像沉默的羔羊一样。他们不敢大呼小叫，担心叫喊声会引来呼啸而至的炮弹。

大炮威力实在太猛，守城的一名名叫启倧的将校都被大炮的后坐力震死。

然而，红夷大炮猛则猛矣，却也有死角。死角就是城墙根儿。

所以，在大炮的轰鸣声中学聪明了的后金军，每逢大炮装填炮弹的空隙，赶紧骑着快马来到城墙下，用绳钩勾住城墙口，向上攀援。

遇到绳钩，怎么办？守军也有办法，他们将木箱从城墙上推出，一半在城外，一般在城内，木箱的下方有空隙，木箱里蹲伏着善射的士兵，他们居高临下射杀正在撅起屁股努力攀爬的士兵，一箭就可以把攻城者的屁股射穿。他们还投掷石头和地雷，石头落在攻城者的身上，攻城者和石头一起滚落城下；地雷落在地面上，沙石飞溅，浓烟滚滚，中者不死即伤。这种地雷是把火药放在陶罐底部，上面填塞砂石，火药与地面撞击，就会爆炸，它的原理很像现在过年时孩子玩的甩鞭和甩炮。

第二天又是攻打一天，后金军死伤累累，一无所获。

第三天，后金军依旧强攻。面对坚城宁远，后金军除了强攻，再想不出任何办法。他们实在想不到，一座小小的宁远城，居然挡住了十三万铁骑前行的脚步。

宁远城里，袁崇焕打开府库，把府银全部搬上城墙，告诉守城士兵，如果打退后金军，一人一锭；如有人退缩，格杀勿论。为了防备城里还有奸细，袁崇焕命令所有百姓，都躲在房中不能走出，所有士兵，都登上城墙不能下城，巡逻队游弋街巷，一旦发现可疑的人，立即杀死。

由于前两天的失败，后金军的士气明显大挫，"其酋长持刀驱兵，仅至城下而返"。

有书籍记载，努尔哈赤看到后金军胆怯畏惧，就带着亲兵队莅临一线指挥，鼓舞士气。这种情形被守军看到了。高达八米的城墙上的守军，站得高，望得远，他们看到远处来了一队盔甲鲜亮的骑兵，而且队形整齐，旌旗招展，中间簇拥着一名军官，看这阵势，肯定是一名大官。他们还不知道这个大官就是努尔哈赤，后金军的统帅。努尔哈赤很大意，他只想着他站在守军射箭距离之外，没有想到他站在了大炮射程之内。

守军一发炮弹过去，努尔哈赤身受重伤，几个月后，医治无效，就死了。

类似的事情，在抗战时期，经常发生。

在河北涞源，名将之花阿部规秀中将将旅团部驻扎在一间普通民房里，八路军的炮兵看到这间民房有背着公文包的鬼子出出进进，一炮过去，阿部规秀就报销了。

在庐山战役中，在日军中有军神之称的饭冢国五郎少将，在接受日本记者采访拍照时，为了表现自己的高大形象，手舞军刀，站在石头上咋咋忽忽，没想到进入了国军狙击手的视线，一枪过去，军神升天了。

在衡阳保卫战中，第68师团师团长佐久间为人中将站在一排少将大佐的面前训话。中国炮兵白天霖看到那些少将大佐一个个毕恭毕敬，判断这个牛皮哄哄训话的肯定是大官，一炮过去，68师团的中将少将大佐全部见了阎王，逼得日军给68师团紧急空投了一批指挥官。

还是在衡阳保卫战，第57旅团长志摩源吉少将在日军中以极度凶悍而著称，他在作战时亲自给士兵表演如何回掷中国军队投来的手榴弹，没想到他的将军服被中国军队的狙击手看到了，在战场上你还这么高调，简直就是寻死，一枪过去，志摩源吉的脑袋开了瓢。

抗战时期有很多顺溜式的神枪手神炮手，只是我们不知道。

袁崇焕麾下炮兵的这一炮，中了头彩，只是他们还不知道。袁崇焕的故事很像美国那个名叫切尔韦拉的老太太。

六十九岁的切尔韦拉是美国加州人，生活贫困，依靠保险金生活，有三个成年孩子和六个孙子，自己还收养了两个残疾孩子。一个偶然的机会，她让女儿买了一张一美元的彩票，没想到中了两千三百万美元的头奖，折合人民币一亿五千万元。然而老太太却并不知道自己中奖了。眼看六个月的领奖期限马上到了，奖金却没人领，彩票机构很着急，他们在媒体上登载买彩票时老太太的视频录像照片，邻居认出来了，全加州人才知道这个贫穷善良的老太太中了大奖。

统帅努尔哈赤被人打成了这样，后金军只好抬着他撤军。史书记载，后金军抬着伤兵，号哭而去。

后金军退兵后，宁远城中也满城大哭。劫后余生的幸福感，击倒了每一个人。当时，已经险到了极点，库中已无炮弹，城墙缺口七八十处，如果后金军再次攻击，宁远危矣。

据明朝著名政治家、科学家徐光启的记载，此战打死后金军一万七千人。而后金人的记载中，仅有二百六十九人。显然，后金人说了假话。十门大炮，打出那么多炮弹，一炮可中二十人，让小学三年级学生来计算，也算不出仅有二百六十九人死亡。

宁远之战前，努尔哈赤给袁崇焕写劝降信，袁崇焕没有回信。现在，战争结束了，袁崇焕才给努尔哈赤回信，他在信中说："老将纵横天下为时已久，今日败于小子之手，恐为天意。"信中不无调侃之意。

努尔哈赤回信说："约期再战。"所谓的约期再战，其实就是给自己寻找台阶。

回信人走了后，努尔哈赤颓然倒在行军床上，感到全身都被掏空了，他对身边的人说："我自二十五岁起兵以来，征讨诸处，战无不捷，攻无不克，为何惟宁远一城不下？"

这是一代枭雄努尔哈赤一生中唯一的败仗，而就是这场败仗，要了他的老命。这一年，努尔哈赤六十八岁，袁崇焕比他小了二十六岁，只有四十二岁。

宁远战役后，全国振奋。木匠皇帝终于放下了手中的木工活，他的眼光难得地落在了辽东边塞，他说："此七八年来所绝无，深足为封疆壮气。"

兵部尚书王永光也向木匠皇帝建议："辽左发难，各城望风奔溃，八年来贼始一挫，乃知中国有人矣！本官智勇兼全，宜优其职级，一切关外事权，悉以委之。"

于是，袁崇焕升为辽东巡抚，统管辽东一切事务，包括军事。辽东后来是一个省。也就是说，袁崇焕升为省长了。

宁远之战中还发生了一件很有趣的事情。

当时，袁崇焕手下大将满桂守南门，有什么样的帅，就有什么样的将，袁崇焕是个牛脾气，满桂也是一个牛脾气，牛脾气对了牛脾气，两人居然惺惺相惜，关系出奇的好。

大战将至，满桂向镇守前屯卫的明将赵率教借兵。前屯卫就是当初袁崇焕赶夜路孤身一人前往的地方。辽东经略使高第让明军全部撤往关内，估计赵率教也打算撤往关内，所以只派了一名都司带着四名守备来了。满桂看到赵率教只派了这么一点人，很生气，就不开城门，把赵率教的人晾在关外的数九寒天里，让他们饥寒交迫，连口热水都喝不上。这事很快被袁崇焕知道了，便放他们进来。

宁远之战后，明军大胜，赵率教就跑来分功劳，满桂老大不满，就和赵率教吵了起来。袁崇焕赶来，训斥了满桂，满桂更气愤了，和袁崇焕吵了起来。满桂和袁崇焕一个德行，牛脾气上来了，才不管你是不是我的领导。袁崇焕一怒之下，打报告把满桂调走了。走就走，满桂还是不给袁崇焕道歉。

这事过了一段时间，袁崇焕仔细一想，不对呀，我做得不对呀。又赶紧打报告，把满桂调了回来。将帅相见，都感慨不已，以后再也不吵架了。

这件事情也对赵率教震动很大。赵率教以前是一名滑头将军，打起仗来先顾自家的性命，能跑赶紧跑。而现在自己没有参战，袁崇焕还给自己记了功劳，他感到很惭愧。此后，赵率教知耻后勇，和满桂一起成为袁崇焕的左臂右膀。

努尔哈赤死后，第八子皇太极继位。皇太极和他的父亲一样，都是极为厉害的角色，知人善用，勇猛善战。而明朝这时候的皇帝还是那个木匠皇帝，昏庸无能，不理朝政。他本来是一个手艺精巧的手工匠人，而万恶的世袭制把他推上了皇帝的宝座。中国几千年的封建社会里，因为皇帝强而国强，因为皇帝弱而国弱，泱泱大国亿万人的命运，寄托在一个人的身上，实在悲哀。

宁远之战让明朝找到了对付后金的办法，这就是高筑城，广积粮，守为上。用袁崇焕的话来说，是"坚壁高垒，避锐击惰，相机堵剿"。

在当时明军战斗力明显不如后金的情况下，这是最好的战略战术。

皇太极即位后，显示了自己极强的政治手腕，他比他的老爸更有谋略。

当时，后金士气低落，明朝加固防线，后方的朝鲜也趁机起兵，形势对皇太极很不利。皇太极为了改变这种不利局面，就与袁崇焕协商，停战议和。袁崇焕当时也有这种想法，尽管取得了宁远大捷，其实实属侥幸，袁崇焕急需利用难得的和平时光，整军练兵。

皇太极认为后金势力强大，明朝必须岁岁纳贡；袁崇焕则认为后金必须退出侵占的明朝国土，才可以坐下谈判。双方开出的条件，对方都不能接受。但是双方都明白对方是为了赢得难得的休整时间，但却都心照不宣。双方的脸上都带着慈祥的微笑，而心里都把对方的祖宗八辈骂了无数遍。

停战时间只有一年，但在这一年里，袁崇焕加固了宁锦防线，训练了大批辽人，实现了以辽人治辽境的战略目标。皇太极利用这一年时间，出兵朝鲜，尽管袁崇焕派出兵将牵制后金，然而朝鲜还是一触即溃，很快臣服，皇太极免除了后顾之忧。

一年后的阴历五月，袁崇焕和皇太极都做好了准备，接着再打。

皇太极带着后金军，从沈阳南下，第一站先到锦州。锦州、宁远、山海关都处于著名的辽西走廊，从北向南连成一线，皇太极想要走近路进入关内，就必须走辽西走廊。

锦州的守将是赵率教，就是那个和满桂吵架要争功的滑头将军。赵率教守锦州，朝廷里的人都认为守不住。然而，这次赵率教在锦州的表现，和上次袁崇焕在宁远的表现一样，大出满朝文武的预料，让这些老朽们的老花镜啪啪掉了一地。

从五月十一到五月二十六，整整十六天里，皇太极用尽各种办法，也无法攻破锦州。曾经滑头的赵率教这次率众死战，一雪前耻，"炮火矢石交下如雨，自辰至戌，死者甚众"。没有懦弱的士兵，只有懦弱的将帅。南蛮子袁崇焕能够把一个滑头将军训练成悍将，可见袁崇焕的能力不凡。

《明季北略》中还记载了战争期间发生在锦州的一起天文现象："见天坠大星如斗，其落地时如天崩之状，众惊恐终夜。"古人认为大星陨落，不利主帅。皇太极看到这种天文现象，异常惊恐，他害怕他成了他老爸，想要退兵，又心有不甘，于是，留下一半人马攻锦州，围绕锦州挖掘了三道壕沟，防止守军出城偷袭；然后带着另外一半人马南下进攻宁远。

守卫宁远的还是袁崇焕，不过此时的袁崇焕已经不是一年前的袁崇焕了，一年前的袁崇焕是一个青涩的新任将领，而现在的袁崇焕高居辽东巡抚；一年前的袁崇焕缺兵少将，手下只有一万人，而现在的袁崇焕手中握有十万重兵；一年前的袁崇焕在后金退兵后，还不敢打开宁远城门，用绳索放下五十名胆壮士兵在城外捡拾箭镞，以备再战，居然捡拾到十万支箭镞；现在的袁崇焕理直气壮地打开宁远城门，看着皇太极大喊："小子，放马过来！"

这是一场对攻战，双方面对面站着，你砍我一刀，我砍你一刀，比赛看谁硬气。

袁崇焕站在城墙上督战，查看敌情，出城迎战的是满桂，杀气腾腾。皇太极以为明军不敢打对攻，只敢闭门坚守，他没想到明军居然背城列阵。部将看到明军已有准备，就劝皇太极回去，皇太极大怒道："昔先皇攻宁远，未克；今我攻锦州，未克。现要打野战，如还不胜，何以张我国威？"

皇太极认为野战是后金的强项，他肯定能够打赢这一仗。然而，他不知道满桂这个蒙古人的强项也是野战，他不知道那些南蛮子的强项就是玩命。而打野战，谁敢玩命谁就在气势上压倒对方。谁在气势上压倒了对方，谁就胜利了。

后金兵分两路攻击满桂，袁崇焕在城墙上用旗语调动指挥，这场明朝历史上最惨烈的骑兵战，让晚明的历史在战栗，矢镞纷飞，马颈相交，刀光闪耀，血光飞溅。每一部历史书写到这一段的时候，都充满了肃杀之气。满桂身中数箭，坐骑身披箭伤，另一名将领尤世威的坐骑也被射伤；后金军三名大将全都带伤，多名将领被砍死。

袁崇焕看到后金军营帐设于城外山坡上，命红夷大炮轰击，后金预备队多被炸死。一线部队摇摇欲坠，二线部队损失惨重，皇太极又接到了锦州方面的战报，赵率教时时打开城门，夜袭偷袭。至此，皇太极担心腹背受敌，他终于承认明军野战也凶猛，下达了撤退命令。后金军逃往锦州。

袁崇焕非常高兴，他在奏章中写道："十年来，尽天下之兵，未尝敢与奴战，合马交锋。今始一刀一枪拼命，不知有夷之凶狠剽悍。"意思是说，十年来，明朝兵将都不敢和后金面对面展开白刃战。今天，要不是亲眼看到他们一刀一枪地拼杀，还不知道我们军队的凶狠悍勇丝毫不弱于后金。

回到锦州的皇太极，又发动了最后一击，然而锦州仍然固若金汤。宁远和锦州都没有被攻克，皇太极承认自己白忙活了，垂头丧气地撤回沈阳。

锦州之战同样惨烈，"是役也，大战三次，大胜三捷。小战二十五日，无日不战"。赵率教彻底洗刷了滑头将军的耻辱，进入了名将行列。

宁远和锦州相继取胜，这就是史书中的宁锦大捷，是去年宁远之战后的又一次大捷。两年两连胜，后金士气大挫，明军重拾信心。

然而，打了这么大的胜仗，袁崇焕却被免官了。

免官的原因是魏忠贤派党羽弹劾袁崇焕。流氓出身的魏忠贤在朝廷中结党营私，逆我者亡。袁崇焕不是魏忠贤的这一派，所以成为了魏忠贤的眼中钉。魏忠贤派党羽弹劾袁崇焕的罪名是：不救锦州。

当时到底是什么情况？史书如此记载："袁崇焕令祖大寿等统精兵四千，绕出敌后；别遣水师东出，相牵制。"那么，就是说，袁崇焕当时派出了两路救兵，牵制后金，根本不存在坐视不救的情况。

袁崇焕虽然很蛮，却也很聪明，他知道自己斗不过魏忠贤。木匠皇帝啥都不管，朝中的事都是魏忠贤说了算。袁崇焕赶紧请了病假，请求免官。魏忠贤忙不迭地答应了，袁崇焕就回了老家。京城里爱怎么乱就怎么乱，老子眼不见心不烦，关我屁事！

袁崇焕这一招确实很好，如果他硬要和魏忠贤对着干，估计早就被魏忠贤砍头了。魏忠贤是一个什么事情都能干出来的无赖。

宁锦大捷的功劳，全被魏忠贤瓜分了，魏忠贤的党羽数百人，纷纷以在朝中策划为由，加官晋爵，领取赏赐，连魏忠贤尚在襁褓中的侄孙，都加封为安平伯。不但有了爵位，而且是爵位中的第三等。

庙堂之上，朽木为官，殿陛之间，禽兽食禄；狼心狗肺之辈，滚滚当朝，奴颜婢膝之徒，纷纷秉政。生活在这样的时代，你能怎么样？你还能怎么样？袁崇焕只能选择隐居，隐于岭南的青山绿水之间，与世无争。终日昏昏醉梦间，忽闻春尽强登山。因过竹院逢僧话，又得浮生半日闲。史书中记载，袁崇焕这时候是寺庙中的常客，唯有暮鼓晨钟中的旷远宁静，才能抚慰他心头的忧伤。

三个月后，明朝的局势发生了戏剧性的变化。木匠皇帝胡作非为，连老天爷都看不过眼了，在他二十三岁的时候就收走了他。他的弟弟崇祯皇帝即位。

出来混，总是要还的。明朝接连几代皇帝胡闹胡搞，他们欠下的债务，现在都由末代皇帝崇祯偿还。崇祯皇帝压力山大，这年他只有十七岁。

十七岁的崇祯皇帝是中国历史上最勤奋的皇帝之一，由于他昼夜工作，十七岁的时候已经苍老得像七十一岁一样。他也是中国历史上最苦命的皇帝，没有过一天的清闲日子，而最后还自缢身亡。

崇祯皇帝刚刚登基，就铲除了阉党魏忠贤，然而却迎来了李自成起义。真是命运多舛。

史书记载："明天启七年（1627 年）八月，明帝熹宗朱由校卒，弟思宗朱由检嗣位。冬十一月，放魏忠贤于凤阳，道死，诏磔其尸。"磔的原意是祭祀时分裂动物的尸体。

公元 1628 年，起用袁崇焕为兵部尚书、右副都御史、督师蓟辽，以应后金，颁尚方剑。兵部尚书，相当于今天的国防部长。同一年，"陕西饥，流贼大起。安马塞贼高迎祥，自称闯王，延安人张献忠应之。米脂人李自成掠富家粟，官府捕之，亦变"。饥寒交迫的陕北，有了多支起义军。

崇祯在袁崇焕出关前，和袁崇焕有过一次谈话，南蛮子袁崇焕的蛮劲又上来了，他对新皇帝提拔他既不歌功颂德，也不山呼万岁，反而是新皇帝对他"慰劳甚至"。十七岁的崇祯虚心向他请教用兵之道，他冷冷地说："都在我的奏章里。"

新皇帝崇祯的脸上老大挂不住，这个南蛮子真不按常规出牌，见面连一句寒暄都没有，也不正面回答我的问题。少年皇帝忍了又忍，然后问：你看我们能不能打败后金，我这个皇位还能不能坐稳？

袁崇焕慷慨回答："五年复辽。"就是说，五年要把后金占领的土地全部抢回来。崇祯兴奋不已。

崇祯离开小憩，一旁的给事中许誉卿问："真的能够五年复辽？"袁崇焕说："我看到皇帝对收复失地很着急，这样说只是为了安慰他。"许誉卿大为震惊，这个南蛮子胆大包天，连皇帝也敢骗。

在古代，欺君之罪是要杀头的。但是，袁崇焕就是敢开这样的玩笑，可见，他是一个很率直很胆大的人，连自己的性命都不当一回事，也把那些纲常条文不当一回事。

　　崇祯要离开的时候，袁崇焕感觉不放心，就追上去说："我这五年里，要粮给粮，要人给人，要枪给枪。"崇祯答应了。袁崇焕又说："以我的能力，要收复失地绰绰有余，但是要掩住小人的口千难万难。我此去关外，调兵遣将，一切事宜，不要别人管，也不容别人指手画脚。"崇祯说："卿无疑虑，朕自有主持。"

　　袁崇焕满怀信心去关外上任，他没有想到，绳自细处断，冰在薄处裂，他最担心的事情，件件都发生了。

　　拿到尚方宝剑的袁崇焕，出关的第一件事情是杀了毛文龙。

　　多年来，毛文龙对后金作战，虽有战功，但骄横无忌，专制一方，而且虚领粮饷，杀俘邀功，坐视不救，甚至还有通敌叛降的嫌疑。袁崇焕列举了毛文龙十二件罪状，件件当斩。于是，在帐前斩杀毛文龙。

　　毛文龙固然当死，但不应该是袁崇焕斩杀。袁崇焕出关前向崇祯说自己要拥有关外一切权力，崇祯答应了。但是，嘴上答应是一回事，心中满意是另一回事。古代官场水很深，人人都练就了二皮脸，心口不一，口是心非。而不懂官场潜规则的袁崇焕把崇祯的话当真了，轻易斩杀朝中重臣，让崇祯老大不满意。你小子随便杀我任命的人，眼中还有没有我这个皇帝？

　　史书记载，崇祯听到袁崇焕斩杀毛文龙后，他的反应是"骇然"。如果一个大臣让皇帝骇然，那么这个大臣的生命也就即将走到终点，因为皇帝手握所有人生杀予夺的大权，他绝对不会让使他"骇然"的人留在世上，让自己继续"骇然"。

　　所以，皇宫里都是娘娘腔的太监，皇帝宠信的都是阿谀奉承的假男人。真正的男人英气逼人，雄姿勃发，站在人格低劣的皇帝面前，让皇帝有一种自卑感。

　　崇祯在北京故宫里磨着他的杀人刀，刀还没有磨好，后金又来进攻了。

　　崇祯二年（1629 年）阴历十一月，袁崇焕杀毛文龙的三个月后，皇太极引兵南下，再次进犯。他对袁崇焕怕到了骨头里，所以，绕开袁崇焕的宁锦防线，从更西面的河北遵化向南，进击崇祯所在的北京。

　　袁崇焕接到警报，勤王心切，带着一旅铁骑，昼夜兼程，赶往北京。皇太极走的是弓背，袁崇焕走的是弓弦，皇太极前脚刚到京城，袁崇焕后脚就赶到了。

有史书记载，皇太极和袁崇焕抵达北京相隔的时间，前后不到一盏茶的工夫。就是这一盏茶的工夫，让人们产生了怀疑。如果你袁崇焕不是和皇太极有预谋，怎么会一前一后来到北京？你袁崇焕说你军情紧急，进京勤王，你有皇帝让你勤王的圣旨吗？没有圣旨，你带兵来京城干什么？不是造反是什么？

所以，现在就可以断定，你袁崇焕和皇太极早就商量好，密谋夺取我大明江山，皇太极为前军，你袁崇焕为后队，一先一后来到北京城外，绝对是这样的，你别把我们当傻子！

时值隆冬，狂风呼啸，大雪纷飞，从宁远到北京，有七八百里，袁崇焕带着铁骑一路奔袭，人困马乏，一天都没有吃饭，也没有休息，现在终于来到北京城下，祈求打开城门，让士兵们先吃口热饭，喝口热水，但是，北京不让他们进去，史书记载："袁崇焕请入城休兵，不许；请屯兵外城，亦不许。"

北京不但不让他们进城内，而且连外城都不让他们进去。外城，就是瓮城，就是与城门连接的城中之城。一旦城门被攻破，即进入瓮城，但瓮城通往城内还有一道门，还需要攻打。

到这种地步了，该怎么办？

袁崇焕回身对已经人困马乏的将士们喊："杀退后金，然后入城。"

只有杀退后金，才能入城，将士们身上的热血顷刻间全被点燃，燃烧得蓬蓬勃勃。兵法中把这叫置诸死地而后生，不过，这个死地不是他们自己设计的，而是崇祯强加给他们的。既然怀疑我们和后金是一伙的，那么，就让我们杀后金给你们看看。

当时，北京城高大的城墙上站满了看热闹的守城兵将，但没有一人出城增援。

袁崇焕手下只有一路急急赶来的九千人，而皇太极的骑兵有十万人。

九千人对十万人，这是一场生死绝杀，这是一场悲壮抗争。

残阳如血，城墙如铁，书生袁崇焕拔剑在手，一马当先，冲向后金，九千名将士齐声呐喊着，随后跟进。他们双眼通红，他们势同猛兽，他们已经别无选择。

皇太极早就被袁崇焕打怕了，他在北京城下一看到袁崇焕的旗号，就首先气馁。他一直想避开袁崇焕，没想到到最后还是碰上了袁崇焕。

袁崇焕简直就是他的克星，是他的噩梦。

主帅气馁，将士更为沮丧，后金纵横天下，次次被袁崇焕打败，他们已经有了心理阴影，他们走不出袁崇焕带给他们的巨大的心理阴影。

袁崇焕所部九千人抱着必死的信念，皇太极十万人心存难以拂去的恐惧。北京城外这一战，袁崇焕胜了。皇太极和各将领面面相觑，一齐感叹："起兵这么多年，从来没有遇到袁崇焕这么强悍的对手。"

后金退兵十里，一夜惊恐。

此战，袁崇焕被射伤。

到了现在，崇祯应该相信袁崇焕没有投降后金吧，九千人奔袭一天，又累又饿，经此一战，仅剩四千人，连袁崇焕都中了箭伤，崇祯你总应该打开城门，让袁崇焕和他的兵将回城休息吧。

然而，崇祯没有开门，他隔着城门给袁崇焕下达了一道命令："进攻后金。"

此时，袁崇焕手下只有四千人，而且大半带伤，你让这一天没有吃饭的四千伤兵攻击十万后金，而你的几十万军队躲在城中，亏你崇祯皇帝想得出来。

袁崇焕知道用这四千人去攻击皇太极大营，无异于飞蛾扑火，所以他没有听从。他没有听从崇祯的原因是，要等到与从宁远奔来的几万步兵汇合后，再向后金进攻。

《明鉴》记载："袁崇焕复移营城东南隅，竖立栅木，敌军列阵偪营，不战而还。"袁崇焕没有向皇太极进攻，而是在营寨外竖立障碍，抵挡皇太极。皇太极的军队在营寨外列阵逼近，而最后终于不战而退。

袁崇焕没有打皇太极，皇太极也没有打袁崇焕，让崇祯很疑惑。于是，崇祯就做出了一个让当时和后来所有人都不可理解的决定：逮捕袁崇焕。

皇太极听说袁崇焕被逮捕，感到喜从天降，他和当年那个听闻岳飞被杀的金兀术一样，被巨大的幸福感击晕了。

然后，皇太极使用了老套的反间计。要让中国古代一个个昏君杀忠臣，反间计屡试不爽，反间计是放诸四海而皆准的万能之计。

此前，后金的监牢里关押着两名明朝养马的太监，一个叫杨春，一个叫王成德；此刻，这两名太监被派上了用场。皇太极让手下兵将故意在太监面前泄露袁崇焕早就投降后金的"机密"，然后让两名太监顺利逃走。

两名太监逃进北京城后，立即向崇祯皇帝"告密"：袁崇焕早就投降了后金，所以他杀了毛文龙，又引兵攻打北京城。

十九岁的少年皇帝崇祯立即就相信了，他下令对袁崇焕处以极刑。《三国演义》中"蒋干中计"的故事，在一千多年后，有了现实版。

袁崇焕的下场极为悲惨。《明鉴》记载："然都人猝遭兵，怨谤纷起，谓袁崇焕拥兵坐视。朝士因前通和议，诬其招兵胁和，将为城下之盟。"都人，就是都城人。朝士，就是朝廷人。在这座明朝的首都里，人们纷纷指责袁崇焕，说后金攻打京城，是因为袁崇焕拥兵自重，坐视不救。朝中大臣污蔑袁崇焕，说他勾结后金，想要在城墙下逼迫崇祯签订盟约。

人类历史上最悲惨的一幕上演了，人类历史上最不可思议的事情发生了。民族英雄袁崇焕被凌迟至死。

凌迟，就是要割一千刀，到最后一刀，才能死去。

袁崇焕被带到了刑场，刽子手尚未动手，围观的人群竞相扑上去，一人一口，咬向袁崇焕。民族英雄在剧烈的疼痛中战栗，满嘴是血的人群在欢笑。然而，按照行刑标准，刽子手还是要割够一千刀。一刀一刀割下去，人群围在四周，喜形于色，从刽子手的手中争抢袁崇焕的肉，抢不到的就出钱买。

《石匮书后集》记载："遂于镇抚司绑发西市，寸寸脔割之。割肉一块，京师百姓，从刽子手争取生啖之。刽子乱扑，百姓以钱争买其肉，顷刻立尽。开膛出其肠胃，百姓群起抢之。得其一节者，和烧酒生啮，血流齿颊间，犹唾地骂不已。拾得其骨者，以刀斧碎磔之。骨肉俱尽，止剩一首，传视九边。"

《明季北略》记载："是时百姓怨恨，争啖其肉，皮骨已尽，心肺之间叫声不绝，半日而止……百姓将银一钱，买肉一块，如手指大，啖之。食时必骂一声，须臾崇焕肉悉卖尽……刽子语无锡周无瑕曰：'吾服事诸老爷多矣，未见如袁爷胆之大者。'"

《明史》记载："兄弟妻子流三千里；籍其家。崇焕无子，家亦无余赀，天下冤之。"

杀了袁崇焕，查封家产，才发现他家没有存款，家中连一件值钱的东西也没有。他没有孩子。他为明朝如此拼命，完全就是为了一腔报国热血，不是为了封妻荫子，不是为了荣华富贵。

历史上，还有比这更让人感到悲凉的事情吗？

袁崇焕死后，碎骨被弃之于荒野，无人敢去收殓。后来，一个广东顺德人冒着生命危险，找到袁崇焕破碎的骸骨，埋在了广渠门外。此处，就是袁崇焕率领九千铁骑与十倍后金骑兵浴血奋战的地方。掩埋袁崇焕骸骨的人，姓佘，他此后天天给袁崇焕守灵。他在去世前，告诫后人要做到三点：一是千万不当官，二是一定要读书，三是世代为袁崇焕守灵。

迄今为止，佘家人已经为袁崇焕守灵三百八十多年，目前的守陵人叫佘幼芝，他说："世代守灵，不为别的，就为忠义二字。"

袁崇焕死后十四年，李自成攻陷北京，崇祯皇帝自缢身亡。一个月后，清军南下，李自成弃城而逃。

此后，中国进入了清朝。

14

海外孤忠郑成功

国姓爷万舟齐发，剑指台湾，开疆拓土，解放黑奴，使台湾重归中国版图。

　　袁崇焕惨遭杀害的这一年，郑成功只有六岁，从日本回到了福建老家。

　　郑成功是一名混血儿，他的父亲是一名中国海盗，母亲是日本人。郑成功出生在日本长崎，他在父亲被明朝招安封官后，才从日本回到中国。

　　十四岁这一年，郑成功考上了秀才，而且还是能够领取国家粮食的廪膳生，相当于农家子弟吃上了商品粮。当年福建南安只有二十人考中廪膳生。郑成功能够击败很多满头白发，读了一辈子四书五经的老秀才，说明他很聪明。

　　后来，郑成功来到南京读书，拜在大学者钱谦益门下。钱谦益当过侍郎、尚书，相当于今天的部级干部，诗词写得相当好，为当世第一。后来他娶了比自己小三十多岁的"秦淮八艳"之首的柳如是。柳如是是一个名垂青史的妓女，她不但人长得漂亮，而且多才多艺，深明大义，后上吊自尽。这样的妓女现在已经绝迹了。

　　郑成功二十岁那一年，明王朝灭亡，郑成功的功名梦戛然而止。

　　郑成功二十二岁这一年，逃到了福建福州的皇亲国戚朱聿键建立隆武政权，辅佐朱聿键的郑成功开始了自己的军事生涯。

　　郑成功童年在日本接受日本教育，少年在南京接受诗书教育，他从来没有接触过军事，然而，和历史上那些天才将领一样，他居然无师自通地掌握了很多指挥作战的技巧，在福建和江西一带作战，连连获胜。

　　此时，已经投降了清朝的明朝大将洪承畴，以同乡情谊说服了郑成功的父亲郑芝龙，镇守闽北的郑芝龙投降了清朝，清军得以畅通无阻进入闽南。郑成功的母亲在战乱中自缢身亡，郑成功逃往厦门和金门，继续抗清。

　　郑芝龙投降后，并没有过上自己想要的生活，后来，他被流放到宁古塔，当年宁古塔是位于极北苦寒地带的流放罪犯的地方，去了那里的人，唯有一死。郑芝龙后来被杀于宁古塔。

　　隆武皇帝被清军俘虏，他不愿投降，绝食身亡。此时，自尽的文人学士、百姓庶民非常多。有人说，宋亡之后无中国，明亡之后无华夏。也有人说，崖山之后，再无中国。崖山位于今天的广东江门，当年因为南宋战败，十万人蹈海身亡。

此时，后金人建立的那个国家，已经不叫后金了。史书记载：早在1636 年，明朝灭亡前八年，后金可汗皇太极，以金与中原人世仇，乃改国号为清，称帝，是为太宗。

公元 1644 年，明朝走到了尽头，清世祖福临迁都北京，此年即顺治元年。福临是皇太极第九子。皇太极已于一年前死亡。这一年，福临仅有六岁，因为年龄太小，由多尔衮摄政。

十月，多尔衮致书史可法劝降，史可法不降，回书，这就是历史上非常有名的《复多尔衮书》。时史可法为南明兵部尚书。多尔衮派豫亲王多铎南下攻打。中国语文课本曾有一篇文章《左忠毅公逸事》，写到了史可法和他的老师左光斗。此年，清军在北方畅通无阻，而在南方却遭到顽强抵抗。北京城里的大臣们跪在道路两边，迎接清军入城；而南方的各地官吏纷纷举义，抗击清军。

公元 1645 年，清军陷扬州，史可法战死。清屠城十日，杀数十万人。一月后，陷南京，斩南明皇亲朱由崧。清军攻嘉定，嘉定无人降，清军屠杀，史称嘉定三屠。八月，清军陷江阴，屠城，杀十三万人。江阴典史阎应元战至最后一刻，死之。十一月，曾任礼部尚书的黄道周与清军激战多日，逃至江西婺源，被俘，绝食不死，被斩之。

公元 1650 年，清军陷广东。时，郑成功在厦门、金门，组织义师。

公元 1653 年，郑成功派张名振率海军北上，入长江口，陷镇江而还，南明封郑成功为漳国公。

公元 1653 年，清劝降郑成功，封郑成功为海澄公、靖海将军，郑成功不受。清又割福、兴、漳、泉于郑成功，郑成功再拒之。

公元 1655 年，郑成功遣兵陷舟山。

公元 1655 年，南明封郑成功为延平郡王，赐尚方剑，便宜从事。此时，南部沿海有郑成功，东部沿海则有另一名抗清将领张煌言，时任兵部侍郎。两人互相呼应，于大厦将倾时，奋力举撑。然后，他们在公元 1658 年，大举北伐，兴复明室。这是郑成功在等候了多年后，第一次由守转攻。

公元 1660 年，清攻厦门，败还。郑成功水军战斗力强大。

从 1650 年郑成功来到厦门和金门，到 1658 年郑成功展开反攻，整整八年，一场抗日战争的时间段，郑成功完成了积蓄甲兵，完成了粮草准备，完成了从厉兵秣马到奋戈一击的华丽转身。

厦门和金门都是弹丸之地，而郑成功却能够依托这两片小岛，奇迹般地壮大起来，一个重要的原因是，大陆当年被清朝占领，大批知识分子、文臣武将都纷纷投奔郑成功，如同过江之鲫。在这里，郑成功有了自己的幕僚班子，有自己的十万精兵，厦门和金门成为反攻的基地，郑成功集团成为当时一支最大的反清力量。

然而，厦门和金门都没有更多的粮食提供给这么多的军队，怎么办？郑成功开始做海上贸易。八年的海上生意，不但让郑成功集团积累了巨额财富，还瞅准了一块风水宝地，这就是台湾。

当年的台湾被荷兰占据。我们家门口的地盘，岂能让你万里之外的洋毛子占据？郑成功在这个时候萌生了夺回台湾的想法。不过，此时他眼中的敌人是清朝人，还不是高鼻子蓝眼睛的洋毛子。但是，攻取台湾已经列入了郑成功集团的议事日程。

顺治十五年（1658 年）八月，郑成功带着十万水军沿着长江航道逆流而上，准备直捣清朝的腹地，长江航线将中国南北一分为二。几千艘战船，绵延长达近百里，如同一条海上巨龙，张开的船帆，就是巨龙的鳞片。沿海清军望见这条巨龙，纷纷逃避。清军不习水战，早就知道不是这支军队的对手。

郑成功当时的想法是，十万水军沿着长江，从长江入海口的镇江扬州，开到四川盆地东面的宜昌夷陵，将大陆一分为二。十万浩浩荡荡的水军，足以摧毁清军所有的水上力量。然后，占据长江天堑，向南进攻，肃清南方的清朝势力。当年，要占领整个大陆，时机尚未成熟。

大军前锋进入长江口，直趋南京。突然，海上飓风突起，惊涛骇浪高达数丈，樯倾楫摧，木船倾覆，"漂流士兵七八千，郑成功三个儿子都溺水身亡，乃引军还"。

老天爷不帮忙，谁也没有办法。有心杀贼，无力回天。即使在今天，天气预报也经常报错，何况在四百年前的清初？至于演义书中经常出现的"臣夜观天象"云云，都是假的，难道你一双肉眼比气象台还灵敏？

一年后，郑成功卷水重来。比起一年前，这次的兵力更为雄厚，多达十七万人，战船多达三千艘。

临出征前，郑成功举行誓师大会，闽南父老送至岸边，对着将士齐声高喊："勿辱国，勿辱国！"将士振臂齐呼："定死战，定死战！"观者无不泪如雨下。

郑成功志在必得，踌躇满志。此役，他不但大张旗鼓举兵北上，而且严明纪律，占领长江登上南岸后，秋毫无犯，骚扰百姓者，杀无赦。

显然，郑成功是要将江南作为复兴的基地。

清军早有防备，他们在长江口等待了一年，筹划了一年，他们用粗大的铁链横贯长江南北，防止船只行驶，这种设备叫做滚江龙。铁索的上游，沿江面建立木栅，木栅有空隙，内藏大炮，这种装备叫做木浮营。史书记载："粗堤如鲠，乱石如绣，上有栅，栅有穴，射者伏如蛰。"

郑成功带着水军，抵达长江口，派遣小股精兵，趁着夜色砍断铁链，又毁坏木浮营。然后，大军浩浩荡荡，攻占江北瓜州，建立营寨，阻击增援的清军。然后，大军迫近镇江，清军将领管效忠率领一万五千人据江坚守。郑成功前锋部队攻打三天，一方在岸上，一方在船上，箭镞穿梭，炮弹纷飞，相持不下。

第三日黄昏，郑成功军队中突然出现了一支装束特异的军队，人人穿着厚厚的铁甲，头戴铁盔，面戴铁罩，只露出一双眼睛，面罩上画有恐怖图案。这一身披挂重达三四十斤。这支部队就是郑成功精心打造的特种部队：铁人。有人称他们为中国最后的重装步兵。

铁人配有云南大砍刀和弓箭，还有藤牌。每逢双方相持不下，铁人就冒着冲天的炮火和箭矢冲击，无往不胜。每个铁人都是大力士，都能够举起五百斤的重量。古代人力气普遍大于现代人，按照这个标准，每个铁人都能够参加举重比赛。

郑成功手下有铁人八千。

铁人一出场，就旗开得胜，"铁人如风行，如山立。清军下，其溃如乱流，但余白骨黄沙，杳无骑迹"。

攻占长江南岸镇江，就等于攻占了进攻南方的桥头堡。郑成功带着谋士战将，身穿白色丧服，登上岘石山，面朝北方，祭天拜地，长跪俯身："高祖吁我！高祖吁我！赖先帝灵，臣长征矣！"谋士武将跪拜在地，放声长哭。

在这里，郑成功写了一首诗歌："黄叶古祠里，秋风寒殿开。沉沉松柏老，瞑瞑鸟飞回。碑帖空埋地，社阶尽杂苔。此地到人少，尘世转堪哀。"这首诗歌流露着一种凄凉和哀伤。

郑成功率战船溯江而上，与一股增援的清军相遇。这股清军是八旗精锐，有万人以上，他们纵横江湖十余年，从无败绩，根本就没有把郑成功这些"海贼"放在眼中。

明军前锋舰船靠近江岸，准备登陆，八旗精锐呼啦啦冲过来，摇晃着手中的弯刀，嘶声叫喊着。等到八旗精锐冲到岸边时，明军的舰船却划到了江中，然后继续溯江而上。

八旗精锐找到了明军，肯定不会就这样轻易放弃，于是，明军在水中走，他们在岸上行。明军舰船行江水，如履平地；岸上八旗走旱路，翻山越岭。江中的明军如同闲庭信步，岸上的八旗如同老牛爬坡。

明军看到将八旗远远地甩在了后面，船只再次靠岸，准备登陆。八旗吐长舌头，气喘吁吁地追过来，明军却又划船走了。八旗只能跟在后面继续追赶。明军是那个敲锣的耍猴人，八旗是那只牵在手中的猴子。锣声一响，我让你翻几个跟头，你就得翻几个跟头。

明军带着八旗一直戏耍了三天，这是炎热的六月下旬，长江中下游进入了最炎热的季节，全国"三大火炉"都集中在长江沿线，明军在阴凉的船篷里慢悠悠地划着，清军在炙热的阳光下急匆匆地跑着。明军渴了饿了就在船上生火做饭，清军渴了饿了只能吃随身带着的干粮。

第四天，明军看到清军出现在视线里，再一次停船靠岸，登岸列阵。这一次，清军没有跑，因为他们已经跑不动了。

明军列好阵型后，清军才汗流浃背赶了过来。双方准备交战时，突然，雷鸣电闪，大雨倾盆，长江岸边变成了沼泽地。这一次，老天爷帮了明军的忙。"大雨，骑陷淖，成功兵徒跣击刺，往来剽疾，效忠师败绩。"成功兵指的是郑成功指挥的明军，效忠师指的是管效忠指挥的清军。跣的意思是光着脚。当时，明军光着脚在沼泽中奔跑突刺，而清军因为骑着马，陷入泥淖中不能自拔，成为明军攻击的死靶子。

郑成功占领镇江，又驱兵江宁，一战而下，包围了当时南方最大的城市南京。

这一路，西进的郑成功乘风破浪；那一路，北上的张煌言也旗开得胜。

在当年各路抗清义军中，郑成功部和张煌言部是最大的两支，也是关系最好的两支，前一年，他们相约沿长江溯流而上，没想到飓风突起，船帆毁坏，不得不退兵；这一年，他们再次兴兵讨伐，收复失地。

张煌言是浙江宁波人，比郑成功年长四岁。

明朝灭亡时，张煌言二十四岁。时，清兵南下，势如破竹，宁波府文武官员是战是降，举棋不定，张煌言慨然赴战，跟随义军在城隍庙盟誓。城隍庙至今还在，为宁波商业步行街，各地小吃云集。

这一年，张煌言写下了一首诗歌："予生则中华兮死则大明，寸丹为重兮七尺为轻。予之浩气兮化为雷霆，予之精魄兮变为日星。尚足留纲常于万祀兮，垂节义于千龄。"古代君子重名节，轻死生。

郑成功兵出长江口，张煌言率部从浙东北上，联络各路义军，走陆路，牵制清军，驱兵安徽，连下徽州、宁国、太平、池州四府三州二十四县。东南为之震动。

郑成功和张煌言在安徽芜湖会合后，郑成功让张煌言守住芜湖，守住这个南京以西的沿江重镇，然后，自己发兵攻打南京。

清军镇守南京的是两江总督郎廷佐。史书记载，郎廷佐"同将军哈坐镇孤城，密授方略，以奇计于旦日之内破贼数十万众"。这场南京之战，郎廷佐打赢了，那么，是怎么打赢的？史书中的"奇计"，又指的是什么？

郑成功攻打南京城时，郎廷佐知道打不过，为了拖延时间，等待援兵，就向郑成功诈降，并且说："按照清廷律法，守将守城超过三十天，京城的家眷就不会问斩。"郑成功考虑到南京城墙坚厚，急切间无法攻下，即使攻下，也会有很大伤亡，不如暂且不打，等待三十天后，郎廷佐自会开门投降。

然而，郑成功没有想到这是一条缓兵之计。

郑成功退后十里扎营，郎廷佐派人出城去搬救兵。

十几天后，清大队援兵来到，并没有立即发起攻击，而是趁着夜色，从郑成功未设防的那面城门，偷偷开进城里。

开进城中的清军，还是没有立即攻击，而是在郑成功驻扎军队的那一面城墙下，偷偷凿洞。等到夜色深沉，清军组织敢死队，从墙洞中一个接一个爬出，然后，悄悄摸进了明军的营帐旁，而此时，明军还在酣然大睡，丝毫也没有意识到，灭顶之灾即将来临。

这股清军依然没有进攻。他们悄悄地潜伏在树林边草丛里。天亮后，南京城门大开，明军以为清军要投降了，一齐注目观望。突然，从南京城里冲出了大批清军马队，明军惊愕万分，仓皇列阵，准备迎战。潜伏了一夜的那股清军突然出动了，他们披着一夜的露水，湿漉漉地冲向明军。明军猝不及防，溃败。

郑成功带着军队退到了长江岸边。清军骑兵追赶甚急，明军无法组织有序登船，结果，掉落江水溺死者多达数万人。

北伐功败垂成，郑成功只能怅然离开南京，乘着亚热带炙热的季风，去往根据地厦门金门。出师未捷志未酬，长使英雄泪满襟。郑成功的心中充满惆怅。

郑成功失败后，张煌言独木难支，也只好从安徽退往浙东，继续抗清。

后来，各地义军先后被剿灭，士大夫纷纷投降清朝，抗清形势益发严峻。张煌言誓死不降，屡战屡败，带着最后的几个随从，隐居在舟山附近的悬岙岛。此岛当年尚无人居，张煌言和随从过着原始人的生活，他悬棺室内，悬剑帐外，随时赴死。

清军多次围剿搜寻，都没有找到张煌言的踪迹。然而，清军知道张煌言就在这一片海域，于是勒令舟山民众，片板不能下海。然而，这道命令，张煌言和他的随从都不知道。他们根本就想不到，清廷为了抓住他，居然不让世代以捕鱼为生的渔民下海捕捞。

一日，张煌言的一名随从划船出海，去买大米，被清军捕捉。严刑拷打下，这名随从只好供出张煌言的藏身之所。原来，张煌言喂有一只白猿，颇通人性。能够看清十里海域来往船只，一旦发现陌生船只，就长啸示警。所以，清军屡次上岛，都一无所获。

几天后的一个漆黑夜晚，乌云满天，海风呼啸，清军悄然登上悬岙岛，来到了张煌言居住的茅屋。张煌言悚然惊醒，待要拔剑自刎，不料被布帐裹住双手，被俘。

张煌言被押往宁波，他神态自若，双目炯炯。浙江提督许以高官厚禄，张煌言朗声答道："我父死不能葬，国难不能救。今日之事，速死而已。"之后，张煌言要被押解杭州，宁波万人空巷，送别张煌言。

张煌言穿着明朝衣冠，昂首走到江边，意气昂扬，风姿盎然。临登船前，他望着北京的方向，长跪在地，朗声说道："大明兵部尚书张煌言今日辞别故里。"然后，站起身来，又向着送别的人群，长跪在地，说道："煌言告别父老乡亲。"人群一齐跪倒，哭声干云。

来到杭州后，尽管清廷仍以高官厚禄诱降，张煌言仍矢志不移，只求一死。

康熙三年（1664 年）九月初七，是临刑的日子，张煌言缓步走上杭州城外凤凰山，回头遥望群山起伏，碧水荡漾，叹息道："大好河山，竟使沾染腥膻。"然后,慨然就义。

南京之战后,郑成功退居厦门金门。厦门金门相距仅有六公里,在过去很长的历史时期,厦金是连在一起的,两个岛屿的渔民划着舢板自由来往,就好像走亲戚串门子一样。然而今天,一湾浅浅的海峡,隔开了同一个民族。葬我于高山之上兮,望我大陆。大陆不可见兮,只有痛哭。葬我于高山之上兮,望我故乡。故乡不可见兮,永不能忘。山苍苍,野茫茫。山之上,国有殇。

郑成功的军队,都是东南沿海人,他们习水战而不习陆战,善守城而不善攻城。所以,才会有南京之败。南京之败,固然有郑成功中计的原因,然而,纵然清军掩杀,如果郑成功的军队善于野战,即使不能转败为胜,也能够稳住阵脚,不至于让几万将士落水身亡。

郑成功在厦门金门苦心经营八年,打造出了当年最强大的一支反清力量。清廷无数次派兵攻打,都大败而归。为什么?因为郑成功的水军天下无敌。

这支军队确实天下无敌,因为他们的能力很快就在与当时的欧洲劲旅荷兰的交战中,得到验证。当年的荷兰,不是今天这个只有百万人口的西欧小国,而是殖民地横贯全球的超级大国。

郑成功无法向内陆挺进,便向海外发展。他的眼光落在了台湾。

就在郑成功准备攻打台湾时,一个名叫何斌的中国人求见。何斌的到来,更增强了郑成功攻打台湾的信心。

何斌此前在台湾,为荷兰人工作。他看到台湾土壤肥沃,物产丰富,就暗暗留心,勾画地图,想着有朝一日,中国人能够夺回台湾,驱逐荷兰。

何斌是一个有心人,他在见到郑成功的时候,给郑成功送来了详细的海图,还有各个港口荷兰军队的驻扎情况。他对郑成功说:"台湾沃野数千里,实霸王之区。使人耕种,可以足其食。且横绝大海,肆通外国。移诸镇兵士眷口其间,十年生聚,十年教养,而国可富,兵可强,进攻退守,真足与中国抗衡也。"

郑成功大喜过望。台湾是厦门金门面积的上百倍,正可以屯田养兵,作为反攻的基地。

公元 1661 年,吴三桂攻缅甸,缅甸送南明帝朱由榔至吴三桂处。

吴三桂在昆明用弓弦将朱由榔绞死。也是在这一年，郑成功攻台湾。

和大陆最早的历史记载是殷商的甲骨文记载不同，台湾最早的历史记载，距今只有四百年。那么，四百年前的台湾是什么样子？是原住民刀耕火种，是海盗的根据地。当时闽南也有人来到台湾，和当地原始部落的人做生意，但是极少。宋朝《文献通考》记载："琉球国在泉州之东，有海岛曰澎湖，烟火相望，水行五日可至。"可见，在宋朝的时候，台湾就有人居住。《台湾通史》第一句这样写道："台湾固无史也，荷人启之，郑氏作之，清代营之。"

在郑成功攻取台湾的三十多年前，荷兰人在占领了印度和印尼后，进占台湾南部，这里美味的热带水果，让北回归线以北的荷兰人惊艳不已；而丰富的森林资源和煤铁矿产，也让荷兰人欣喜若狂。荷兰人决定长期赖在这里，不走了。荷兰总督曾经把台湾比喻成一头乳牛，它有着挤不完的奶。

两年后，途经台湾岛的西班牙人被诱人的果香吸引，自北部基隆港登陆，也来到了这座美丽海岛上。西班牙人一看到这座岛屿遍地黄金，看到迷人的海岛风光，也赖着不走了。晚风轻拂澎湖湾，白浪逐沙滩，那是一种何等美丽的景色。

此后的十六年，荷兰人和西班牙人在台湾争得不可开交。而遥远的北京城里，那个喜欢做家具的皇帝天启和他钩心斗角的大臣们，都还不知道就在自己的家门口，居然有一座金矿。

清军攻占北京的这一年，荷兰人终于将西班牙人赶出了台湾。然而，荷兰人却没有想到，一个名叫郑成功的中国人，在进占厦门后，眼光也落在了这座美丽富饶的岛屿上。公元1661年，郑成功在北伐无望后，沿着太平洋向东行驶，攻打台湾，他在誓词中写道："今余即来索，此地当归我。"很富有豪情和激情。卧榻之侧，岂容他人酣睡。我们中国的家门口，怎么能让你荷兰人赖着不走？

郑成功的战舰首尾相接，绵延十里，这是当年世界上最强大的水军。

东征水军中，最惹眼的，是七千铁人。铁人分乘几十艘大船，依舷而立，目视前方，任凭风吹浪打，船体颠簸，他们岿然不动。看不到铁人的面容，只能看到他们铁罩上描画的狰狞图案，这些图案血盆大口，青面獠牙，让人看一眼就魂飞魄散。

三天后，舰队穿越风浪，到达了澎湖列岛。此时，风清沙白，波平如镜，一弯圆月高挂中天。这是游客最喜欢的良辰美景，然而却最不适合水军征战。无风，帆不起；无帆，船不行。郑成功只好命令舰队登上澎湖列岛。

澎湖列岛共有三十六座岛屿，水军登上岛屿，搜集所有粮食，还不够大军一餐之用。而此时，他们已经粮食告罄。出征前，郑成功听取了何斌的话，以为台湾岛上遍地稻米，粮食充足，没想到居然地广人稀，岛屿上除了森林，就是草木，连个比较大的村庄都找不到。

此时的台湾原住民，还处于原始部落时代。

为了避免大军遭受饥馑，郑成功只好命令大军搜刮岛屿上所有能够吞食的食物，空中的鸟雀，地上的走兽，树上的水果，林中的野菜，海边的鱼类，都成为了赖以果腹的食物。多亏了澎湖列岛物产丰富，要不然十万大军就要饿死荒岛。

这是一片他们从来没有见过的荒蛮之地，这是一片尚未被开垦的处女地。这里充斥着人类史前的茂盛和旷远，这里奔跑飞翔着他们从来没有见过的走兽和飞禽。和大陆比起来，这是另外一个世界，美丽而野性。

兵马未动，粮草先行。而他们已经没有了粮草，此地虽美，但不是久留之地。

大军在澎湖列岛稍事休息，然后乘风破浪，继续向台湾岛进发。

澎湖列岛距离台湾，最短只有二十四海里。

凌晨，郑成功带着十万水军，浩浩荡荡来到了鹿耳门。鹿耳门在今天的台南市，位于台湾岛西南方向。

郑成功想率领战舰抵达岸边，派人测量水深，然而得到的结果让他大失所望。鹿耳门及周边水域，不足以让大船通行。而更让人担忧的是，此时风又停了。

没有风，大船不能航行，水太浅，大船不能靠岸。现在，数万大军孤零零地被晾在近海处，前进不得，后退不能，饥肠辘辘，精疲力竭。如果天亮后，荷兰人调来重炮轰击，明军的舰船就会成为靶子。

当年，袁崇焕的十门红夷大炮，守住了宁远城，打退了努尔哈赤的十三万大军。而红夷大炮是从荷兰人手中引进的。台湾的荷兰人手中，有着更多的大炮。如果荷兰人的大炮调来，郑成功的水军肯定难以登陆；既然不能登陆，就只能撤回，而他们连粮草都没有了，只能饿死在茫茫大海。当时，形势凶险到了极点。

史书记载，曙光中，海天一色，万籁俱寂，郑成功设香案，向天祷告：我深受先帝之恩，委以征伐，只想暂借安身，光复中国，"望苍天垂怜，列祖默佑，助我潮水"。

祷告完毕，突然奇迹出现了，狂风怒作，潮水大涨，一切都有如神助。郑成功带领大军，顺利驶入内海。

我在福建各地，见到很多庙宇，寺庙中供奉的人物不一，有观音菩萨，有海神妈祖，有郑成功，有关二爷……台湾也和福建一样，凡是寺庙，必香火极盛，而且寺庙广布，人人信佛。很可能就与此次国姓爷郑成功的祷告有关。

郑成功兵分三路，进攻台湾。

在愈来愈亮的天光中，训练有素的郑成功的军队像三支利箭，悄无声息地激射而出。第一支绕向岛屿之南，截断荷兰舰艇的逃路；第二支进驻台南之北，阻击荷兰军队自北向南增援；第三支是主力部队，他们要消灭台南和高雄的荷兰军队。

郑成功一出手，就显示了极为高超的指挥艺术。他考虑的，不仅仅是消灭台南和高雄的敌军，还包括建立台南根据地，逐步向北推进的战略部署。

当年，在台湾的荷兰人中有一名土地测量师，他的名字叫菲利普梅，中国人叫他梅氏。他后来用非常形象的西方式文字描写了他见到的中国军队："他们越过高地，击鼓吹管行军而来，其中有几个骑马的。他们的军队有数不完的漂亮丝质旗帜幡旒，头戴光亮的头盔，手握大刀……在普罗岷西亚北边公司的庭园小溪后面扎营，在那里搭起上千个白色帐篷，时间是下午一点半。"

梅氏见到的这支中国军队，是郑成功的主力部队，也是负责进攻的部队。梅氏眼中的中国军队的旗帜，不是旗帜，而是漂亮的丝绸。

那时候的台湾，经过了荷兰人数十年的建设，岛上遍布欧洲式的城堡，而不是中国式的城池。这些星罗棋布的城堡，全部用石头建成，它比中国用砖头建成的城池更为坚固，也更为高大。它的形状与中国抗战时期日军到处修建的碉堡很类似。

抗战时期，因为敌后战场缺少大炮，要攻占一座碉堡实属不易，而几百年前的郑成功时代，依靠大刀长矛和弓箭攻打欧洲哥特式城堡，更为艰难。

郑成功的军队攻打的第一座城堡叫做普罗岷西亚城堡，里面坚守的荷兰军队数目不详，攻打的军队有一千人。

荷兰军队用火枪据守，火枪是当时世界上最先进的武器。荷兰人想当然地认为，攻打的中国军队只要一看到冒烟起火的火枪，就会望风披靡，四散逃命，然而，他们没有想到郑成功的军队已经作战多年，极为训练有素，他们排兵布阵，进退有据，冒着枪弹前行，极为勇敢剽悍。梅氏看到有一名中国士兵，身中几粒子弹，倒在地上，但仍然向着城堡的方向发射了几十支箭镞，然后死去。

中国士兵的顽强和无畏，远远超出了荷兰人的预料。

普罗岷西亚城堡是当年荷兰人修建的两座最有名的城堡之一，另一座名叫热兰遮城堡。

中国军队急切间攻不下普罗岷西亚城堡，就绕过它，围攻下一个小城堡。在这次攻打城堡的战斗中，郑成功的铁人部队再次发挥了巨大作用。他们穿着坚厚的铠甲，头上戴着铁罩，以大无畏的精神，雄赳赳，气昂昂，迈着整齐的步伐，一二一，一二一，一二三四，他们喊着号子，走向城堡。城堡里，荷兰人举起火枪，向着铁人射击，然而，枪弹打在铁甲上，当当作响，丝毫也不能阻挡铁人前行的脚步。那时候荷兰人的火枪，使用的是黑火药，黑火药的冲击力很差，也就相当于今天的鸟铳。

城堡里的荷兰人看到刀枪不入的铁人，惊惶万状，聪明的赶紧跑到底层，打开铁门跑了；愚蠢的刚刚跑到底层，看到铁人如同泰山压顶一样逼近了，他们赶紧关上大门。沉重的铁门，成为他们抵挡中国军队的唯一屏障。他们幻想着，远道而来的中国军队没有攻城锤之类的攻坚工具，会知难而退。

然而，铁人们根本就不用攻城锤，他们用火攻。中国军队在城堡下燃起熊熊大火，然后把潮湿的树枝加盖在火焰上，还把辣椒粉花椒粉之类的调料也倒在火焰上。滚滚浓烟冲天而起，有麻辣味的，也有五香味的，你想要什么味，就有什么味，我们服务周到，包你满意。这些气味浓郁的烟雾，寻隙而入，从铁门的门缝中、门扇下钻进了城堡里，城堡里的荷兰人无处逃避，只能脱下衣服，洒上尿水，包裹住头部。一声声撕心裂肺的咳嗽声从古堡的窗口和门缝钻出来，像一根根拉长的皮筋。

然后，城堡上方挂出了白旗，铁门打开了，一个个荷兰人钻出来，他们眼睛红肿，满脸都是泪水和鼻涕，好像刚刚参加完忆苦思甜大会一样。

与此同时，一场海战也在近海进行。

荷兰参战的有两艘主力战舰赫克托号与斯格拉弗兰号，每艘有火炮十门，另外还有一艘运输船和一艘快艇。郑成功的战船有六十艘，也有的资料认为是三十艘。每艘战船仅有火炮两门。

荷兰人按照欧洲海战惯例，在交战之初，先要摆好阵型，即使只有大小不等的四艘舰船，也要摆好阵型，因为教科书上是这样说的。就在荷兰笨重而庞大的船只在慢腾腾地调整角度的时候，郑成功的战船如同一群凶悍的豺狗，从不同的方位扑向了荷兰舰艇。

中国人的交战方式，让荷兰人异常震惊。中国人一靠近荷兰军舰，就用绳钩搭在了荷兰舰船的船舷上，然后像杂耍一样，口中咬着长刀，沿着绳子飞身跃上荷兰舰船。他们只穿着一条宽大的短裤，光身赤脚，像传说中的野人一样，他们在甲板上蹦蹦跳跳，异常敏捷，像一只只猴子。他们绰刀在手，逢人就砍，这种野蛮的贴身打法，让穿着铜钉制服的荷兰海军很不适应。

梅氏后来写道，赫克托舰上的中国人异常顽强，他们用刀与手持火枪的荷兰人短兵相接，荷兰人步步败退，举着火枪胡乱发射，结果让船体起火，火焰又引燃了火药库，赫克托号在一声惊天动地的爆炸中，腾空而起，又重重落下。赫克托舰的舰长，是荷兰最有名的将军，他的外号叫拔鬼仔，也跟着船体一起沉没。

此次海战，荷兰两艘主力舰一沉一伤，另外两艘运输船和快艇，远远望着主力舰上的火光，早早脱离战团，溜之大吉。梅氏写道："荷兰人对中国军队的英勇行为惊叹不已。"

海战结束后，普罗岷西亚城堡的激战还在继续。

荷兰人仗着城墙坚厚，火器凶猛，和中国人对峙良久。第一天，中国人还在认认真真地攻打。第二天，中国人懒得再理这些荷兰人了，他们来到了城堡周围茂密的椰子林里，解开铠甲放在地上，就着椰子汁吃水果，那种水淋淋的声音传出了很远。城堡里的荷兰人口干舌燥，他们想要打水，却发现水管里流不出一滴水。

原来，从城外通往城里的水源被中国人切断了。他们只能望椰子树而止渴。

这是农历五月，北回归线穿越台湾南部而过，太阳垂直照射台南和高雄，中午炙热的阳光，足以把人晒成牛肉干。太阳照射着城堡，将圆形的封闭严密的城堡变成了一个烤箱，烤得这些荷兰人像老鼠一样吱吱乱叫。

到了午后，这些荷兰人再也坚持不住了，他们举起了白旗。当中国人走进城堡的时候，看到这些荷兰人摊开四肢，躺在地上，吐着舌头，像烈日下的狗一样，奄奄一息。

在攻占了普罗岷西亚城堡后，中国军队有过短暂的休整。

梅氏写到了郑成功的一次射箭表演。郑成功将三个麻钱交给三名士兵，放在两百步远的竹竿上，然后，他策马跑动，奔驰如飞，连发三支箭镞，都射中了麻钱。麻钱，也就是后来的铜钱，外圆内方，大小如同一元钱硬币。郑成功骑在奔驰的马上，相距两百步，居然能够箭箭射中麻钱，这种射箭技艺实在太高超了。

郑成功射完箭后，一名将军也上马奔驰，连发三箭，同样箭箭射中了两百步开外的麻钱。

中国将军精准的射箭技术，让荷兰人叹为观止，他们实在想不到，一个人的射箭技术能够达到这样匪夷所思的地步。

郑成功的军队将台湾岛南部围起来，切断了海上资源，而当年，南部是荷兰人在岛上的政治经济中心。

海上资源被截断，台湾的荷兰人就无法与东印度公司取得联系，而当时，身住台湾的荷兰人，是东印度公司的员工。东印度公司，则是荷兰人当年实行海外殖民的机构，它的权力极大，可以自主征兵，自行发动战争。

台湾山系将台湾岛大致分为南北两部分，最高的玉山将近四千米，就雄踞于中部。歌曲中所唱的"阿里山的姑娘美如水，阿里山的少年壮如山"，阿里山也在中部。北部有山岳丛林，《赛德克·巴莱》中雾社事件发生的地点，就在北部。而台湾南部较多平原丘陵，台湾最大的嘉南平原和屏东平原，都位于岛屿南部。

所以，要占领台湾岛，必须首先攻占台南。

而台南最大的城堡是热兰遮城，台湾总督揆一就带着荷兰精锐军队驻扎在这座城堡里。那时候海外还没有总督这个称呼，叫做行政长官。

热兰遮城在兴建之初，就想到了防御，所以，揆一历经五年，耗费数万人力，将热兰遮城建得固若金汤。

郑成功带着得胜之师，围住了热兰遮城。然而，热兰遮城实在太坚固了，无法攻打。

　　揆一看到漫山遍野奔涌而来的中国军队，惊惶万状，他向郑成功提出，只要不攻打热兰遮城，让他们能够自由出入，可以答应让中国人进驻台湾岛。这封书信很可笑，因为揆一是把台湾当成了自己的领土，把自己当成了主人，把郑成功当成了客人。只要客人学乖点，主人可以答应让客人在家中居住。

　　这封书信中提出的条件，郑成功肯定不答应，他回信这样写："台湾者，中国之土地。久为贵国所据，今余既来索，则地当归我，珍瑶不急之物，悉听取而归。"意思是说，台湾是我们中国的，很早前被你占了，我今天来索取，你当然要给我。至于珍珠宝物之类的东西，你爱拿就拿走吧。

　　揆一又写信说，我们坐下来好好谈谈，说说江湖规则，总有个先来后到。

　　郑成功不愿意和揆一坐下来谈。荷兰人梅氏的回忆中，写到了郑成功的回信，这封回信是这样写的："我能够用我的力量把天地翻转过来，我来到的地方，我就一定征服。你们已经看到，昨天你们的大船已经被我的戎克船烧毁了，你们的队长及他的所有士兵也在北线尾被杀了，你们在海陆都已失败，剩下的这个城堡，是不可能跟我对抗的了。"

　　郑成功告诉揆一：你要和我讲江湖规则，那么我就告诉你，江湖规则是老大制定的，江湖上谁的拳头硬，谁就是老大。

　　热兰遮城，今天的名字叫安平古堡，是台湾很有名的一个旅游景点。这座城堡历经400年的风云，仍旧巍然矗立，可见它有多坚固。台湾南部的风，和大陆内地的风绝对不一样，那是台风，是飓风，足以将大树连根拔起，足以将大船倾覆翻沉。

　　郑成功有个后代叫郑愁予，是当代很有才华的诗人，他写过一首诗歌《残堡》，每次阅读《残堡》，我总能够想起当年的热兰遮城。这首诗里面有这样的句子：

> 怔忡而空旷的箭眼
> 挂过号角的铁钉
> 被黄昏和望归的靴子磨平的
> 戍楼的石垛啊
> 一切都老了
> 一切都抹上风沙的锈

郑愁予是笔者最喜欢的诗人，他的每篇诗歌都是精品。在这个浮躁的年代，能够潜下心来认真写诗的人，本身就值得人们尊敬，何况他的诗歌还写得这么好。所谓的诗人，其实就是有话偏不好好说，故意把简单的话说得很复杂很隐晦。然而，郑愁予却能把复杂隐晦说成一种艺术。

他最为人所熟知的诗歌，还不是这首《古堡》，而是《错误》：

> 我打江南走过
> 那等在季节里的容颜如莲花的开落
> 东风不来，三月的柳絮不飞
> 你的心如小小的寂寞的城
> 恰若青石的街道向晚
> 跫音不响，三月的春帷不揭
> 你的心是小小的窗扉紧掩
> 我达达的马蹄是美丽的错误
> 我不是归人，是个过客……

郑愁予的诗歌非常好，好得让人几乎要变成一片羽毛，或者浮云，飞扬在初春明媚的云朵之上。也真让人想不到，当年英雄盖世的郑成功，会有这样一个给人感觉极度婉约纤细的诗人后代。

当时，热兰遮城里的荷兰人部署有大炮和火枪，此时荷兰人的大炮比袁崇焕时代守宁远的大炮威力还要大，也比袁崇焕守宁远的大炮数量还要多，尽管郑成功用了一万人来围攻热兰遮城，但是，因为荷兰人火力太猛，无法靠近；热兰遮城建在岩石上，也不能挖掘地道。

既然不能用强攻，那就干脆用围攻。反正此时台南的荷兰人只剩下这最后一点地盘了，广阔的热兰遮城之外，可以为三万中国军队提供屯田养兵的地方。大家该开荒开荒，该种地种地，就当热兰遮城不存在。

郑成功留下一部分兵力监视热兰遮城里荷兰人的动静，然后带着指挥部回到了普罗岷西亚城堡。这座城堡成为了当时台湾的指挥中心，梅氏写道，中国人把这座城堡打扫干净，作为郑成功召开会议和接待来宾的地方，然后，在城堡上悬挂了中国旗帜。

生活一如既往地在继续，日子也像一节节甘蔗一样，吃了一节还有一节，中国人把荒凉的台南建设成了稻米飘香的世外桃源，他们日出而作，日落而息。日子看起来很滋润。

可是，热兰遮城里的荷兰人却一点也不滋润，他们的头顶上总悬挂着一柄达摩克利斯之剑，他们的粮食越来越少，他们的精神越来越紧张，他们的意志越来越薄弱，中国人真的不走了，中国人和他们耗上了，现在该怎么办？

在无限艰苦中度过了九个月后，揆一撑持不下去了，悬挂了白旗。荷兰的台湾总督揆一向郑成功提交了投降协议。从这份协议中，能看到欧洲人做事的精细，其中有这样的条款：双方都要把所造成的一切仇恨遗忘；热兰遮城里的油盐酱醋和腊肉都要带走；荷兰人在离开台湾的时候，要求打着旗帜，敲着鼓离开……

要求双方都忘记仇恨，是为了担心以后再引起战端；要带走油盐酱醋和腊肉，是为了在回国的船上大快朵颐；打旗敲鼓，是为了体面离开，保存欧洲人的尊严。这样"卑微"的条款，没有理由不答应。

热兰遮城不战而降，标志着荷兰人在台湾 38 年的殖民统治结束了。台湾结束了荷兰人时代，迎来了郑成功时代。

荷兰人是一只大鸟，他们的翅翼覆盖着富饶的南部平原；他们难以飞越中部的台湾山系，所以台湾以北还是原住民的天下。在 38 年的岁月里，荷兰人依靠台湾南部的鹿皮、蔗糖和稻米，狠狠地发了一笔横财。而且，他们还强行征收百分之十的捕捞费、狩猎费和耕种费，只要台湾人劳动，不论你从事何种劳动，都要被抽取百分之十的税收，让台湾人苦不堪言，怨声载道。

在荷兰人统治时期，因为民不聊生，曾经爆发过郭怀一起义，反抗荷兰，数千人战死在普罗岷西亚城堡和热兰遮城下。那时候，郑成功正在长江口与清军作战。

郑成功赶走了荷兰人后，将明朝法令颁布全岛，在台南设立行政中心。郑成功和荷兰人揆一不一样，荷兰人来到台湾岛，什么都不干，靠着税收吃香的喝辣的，还不让台湾人说他们不好，动不动就要派兵镇压。郑成功带着军队开荒种地，和当地百姓打成一片，广开言路，军民一家，台湾人翻身做了主人。

据记载，当年郑成功手下有一个黑人兵团，大约有五千人左右。也有资料说是三千人。这些黑人有一部分是荷兰人的奴隶，他们被从家乡非洲贩卖到了欧洲，又坐在污浊不堪的轮船底层，被带到了台湾，有的在荷兰人的军队里服役，有的在台南从事最繁重的劳作。在高傲的荷兰人眼中，他们就是会说话的工具，和力气巨大的牲畜。

台湾总督揆一投降后，郑成功坚决要求荷兰人必须把这些没有人身自由的黑人留在台湾，否则，荷兰白人就不准离开台湾一步，揆一已经被郑成功打怕了，他不得不答应郑成功提出的要求，将那些黑人留在了台湾。

荷兰人走后，郑成功立即恢复了这些黑人的自由，他们可以在台湾随意行走，可以驾船出行，他们得到了生命中最珍贵的自由。愿意从军的，就在郑成功的军队里当教练，教中国军人使用火枪和大炮；不愿意从军的，就在台湾随意选择一片土地，自给自足，丰衣足食，然后娶妻生子，过上正常人的生活。

还有一部分黑人士兵，是郑成功从厦门带来的。

西方人撰写的《在华方济各会会志》中这样写，"这些士兵是郑芝龙从澳门和其他地方弄来的"，"他们的头领叫路易斯·德·玛托斯，是一个聪明、理智的黑人"。郑芝龙"手下一直有大量的从澳门来的棕褐色基督徒为其效劳。他们有自己的连队，是优秀的铳手（火枪手）。他（郑芝龙）最信任他们，用他们护身、充兵役"。

后来，郑芝龙降清，这些黑人士兵成为了郑成功的手下。在郑成功攻打台湾的时候，郑成功"派手下的黑人士兵同荷军中的'乌番兵'（黑人士兵）进行联络，策动他们投降。这些'乌番兵'属于奴隶士兵，平时备受荷兰殖民者欺凌。在郑成功强大的政治攻势之下，不少'乌番兵'出城投降，加入了郑成功的部队"。

这些人是当时世界上最幸福的黑人。直到两百年后，林肯才颁布了解放黑人奴隶宣言，美国橡胶种植园和玉米地里的黑人，才获得了自由。

郑成功是历史上第一个解放黑人奴隶的人。

在台湾，郑成功推行各民族平等的政策。台湾原住民是番民，电影《赛德克·巴莱》中，他们被日本人称为生番。郑成功给十六位番民长老加官晋爵，让他们自己管理自己，而且，郑成功当年带到台湾的士兵有十万人，其中两万人和番民一起开荒种地。因为担心台湾的农具不够使用，郑成功当年进军台湾的战船上，还带着犁铧和豆种，还有上千只耕牛。

梅氏的书中记载了当初郑成功的建台思想，郑成功要把台湾建设成为一个美丽新世界。今天台湾南部的规模，在那个时候已见雏形。郑成功鼓励军队屯田垦荒，但是坚决不能占用老百姓的耕田，如果发现有人侵吞百姓田地，立即严惩。梅氏记载，这些军队把台南所有能够看到的荒山，都开垦成为农田，广种番薯和稻米。

就在郑成功带着台湾人努力奔小康的时候，听闻父亲郑芝龙被杀，三个弟弟和家族一共十一人遇害。而且，清军来到福建南安的郑氏祖坟，将坟内骷髅装在木具中，用铁箍捆扎，沿途递解，每到一处郡县，都召开万人批斗大会，愤怒声讨，然后投放在死囚牢中。

郑成功闻听此事，顿足捶胸，望北而哭，咬牙切齿，道："吾不寸磔汝尸，罔为人间大丈夫！"

郑成功计划养精蓄锐，号召福建难民来到台湾，扩充力量，时机成熟后，就大举反攻，光复汉室。可惜，天不假年，郑成功在入台仅仅半年后，就与世长辞，年仅三十九岁。时为公元 1662 年。

今天的台南有一座国姓爷祠堂，祠堂门口有一副对联："开万古得未曾有之奇，洪荒留此山川，作遗民世界；极一生无可如何之遇，缺憾还诸天地，是创格完人。"这副对联是晚清名人沈葆桢题写的。

这副对联，准确地概括了郑成功的一生。

15

大器晚成左宗棠

中国不可一日无湖南，湖南不可一日无左宗棠。

他收复新疆，为晚清夕照图添上了最光彩的一笔。

　　他是史上最牛的上门女婿。在古代，上门女婿是最被人瞧不起的黑五类之一，和贪官、罪犯、流民、商贾相并列。和平年代，这些古代的黑五类动不动就会被发配到边远地带，从事着繁重劳役和戍守边关。而战争年代，黑五类则首当其冲被抓壮丁，充当炮灰。《史记》记载："三十三年，发诸尝逋亡人、赘婿、贾人取陆梁地。"《汉书》记载："孝文皇帝时，贵廉洁，贱贪污，贾人赘婿及吏坐赃者，皆禁锢不得为吏。"

　　他是史上最辉煌的举人。在古代，要想进入仕途，仅有举人出身是远远不够的，还得考上比举人更高一级的进士。袁崇焕考上了进士，也只得了一个县令的职位。进士和七品县令是进入封建仕途的基本要求，就像今天你要考公务员必须有大学本科文凭一样，中专文凭是不行的；就像今天你想当省长市长必须有科级履历一样，生产队长是不行的。然而，他连考三次进士，都失败了。但是，他的仕途之路却干得风生水起。

　　他是史上最成功的农夫。没有考中进士，他只好回到乡间，关心稼穑，春种秋收。然而，他又和普通的只满足于温饱的农夫不一样，他喜欢读书，尤其喜欢阅读地理、历史和兵法方面的书籍。家中贫穷，没有多少藏书，他就去富贵人家借书，负箧曳屣，孜孜以求。他在阅读的快感中，忘记了自身的困顿，他生活在自己的心灵世界中。

　　他是史上最著名的私塾先生。他没有考取功名，但学识渊博，两江总督陶澍和云贵总督贺长龄都非常赏识他，甚至包括那个虎门销烟的林则徐。他给陶澍的儿子当私塾老师。因为仰慕他的才学和人品，陶澍提亲，和他结为儿女亲家。然而，因为只有中专文凭，他还是不能进入公务员行列。在漫长的岁月里，他都和他的祖父、父亲一样，口中念着秩秩斯干，幽幽南山，看着窗外云卷云舒，花开花落，心中充满了难言的惆怅和寂寞。

　　他是被人瞧不起的上门女婿，他是失意的举人，他是埋头躬耕的农夫，他是念"之乎者也"的私塾先生，然而，他更是清朝的中兴之臣，他是出将入相的绝世奇才，他是以古稀之年抬棺决战收复失地的民族英雄。

他身无半文，心忧天下；手释万卷，神交古人。他四十一岁前经历坎坷，步步维艰；他四十一岁才出山，却一飞冲天，一鸣惊人。他是晚清官场的另类。

他的名字叫左宗棠。

可能是老天爷有意把军国大事托付给左宗棠，把晚清那副烂摊子交给左宗棠，所以，老天爷就在左宗棠的少年时代，有意磨炼他，故意给他安排了一连串的不幸和打击，让悲惨多舛的命运，把他锤炼成绝世人才。

在清代，一个汉人要想取得功名，只有科举一条路。而满人却可以通过世袭而取得爵位和官职。和那个时代的有志少年一样，左宗棠也将科举视为改换门庭的途径，也是唯一的途径。

在清代，要取得正式科举考试的资格，先要参加童试。童试不是童子参加的考试，而是科举制度最低级别的考试。据记载，明清两代参加童试的白发苍苍的老人，屡见不鲜。通过了童试后，才能成为秀才。

传说中，少年时代的左宗棠很聪明，他十五岁参加长沙府的童试，高中第一名，但因为主考官照顾一名年龄很大的考生，就把左宗棠降为第二名。

秀才要想进一步取得功名，就必须参加科考，成绩优秀的人才能参加乡试。乡试三年才考一次。乡试考中后，就成为举人。有多少老秀才一辈子都没有考上举人，那个写鬼故事的蒲松龄老先生，就一辈子都是老秀才，靠挑着担子在路边卖绿豆汤维持生活。那个名叫范进的老先生也大半辈子都是秀才，终于考上了举人，还给乐疯了，下半辈子只能拉根棍子在漫天飞舞的雪花中边走边唱，自得其乐。

少年左宗棠成为秀才后，就准备考举人，可是这一年，他的母亲病故了，他必须回家丁忧守孝三年。三年后，他准备再次考举人时，父亲又病逝了，他又得丁忧守孝三年。这样，在科举的道路上，左宗棠就白白蹉跎了六年时光。

六年过后，左宗棠为了尽快考取举人，就花钱买了一个科考的名额，因为当年没有科考，他不想再等下去。

还好，左宗棠考上了举人。

考上了举人后，想要成为国家的人，终生吃上皇粮，拿上俸禄，端上铁饭碗，还需要再参加会试和殿试。只有通过了会试和殿试，才能成为进士，也才能当官。

左宗棠考上了举人后，已经二十一岁，因为家庭实在太贫穷，当年仅有四十六石稻谷，而大哥又去世了。左宗棠把四十六石稻谷留给嫂子和侄儿，入赘到了周家。在古代，二十一岁还没有结婚的男人，已经属于大龄剩男了。在古代，入赘到别人家的男人，一辈子没有地位，一辈子受人欺负，如果不是穷困潦倒，哪个七尺汉子愿意入赘？当然现在不一样了。听说珠三角和长三角的老板想要招一个上门女婿，在家门口排队的男人成千上万。

做了上门女婿的左宗棠，一边躬耕陇亩，一边温习功课，继续考学。

可是，这时候，命运又给了他第二次波折。他接连三次会考，都名落孙山。三次会考，就是九年时光。九年过去了，而左宗棠还是考不上公务员。

古人说，事不过三。连考了三次的左宗棠，都没有通过会试，就彻底对考取功名绝望了，做了一名私塾先生。

然而，这名私塾先生却一点也不安分，动不动就以诸葛亮自居。给人写信的时候，前面写的是"亮曰"，后面署名是"小亮"。人家诸葛亮二十岁就跟了刘备，三十岁当了蜀国宰相，而他都四十岁了，还是个民办教师。很多人都嗤笑他。村人常常对他的妻子说："你家男人是不是脑子有问题？""你咋找了这么个二杆子男人？"

直到 1852 年，崛起于广西的长毛太平军，打到了长沙，左宗棠的命运才出现了转机。而这一年，他已经四十一岁了。

四十一岁前，左宗棠命运坎坷，唯一的成功，就是找到一个好老婆。作为农民和民办教师的左宗棠，不务正业，游手好闲，整天和一帮不知道天高地厚的家伙摆龙门阵，什么胡林翼啊，什么罗泽南啊，什么曾国荃啊，这些人还经常赖在左宗棠家骗吃骗喝，而左宗棠的妻子从来不嫌弃，也没有和左宗棠闹离婚，她默默挑起家庭的重担，无怨无悔。所以，后来的左宗棠建功立业，也有他妻子的功劳。军功章里有我的一半，也有你的一半。

如果没有左宗棠妻子的任劳任怨，就没有左宗棠以后的巨大成功。每一个成功男人的背后，都站着一个贤惠女人。

在太平军攻打长沙的时候，左宗棠才出山，此后他的人生驶入了快车道，他的命运倏忽出现转机，迅速走向了成功。这一切，看似有太平军这个偶然的契机。然而，每一个人的成功，在偶然的背后，都有必然性。左宗棠的成功，与他的博学、才能、胆识分不开，他早就具有了成功必备的所有条件。

四书五经，是古代学子走向仕途的敲门砖，以左宗棠在童试和乡试的成绩和名次来看，他肯定熟读四书五经；从后来左宗棠成为国中重臣，建立不世功勋来看，他具有非凡的能力。可是，他硬是过不了会试这一关，而且连续考了三次，考了九年，都没通过。这就说明不是老补习生左宗棠有问题，而是这个考试制度有问题。

此时，广东还有一个连童试都过不去的书生，他比左宗棠还惨，他在考取秀才多年后，都未能通过最初等的考试，后来一气之下，老子不考了，老子要造反了。这个书生的名字叫洪秀全。

没有考上进士的左宗棠，却一直受到老进士生们的赞赏。左宗棠能够一飞冲天，和这些赏识他的老进士分不开。算命术中有"贵人扶助"这一说，这些老进士就是左宗棠命中的贵人。

千里马很多，如果没有遇到伯乐，千里马也只能拉盐车，而因为遇到了伯乐，千里马才成为千里马。左宗棠毫无疑问是一匹成色十足的千里马，这些老进士都是伯乐。

第一个赏识左宗棠的人叫陶澍，他是两江总督，掌管着江苏、安徽、江西三省的一切事务，是清朝九个封疆大吏之一。第一任两江总督，就是那个在南京城里，用诈降计骗了郑成功的郎廷佐。后来曾国藩、曾国荃、张之洞都做过两江总督，左宗棠也做过这一官职。

有一年，陶澍要回湖南老家，途径醴陵，醴陵知县让左宗棠给陶澍要住的驿馆写副对联，左宗棠当时是方圆几百里最有才学的人，尽管大家都知道，但是因为他没有进士学历，硬是不能当官，只能当一名不称职的农夫。

左宗棠写了这样一副对联："春殿语从容，廿载家山印心石在；大江日夜流，八州子弟翘首公归。"

陶澍见到这副对联，大为惊异，急急询问这副对联出自谁手。有人说是农夫兼民办教师左宗棠。陶澍把左宗棠叫到驿站，促膝交谈，通宵达旦，深深为左宗棠的才学而折服。

陶澍很欣赏左宗棠的才华，以后和左宗棠有过多次接触，他主动向左宗棠提亲，请求左宗棠把女儿嫁给自己的儿子陶桄。在那个极为讲究门当户对的年代，一个省长向一个乡村民办教师提亲，这事让人觉得不可思议。王子爱上牧羊女的故事，总以为只存在于童话中，而在两百年前的中国，却真真切切地上演了。

陶澍这个人极有眼光，他让儿子娶左宗棠的女儿，那时候左宗棠是个乡村教师；他让女儿嫁给胡林翼，胡林翼那时候还是个小职员。而以后，左宗棠和胡林翼都依靠自己出众的才能，成为那个时代最有名的人物。左宗棠成为晚清屏障，胡林翼成为"天下第一巡抚"。

陶澍认识左宗棠不久，就去世了，留下七岁的儿子陶桄。陶澍有个亲戚叫贺长龄，是云贵总督，他也极为看重左宗棠的才学。在贺长龄的建议下，左宗棠搬进了陶府，亲自执教自己的小女婿。陶桄以后也做到了二品大员。

陶府藏书很多，是当年有名的四大藏书楼之一。左宗棠在这里遍阅各种书籍，包括陶澍写给皇帝的奏章，和陶澍与大臣们的来往书信。这些奏章书信，让左宗棠无师自通地学会了官场里的各种规则，和追本溯源的治国方略。

此时，左宗棠胸有万千丘壑，坐拥甲兵百万，但只是因为他没有一张大学本科文凭，无法步入仕途。

19世纪40年代，左宗棠一直在陶府教小女婿读书。

此时，国际形势已经发生了翻天覆地的变化，当时世界上最强大的英国把鸦片倾泻到中国，林则徐在虎门销烟，英军入侵中国，三元里抗英，中西发生碰撞，一系列丧权辱国的条约开始签订。

后来，林则徐因为虎门销烟而被充军新疆伊犁，后风声渐息，又重新被起用，任云贵总督，原云贵总督贺长龄已去世。

林则徐手下有一个极为精明能干的官员，就是陶澍的女婿胡林翼，胡林翼和左宗棠曾是岳麓书院的同学，岳麓书院那时候人才济济，"惟楚有才，于斯为盛"。胡林翼以后考上了进士，左宗棠没有考上进士，但是胡林翼认为没有考上进士的左宗棠，才学在他之上。在云贵高原，胡林翼一次次向林则徐说起了自己那个怀才不遇的老同学左宗棠，林则徐就一直想见见这个后生小子。

终于，在1849年这一年，林则徐想要回福州老家，专程路过长沙，见见传说中的左宗棠。

这是一次伟大的相见。在 1849 年隆冬的一个夜晚，在湘江边的一条小船上，两只晚清最有力的手握在了一起。这就是历史上著名的"湘舟夜话"。

没有"湘舟夜话"，就没有以后左宗棠的收复新疆，也就没有中华版图的完整。

那一天黄昏，左宗棠在陶府接到林则徐约见的信件，立即赶往湘江边，因为太过激动，上船的时候，一脚踩空，落进了刺骨的江水中。

当年的林则徐，已经年逾古稀，如日中天，他简直就是时代中国的象征，左宗棠见他，惊为天人；当年的左宗棠，已经年近不惑，一介书生，除了满腹的各种学问和治国之道，再无长物。两人一见如故，相谈甚欢。在湘江边那艘燃着灯火的孤舟里，一个老年人和一个中年人时而激情昂扬，时而郁郁寡欢，时而击舷赞赏，不知不觉，曙光染白了东方。

林则徐视左宗棠为绝世奇才。临分别的时候，他把一幅卷轴交给左宗棠，这是他被贬到新疆后，踏勘天山南北，所绘制的新疆军事地图。什么地方可以驻扎，什么地方可以行军，什么地方有河流可供饮水，什么地方有古堡可供防御，全都绘制得一清二楚。这是林则徐在新疆多年的心血，而他把左宗棠视为自己的传人，他说："吾老矣，空有御俄之志，终无成就之日。数年来留心人才，皆不可得。今欲将此重任托付。"

左宗棠连忙下跪，从林则徐手中接过这幅决定着中国西部安危的珍贵卷轴。如果没有这幅卷轴，就很难有后来左宗棠在新疆的马到成功。

这种情景，很像《三国演义》中诸葛亮把自己的平生绝学传授给姜维一样。

传说中，林则徐曾经邀请左宗棠去他的总督府中工作。但是，左宗棠没有去。没有去的原因，一是因为左宗棠不愿意背井离乡，二是不愿意做一名朝不保夕的临时工。

左宗棠仍旧在长沙等待机会，仍旧浸淫在兵书中，仍旧十年磨一剑。但是，当时所有人都知道左宗棠是一个人才，他有极高的知名度；有了知名度，他就距离成功不远了。

左宗棠能够取得这么大的知名度，和他的性格有很大关系。人们说性格决定命运，信夫！

每一个取得成功的人，身上都有一些必然的因素。在一个相对公平竞争的社会里，成功者首先必须具有真才实学，这一点，左宗棠绝对拥有。

然而，并不是具有真才实学的人，就一定能够成功。这个世界上，怀才不遇的，明珠暗投的，一辈子默默无闻的人才，简直太多了，数都数不清。而每一个成功的人，除了真才实学，还要有胆识和口才。

在古代官场里，下级见到上级，诚惶诚恐，唯唯诺诺，汗出如浆，语不成词的人，简直太多了。他们天生一双柔软的膝盖骨，见到强权就想下跪。在古代官场里，能够口若悬河的人太多了，然而一张口就是文件中的大话套话，就是永远正确的废话屁话，尽管说了一大堆话，却没有一句是有用的。长期虚伪的生活环境，培养出了他们虚伪的人性。

然而，左宗棠先后见到三位总督省长，却一点也不胆怯，他不卑不亢，尽管双方在地位上是不平等的，但在人格方面是平等的。在三位总督省长面前，他侃侃而谈，思路清晰，见解超群，既没有语不成词，也没有词不达意。他用最恰当的语言，把自己的思想表达出来，让三位总督省长都赞叹不已。

所以，他距离成功只有一步之遥。

公元 1850 年，没有考取功名的左宗棠在长沙安心做一名私塾先生，而同样没有考取功名的洪秀全不安心在广东做一名农民，他来到自古民风剽悍的广西，创立了拜上帝教，教徒甚众。当年六月，洪秀全在广西桂平金田村起兵。

公元 1851 年，洪秀全攻陷广西蒙山，建太平天国，自称天王，然后封了东西南北四个王和翼王。

公元 1852 年，太平军攻桂林，陷全州，乘胜北上，入湖南，占道县，攻长沙。此时，太平军有兵两万人，极为凶悍。曾国藩认为，这两万人的战斗力，远远胜过后期的五十万长毛。

太平军攻长沙，四十一岁的左宗棠，终于迎来了命运的转机。四十二岁的曾国藩，也迎来了命运的转机。当年，左宗棠是民办教师，他一直没有机会证明自己的才能，活得很不如意；而贵为侍郎的曾国藩此时丁忧在家，他在官场中屡屡遭到排挤，活得也很不如意。

因为太平军进入湖南，朝廷将云南巡抚张亮基调任湖南巡抚，堵击太平军。张亮基来湖南上任前，胡林翼极力向他推荐左宗棠，胡林翼当年在贵州做知府；来到长沙后，郭嵩焘又极力向他推荐左宗棠，郭嵩焘当时在长沙府为官，后来成为湘军重要将领，再后来任英国大使和法国大使。

左宗棠的人缘很好，到哪里都有人说他的好话。

张亮基就招左宗棠进入自己军中做幕僚，相当于谋士。

太平军起兵，清军连战连败，无法阻挡太平军的犀利进攻。清朝建国之初，有骁勇的八旗兵，然而，经过两百年一代代的养尊处优，八旗兵一个个挺着臃肿的大肚子，已经不能作战。清朝建国之初，还有绿营兵，由明朝降兵组成，后来一代代汉族人不断扩充绿营，然而，尽管绿营在太平军起兵的时候，达到了五十万，但军无斗志，不堪一战。

在这种情况下，朝廷不拘一格降人才，只要有能力，都可以进入公务员行列；只要能打仗的，都可以自主筹兵。乘着这股强劲的东风，左宗棠成为了公务员，曾国藩练成了湘军。

左宗棠和曾国藩都是近代历史上赫赫有名的人物，他们以后都担任过两江总督等重要职务，左宗棠比曾国藩小一岁，但是左宗棠比曾国藩起步要晚很多。当曾国藩已经是副部长的时候，左宗棠才开始步入仕途。当曾国藩拥有了一支特别能战斗的湘军时，左宗棠才只是一名谋士。

三十而立，四十不惑，如果一个男人四十一岁的时候还一事无成，那么这个男人这一辈子几乎可以断定不会有多大的出息了，但是左宗棠用他的人生经历为大器晚成提供了注脚，也让所有在四十一岁还一无所有的男人聊以自慰。

当年，在湖南巡抚张亮基的府邸，和左宗棠平起平坐，甚至比左宗棠地位还高的谋士多的是。据说，这时候左宗棠的脾气很大，常常与人争个高低曲直。在左宗棠走过的四十一年的人生中，他隐忍以行，与人为善，而一进入官场，却要与人争吵，这不符合左宗棠的性格。锋芒毕露，这是官场大忌。袁崇焕太招摇了，给自己惹来杀身之祸；岳飞太固执了，也给自己惹来杀身之祸；关羽太高调了，还给自己惹来杀身之祸。这些前车之鉴，熟读史书的左宗棠不可能不知道。既然知道了，为什么还动不动就和人争吵？答案只有一个，左宗棠需要引人注目。

他已经四十一岁了，这个年龄才进入官场，向上的通道几乎被封死了。四十一岁的年龄，想要从办事员提拔为副科级，都已经不可能了。而现在，左宗棠刚刚进入官场，充其量也就是一个办事员。按照正常程序，他永远也无法升迁。

一个很奇怪的现象是，后来，左宗棠官越当越大，而他的脾气却越来越小。等到成为国中重臣，兵出天山的时候，古稀之年的他，对每一个小兵都颔首致意，笑容可掬。而现在，在巡抚府邸中，他指点江山，发扬蹈厉，完全是一副舍我其谁的神情。

太平军围困长沙八十天，屡攻不下。这段时间里，左宗棠对筹集粮草、部署守具等方面都提供了建议，也都被张亮基采纳。他还提出奇计：夜渡湘江，偷袭长毛。这时候，长沙城中开始流行一句话："中国不可一日无湖南，湖南不可一日无左宗棠。"这句话的源头今天已不可考，甚至有人说这句话是左宗棠发明的。但不论怎么说，这句广告词给左宗棠带来了极大的知名度，后来都传到了咸丰皇帝的耳中。

只要有了知名度，就会有功名利禄。看看当今这些所谓的明星们，不惜故意制造绯闻，以吸引人们眼球，提高知名度。

太平军退后，曾国藩来到长沙，督办团练，这就是以后著名的湘军。史书中记载，曾左"相见恨晚"，但是，从两人以后的表现中来看，显然不合事实。左宗棠心高气傲，偏偏命运坎坷，估计对于比自己只大一岁的曾国藩，位居侍郎，独立筹办军队，心中充满了羡慕嫉妒恨。

后来，张亮基调任山东巡抚，左宗棠一下子失去了依靠，曾国藩邀请左宗棠在湘军中担任谋士，而左宗棠不屑于位居人下，尤其是位居只比自己大一岁的人之下。所以，他选择再次归隐田园。

归隐田园，其实是左宗棠的计策。太平军势力越来越大，国家正在用人之际，而我左宗棠当时已经有了那么大的知名度，他相信还会有人来找他的。如果他再次出山，就不是一名普通的谋士了。

不久，骆秉章任湖南巡抚。

骆秉章和左宗棠一样，也是大器晚成的代名词。他四十岁考上进士，此后有十六年在京城做一些没有多少油水的文官，然而，骆秉章不急不躁，硬是熬过了寂寞的十六年，终于在五十六岁的时候，才迎来外派湖北独当一面的机会。五十六岁，现在都是退休的年龄了，而骆秉章这时候手中才有了实权，时来运转。两年后，骆秉章官升一级，任湖南巡抚。

在仕途，一定要耐得住寂寞，不论把你放在什么岗位上，都要把事情干好。别以为没有人关注你，其实领导时时刻刻都在观察你。只要你干好了，到一定时候，肯定就会提拔你。

湘军能够诞生、崛起并壮大，与在湖南任职的骆秉章有很大关系。

曾国藩在征兵、用人、粮饷方面，骆秉章都给了极大的支持。骆秉章是一个正人君子，心无邪念。清朝能够在内忧外患中度过了最后的七十年，和这些精明能干的湖南人有很大的关系，是他们撑起了清朝已经坍塌了半边的江山。

骆秉章在湖南任职十年，很有政绩，史书这样记载："抚湘前后十载，德政既不胜书，武节亦非所短。事均有迹，可按而知。"

骆秉章上任后，听说左宗棠赋闲在家，就像当年的刘备三顾茅庐一样，把左宗棠请进府衙。

此后，左宗棠欢迎来了长达六年的平稳岁月，"四处筹划，内清四境，外援五省，开源节流，筹集饷银"。因为政绩突出，骆秉章推荐他为四品卿官衔。

就在这时候，出了当年有名的樊燮案，此案与左宗棠有关。

樊燮是永州总兵，二品武官，和湖广总督官文是一派，而湖广总督官文比湖南巡抚骆秉章还要高一级。樊燮一向耀武扬威，不把巡抚骆秉章放在眼中，更不把四品文官左宗棠放在眼中。湖南巡抚府衙就向皇帝弹劾樊燮，说他"违例乘舆，役使兵弁"，用今天的话来说，就是超标购车，公车私用。这份奏章，后人推测是左宗棠写的。

皇帝看到这份奏章，就交付骆秉章查办，因为公车私用，永州总兵被免职。

左宗棠弹劾樊燮，官文就不答应了，打狗还要看主人嘛。他也向皇帝参一本，说了左宗棠一大堆不是。皇帝批示："如左宗棠果有不法情事，可即就地正法。"

这条批示太可怕了，官文可以随便找个借口，杀了左宗棠。

这个案子最后变得很复杂。在京城的翰林院编修郭嵩焘、皇帝的侍读学士潘祖荫、朝廷重臣肃顺，都在皇帝面前说左宗棠的好话。左宗棠是湘人，在湘人中拥有极高的声望，皇帝剿灭太平军，需要依靠湘人，所以，皇帝也就做个顺水人情，不再追究此事。

左宗棠一腔赤诚，弹劾公车私用的樊燮，没想到几乎惹来杀身之祸。官场险恶，水深似海，狂狷书生左宗棠终于体会到了。置身官场的每个人，都有一个圈子，都有一张网络，牵一发而动全身，这些依靠利害关系组成的网络牢不可破。左宗棠要在官场生活，就必须有自己的圈子。

左宗棠在骆秉章府中担任幕僚的这几年，中国形势发生了极大的变化。

太平军在攻打长沙受阻后，渡洞庭湖，陷岳阳，掘得吴三桂所遗军械大炮，实力倍增。后来，太平军攻陷武昌，水军连舟万艘，顺江而下；步军夹舟而行，连陷九江、安庆，紧逼南京。

一月后，南京易手，太平军在此定都，改南京为天京；又一月后，分兵出击，北伐方面军一直打到了直隶，也就是今天的河北省，北京大震。西征方面军沿长江西进，陷江西、安徽。

这时候，湘军成为阻击太平军的主力，湘军统帅曾国藩屡败屡战，数次都要自杀，被随从救起。

就在形势对太平军极为有利的情况下，太平天国内讧开始了。

公元1856年，东王杨秀清要取代洪秀全，洪秀全秘密召回在外作战的韦昌辉和石达开。韦昌辉先到南京，杀杨秀清，并杀部属两千余人。石达开后到，见此惨状，质问韦昌辉："其属何罪，不太酷耶？"韦昌辉又想杀石达开。石达开说："我不忍自相残杀，使人笑我草寇。"连夜缒城出。韦昌辉杀石达开父母妻子。洪秀全看到此暴行，害怕了，又与杨秀清部属密谋，闭城二十日，杀韦昌辉和部属三万人。

此时，当初分封的诸王，仅剩三人，石达开亡命安徽，洪秀全能够依靠的，只剩下陈玉成和李秀成两个王了。

公元1857年，叶赫那拉氏被立为贵妃，那个后来被称为慈禧太后的女人，此时崭露头角。

内患仍在继续，除了太平军，又有了捻军。外患也来了，英法联军在这一年攻陷广州。

在北京的紫禁城里，焦虑不安的咸丰皇帝，满头都是疙瘩。

到了这种境地，咸丰皇帝唯有不断起用新人，才能逐渐挽回颓势。现在，不管黑猫白猫，抓住老鼠的就是好猫；不管汉人满人，能够为朕分忧的就是好人。

当时，从长沙岳麓书院走出了一批杰出人才，量大质优，价廉物美，咸丰皇帝的目光落在了湖南。当年的岳麓书院很像抗战时期的西南联大。西南联大仅存八年，却走出了杨振宁、李政道、朱光亚、邓稼先、黄昆、王希季、王浩、顾知微、汪曾祺、穆旦、何兆武、殷海光等一大批人物。再看看岳麓书院在那个时代走出的人物：魏源、曾国藩、左宗棠、胡林翼、刘长佑、刘坤一、曾国荃、郭嵩焘等。一座学校在一个较短的时间段里，能够培养出这么多的优秀人才，实在让人惊叹。

从某种意义上可以说，是岳麓书院暂时挽救了即将灭亡的清朝。

有一天，曾在咸丰皇帝身边工作过，此时在曾国藩手下的湘军中任职的郭嵩焘，来到京城，咸丰皇帝与他交谈，问起湘系各将领的优劣。郭嵩焘在逐一介绍过曾国藩、胡林翼、曾国荃、李续宾、罗泽南等人后，突然话题一转，谈到了不属于湘军行列的左宗棠，他说此人"无不了之事，人品端正，众人皆服"。

这个评价太高了，他说左宗棠没有办不好的事情。咸丰听后，震惊异常，眼下他正在被内忧外患逼得焦头烂额，有这样的人才为何不用？

咸丰问起了左宗棠的学历，因为在清代要做官，一般都要有进士文凭，而每一份进士文凭，都由皇帝签字颁发。

郭嵩焘说，他只是一个举人。

咸丰大为惊异，他说："何必以科名为重，文章报国，与建功立业，所得孰多？"咸丰说的意思是，理论要与实践相结合，没有经过实践的理论，是空洞的理论。

后来，咸丰皇帝亲自把左宗棠调到了曾国藩的湘军中。左宗棠一直不想在曾国藩手下谋职，而现在还是来到了曾国藩手下，而且是皇帝钦点来曾国藩手下，左宗棠纵有千般不乐意，也不能不去。

左宗棠和曾国藩开始了合作。

左宗棠是一时豪杰，曾国藩也是一时豪杰，一山不容二虎，一个槽头不能拴两头叫驴，所以，曾左尽管在当时和以后被人们一起称呼，但是他们的合作很不愉快，时晴时阴，冲突不断。尽管曾国藩是左宗棠的上级，左宗棠只是一个筹备粮饷的四品官，但是，左宗棠见了曾国藩一点也不怵，曾国藩见了左宗棠也满脸怒色。

左宗棠的名气太大了。中国不可一日无湖南，湖南不可一日无左宗棠。而且，左宗棠是皇帝钦点的后勤部长，你得罪左宗棠，就是得罪皇帝。

史书记载，左宗棠经常在公开场合抨击曾国藩，"肆口诋毁，一时哗然和之"。左宗棠并不是一个泼妇，而是事出有因，所以不是诋毁。曾国藩在父亲去世的时候，擅自离开军队回家奔丧，这是不争的事实；曾国藩杀人如麻，曾剃头的称呼可不是浪得虚名的。别人怕曾国藩，左宗棠偏偏不怕；别人不敢说曾国藩，左宗棠偏偏敢说。

多年以后，曾国藩还咬牙切齿地对人说："我生平以诚自信，彼乃罪我欺，故此心不免耿耿。"而左宗棠也愤愤不平地对人说："此公仍负气如故，我亦负气如故也。"

曾左交恶，很难说谁对谁不对。

左宗棠在晚年，逢人便骂曾国藩，而且喋喋不休，没完没了。而曾国藩也经常骂左宗棠，一骂起来也是长篇大论，无休无止。在外人看来，这两个老头水火不容，不共戴天。然而，在曾国藩的葬礼上，左宗棠送来了一副对联："知人之明，谋国之忠，自愧不如元辅；同心若金，攻错若石，相欺无负平生。"

直到此时，才有人想明白了，这两个人一辈子都在唱双簧。晚清两个功劳最大的人，互相掐架，原来是不让皇帝怀疑，避免"飞鸟尽，良弓藏；狡兔死，走狗烹"的中国式悲剧。

左宗棠跟着曾国藩混日子，心里很不舒服。都是同龄人，都毕业于岳麓书院，曾国藩混得风生水起，当上了两江总督、湘军统帅；而左宗棠还是湘军中管后勤的闲杂人员。这种巨大的心理落差，肯定让左宗棠很不舒服。

曾国藩相人识人很有一套，他给后世留下了一本书籍叫《冰鉴》，里面专门讲到了怎么识别人才，"邪正看眼鼻，真假看嘴唇；功名看气概，富贵看精神"。简直说得太对了。曾国藩还给后世留下了一本《曾国藩家书》，讲的是怎么修身齐家治国平天下的。

曾国藩担任两江总督后，负责江南作战。而太平军的作战区域就在江南。在江南广阔的地域里，仅仅依靠湘军作战，勉为其难。湘军就像一棵巨大的榕树一样，在长到一定的程度时，就要落地生根，开枝散叶。

曾国藩早就知道左宗棠是一个人才，他不会久居人下。左宗棠的能力不在曾国藩之下，是一个能够独当一面的全能型人才，只是命运对左宗棠不公。

曾国藩想要提拔任命左宗棠，但是他又不能这样做。左宗棠是皇帝任命的，你如果再提拔左宗棠，会得罪皇帝，难道你比皇帝还能行？曾国藩就是比皇帝能行，但是不能说出来，也不能做出来，他必须装聋扮傻，装着处处时时事事都不如皇帝，这叫做政治智慧。

官场也是这样，你永远别在领导面前显示你比他能干，但是你要显示出你比所有的下属都能干，这种火候，需要自己好好揣摩把握。政治智慧是一门很高深的学问。

公元 1861 年，围困太平军的江南大营和江北大营先后被陈玉成和李秀成攻破，朝廷的绿营军到现在，已经彻底丧失了战斗力。清朝唯一能够依靠的，只有湘军了。湘军必须扩军。

公元 1862 年，左宗棠终于迎来了命运的又一次转机。朝廷任命他"襄办曾国藩军务"，意思是，可以帮助曾国藩主持军务。也就是说，可以当湘军这个公司的副总经理或者总经理助理。

左宗棠这样的人，是不能留在身边做副手或者助理的，留在身边只会惹自己生气。所以，曾国藩就派左宗棠重新组建一支军队。师爷左宗棠，终于迎来了咸鱼翻身之时。

左宗棠组建的这支军队叫楚军，是中国近代史上，与曾国藩的湘军、李鸿章的淮军并驾齐驱的军队。安徽人李鸿章也是在这个时候开始组建军队。

左宗棠先从旧湘楚军中征召了九名将领，"招所知湘楚旧将弁，以勇敢朴实为宗"。在湘军之前，有江忠源的楚勇，它是中国近代史上最早的地方团练，更在曾国藩之前。江忠源也是湖南人，所部也尽是湖南人。江忠源在与太平军作战失利后，投水自尽。楚勇群龙无首，就投奔了刚刚组建湘军的曾国藩。楚勇不复存在。

左宗棠有了九名将领，然后派他们四处募兵，仅仅一月，就招有五千人。

现在，左宗棠组建楚军，所用将领有当年江忠源的将领，也有现在曾国藩的将领。所以，左宗棠的楚军，既可以说是湘军的分支，也可以说是一支独立的军队。因为楚军的将领来自于湘军，而士兵却都是自主招募。

湘军是湖南人，楚军也是湖南人。

太平天国的战争，可以说是广西人和湖南人的战争。这两个地方的人都民风剽悍，好勇斗狠。著名作家沈从文是湘西凤凰人，在他出生的那个镇上，晚清时期担任将军总兵之类官职的人，就有几十位。太平天国之后，清政府担心湘西人闹事，不给湘西分配食盐，因为过去的人认为吃盐会使人增添力气。广西的桂西和湖南的湘西一样，同样善斗，不怕死。当年袁崇焕征召狼兵，就是从桂西征兵的。

左宗棠开始了练兵，他的操练守则和曾国藩又不一样。曾国藩主要是文士带兵，而左宗棠是武将带兵。左宗棠要求武将必须和士卒一样冲锋，一样拼杀。所以，楚军的作战风格也和湘军有很大区别，更有攻击力。

五十岁，左宗棠终于有了一支自己的军队，五千人，左宗棠这时候相当于一个旅长。

曾国藩已经是军区司令了，而左宗棠才是一个旅长。不着急，左宗棠很快就能追上曾国藩。

楚军练成后，朝廷有意让左宗棠去四川追击石达开。当时，石达开因为内讧，带着部分兵力奔往四川。左宗棠权衡利弊后，觉得石达开已属强弩之末，不足为敌，"我志在平吴，不在入蜀矣"，朝廷便派左宗棠部开往江西，迎击风头正劲的陈玉成和李秀成。

左宗棠走在江西的崇山峻岭间，而石达开来到了大渡河畔，因为小妾生娃而全军休息三天。三天后，想要渡河，天降大雨，河水暴涨，石达开和十万太平军被歼灭。

在庐山脚下，首次带军出征的左宗棠，写了一封家书，信中说："我此去要尽平生之心，轰烈做一场，未知能遂其志否？"

太平天国后期，也就是天京内讧之后，江南的战争形势极为复杂。

毋庸置疑，太平军中人才济济，能征惯战的将领层出不穷，陈玉成、李秀成、李世贤、杨辅清都是一时英豪，年龄都在二十岁左右。少年侠气，交结五都雄。肝胆洞，毛发耸，立谈中，生死同，一诺千金重。不请长缨，击取天骄种，剑吼西风。恨登山临水，手寄七弦桐，目送归鸿。这么多的英俊少年聚集在一起，那是何等的景象啊。然而，他们的生命却要在最灿烂的时候，戛然而止。

读史读到此处，总让人发出一声长叹。

左宗棠在组建楚军的时候，太平军兵分两路，一路攻占苏南，一路进入浙江，然后，两路大军向西，企图合兵一处，进占武昌，控制长江沿岸。

面对太平军的进攻，湘军运用围魏救赵之计，攻取安庆，想要太平军回援。在古代和现代，安庆都是安徽最重要的城市。守住安庆，就扼守了长江下游，然后顺江而下，可攻南京。南京就是太平天国的都城天京。

兵法中把此招叫做攻其必救。

太平军果然从浙江和苏南撤兵，昼夜兼程，赶往安庆。为了堵击浙江方面的太平军，曾国藩将湘军指挥部设在浙江通往安庆必经之路的皖南祁门，同时，命左宗棠在赣北景德镇截杀太平军。祁门到景德镇，相距不过百里。

祁门的湘军指挥部，只有不足三千人，湘军大部都在守卫安庆。而此时，距离曾国藩最近的一支军队，就是左宗棠的楚军。

浙江方面的太平军长驱直入，进入赣北，左宗棠人生的第一战，在他五十岁的时候，终于打响了。左宗棠手下的兵力只有楚军的五千人和前来增援的湘军三千人，浙江方面的太平军有十余万人。

众寡悬殊，左宗棠充分利用游击战的特点，不计较一城一地的得失，歼灭敌军有生力量。在景德镇城外，左宗棠歼灭了太平军一部，解了景德镇之围。在太平军大举进攻时，左宗棠知道景德镇无法坚守，只把一部留在城中，亲率大队人马转战鄱阳。太平军攻占景德镇后，进军曾国藩指挥部所在的祁门。

祁门兵少将微，太平军大举攻城，曾国藩已经做好了自尽的准备。突然传来消息，太平军撤兵了。

太平军撤兵的原因是后方乐平失守了。左宗棠带着他的几千人军队，断了太平军的后路。太平军像一条蛇，在它张开大口想要吞噬曾国藩的时候，左宗棠在后面扯住了它的尾巴。

这条蛇，现在不得不调过头来，咬向左宗棠。

赣北乐平背山面河，地理位置比景德镇要好得多。在这里，左宗棠依靠天堑，击败了十万太平军。

太平军只好从赣北退入浙西，而左宗棠乘胜收复了景德镇。皖南赣北得以平安。

左宗棠的第一战，就显示了他极为高超的指挥才能。这个老书生一直自诩为诸葛亮，他确实有诸葛亮的才能，一出手就技惊四座。

曾国藩死里逃生，大喜过望，他在给朝廷的奏章中这样赞扬左宗棠："以数千新集之众，破十倍凶悍之贼，因地利以审敌情，蓄机势以作士气，实属深明将略，度越时贤。"史书中也记载："宗棠以数千人策应七百余里，指挥若定，国藩服其整暇。"

此战后，左宗棠任浙江巡抚。左宗棠是清代少有的没有进士文凭的巡抚。

左宗棠以数千之众击败的十万太平军，并不是乌合之众，它的统帅是太平军中的三号战将李世贤。李世贤年龄虽小，但骁勇善战，曾经击垮了清军的江南大营，击杀浙江巡抚邓绍良。

左宗棠不愿去四川追击已成强弩之末的石达开，而截击实力更为强劲的李世贤，这一步棋走对了。人生就是一场赌博，急于立功的左宗棠赌赢了。

五十岁的左宗棠，他的第一战，就扭转了当年整个战场的局面，成为了当时最引人注目的将领。左宗棠的赣北之役，让太平军夺取安庆的计划破产了。而湘军占据安庆，就可以万舟齐发，直抵长江之南的天京城下。

太平军骁将李世贤在左宗棠面前碰了钉子后，只能转进浙江，和他的堂兄李秀成汇合后，攻破杭州。尽管如此，太平军也只能局促于苏南、浙江一带，他们败局已定。

浙江巡抚左宗棠的眼光，投向了浙江，然而此时浙江仅剩下衢州和湖州两座小城还没有被太平军占领。浙江巡抚左宗棠，连在浙江摆放一张书桌的位置都没有。

既然是浙江巡抚，就必须收复浙江。这是朝廷任命左宗棠为浙江巡抚的真正用意所在。

这段时期，左宗棠组建了一支中法"混血"军队，名叫"常捷军"。这支用火器武装起来的军队，作战能力自然不是冷兵器能够比拟的。当年，英法联军两千人手拿火器，攻下了北京城；而左宗棠的"常捷军"最多的时候，拥有三千人。所以，左宗棠用这支军队，和手下训练有素的楚军，很快就收复了浙江大半土地。

一年后，左宗棠升为闽浙总督。

而此时，他的对手曾国藩还是两江总督。左宗棠终于能够和曾国藩坐在同一张凳子上喝茶了。短短的几年时间，左宗棠能够从一名师爷跃居为总督，这种火箭般的升迁速度，世所少有。

左宗棠的飞速升迁，来自于他能够打胜仗，而他打胜仗，则源于自身过硬的军事素质。左宗棠的军事素质，一是勇敢，一是机智。他面对再多的敌人，也毫不胆怯，有条件要打，没有条件创造条件也要打，他知道只有不断地打胜仗，才能引起朝廷的注意，才能升迁。他善于接受新生事物，用枪炮武装自己的队伍，战斗力大大提高。可见，无论什么时候，勇敢机智都是优良品质。

当然，还有运气。也许是老天爷为了弥补前五十年对左宗棠的亏欠，而在他五十岁以后能够独立领兵作战的时候，就特别垂青于他。这时候的太平军已经走上下坡路，他们的战斗力远远不如早期刚刚杀出广西的时候。腐化堕落和不断内讧，让一名壮汉变成了痨病鬼。

公元 1864 年，落第进士左宗棠成为了总督，而落第秀才洪秀全的生命走到了尽头，他在临死前说："吾以义拯同胞兄弟，今反为同胞兄弟所败。"

洪秀全死后二十天，天京被攻破。太平天国亡，立国十四年。

后人评价左宗棠，认为他是晚清中兴之臣。人们只要谈到晚清，就会谈到晚清的四大中兴之臣，没落晚清的名字从来都是与中兴之臣的名字连在一起的。

公认的晚清四大中兴之臣是曾国藩、左宗棠、李鸿章、张之洞。曾国藩和李鸿章都是进士，张之洞更是那一届的探花郎。唯独左宗棠是举人出身，学历问题成为左宗棠一辈子的心病。

然而，举人出身的左宗棠，出将入相，能力应该在另外三人之上。论军事，左宗棠平太平军，剿灭捻军，镇抚西北，收复新疆，还有他晚年时的中法战争。他参与并领导了 19 世纪中国所有大的战争，这样的功绩，在整个中国历史上也没有几个人。

如果仅仅是这样，那说明左宗棠只是能征惯战的将军，而事实上，他的治国能力和作战能力一样出色。那就是兴办洋务。

左宗棠在闽浙总督任上，奏请创办福州船政局，制造铁甲船舶。当时，很多人都反对他，包括同为中兴之臣的李鸿章，反对者认为左宗棠是异想天开，小炉匠造飞机，泥水匠盖宫殿。可是左宗棠在一片讥笑声中面不改色心不跳，向朝廷奏请说："欲防海之害而收其利，非整理水师不可；欲整理水师，非设局监造轮船不可。"朝廷准奏。

左宗棠邀请了一名法国人和一名德国人担任监造，造船的地址选在福州的马尾，这就是今天遗址宛在的马尾船厂。

此后，这个左宗棠一手建造的船厂，生产了四十艘舰船，给北洋舰队和南洋舰队提供了大量舰船和将领。甲午海战中，清军将领绝大多数都是福建人。甲午海战失败，不是败在将领无能，而是败在朝廷腐败。

后来，左宗棠调任陕甘总督，又创办了兰州制造局，以生产枪支弹药为主。还是在偏远的内陆城市兰州，左宗棠创办了中国第一个机器纺织厂，这就是兰州织呢总局。

而这时候，左宗棠已经是一个六十岁的老人了，而他的思维比年轻人还要活跃，他的思想也比年轻人还要超前。

1866 年，左宗棠调任陕甘总督。从江南富庶之地的闽浙，调到苦寒之地的陕甘，是因为形势的需要。当时的西北风雨飘摇，朝廷急需一个人前去赴任，力挽狂澜，然而环顾四座，也只有白发苍苍的左宗棠才能胜任。他是组织的一块砖，哪里需要哪里搬。左宗棠上任了。

1867 年，位于中亚的浩罕国高级将领阿古柏带兵侵入中国新疆，在中国的领土上建立了一个名字很拗口的国家，翻译成汉语就是"七城之国"。浩罕国位于今天的乌兹别克一带，这是一个短命的国家，立国只有一百多年，后被俄罗斯吞并。

1870 年，阿古柏侵占新疆全境。

当年的清朝，内忧外患，千疮百孔。国内太平军虽然灭亡了，但捻军仍像星星之火一样生生不息，屡剿不灭；国外列强环伺，沙俄占领伊犁，英国染指西北，日本窥视台湾。

朝廷一方面加紧剿灭内患，一方面设法应对外患。但是，当时由于饷银缺乏，兵力单薄，故有海防与塞防之争。以李鸿章为首的一批人，决定放弃遥远的新疆，认为只要加强海防就行了。新疆那样一大片荒凉之地，除了荒山就是沙漠，只长荒草不长人，干脆不要了，就给阿古柏吧，还能落个人情，因为阿古柏后面站着的，是俄国和英国。要与阿古柏交战，别说道路险阻，粮草不济，环境恶劣，很难打赢，就算打赢了，也会得罪俄国和英国。当时这种意见在朝廷占据上风。

但是，左宗棠坚决要求收回新疆，祖宗之地，寸土必争，今天你给了新疆，明天他就会要陕甘，"自撤藩篱，则我退寸而寇进尺"。

双方还是争执不下。

1875 年，同治皇帝卒，年仅四岁的光绪皇帝即位，两太后垂帘听政。

同一年，左宗棠开始进军新疆。此时，他已六十四岁，仍慷慨赴战，义无反顾。家人为他的身体担忧，他在回信中这样写道："天下事总要有人干，国家不可无陕甘，陕甘不可无总督，一介书生，数年任兼折，岂可避难就易哉！"

面对朝廷的非议，为了表示自己收复新疆的决心，他准备了一口棺材，走到哪里，抬到哪里，如果死在新疆，就用这口棺材收殓。赤膊上阵，抬棺决战，是战场上最悲壮的场景。

左宗棠有信心打赢这一仗，他的信心建立在充分的筹备上。

收复新疆，左宗棠有他的战略部署，这就是"缓进急战，先北后南"。缓进急战，是建立在新疆后勤补给线超级漫长的缺点上；先北后南，是建立在新疆地形地势极不平衡的基础上。新疆浩瀚无比，地势多变。君不见，走马川行雪海边，平沙莽莽黄入天。轮台九月风夜吼，一川碎石大如斗，随风满地石乱走。新疆除了大如斗的石头，还有戈壁荒滩和泥石流，还有连绵不绝的群山，还有亘古无人的沙漠，几百里不见人烟的荒凉。即使在今天，要进入新疆，也只有一条主要干线，这就是从甘肃嘉峪关进入新疆的路线，也是当年左宗棠的行军路线。

要在这样既辽阔又恶劣的地区作战，只能缓进急战。慢腾腾地行军，让后面慢腾腾的粮车能够跟得上；急匆匆地攻占，夺取对方的粮草。要在新疆作战，打的不是军队数量，打的是粮草补给。没有了粮草，你有多少兵，就饿死多少兵。

绵延起伏的天山山脉，将新疆分为南北两部，南为南疆，北为北疆。南疆有昆仑山，有阿尔金山，每一座山脉都高耸入云，都足以让最勇敢的登山者望而却步，每一座山中都遍布冰川、沼泽、泥石流、沙尘暴。南疆还有广漠无垠的塔克拉玛干沙漠，黄沙漫漫，草木不生，亿万年来，这里都没有生命的气息。高耸的山峰，广阔的沙漠，让人的生命显得极为渺小。

与荒蛮的南疆比起来，北疆却要温和得多，额尔齐斯河、奎屯河、喀什河流经其间，滋润着大地的胸膛，让大地焕发生机。这里草木茂盛，地势平坦，风和日丽，牛羊满山，新疆绝大多数人居住在这里，今天我们的新疆城市乌鲁木齐、克拉玛依、石河子、伊宁、塔城、哈密等，也都在这里。

在进军新疆之前，左宗棠已经在与新疆比邻的甘肃，准备了一年半时间。这一年半的准备，主要是准备粮草。

左宗棠很穷，他把心思都放在怎么作战怎么治国上；晚清也很穷，它把钱都送给了东洋鬼子西洋鬼子。而现在左宗棠要打这么一场大仗，没有钱没有粮怎么办？当时国家很穷，但是商人很富，让富人出钱不就行了？

左宗棠想到的富人是胡雪岩，后人称他红顶商人。胡雪岩是徽商。在晚清，中国有两个地方的商人最富裕，一个是安徽，一个是山西，用"富可敌国"来形容他们，丝毫也不夸张。清朝打不起这么一场战役，但是胡雪岩打得起，因为他有的是钱。

胡雪岩有多少钱？他在左宗棠准备出兵新疆的这一年，就有二十多家钱庄，有两千多万两白银，有一万亩田地。还有十二房姨太太，姨太太们来自五湖四海，为了一个共同的目标，走到一起来。

两千多万两白银能值多少钱？举个例子，1876 年，英国人在上海吴淞修铁路，这是中国最早出现的铁路，两江总督沈葆桢认为修铁路会破坏风水，不让英国人修，英国人不答应。最后，朝廷只好出银二十八万五千两，购买铁路，然后拆毁。这样大的一场国际纠纷，所赔偿的银子，只相当于胡雪岩财产的百分之一。

沿着嘉峪关向西北方向的新疆行走，穿过星星峡，就到达了北疆的第一站哈密。左宗棠的棺木也抬到了哈密。

哈密地域辽阔，它比很多省的面积还要大，然而直到今天，这里也只有五十万人。天山巍峨高耸，清凉的雪水涓涓流淌，浇灌着肥沃的土壤。这里物产丰富，最有名的就是哈密瓜。

从哈密到准噶尔盆地南缘的乌鲁木齐，还有上千里路要走。而且那个时候道路崎岖，一路上人烟稀少，顶多只能见到零星的赶驼人和凶悍的土匪马帮。上千里的路途，穿越冰川大山，涉过沼泽海子，却没有任何补给。所以，左宗棠带着军队在哈密驻扎了将近一年。

左宗棠的军队都来自楚军和湘军，都来自于风和日丽、鸟语花香的湖南，突然来到天寒地冻、荒凉旷远的西北，他们需要适应这里严酷的气候，和这里缺少蔬菜、没有大米的饮食习惯。八十年后，又有一批湖南人大规模来到新疆，这就是"八千湘女上天山"。八千名满怀壮志豪情的湖南女学生参加了军队，被火车和汽车辗转拉到了天寒地冻草木不生的新疆，那里严酷的气候环境对这些城市女生又是一次严峻的考验。

这一年里，左宗棠的军队垦荒种田，兴修水利，积储粮草，为打败阿古柏做准备。

还是在这一年里，左宗棠一手创办的兰州制造局开始大量生产枪炮，这些簇新的枪炮源源不断地运往哈密，武装了只带着大刀长矛的湘军、楚军。当年这支军队，他们的装备已经接近了近代欧洲军队。

阿古柏的后面站着俄国和英国，阿古柏的军队装备了洋枪洋炮。思想超前的左宗棠，清醒地认识到，要打败阿古柏，非得用现代枪炮不可。

当时，阿古柏占领了整个新疆，俄国占领了新疆与中亚毗邻的伊犁，为了避免俄国卷入这场战争，左宗棠让胡雪岩在上海收集各国的动态消息，利用各列强间的矛盾，集中力量先对付阿古柏。阿古柏问题解决了，再解决伊犁问题。

阿古柏得知左宗棠的军队来到了新疆，在哈密驻扎，立即派遣部将分守托克逊、达坂、乌鲁木齐。要从哈密去往乌鲁木齐，先要通过托克逊，再通过达坂，然后才能到达乌鲁木齐。

这是当年唯一的一条大路。

左宗棠手下有一名得力战将，名叫刘锦棠。他的父亲和叔父都是湘军将领，父亲死于太平军攻打岳阳，叔父死于甘肃之战。叔父死后，他接替叔父的职务，成为左宗棠麾下能够独当一面的大将。

左宗棠进军新疆的这一年，刘锦棠只有三十一岁，却已经有了十六年丰富的战争经验。面对阿古柏布置在这条道路上的防御，左宗棠派遣刘锦棠率领一支军队，出奇制胜。

兵无常势，水无常形。要战胜以逸待劳的敌军，沿着大道从东向西正面进攻，显然是最笨的方法。而最好的方法，则是迂回包抄，以正合，以奇胜。

以正合，以奇胜，是兵家最喜欢采用的方法，这就是，派遣一支奇兵从敌军意想不到的路线迂回包抄，切断敌军后路，然后正面军队和迂回奇兵聚而歼之。

刘锦棠率领的，就是这样一支奇兵。这支奇兵每人带着五天干粮，像一条游蛇一样，悄无声息地潜入天山山脉，在冰川与雪坡间逶迤而行，在森林与荒草间披荆斩棘，等到他们走出天山，再次现身的时候，已经来到了达坂城的西面。那时候的达坂城还是一座小城，达坂城的姑娘辫子长，两只眼睛真漂亮，但当时这样的姑娘没有多少，因为阿古柏的匪军占领了达坂城，达坂城的百姓惊慌逃窜。

刘锦棠率领军队自西向东进攻，连取达坂和托克逊。达坂和托克逊的守军都没有想到对方会从西面攻击，他们专心致志地构筑东面的防线，因为哈密就在东面。然而，刘锦棠带着的军队在他们肥胖的屁股上狠狠插了一刀。

左宗棠与刘锦棠会合，直抵乌鲁木齐城下。几十门新造的大炮对着乌鲁木齐日夜轰击，城墙坍塌，攻方一拥而入，占领了当时北疆重镇乌鲁木齐，清点战果，居然发现对方死尸高达五千具。

后来，左宗棠连续作战，仅用半年，就收复北疆。北疆的面积有多大？大小相当于东三省。

攻占北疆后，朝廷官员们又向光绪皇帝进谏：国库空虚，打仗费钱，北疆已得就行了，别再去南疆了。南疆不毛之地，要它毫无用处。

左宗棠在遥远的北疆向北京城里的皇帝书写奏章："今时有可乘，乃为划地随守之策乎？"南疆向西，即为中亚诸国，守住南疆，则中亚诸国不敢觊觎，若失去南疆，则失去西北屏障，对方可直抵青海柴达木盆地，进而沿着黄河，直抵兰州，整个西北危矣。

那时候，人们还不知道南疆地下储藏着丰富的石油天然气和煤炭资源，还不知道南疆出产的和田玉，以后的价格会比黄金更贵。

在风沙弥漫的中国西部，左宗棠带着大军翻越天山山脉，向南疆进军，一路旗开得胜，南疆也被收入囊中。

阿古柏无处遁逃，藏身在南疆库尔勒的一座破房屋里，愁眉不展。库尔勒是人们非常熟悉的一座城市，因为曾有一个重量级人物在这里生活，那就是爱骑毛驴爱唱歌的阿凡提大叔。

阿古柏像只老鼠一样，在库尔勒昼伏夜出，因为此时库尔勒已经被左宗棠占领。他想回国，可是他的国家浩罕国已经被俄国灭亡；想要与左宗棠交战，却众叛亲离，只剩下他孤家寡人。终于，在一个月黑风高夜，阿古柏服毒身亡。

现在，新疆只剩下了最西部被俄国占领的伊犁了。

俄国是老牌帝国主义，一向看不起被列强瓜分得千疮百孔的中国。左宗棠偏偏钢丝绳上耍杂技——艺高人胆大，他一路大张旗鼓，向着伊犁杀来。

此时的俄国，因为阿古柏势力已经被左宗棠肃清，他们独木难支，朝廷又命总理各国事务衙门侍郎崇厚为全权大臣，赴俄谈判。俄国急急忙忙答应了清朝的停战协议，归还伊犁，但却提出了割地、赔款的要求，崇厚也答应了。

崇厚的昏庸怯弱让北京震惊，朝廷将崇厚关押起来。左宗棠表示，与俄国可先礼后兵，如果俄国一意孤行，"臣虽衰惫无似，敢不勉旃"。意思是，我虽然老而无用，也敢向俄国进攻。

朝廷又派曾纪泽前去与俄国谈判，曾纪泽为曾国藩之子。为了配合这次谈判，左宗棠厉兵秣马，把自己的棺材放在帐外，表示要与俄国死战到底。同时，四万军队，兵分三路，剑指伊犁，跃跃欲试。随时做好一旦谈崩，立即进攻的准备。

老将军真是威风八面，豪情万丈。当时的晚清那么软弱，见到洋人就害怕，偏偏老将军浑身是胆，不畏强暴，挺起了晚清的脊梁。

这场战役没有打起来，俄国人早就听说了左宗棠的威名，"亦慑我兵威，恐事遂决裂。明年正月，和议成，交还伊犁"。

伊犁虽然交还了，但是却赔偿了俄国白银五百万两，还割让了霍尔果斯河以西、伊犁河以北的大片领土，是为《中俄伊犁条约》。左宗棠对这个结果大为不满，他说："不料和议如此结局，言之腐心。"然而，此时的他已被朝廷召回北京，剥夺了他在新疆的所有职务，命刘锦棠为新疆钦差大臣。朝廷害怕左宗棠听到这个结果，会向俄国开战。左宗棠纵有万丈雄心，但麾下已无一兵一卒。他望着遥远的西部，老泪纵横。

也是在这一年，日本攻打琉球国。琉球国是中国的藩国，传说是福建渔民创建的太平洋岛国，岁岁都向中国纳贡。

琉球国王尚泰向清朝求救，但是清政府害怕得罪日本，不敢派兵。结果，日本灭亡琉球国，掳尚泰至日本，占领琉球岛，设此地为琉球县。

收复新疆后，左宗棠一再奏请在新疆建省，将新疆纳入中国版图，免得再被别国侵占。终于，在1884年，新疆建省，省会乌鲁木齐，任刘锦棠为甘肃新疆巡抚。

夺回新疆，是晚清历史上最让人振奋的一件事情，是晚清夕照图上最光彩的一笔。

1885年，一生强悍的左宗棠走到了生命的尽头。他在临终前，听闻一连串不平等条约相继签订，大片土地被割让，他用尽最后一丝力气喊道："这个天下他们不要，我还要！整队出战，我要打！"

言毕，溘然长逝。

图书在版编目（CIP）数据

历史可以很精彩之战将传/ 李幺傻著. —广州：暨南大学出版社，2014.1

ISBN 978 - 7 - 5668 - 0884 - 4

Ⅰ.①历… Ⅱ.①李… Ⅲ.①军事家—生平事迹—中国—古代—青年读物 ②军事家—生平事迹—中国—古代—少年读物 Ⅳ.①K82 - 49

中国版本图书馆 CIP 数据核字（2013）第 298743 号

出版发行：暨南大学出版社

地　　址：中国广州暨南大学
电　　话：总编室（8620）85221601
　　　　　营销部（8620）85225284　85228291　85228292（邮购）
传　　真：（8620）85221583（办公室）　85223774（营销部）
邮　　编：510630
网　　址：http：//www. jnupress. com　http：//press. jnu. edu. cn

排　　版：弓设计
印　　刷：广东广州日报传媒股份有限公司印务分公司

开　　本：787mm×960mm　1/16
印　　张：25.5
字　　数：440 千
版　　次：2014 年 1 月第 1 版
印　　次：2014 年 9 月第 2 次

定　　价：48.00 元

（暨大版图书如有印装质量问题，请与出版社总编室联系调换）